AtV

HANNES HEER, geboren 1941, Staatsexamen in Geschichte und Literaturwissenschaft 1968, wegen Berufsverbot Arbeit als Theaterdramaturg und Filmregisseur. Von 1993 bis 2000 wissenschaftlicher Mitarbeiter am Hamburger Institut für Sozialforschung und Leiter des Ausstellungsprojektes »Vernichtungskrieg. Verbrechen der Wehrmacht 1941 bis 1944«. Carl-von-Ossietzky-Medaille 1997. Zahlreiche Publikationen zur Geschichte von Nationalsozialismus, Krieg und Nachkriegserinnerung. Zuletzt: Vernichtungskrieg. Verbrechen der Wehrmacht 1941 bis 1942 (Hg. mit Klaus Naumann), 1995; Im Herzen der Finsternis. Victor Klemperer als Chronist der NS-Zeit (Hg.), 1997; Tote Zonen. Die deutsche Wehrmacht an der Ostfront, 1999; Wie Geschichte gemacht wird. Zur Konstruktion von Erinnerung an Wehrmacht und Zweiten Weltkrieg (mit Walter Manoschek u. a.), 2003; Vom Verschwinden der Täter. Der Vernichtungskrieg fand statt, aber keiner war dabei (2004).

»Wenn der Hamburger Historiker Hannes Heer vom ›Verschwinden der Täter‹ spricht, so meint er ein allgemeines Phänomen, dem auch jene Erinnerungsorte zuarbeiten, an denen in absichtsvoll nebulöser Formulierung, wie einst in Bonn und jetzt in Berlin, der ›Opfer von Krieg und Gewaltherrschaft‹ gedacht und damit Selbstentlastung praktiziert wird. Heer, der als Leiter der ersten Ausstellung über den Vernichtungskrieg der Wehrmacht eine Aufklärungsarbeit von bleibender Bedeutung geleistet hat, setzt sich noch einmal mit dem gegen sie gerichteten publizistischen Trommelfeuer auseinander.«

DIE ZEIT

»Am spannendsten wird es gegen Schluß des Buches, wenn Heer sich mit der gegenwärtigen Debatte um die deutschen Opfer beschäftigt. Am Beispiel des Autors Jörg Friedrich [...] beleuchtet Heer den neuen alten Charme des Unschuldigseins. Ihn interessieren diese Interpretationen deshalb, weil sie Teil eines deutschen Opferdiskurses sind, der nach 1989 als identitätsstiftender Virus das vereinigte und immer noch zerrissene Land befiel.«

Frankfurter Rundschau

Hannes Heer

Vom Verschwinden der Täter

Der Vernichtungskrieg fand statt, aber keiner war dabei

Aufbau Taschenbuch Verlag

ISBN 3-7466-8135-9

1. Auflage 2005
Aufbau Taschenbuch Verlag GmbH, Berlin

Umschlaggestaltung Torsten Lemme
unter Verwendung eines Fotos von Therese Schneider
Druck und Binden GGP Media GmbH, Pößneck
Printed in Germany

www.aufbau-taschenbuch.de

In Erinnerung
an Thomas Neumann
1937–2002

Einleitung

Ein Bann scheint gebrochen zu sein: Alle reden von der gezielten Auslöschung der deutschen Städte durch die angloamerikanischen Luftflotten und erregen sich über die unermeßlichen Leiden der Vertriebenen, ein anonymer Bericht über die Vergewaltigungen durch die Rote Armee konnte zum literarischen Ereignis werden, und ein Roman aus den fünfziger Jahren über die gelungene Flucht aus der russischen Kriegsgefangenschaft wurde zum zweiten Mal verfilmt. Die Deutschen, die gerade begonnen hatten zu begreifen, daß mit den Begriffen Auschwitz oder Treblinka das Ausmaß der Schuld nur unzureichend beschrieben war und daß man in Zukunft die Torturen der Zwangsarbeiter und die Verfolgung der Juden in der Heimat, die Mordtaten der Polizeibataillone und die Verbrechen der Wehrmacht in den besetzten Gebieten dazuaddieren muß, verwandeln sich mit einem Mal in ein Volk von Opfern.

Die Gründe für diesen veränderten Blick auf die Nazizeit in der Tagespolitik zu suchen führt in die Irre. Während das Thema der Vertreibung durch die bevorstehende politische Erweiterung der Europäischen Union Aktualität bekommen haben könnte, fehlt ein vergleichbarer Anlaß sowohl bei den Opfern des Luftkriegs wie bei denen von Vergewaltigung und Gefangenschaft. Selbst ein Gedenkjahr als Zündfunke für den Medienmotor ist nicht in Sicht. Man muß tiefer graben, um an das Zentrum der tektonischen Verwerfungen heranzukommen. Leiten lassen könnte man sich bei dieser Suche von drei auffälligen Phänomenen: Es geht nicht um Genugtuung für nur eine Gruppe von Opfern, sondern um das Schicksal aller Deutschen, der an der Front eingesetzten wie der in der Heimat zurückgebliebenen; es werden nicht nur die Wunden des Krieges, sondern auch die der Nachkriegszeit präsentiert; die Wortführer dieser neuen Geschichtsbewegung wollen kein Mitleid, sondern sie fordern – mit Hinweis auf vielfachen Rechtsbruch – Recht und mindestens ideelle Wiedergutmachung. Die gleichen drei Themen standen, allerdings spiegelverkehrt, im Zentrum der Auseinandersetzungen, die Mitte der neunziger Jahre durch Victor Klemperers Tagebücher, das Buch von Daniel Goldhagen und die erste Wehrmachtsausstellung ausgelöst worden waren. Erstmals ging es nicht um isolierte Gruppen von Tätern, die aus ideologischer Überzeugung oder auf Befehl der politischen Führung bei ihrer verbrecherischen Tätigkeit gezeigt wurden, Gegenstand war vielmehr die Volksgemeinschaft als Organ des NS-Regimes: Durchdrungen vom Judenhaß und befeuert vom Antibolschewismus, wurde sie zum Täterkollektiv, das sich in den Jahren 1939 bis 1945 nie dagewesener Verbrechen schuldig machte und das nach der Niederlage trotzig leugnete, davon gewußt zu haben oder daran beteiligt gewesen zu sein.

Dieses Porträt widersprach allem, was die Deutschen bisher über die Nazizeit erfahren oder an Wissen bei sich zugelassen hatten, und verursachte einen furchtbaren Schrecken und tiefgehende Irritationen. Der neue Opfer-Diskurs könnte die rechthaberische Antwort auf diese öffentlichen Erregungszustände und die Kompensation für die dabei aufgetretenen massiven Schuldgefühle sein. Die antisemitische Grundierung vieler Beiträge verweist darauf, daß die Behauptung von den Juden als Tätervolk und die Zweifel an der Singularität des Holocaust, die im sogenannten »Historikerstreit« Mitte der achtziger Jahre noch zurückgewiesen werden konnten, nun obsiegt haben. Die geschichtspolitische Wende, die darin zum Ausdruck kommt, ist der aktuellste Beleg für eine Tiefenströmung, die das Schicksal der Bundesrepublik von Beginn an beeinflußt hat. Ihre Motorik wird nicht gesteuert von der Anerkennung dessen, was gewesen ist, also vom Realitätsprinzip, sondern wird von der Obsession bestimmt, sich eine Vergangenheit zu suchen, die passend ist. Der Grund für dieses auffällige Verhalten wurde zu einem Zeitpunkt gelegt, als die Fusion von Volk und Führer endgültig hergestellt war, im Krieg. Die Daten dieses Paktes lassen sich präzise angeben: der 22. Juni 1940 und der 22. Juni 1941.

Das erste Datum markierte die Niederlage Frankreichs. Klemperer notierte damals in seinem Tagebuch, das Volk sei »berauscht« und in seinen sittlichen Begriffen »verwirrt«: Hitler wolle ja nur, »was Deutschland gehört«, und im übrigen habe er versprochen, »Frieden zu halten«. Sein Nimbus sei »ungeheuer«, er gelte als »unbesieglich«.[1] Der Sieg im Westen wurde als verdiente und rechtmäßige Wiedergutmachung für die Niederlage von 1918 und die folgende »Schmach von Versailles« begriffen und gefeiert. Deutschland war jetzt – dank Hitlers Genie – die europäische Großmacht, die es durch den Ersten Weltkrieg hatte werden wollen. Genau ein Jahr später, am 22. Juni 1941, überfiel die deutsche Wehrmacht die Sowjetunion. Jetzt ging es nicht mehr um Wiedergutmachung, sondern um eine weltgeschichtliche Mission – die Vernichtung des Bolschewismus und die Ausrottung der europäischen Juden. Der Vernichtungskrieg im Osten wurde nicht wie bei den vorhergehenden Feldzügen begeistert begrüßt, aber er wurde als Verteidigung der Kultur gegen die Barbarei und als Schicksalskampf des deutschen Volkes um seine Zukunft zutiefst bejaht.[2] Insofern ist dem britischen Historiker Taylor zuzustimmen, der schon während des Krieges darauf hingewiesen hatte, daß die Volksgemeinschaft ihre endgültige Form und Festigkeit an der Ostfront gefunden hat.[3] Der Vernichtungskrieg machte die Deutschen zu Komplizen des Verbrechens, und aus dem Pakt zwischen dem Führer und seinem Volk wurde Blutsbrüderschaft.[4] Sie endete erst am 8. Mai 1945.

Dieses Datum, der Tag der Niederlage, nicht die Ermordung von 6 Millionen Juden oder fast 30 Millionen Menschen aus der Sowjetunion, verursachte das Trauma der Deutschen. Es fand in dem selbstgewählten Begriff vom »Zusammenbruch« seinen adäquaten Ausdruck. Damit war für die Generation der Täter der Weg zur Anerkennung ihrer Schuld verstellt, die Deutschen wurden – verblüffend für alle Beobachter – ein Volk »ohne Reue«.[5]

In den kommenden Jahrzehnten verwandten sie alle Energie darauf, den Vernichtungskrieg zum »normalen« Krieg umzudeuten und aus Hitlers Wehrmacht die »saubere« Wehrmacht zu machen. Daran beteiligten sich die ehemaligen Generäle, die unter der Führung von Hitlers Generalstabschef Halder die Wehrmachtsakten nachträglich säuberten oder in ihren Memoiren das geschönte Bild des Krieges entwarfen, ebenso wie die Verlage, die abweichende Darstellungen, wie die von Heinrich Böll und Erich Maria Remarque, unterdrückten und Raum schufen für Schriftsteller vom Schlage Peter Bamms oder Ernst Jüngers. Die Geschichtswissenschaft tat alles, den Zusammenhang von Krieg und Holocaust zu zerreißen und zwischen Wehrmacht und NS-Regime eine scharfe Trennungslinie zu ziehen, und die Millionen ehemaliger Soldaten, die schon während des Krieges das Verbrechen nicht als Verbrechen, sondern als berechtigten militärischen Akt begriffen hatten, erzählten in ihren Familien die unendliche Geschichte vom eigenen Heroismus, von der Grausamkeit der Russen, von Tod, Flucht und Strapazen. Immer stand im Zentrum dieser rastlosen Arbeit das Bemühen, die Täter unkenntlich zu machen oder aus der Geschichte verschwinden zu lassen. Zu Beginn war Hitler als dämonisierter Bandenchef für alles verantwortlich gemacht worden,[6] dann wurden nach den Prozessen der sechziger Jahre die Kommandos und Dienststellen der SS als Täter benannt, schließlich, als das Wissen sich durch kritische Darstellungen verbreiterte, waren es auch die Institutionen und Funktionseliten des NS-Staates, denen eine Beteiligung am Völkermord attestiert wurde. Ein Programm als Grundlage der Taten wurde ebenso bestritten wie der Rassismus als Motiv der Täter.[7]

Dieses Bild wurde mit der 1995 vom Hamburger Institut für Sozialforschung präsentierten Ausstellung »Vernichtungskrieg. Verbrechen der Wehrmacht 1941 bis 1944« zerstört. Die sofort einsetzenden Versuche, die Ausstellung zu stoppen, hatten nach vier Jahren Erfolg: Die erste Wehrmachtsausstellung wurde wegen einiger Fotos, deren falsche Bildunterschriften irrtümlich aus den Archiven übernommen worden waren, vom Leiter des Hamburger Instituts zurückgezogen und durch eine neue, völlig entschärfte Ausstellung ersetzt. Sie zeigte Taten ohne Täter. Der Vernichtungskrieg fand statt, aber niemand war dabei.

Hamburg, im November 2003

1. Kapitel
Vom Verschwinden der Täter

Die bedingungslose Kapitulation der zweiten Wehrmachtsausstellung

Als Jan Philipp Reemtsma, der Leiter des Hamburger Instituts für Sozialforschung, am 27. November 2001 in Berlin die neue Wehrmachtsausstellung unter dem leicht geänderten Titel *Verbrechen der Wehrmacht. Dimensionen des Vernichtungskrieges 1941–1944* präsentierte, konnte er sich über Gäste freuen, die der alten aus prinzipieller Gegnerschaft ferngeblieben waren. Bundeskanzler Gerhard Schröder schickte jetzt seinen Staatsminister für Kultur, Julian Nida-Rümelin, um die Ausstellung in der Hauptstadt feierlich eröffnen lassen. Rudolf Scharping, Minister für Verteidigung, der früher seinen Soldaten jeden offiziellen Kontakt mit dem Projekt und dessen Verantwortlichen verboten hatte, erlaubte diesmal, daß der wissenschaftliche Direktor des Militärgeschichtlichen Forschungsamtes die Hauptrede hielt und Generäle in Uniform an der Veranstaltung teilnahmen. Deutete sich schon in dieser Gästeliste der halbstaatliche Charakter des neuen Unternehmens an, so bestätigte die Reaktion der Medien, daß die Zeiten des Skandals und der heftigen öffentlichen Auseinandersetzungen offensichtlich der Vergangenheit angehörten. Die Schlagzeilen der großen Zeitungen z. B. lauteten nach der Eröffnung so: »Differenzierung statt Provokation« – »Von strenger Sachlichkeit« – »Weniger Provokation, mehr Sachlichkeit« – »Wissenschaftlichkeit gegen Vergangenheitspolitik« – »Mehr Kontext, weniger Emotionen« – »Mehr Verbrechen, weniger Polemik« – »Die Rückkehr der Texte«.[1] Auch hinsichtlich der Gestaltung überraschte die neue Ausstellung aufs angenehmste: »Ganz in weiß« – »Das Häßlichste aufs Schönste gezeigt.«[2] Anscheinend unterschied sich die neue Ausstellung von der alten nur durch einen anderen, sachlicheren Ton, durch ein Überwiegen der Texte, durch die Präsentation von noch mehr Verbrechen und durch eine – im Vergleich zum arte-povera-Stil der alten Ausstellung – angenehme und opulente Ästhetik. Ansonsten aber, auch darin waren sich alle einig, gab es keine inhaltlichen Abstriche, kein Abmildern des Befundes: »Die These steht« – »Reemtsma bekräftigt Grundthese« – »Grundaussage unverändert«.[3]

Nur wenige Stimmen scherten aus diesem Chor der Zustimmung aus. Franziska Augstein deutete die generelle Richtung der Kritik an, als sie in der *Süddeutschen Zeitung* als ersten Eindruck vom Eröffnungsrundgang mitteilte: »Manche der anwesenden Historiker bedauern, daß die Ausstellung sich jeder Zuspitzung versage.«[4] Einige Fachleute ergriffen immerhin in der Öffentlichkeit das Wort. Der NS-Forscher Werner Röhr gab seinem Kommentar in der *Jungen Welt* den Titel »Die Macht der Bilder. Vergrößert und zurückgenommen. Verschriftlicht und entschärft« und kritisierte, daß »auf das stärkste Ausdrucksmittel« – auf die Fotos – jetzt fast ganz verzichtet werde.[5] Wolfgang Wippermann, Historiker an der Freien Universität Berlin, warf der Ausstellung in der Zeitschrift *Die Woche* vor, sie dokumentiere zwar die »verbrecherischen Taten« der Wehrmacht, verliere aber kein Wort zu den Motiven der Täter, sondern begnüge sich mit dem Hinweis, diese seien völkerrechtswidrigen Befehlen gefolgt. Wippermann wies darauf hin, daß viele deutsche Soldaten Juden und Kommissare nicht nur auf Befehl ermordet hatten, »sondern, weil sie diese Juden und ›jüdischen Bolschewisten‹ haßten. Die Mörder wußten, was sie taten.«[6] Auch die Journalistin Christa Zöchling kritisierte den Verzicht auf die Fotos und alle anderen Materialien, die – wie in der ersten Ausstellung geschehen – Hinweise auf die Mentalität der Täter lieferten. In der Wiener Wochenzeitung *Profil* äußerte sie einen Verdacht: »Möglicherweise hat das neue Team in dem ehrenwerten

Vorsatz, die Kriegsgeneration nicht an den Pranger zu stellen, auf eine wichtige Dimension verzichtet: auf die Auseinandersetzung, warum eine Institution wie die Wehrmacht in ihrer Gesamtheit so funktioniert hat, daß ein Völkermord vonstatten ging.«[7] Mit dem zeitlichen Abstand vom Eröffnungsrummel der neuen Ausstellung nahm die Schärfe der Wahrnehmung zu, und die Zahl der Kritiker wuchs, die sich Gedanken über die Hintergründe des Rückzugs der alten und der veränderten Konzeption der neuen Ausstellung machten. Schon Werner Röhr hatte dem Hamburger Institut vorgeworfen, weitgehend den »Vorwürfen« der Gegner »nachgegeben« zu haben, und von einer »politischen Kapitulation« gesprochen.[8] Heinrich Senfft erblickte in der neuen Ausstellung »eine ängstliche und trotzige Antwort auf die erste«,[9] und Klaus Hesse meinte, sie habe sich von der Maxime »Safety first« leiten lassen.[10] Auch Klaus Theweleit sah dies Motiv am Werk – bei Darstellung der Naziverbrechen im Vernichtungskrieg nicht noch einmal zur Zielscheibe der Kritik zu werden – und erklärte es aus dem fast zwanghaften Bemühen um »Seriosität«: »›Seriosität‹ ist eine Falle, in die bis heute sowohl die universitären Wissenschaften gerannt sind und rennen, wie auch andere Institute, die nichts so sehr wollen, wie ›ernstgenommen‹ werden von den ›maßgeblichen‹ Institutionen der Gesellschaft und deren Repräsentanten. Die Selbstkasteiung, die Jan Philipp Reemtsma mit der ›Reinigung‹ der Konzeption der sogenannten Wehrmachtsausstellung vorgenommen hat, ist ein eindringlicher Beweis.«[11] Daß das Bemühen des als »links« bzw. »politisch« geltenden Instituts, endlich ernst genommen zu werden, von Erfolg gekrönt war, hat die *Frankfurter Allgemeine Zeitung* ihm ausdrücklich bescheinigt – die neue Ausstellung sei »ein gutes Stück Konsensgeschichte«.[12] Und das Hamburger Institut hat diese Interpretation sofort als zutreffend bestätigt. Auf die Frage des Wiener *Standard*, warum denn die neue Ausstellung gar keine kontroversen Debatten und keine öffentliche Polarisierung mehr hervorrufe, antwortete die Sprecherin des Instituts wie auf Stichwort: »In der FAZ wurde gefragt: Wird hier Konsensgeschichte gezeigt? Das trifft den Punkt momentan sehr gut.«[13]

So richtig die Beschreibungen der neuen Ausstellung als Rückzug auf allseits akzeptierte Positionen auch sind, die subjektiven Motive der Angst vor Kritik und der Sucht nach Anerkennung vermögen das Manöver einer so einschneidenden Korrektur nicht hinreichend zu erklären. Dazu ist es nötig, die Geschichte der ersten Wehrmachtsausstellung zu rekapitulieren und die neue einer genaueren Analyse zu unterwerfen.

Die Auseinandersetzungen um die erste Wehrmachtsausstellung

Am Anfang stand ein Projekt des Hamburger Instituts für Sozialforschung, das vom Ende des Jahrhunderts her noch einmal einen Blick werfen wollte auf die Destruktivität des vergangenen Säkulums, um eine Prognose für das kommende zu wagen. In diesem Kontext war der Krieg, den Nazideutschland von 1939 bis 1945 führte, ein natürlicher und zentraler Forschungsgegenstand: Der Überfall auf Polen, die Niederwerfung Jugoslawiens, vor allem aber der Feldzug gegen die Sowjetunion konstituierten einen neuen Typ von entgrenztem Krieg. Die Wehrmacht – mit 19 Millionen Angehörigen die größte Organisation des NS-Regimes – war in diesem Krieg, das weiß man spätestens seit den Nürnberger Prozessen, zugleich Instrument und Motor nationalsozialistischer Rassen- und Eroberungspolitik. Sie führte einen Krieg, dessen Ziel nicht mehr der Sieg über feindliche Armeen war, sondern die Zerstörung von ganzen Gesellschaften, die Dezimierung von rassisch minderwertig eingestuften Völkern wie den Slawen und die Ausrottung ganzer Volksgruppen wie der Juden. Mehr als eine Million von der Wehrmacht oder doch mit ihrer Unterstützung ermordeter Juden, 3,3 Millionen in alleiniger Verantwortung der Wehrmacht umgebrachte Kriegsgefangene, 5 bis 7 Millionen von der Wehrmacht in Zusammenarbeit mit Polizei und SS außerhalb von Kampfhandlungen als »partisanenverdächtig« getötete oder zur Zwangsarbeit deportierte Zivilisten, das war das Ergebnis eines Krieges, den die Ausstellung zur Unterscheidung vom Ersten Weltkrieg als »Vernichtungskrieg« charakterisiert hat.

Die Ausstellung, die sich auf den Zeitraum 1941 bis 1944 und auf wenige Frontabschnitte beschränkte, entwickelte ihre Argumentation anhand dreier Fallstudien:

– Man sah, wie im Militärverwaltungsbezirk Serbien innerhalb des ersten Kriegsjahres 1941 alle männlichen Juden im Rahmen der Partisanenabwehr als Geiseln verhaftet und dann sukzessive ermordet wurden.

– Man wurde Zeuge, wie die 6. Armee auf ihrem Weg durch die Ukraine im Sommer und Herbst 1941 den für den Judenmord verantwortlichen Einsatzgruppen der SS tatkräftige Beihilfe geleistet hat – durch Befehle an die Juden, sich zu sammeln, aber auch indem sie beim Zusammentreiben, Abtransportieren, Absperren und Erschießen der Opfer half.

– Man erlebte, wie die Wehrmacht während der dreijährigen Besetzung von Weißrußland vom ersten Tag an einen unerbittlichen Rassenkrieg gegen Juden und »slawische Untermenschen« führte; sie war verantwortlich für das geplante Massensterben von Hunderttausenden von sowjetischen Kriegsgefangenen durch Hunger, Entkräftung, Erfrieren, Seuchen und Exekutionen; sie wurde durch die Kennzeichnung der Juden, durch die Errichtung der Ghettos in den Städten, durch die Ermordung der Juden in den Dörfern und durch die Unterstützung von SS und Polizei beim Massenmord zum Komplizen der »Endlösung»; sie ermordete, im Zusammenwirken mit Himmlers Einsatzkräften, Hunderttausende Zivilisten im Rahmen des Partisanenkrieges bzw. deportierte sie zur Zwangsarbeit nach Deutschland.

Die Ausstellung, die ihre Thesen mit den Akten der ehemaligen deutschen Wehrmacht, mit Feldpostbriefen, Materialien aus Nachkriegsprozessen und überwiegend privaten Fotos ehemaliger deutscher Soldaten belegte, war von Bernd Boll, Hannes Heer, Walter Manoschek, Hans Safrian erarbeitet und von Christian Reuther gestaltet worden. Sie wurde am 5. März 1995 unter dem Titel *Vernichtungskrieg. Verbrechen der Wehrmacht 1941 bis 1944* in der Kampnagelfabrik in Hamburg eröffnet. Ursprünglich war sie für ein wissenschaftliches Publikum und nicht als Wanderausstellung konzipiert,[14] doch war die Nachfrage so groß, daß sie anschließend in 33 deutschen und österreichischen Städten gezeigt wurde.[15] Ungefähr 900000 Besucher haben sie in diesen vier Jahren gesehen. Weitere Termine im In- und Ausland waren bis zum Jahr 2005 verplant.[16]

Die erste Phase ihrer Präsentation in der Bundesrepublik war gekennzeichnet von medialer Zustimmung. Die großen deutschen Tages- und Wochenzeitungen würdigten die Ausstellung als einen bemerkenswerten Beitrag zum Gedenkjahr 1995: »Die wichtigste historische Ausstellung seit langem«, so formulierte stellvertretend *Die Zeit*.[17] Der Tenor der Berichterstattung ließ sich an den fast identischen Schlagzeilen ablesen: »Die Zerstörung einer Legende« – »Lebenslügen« – »Vom Mythos bleibt nur noch die Lüge« – »Die Lüge von der anständigen Wehrmacht« – »Die Legende von der sauberen Wehrmacht« – »Das ernüchternde Ende einer Legende« – »Eine Ausstellung zerstört die historische Lüge von den sauberen Soldaten«.[18] Auffallend war, mit welcher Erleichterung die Berichterstatter diesen Tatbestand festhielten, so, als sei jetzt endlich Raum gewonnen für öffentliche Korrekturen und private Gewissenserforschung. Statt der Legende, so schrieb *Die Zeit*, werde »die fürchterliche Wahrheit offenbar [...], die sich gegen eine Mauer einvernehmlichen Schweigens in der deutschen Öffentlichkeit nie durchsetzen konnte«.[19]

Natürlich gab es auch andere Stimmen. Schon von Beginn

an hatten die Traditionsverbände der ehemaligen Wehrmachtssoldaten Front gegen die Ausstellung gemacht und ihr eine »Kombination aus Verfälschungen von Quellen und pauschalen Verleumdungen« vorgeworfen.[20] Aber diese Stimmen erhielten erst Gewicht, als sich mit Beginn des Jahres 1996 seriösere Organe kritisch der Ausstellung annahmen und damit die zweite Phase einer wachsenden Gegnerschaft und aufgeregter öffentlicher Debatten einleiteten.[21] Den Anfang machte ein Artikel in der *Frankfurter Allgemeinen Zeitung*. Er verwahrte sich gegen die einseitige und pauschale Schuldzuweisung an die Wehrmacht: die allmächtige SS sei für die Verbrechen verantwortlich gewesen. Übergriffe der Wehrmacht wie z. B. im Partisanenkrieg seien nur in Reaktion auf Stalins brutale Kriegsführung hinter den deutschen Linien erfolgt. Die Ausstellung sei kein wissenschaftlicher Beitrag, sondern ein »Pamphlet«, das einem »Bedürfnis der Betroffenheit« und einem nach Anlässen förmlich süchtigen »Schuldempfinden« entspreche.[22] Zeitgleich erschien eine Broschüre, in der die Autoren und Initiatoren der Ausstellung als »Altkommunisten und Spät-68er« und als ihre Zielsetzung die Diffamierung der Bundeswehr als Nachfolgeorganisation der Wehrmacht »entlarvt« wurden.[23] Beide Publikationen machten Wirbel auf der offiziellen politischen Bühne: Verteidigungsminister Rühe verbot den Gliederungen der Bundeswehr jeden öffentlichen Kontakt mit den Trägern der Ausstellung und untersagte jede Teilnahme an Diskussionen, CSU-Bürgermeister weigerten sich erstmals, an der Ausstellungseröffnung in ihren Städten teilzunehmen, in Bremen setzte die CDU die mitregierende SPD wegen der Ausstellung so unter Druck, daß es fast zu einem Bruch der Koalition gekommen wäre. Den Höhepunkt markierte dann die bayrische CSU im Februar 1997. Ihr Münchener Vorsitzender Peter Gauweiler diffamierte Jan Philipp Reemtsma, den Financier der Ausstellung, der sein Erbe aus Deutschlands größter Tabakfirma zur Gründung eines privaten Forschungsinstituts verwendet hatte, indem er ihn aufforderte, seine Millionen – statt für das Gedenken an ermordete Juden, kriegsgefangene Rotarmisten und aufgehängte Zivilisten – für die Opfer des Tabakkonsums zu verwenden.[24] Der *Bayernkurier*, das Zentralorgan der CSU, prangerte die Ausstellung als »Verschärfung« der Strafmaßnahmen des Nürnberger Gerichtshofes an: Indem Millionen von deutschen Soldaten die Ehre abgesprochen werde, würden die Verantwortlichen einen »moralischen Vernichtungsfeldzug gegen das deutsche Volk« inszenieren.[25] Mit einer Kranzniederlegung der Münchener CSU am Grabmal des Unbekannten Soldaten, mit der Empfehlung des bayerischen Kultusministers an die Schulen, die Ausstellung nicht zu besuchen, und schließlich mit der von den Konservativen vielleicht nicht gewollten, aber sicherlich einkalkulierten Großdemonstration von 5000 Neonazis erreichte die Kampagne ihren traurigen Höhepunkt und zugleich eine eindeutige Niederlage: mit dem Besuch von 90 000 Menschen in der Ausstellung, davon 20 000 Schüler, wurde die Ausstellung endgültig zu einem bundesweit bekannten Ereignis. Die Münchener Ereignisse führten zu einer Isolation der rechtskonservativen Gegner mitsamt ihrem Neonazi-Anhang. Deutlicher Ausdruck dafür war die Tatsache, daß sich der Bundestag in einer denkwürdigen Debatte am 13. März 1997 mit der Ausstellung und den dort dokumentierten Verbrechen der Wehrmacht beschäftigte. Redner aller Parteien versuchten in ganz persönlicher Weise und manchmal unter Tränen, sich diesem offiziell nie eingestandenen Thema deutscher Schuld zu nähern.[26] Wenig später wurde die Ausstellung an der Stätte gezeigt, in der sich nach der Revolution von 1848 das erste deutsche Parlament zusammengefunden hatte und die deshalb als Geburtsort der deutschen Demokratie gilt, in der Frankfurter Paulskirche. Ab jetzt, so schien es, war die Ausstellung endgültig durchgesetzt. Es begann die dritte Phase. Statt der bisher meist privaten Veranstalter rissen sich jetzt staatliche Institutionen um sie: Parlamente der Bundesländer und Städte,

Archive und Museen, Universitäten und Volkshochschulen. Jetzt hielten Botschafter und Ministerpräsidenten, Ex-Minister und Ex-Bundeskanzler die Eröffnungsreden.[27] Die Ausstellungsorte verwandelten sich in permanente und öffentliche Diskussionsforen. Zeitzeugen meldeten sich zu Wort, und die Lokalzeitungen kamen fast nicht hinterher, über die Ereignisse zu berichten. Jede Stadt begann, die Debatten vor Ort zu dokumentieren und es erschienen die ersten wissenschaftlichen Untersuchungen über die »Wehrmachtsdebatte«. Die *Frankfurter Allgemeine Zeitung* bescheinigte der Ausstellung, sie habe bewirkt, daß der Zweite Weltkrieg in der öffentlichen Wahrnehmung »sein Gesicht veränderte«, und dadurch »Bewußtseinstatsachen geschaffen«. So habe die Militärgeschichte, die »der Rassenpolitik des Regimes wenig Aufmerksamkeit geschenkt« habe, jetzt begriffen, »daß im Schatten des Krieges der Holocaust sich entwickelt und ausgebreitet hat«.[28]

Aber der Eindruck, den Durchbruch und das Ende der Debatte erreicht zu haben, trog. Angestachelt durch den offensichtlichen Erfolg und die kurz bevorstehende Eröffnung der Ausstellung in New York am 2. Dezember 1999, intensivierten die Kritiker ihren Widerstand. Die Intervention erfolgte diesmal nicht von Veteranen, konservativen Publizisten oder Politikern, sondern erstmals von Historikern. Und sie richtete sich nicht offen gegen die Grundthese der Ausstellung, sondern nur gegen ihr wirkungsmächtigstes, weil erschreckendstes Medium: gegen die Bilder. Was zuvor schon das Magazin *Focus* mit einer Kampagne gegen ein einzelnes Foto probiert hatte,[29] wurde nun umfassender und wirkungsvoller in Szene gesetzt. Der polnische Historiker Bogdan Musial behauptete, daß auf zehn Fotos in der Ausstellung statt Verbrechen der Wehrmacht solche des sowjetischen NKWD zu sehen seien. Darüber hinaus würden »etwa die Hälfte« der Fotos Handlungen zeigen, die nichts mit Kriegsverbrechen zu tun hätten. Sein ungarischer Kollege Krisztián Ungváry monierte, daß eine Bildserie von sechs Fotos eine

Exekution serbischer Jugendlicher in einer damals von Ungarn besetzten jugoslawischen Stadt zeige, die statt von Soldaten der Wehrmacht von Angehörigen der ungarischen Armee durchgeführt worden sei. Und – Musial noch übertrumpfend – behauptete er, 90 Prozent der in der Ausstellung gezeigten Fotos hätten mit Wehrmachtsverbrechen nichts zu tun. Dieter Schmidt-Neuhaus schließlich zweifelte die Bildunterschriften von vier aus dem *Dokumentationsarchiv des österreichischen Widerstandes* in Wien stammenden Fotos an, die Opfer eines Massakers in Tarnopol zeigten.[30]

Der Vorstoß war eine konzertierte Aktion: die Kritiken erschienen zeitgleich in zwei historischen Fachzeitschriften, und den großen Zeitungen lagen Vorabdrucke vor. Das Trommelfeuer der Medien setzte sofort ein: »These richtig – Bilder falsch?« – »Die zweifelhafte Macht der Bilder« – »Sadistische Schaulust« – »Vom Krieg ein falsches Bild« – »Die Spitze eines Eisbergs«.[31] Im Wirbel der Proteste und öffentlichen Erklärungen fielen besonders zwei Stimmen auf, die von Beginn an zu den schärfsten Kritikern der Ausstellung gehört hatten.[32] Rolf-Dieter Müller vom Militärgeschichtlichen Forschungsamt in Potsdam, einer Institution des Ministeriums für Verteidigung, warf ihr vor, »einen kaum zu ermessenden Schaden« verursacht zu haben: »Hunderttausende von Besuchern werden sich heute fragen, wofür sie eigentlich Eintrittsgeld bezahlt haben, was eigentlich richtig und was falsch gewesen ist.«[33] Und der Direktor des renommierten Münchener Instituts für Zeitgeschichte, Horst Möller, der wenig später durch seine Laudatio bei einer Preisverleihung an Ernst Nolte selber ins Zentrum der öffentlichen Aufmerksamkeit geraten sollte,[34] überschlug sich fast vor Empörung über die vermeintliche Agitation der Ausstellung: »Das ist der Einhämmerungseffekt […], den schon Hitler zitiert hat: immer dasselbe wiederholen, dann wird es schon einsickern. Nämlich, daß die Wehrmacht zumindest in solchem Umfang an Verbrechen beteiligt war, daß man sie insgesamt als ein Instrument des Verbrechens bezeichnen muß.«[35]

Der Skandal, so hat Peter Sloterdijk formuliert, sei »eine Volksabstimmung der Gefühle über Empörungsgegenstände, die in sinnlicher und sittlicher Evidenz für alle gegeben sind, ohne daß ein Vermittlungsproblem dazwischenträte. Jeder Skandal beginnt als eine moralisch-mediale Demonstration für die Normalität und als Protest gegen deren Verletzung. Mit seinem Anspruch auf natürliche Mitempörung verpflichtet er seine Teilnehmer zur Naivität.« Sloterdijk rechnet zu diesen strukturellen Elementen des Skandals zwei dynamische hinzu, die seine Verlaufskurve bestimmen: die Prominenz der Akteure, also »die Fallhöhe der Demontage«, ist die unerläßliche Bedingung für das Ingangkommen des Prozesses, die Verwandlung des Moralischen in die Gestalt einer leichtverderblichen und daher möglichst rasch zu verkaufenden »Empörungsware und Faszinationsware« sorgt für die rasante Beschleunigung des Vorgangs.[36] Es liegt nahe, dies Modell gesteigerter gesellschaftlicher Interaktion auch zur Erklärung der medialen Stampede heranzuziehen, die im Oktober/November 1999 über die Wehrmachtsausstellung hinwegtobte. Es ging nicht um Wissenschaft, daher waren Argumente nicht gefragt, für Differenzierung gegenüber denen, die man der mangelnden Differenzierung beschuldigte, war kein Raum, Experten, die sich auf dem schwierigen Terrain des Umgangs mit Fotos als historischen Quellen auskannten, lud man nicht zur Stellungnahme ein. Allerdings drängten sich die Wissenschaftler, die vorher die Ausstellung begrüßt hatten, auch nicht gerade danach, sie jetzt zu verteidigen.[37] Es waren wenige, die sich gegen den Strom stellten und auf den Regeln des Fachs beharrten.[38] Nur einer, Norbert Frei, wagte, auch die Form der Auseinandersetzung als das zu bezeichnen, was sie war – »Krawallkommunikation«.[39] Dem Trommelfeuer der Medien, das durch Meldungen über Gerichtsverfahren des Hamburger Instituts gegen Kritiker der Ausstellung noch verstärkt worden war,[40] hielt dessen Leiter nicht stand: Nachdem er mich als Leiter der Ausstellung abgesetzt [41] und mir, wie den übrigen Autoren, jede öffentliche Stellungnahme verboten hatte,[42] zog er die Ausstellung, unter öffentlichem Applaus, zurück[43] und übergab sie – im Einverständnis mit dem Trägerverein[44] – zur Überprüfung einer unabhängigen Historikerkommission.

Der Bericht dieser Kommission, der nach einjähriger Überprüfung am 15. November 2000 vorgelegt wurde, kam zu einem bemerkenswerten Ergebnis. Er bestätigte Fehler bei den Bildunterschriften einiger Fotos – die Autoren hatten die Bildlegenden der Archive, östlicher wie westlicher, meist unbesehen übernommen. »Bei zwei von zehn kritisierten Fotografien« waren auf diese Weise NKWD-Opfer fälschlicherweise als Opfer der Wehrmacht ausgewiesen worden. Als Folge dieses nachlässigen Umgangs mit der Quelle Fotografie bilanzierte die Kommission, »daß von den 1433 Fotografien der Ausstellung weniger als 20 Fotos nicht in eine Ausstellung über die Wehrmacht gehören«. Damit war die Maßlosigkeit der Kritik ebenso erwiesen wie die Tatsache, daß die wenigen Fehler nur der gewünschte Anlaß, nicht aber die Ursache für die Schließung der Ausstellung gewesen waren. Die Kommission stellte nämlich unmißverständlich klar, daß »die Grundaussagen der Ausstellung über die Wehrmacht und den im ›Osten‹ geführten Vernichtungskrieg der Sache nach richtig« sind. Sie bestätigte »die Intensität und Seriosität der von den Ausstellungsautoren geleisteten Quellenarbeit« und stellte gegenüber der öffentlich geführten Kampagne fest, daß die Ausstellung »keine Fälschungen« enthielt. Der Bericht merkte zwar kritisch an, daß »die Defizite der Ausstellung […] im bemerkenswert unbekümmerten Gebrauch fotografischer Quellen, wie er in geschichtswissenschaftlichen und populären Publikationen leider sehr verbreitet ist«, bestünden, relativierte diese Kritik aber mit der abschließenden Feststellung, daß zum einen »keine historische Ausstellung, die mit Fotografien arbeitet, jemals so gründlich untersucht worden ist«, und daß zum anderen, der in der Ausstellung geübte Umgang »mit historischen Fotografien derart verbreitet [ist], daß gegenwärtig vermutlich nur wenige Ausstellungen und Publikationen historischer Fotografien den strengen Kriterien standhalten würden, von denen hier ausgegangen wird«.[45] Dieser Befund, der eine eindeutige Rehabilitierung der Ausstellung und ihrer Autoren darstellte, hätte eine brauchbare Hilfestellung zu einer raschen Behebung der festgestellten Defizite leisten können. Aber der Leiter des Hamburger Instituts hatte sich längst anders entschieden: Entgegen seiner öffentlichen Erklärung, den Befund der Historiker-Kommission für eine Korrektur abzuwarten,[46] und unter Ausschluß der ehemaligen Autoren hatte er schon Ende 1999 eine gänzlich neue Ausstellung konzipiert und in Auftrag gegeben.[47] Sie wurde, wie erwähnt, am 27. November 2001 in Berlin eröffnet und verzichtete auf alle die visuellen und inhaltlichen Elemente, denen die alte Ausstellung den öffentlichen Skandal wie die reinigende Katharsis zu verdanken gehabt hatte.

Ein kurzer Blick auf das kollektive Gedächtnis der Deutschen

Wer die Geschichte des Erfolges wie des Scheiterns der Ausstellung verstehen will, muß die Art und Weise rekapitulieren, wie die Deutschen in der Bundesrepublik mit der Zeit des Nationalsozialismus umgegangen sind und welche Bedeutung dabei der Wehrmacht zukam. Schon 1945 hatten sechs führende deutsche Feldmarschälle und Generäle, darunter der ehemalige Oberbefehlshaber des Heeres, Walther von Brauchitsch, und der fähigste der Armeeführer, Erich von Manstein, die Umrisse eines Bildes entworfen, das im öffentlichen Bewußtsein fünfzig Jahre Bestand haben sollte. In einer Denkschrift für den Nürnberger Prozeß hatten sie festgestellt,

– daß das Verhältnis der Wehrmacht zur Partei wie zu Hitler stets kühl und distanziert gewesen sei;

– daß man vor dem Krieg die Judenverfolgung als der deutschen Nation unwürdig abgelehnt, im Krieg aber weder Einfluß auf das Tun der SS gehabt noch davon erfahren habe;

– daß die Generalität den Krieg gegen die Sowjetunion als dem deutschen Volk aufgezwungenen Präventivkrieg akzeptiert habe; Hitlers Absicht aber, dort einen Rassen- und Vernichtungskrieg zu führen, sei man nicht gefolgt: der Feldzug sei ritterlich nach den Regeln des Völkerrechts geführt worden – weitestgehend auch gegen Stalins Partisanenbanden und ihren grausamen Terror.[48] Telford Taylor, einer der amerikanischen Anklagevertreter im ersten Nürnberger Verfahren und Hauptankläger in den Folgeprozessen, erkannte in diesem Vorgang schon damals »die ersten Keime der Mythen und Legenden», mit denen die geschlagenen Generäle ihre Spur zu verwischen suchten.[49]

Maurice Halbwachs hat darauf hingewiesen, daß die Erinnerung »in sehr weitem Maße eine Rekonstruktion der Vergangenheit mit Hilfe von der Gegenwart entliehenen Gegebenheiten« sei. Obwohl jede Erinnerung zunächst nur als individuelle vorgestellt werden könne, so sei sie doch von Beginn an geprägt durch ein »kollektives Gedächtnis«, durch das Aufwachsen in den Erinnerungsräumen und -bildern der Familie, durch das sie umgebende überpersönliche Geflecht von Kultur und Geschichte, vor allem aber durch die feste Zugehörigkeit zu Gruppen. Diese würden konstituiert durch vorgegebene Affinitäten – solche des Alters, des Berufs, der Erlebnisse –, aber am Leben gehalten durch ihr gemeinsames Gedächtnis. Es allein vermöge einer Gruppe zu zeigen, »daß sie dieselbe geblieben ist«, und ermögliche ihr deshalb, sich ihrer »Identität bewußt« zu werden.[50] Im Beschweigen der allen bekannten Verbrechen und im Umdeuten der eigenen Geschichte hat das Kollektiv der Deutschen nach 1945 versucht, sich der Kontinuität zu versichern und sich zugleich eine Identität zu schaffen, die den

Normen der Jetztzeit entsprach und ein positives Selbstbild garantierte. Dieser Prozeß der Selbstverständigung der NS-Generation konnte zum Selbstbild, zur kollektiven Erinnerung eines ganzen Volkes werden, weil er durch die Filme und Illustrierten der fünfziger Jahre, durch die Memoirenliteratur der Generäle oder Erlebnisberichte im Stile Peter Bamms,[51] vor allem aber durch die »Vergangenheitspolitik« Adenauers und aller im Bundestag vertretenen Parteien massiv unterstützt und offiziell legitimiert wurde: durch die Amnestierung und Integration fast aller Funktionsträger des Naziregimes, durch die Beendigung der Entnazifizierung, durch die mit einer Kampagne erzwungene Freilassung der inhaftierten Kriegsverbrecher und schließlich durch die von US-Präsident Eisenhower – mit Hinweis auf die gewünschte deutsche Wiederbewaffnung – erpreßte öffentliche Ehrenerklärung für die Wehrmacht.[52] Der Kalte Krieg und die Staatsdoktrin des Antikommunismus taten ein übriges, den Verbrechen der Wehrmacht in Polen, in der Sowjetunion und auf dem Balkan im nachhinein sogar den Anschein von Berechtigung zu verleihen. Insgesamt wurden die Spuren der Nazizeit und ihrer Verbrechen so gründlich verwischt und ausradiert, daß der Eindruck entstehen konnte, Nazis und Nationalsozialismus habe es in Deutschland nie gegeben. Nur für die Verbrechen an den Juden wurde von der Bundesrepublik – als Rechtsnachfolger des NS-Staates – eine Gesamthaftung übernommen: das »Unrecht«, das nach offizieller Lesart nur »in deutschem Namen« geschehen war, wurde mit Banküberweisung an den Staat Israel abgeglichen. Der einzelne Deutsche hatte mit dem einen wie mit dem anderen nichts zu tun.

Dieses nationale Geschichtsbild wurde von der Studentenbewegung 1967/68 mit Vehemenz in Frage gestellt und – unterstützt durch den Prozeß gegen Eichmann in Jerusalem und den Frankfurter Auschwitz-Prozeß – in seinem Kern zerstört. Hatten die Väter und Mütter der rebellierenden Studenten ihre Nachkriegsidentität durch Auslöschung der

Nazizeit und deren Ausschluß aus der Erinnerung gewonnen, so begründeten ihre Söhne und Töchter eine neue Identität, indem sie die Verbrechen des NS-Regimes zum Dreh- und Angelpunkt der deutschen Geschichte erklärten und die Kritik daran zur unverzichtbaren Bedingung für das Entstehen einer demokratischen Kultur in Deutschland machten. Mit der Frage nach der Rolle der eigenen Familie in der NS-Zeit wurden die Normen einer universalistischen Moral zum gültigen Maßstab des eigenen Lebens gemacht und zugleich in die deutsche Geschichte zurückgeholt. Damit wurde die sogenannte zweite Generation fähig, »sich von der mentalen Erblast des Beschwiegenen zu befreien und sich zugleich von der Tätergeneration zu distanzieren«.[53] Willy Brandt hatte mit seinem Kniefall am Denkmal des Warschauer Ghettoaufstandes diese neue Haltung im Umgang mit der deutschen Vergangenheit ausdrucksstark bestätigt. Mit seiner neuen Ostpolitik, die »an die Wurzel des deutsche Unheils, das 1933, bei Hitler lag«, erinnerte und von der Prämisse ausging, »daß die Teilung Deutschlands das durch Deutsche selbstverschuldete [...] Urteil der Geschichte darstellte«, wurde dem Selbstbild der Deutschen, die sich bisher vor allem als Opfer des Nationalsozialismus gesehen hatten, zumindest die Dimension einer Mittäterschaft hinzugefügt.[54]

Während der Holocaust durch die Kulturrevolution von 1968, die neue Ostpolitik und die amerikanische TV-Serie gleichen Namens also endlich seinen Ort in der deutschen Geschichte fand und die Erinnerung daran zum fixen Bestandteil des Bildungswesens, zum Gegenstand der Literatur und zum Zentrum einer offiziellen Gedenkkultur wurde, blieb der Vernichtungskrieg der deutschen Wehrmacht als zweites deutsches Jahrhundertverbrechen weiterhin tabuisiert. Nachdem über Jahrzehnte eine weitgehend apologetische, von den Memoiren der ehemaligen Generäle dominierte Literatur vorgeherrscht hatte, wurde – nach einem kritischen Anlauf Ende der sechziger Jahre[55] – erst zehn

Jahre später eine kritische Militärgeschichtsschreibung etabliert, die mit wegweisenden Studien die Umrisse des Vernichtungskrieges und der Rolle der Wehrmacht als dessen Motor deutlich herausarbeitete.[56] Aber diese Beiträge haben das in der öffentlichen Wahrnehmung vorherrschende Bild von der »sauberen Wehrmacht« nicht verändert. Auch die sorgfältige, 1991 in der Berliner Gedenkstätte *Topographie des Terrors* gezeigte Dokumentation »Der Krieg gegen die Sowjetunion 1941–1945«[57] und wichtige populärwissenschaftliche Arbeiten bedeuteten keine Zäsur.[58] Erst die Wehrmachtsausstellung von 1995 hat, um ein Bild von Ute Frevert zu gebrauchen, »die Erinnerungslandschaft des Krieges von Grund auf [umgepflügt]«.[59] Sie hat nicht nur das offizielle Geschichtsbild, das in den Taten der Wehrmacht immer noch einen Rest von Sinn und einen Ansatzpunkt für Tradition erblicken wollte, mit der Wahrheit konfrontiert, sie hat auch die individuelle Erinnerung der ehemaligen Soldaten und das kollektive Gedächtnis der gesamten NS-Generation in Frage gestellt und gezeigt, daß ihre Artikulationen identitätsstiftende und identitätsschützende Lebenslügen waren. Sie hat das nicht mit Leichenbergen, medialen Effekten oder einer Kontinuitätsdebatte erreicht, sondern indem sie den Krieg gegen die Sowjetunion als die Stunde eins des Holocaust vorgeführt, die beteiligten Einheiten benannt und den Tätern ein Gesicht verliehen hat: mit Hilfe der Fotos, die diese selbst von ihren Taten hinterlassen haben. Sie hat – im Ausschnitt des Krieges – die Geschichte der Nazizeit als Familiengeschichte inszeniert und so ganz nahe gerückt. Der Besuch der Ausstellung glich dem Blättern in einem imaginären Fotoalbum. Und die Eintragungen in die ausliegenden Besucherbücher verwandelten diese in ein öffentliches Tagebuch.[60]

Explodierende Erinnerung

»Ich danke für die erschütternde Ausstellung. Selbst habe ich vieles mitgemacht u. gesehen u. erlebt. Mössner Rudolf, Neuköllnerstr. 17, 71229 Leonberg.« – »Es stimmt alles. War vom ersten bis zum letzten Kriegstag dabei.« – »Es war so! Ich war dabei!« – »War selbst zwei Jahre an der Front in Rußland und kann die hier gezeigten Dokumente aus eigener Anschauung bestätigen.« – »Leider, leider, es war so!« – »Ich war *leider* dabei.« – »Spät, aber bitter nötig.« – »Recht so! Weiterhin Mut und Rückgrat zu Veröffentlichung und Diskussion. [...] Heinz Schneider, ehem. 29. Pz. Gren. Div. Stalingrad/Italien.« – »Danke den gefallenen Alliierten, die uns befreit haben. Wir können nicht vergessen. Bin Jahrgang 1926.« – »Die Bilder wecken Erinnerung an die grausame Zeit, die ich als 17jähriger Soldat erleben mußte.« Die Sätze brachen aus den alten Soldaten heraus, als ob etwas in ihrem Innern explodiert sei. Ausrufezeichen und Unterstreichung zeigten den Stärkegrad der Erregung. Die Angabe der Adresse, der Einheit und vor allem des Jahrgangs sollte die Aussage nachprüfbar, zur historischen Quelle machen. Bekundet wurde Dank – daß die Erinnerung endlich ihren Ausdruck gefunden hatte, daß die eigenen Alpträume auf die Tafeln der Ausstellung gebannt waren, daß die später Geborenen und die Nichtsoldaten verstanden, was man erlebt und jahrzehntelang mitgeschleppt hatte, daß man endlich die Bürde teilen konnte, daß der Krieg vielleicht jetzt zu seinem Ende kommen würde.

Nur ganz wenige setzten sich dem Strudel dieser Erinnerung noch einmal aus und zeigten öffentlich vor, was er zutage förderte: »Ich habe mich erinnert an meine Soldatenzeit beim Krieg gegen die UdSSR 1941. 22. 6. Ich war Kradmelder eines Nachrichtenzuges im Stab einer Panzerjäger-Abt. in der 87. Inf. Division. In Bobruisk hatte ich von Kameraden gehört, daß die 4. Kompanie ein Waldgelände absperren mußte, weil dort, von SD u. SS, Menschen erschossen wurden. S.W. (87 J. alt.)« – »Ja, so war es. Teilweise war ich Zeitzeuge im Jugoslawienkrieg. Ich bin stark erregt von den Erinnerungen. Man wußte es! Es gab Absprachen zwischen Wehrmacht und braunen Mordkommandos, auch, wenn man sich nicht wohl fühlte dabei. Es ist auch wahr, daß Wehrmachtssoldaten bei Mordtaten Absperrungen vorgenommen haben – und vereinzelt mitmachten. Es war aber auch zu spüren, was bei den Zeugen an seelischen Schäden blieb. Heinrich Gellermann.« – »Mein furchtbarstes Erlebnis hatte ich etwa August 1942 im litauischen Mariupol: Um 18 h, von 24 Stund. Wache abgelöst, hörte ich, an diesem Tage seien im ehemal. Kasernengelände am anderen Stadtende 5–7000 Juden von SS-Leuten ›liquidiert‹ d. h. ermordet worden. Konnte solch Verbrechen wahr sein? – Ich ging und stand dann vor den langen Massengräbern mit den grad dürftig zugeschaufelten Leichen. Im Soldatenheim aber grölten und soffen die Massenmörder Bier und Schnaps aus Wassereimern! Ekel und Grauen erfaßten mich. Ich konnte nur noch sagen: ›Wenn dieses Blut über uns kommt, dann gnade uns Gott‹ – Dort gelobte ich alles zu tun, daß solche Verbrechen nicht mehr vorkommen dürfen. [unleserliche Unterschrift] 70839.« Solche Berichte sind Vermächtnisse – mit Unterschrift und Postleitzahl. Ich habe gesehen, und ich zeuge davon. Nicht alle Eintragungen wählten diese feierliche Form. Sie gaben Erlebtes zu Protokoll, sachlich und möglichst präzise, Fakten in Ergänzung zur Ausstellung: die Erschießung russischer Kriegsgefangener in Smolensk, das Abbrennen von Dörfern im Rahmen der Partisanenbekämpfung in Weißrußland, Leichenberge vor einem brennenden Haus. Erinnert wird aber auch der Terror gegen die eigenen Leute – die Jagd der Feldgendarmen auf Soldaten ohne Papiere 1944 in Ungarn, die Angst vor den Folgen einer Befehlsverweigerung, die drohende Erhängung, der man Anfang 1945 gerade noch entgangen war, die Enttäuschung, von den Vorgesetzten im Stich gelassen worden zu sein.

Wer war verantwortlich für den deutschen Vernichtungskrieg, der sich am Ende gegen das eigene Volk wandte, fragten die ehemaligen Soldaten, und sie versuchten eine Antwort: die Tradition des Preußentums mit seinen Werten Kadavergehorsam, Härte und Konformismus, der Opportunismus und die Speichelleckerei der Generäle und Generalfeldmarschälle, die Verführung und Manipulation der deutschen Jugend in Schule und HJ, die unselige Rolle der Kirchen, das feige Verhalten der gesamten Volksgemeinschaft. Niemals geriet diese Anklage in die Nähe der Entschuldung, keiner präsentierte sich als Opfer. Immer wurde die eigene Verantwortung dafür übernommen, daß das Verbrechen möglich wurde. Diese Männer machten sich den Prozeß, und sie waren darin Ankläger und Richter zugleich: »Welche Schuld haben auch wir ehemaligen Wehrmachtssoldaten (I. R. 110) auf uns geladen. Mich überkommt Scham.« – »Ich schäme mich. Wie können wir einem Russen nochmal in die Augen schauen.« – »Für mich grenzt es an ein Wunder, daß angesichts der Verbrechen gegen Unschuldige heute wieder Juden mit uns reden und Freundschaften entstehen.« – »Ich war als Soldat dabei. Ich hatte Glück, wurde nicht zu einem Verbrechen kommandiert. aber wir dienten alle einem verbrecherischen Regime.« – »Als ehemaliger Adolf-Hitler-Schüler und Soldat der Waffen-SS (Jahrgang 1927 – schwerkriegsbeschädigt) schäme ich mich für das, was geschehen ist.« Dieses Bekenntnis der Schuld und die Bekundung von Scham konnte auch eine andere Form annehmen. Dann erschien die individuelle Gewissensregung transformiert in einen Akt kollektiver Katharsis: »Gut, wenn die Wahrheit ans Licht kommt.« – »Nur die ganze Wahrheit wird uns freimachen!« Oder die subjektive Erfahrung der ehemaligen Soldaten expandierte zum generationenübergreifenden Appell: »Die Ausstellung ist eine historische Notwendigkeit für unsere Kinder und Enkel.« – »Möge diese Ausstellung eine Abschreckung für die junge Generation sein.« – »Kein Jugendlicher sollte diese Ausstellung versäumen.« Was das Ziel einer solchen Beschäftigung mit der Vergangenheit sein könnte, darüber ließen die ehemaligen Soldaten keine Zweifel aufkommen: jede Form einer totalitären Herrschaft zu verhindern und den Schrecken Krieg aus der deutschen Geschichte ein für allemal zu verbannen.

Alle diese Versuche, dem eigenen Scheitern und dem Erlebnis des Grauens nachträglich einen Sinn abzugewinnen, waren nur zu verständlich. Sie erfolgten, um die sperrigen Lebensteile aus einer vergangenen Zeit in das Selbstbild von heute zu integrieren und eine Brücke zu schlagen zu den Kindern und Enkeln, denen man das nicht erzählt oder bestenfalls in Andeutungen gestanden hatte. So, wie es oft leichter fällt, Außenstehenden ein Familiengeheimnis anzuvertrauen, so erleichterten das öffentliche Tagebuch und die Anteilnahme wildfremder Besucher das Reden. Natürlich reagierten nicht alle Besucher der älteren Generation in dieser Weise: viele wehrten sich empört gegen die Fakten und verteidigten das geschönte Bild, leugneten, etwas gewußt zu haben oder gar beteiligt gewesen zu sein.[61] Aber auch sie trugen mit ihren lautstarken Einsprüchen dazu bei, das jahrzehntelange Schweigen endlich zu brechen.

Für die Nachgeborenen wurde die Ausstellung deshalb zum Ereignis. »Vor allem die jüngere und mittlere Generation, die die Ausstellung besuchte«, so hat die Historikerin Ute Frevert beobachtet, »zeigte sich erschüttert. Ihre Erschütterung hing, läßt sich vermuten, nicht zuletzt damit zusammen, daß das Gesehene die unsichtbare, aber gleichwohl markante Grenze zwischen der öffentlichen und der privaten Erinnerung an das ›Dritte Reich‹ niederriß. Die Wehrmachts-Ausstellung rührte folglich, gerade auch wegen ihrer ›privaten‹ Exponate, an Gefühle, Solidaritäten und Generationenverträge, die von den Ausdrucksformen des kollektiven Gedächtnisses bislang teils gestützt, teils nicht tangiert worden waren. Gerade weil sie Gefühle hervorrief und persönliche Erinnerungen weckte, setzte sie, wie die Einträge in den Besucherbüchern zeigen, Reflexionen frei, die weit über das sonst übliche und bei offiziellen Gedenkanlässen beobachtbare Maß hinausgingen. Anders als bei den Debatten um das Holocaust-Mahnmal, die die Grenzen der professionellen Gedächtniswahrer kaum überschritten, erzwang sie noch einmal jene ›Intimisierung‹ der Auseinandersetzung mit dem NS, die erstmals im Anschluß an die TV-Serie ›Holocaust‹ 1978/79 stattgefunden hatte.«[62] »Vater, wo warst Du?« wurde die am häufigsten wiederholte und immer wieder variierte Eintragung in den Besucherbüchern, die in der Ausstellung auslagen. Und die Antwort von wildfremden Vätern oder Großvätern folgte: als Bekenntnis der Schuld, als Bitte um Verständnis, als Verleugnung, als Angriff. Auf diese Weise wurde – wie verworren, wuterfüllt, tränenerstickt auch immer – etwas wieder in Gang gesetzt, was mit dem Ende der Nazizeit abgerissen und unterbrochen worden war: der Dialog der Generationen. Und weil die Soldaten unter den Galgen oder am Rand der Massengräber auf einmal vertraute Gesichter hatten, Namen, die Liebe und Respekt verdienten, wurde es in vielen Fällen möglich – in kritischer Distanz zu den Taten –, den »genealogischen Zusammenhang mit den Tätern« dennoch zu akzeptieren.[63]

Der Raum für einen solchen Prozeß war durch andere, fast zeitgleich entstandene und stattfindende Debatten mit geschaffen worden.[64] Den Anfang machte ein Film, mit dem Steven Spielberg 1993 die Weltöffentlichkeit überrascht hatte – *Schindlers Liste*. In Deutschland zerstörte die Geschichte des Hasardeurs Oskar Schindler gleich zwei Lügen: daß es für den normalen Deutschen im totalitären Zwangsstaat keinen Spielraum für anständiges und menschliches Verhalten gegeben hätte und daß man unter Widerstand nur die große, heroische, meist unter dem Fallbeil geendete Tat, wie sie modellhaft am 20. Juli 1944 vorgeführt worden war, zu verstehen habe. Plötzlich wurden im Alltag der Barbarei Handlungsspielräume sichtbar, und die ewige Litanei vom Befehlsnotstand wurde unterbrochen von der unüberhörbaren Stimme des Gewissens, die da fragte: »Und was hast du getan?« Es gab Tränen in den Lichtspielhäusern und eine Flut von Artikeln in den Feuilletons. Zum Medienereignis wurden Daniel Goldhagens 1996 in deutsch erschienenes Buch *Hitlers willige Vollstrecker. Ganz gewöhnliche Deutsche und der Holocaust* und die Reise des Autors durch die Fernsehstudios und Vortragssäle der Bundesrepublik. Goldhagens Buch erweiterte, ähnlich wie die Ausstellung, die bisher übliche Vorstellung vom Umfang und von den Motiven des Täterkollektivs. Verantwortlich für den Massenmord an den Juden waren nicht nur die wenige tausend Mann umfassenden und aus überzeugten Nazis rekrutierten Spezialkommandos der Einsatzgruppen, sondern auch die Hunderttausende »ganz gewöhnliche« Polizeibeamte, die als stationäre Ordnungspolizei oder in den mobilen Polizeibataillonen den Hauptteil der »Vernichtungsarbeit« in den besetzten Gebieten leisteten. Sie taten es nicht widerwillig, unter dem Zwang von Gesetz und Befehl, sondern immer mit großer Einsatzfreude und oft sogar mit Lust.[65] Und die Wachmannschaften in den zahllosen Arbeitslagern, die Volkssturmmänner und Hitlerjungen bei den Evakuierungsmärschen der KZs gegen Kriegsende erweiterten das »Normalitätsfeld« noch einmal: fast jeder der damals Lebenden, so schien es, war in irgendeiner Weise beteiligt oder hätte jederzeit zum Täter werden können.[66] Die Tagebücher, die der jüdische Professor Victor Klemperer in Dresden von 1933 bis 1945 unter Todesgefahr verfaßte, lieferten für diese These einen eindrücklichen Beleg. Sie zeigten nicht nur, wie das Regelwerk der antijüdischen Gesetze und seine Vollstrecker – die Peiniger der Gestapo – das alltägliche Leben zur Hölle machten, sondern sie präsentierten feige Universitätskollegen, mitleidlose Nachbarn, verhetzte Hitlerjungen, kurzum: die Volksgemeinschaft in Aktion.[67]

Der zerschlagene Spiegel

»Wer sich heute – ein halbes Jahrhundert nach Kriegsende – anschickt, darüber zu informieren, wie es zu den Massenmorden während des Zweiten Weltkrieges gekommen ist und welche Rolle die deutsche Wehrmacht dabei gespielt hat, stößt noch immer auf eine empfindliche Stelle im Gemüt einiger Deutscher. Jeder und jede, die sich dieses dunklen Kapitels annimmt, sieht sich unversehens in die Rolle eines Tabuverletzers versetzt«. Mit diesen Worten beschrieb die damalige Präsidentin des Bundesverfassungsgerichts, Jutta Limbach, 1997 in einer Rede zur Eröffnung der ersten Wehrmachtsausstellung in Karlsruhe deren Wirkung. Erhard Eppler, ehemaliger Bundesminister und langjähriger Vordenker der SPD, sprach aus ähnlichem Anlaß in Stuttgart davon, daß die Ausstellung »am Nerv einer ganzen Generation hantiere«.[68] Beide Redner wählten Bilder, die von einem Körper und seinen Schmerzzonen erzählen. Und dieser Körper hat reagiert, gleich, ob man an die haßerfüllten Gesichter von 5000 Neonazis in München oder an die von einem Bombenanschlag durchbohrten Ausstellungstafeln in Saarbrücken denkt, ob man sich an die vor Wut stammelnden alten Männer bei den zahllosen Debatten erinnert oder den Schrecken in den Gesichtern derjenigen vor Augen hat, die ihre Väter oder Verwandten auf den Fotos erkannt haben, ob man sich noch einmal die bewegende Debatte im Deutschen Bundestag vergegenwärtigt, als Redner aller Parteien nur noch über die Geschichte ihrer Familien sprachen, oder die dramatischen Szenen wieder auftauchen, wenn ehemalige Wehrmachtsoffiziere – wie Klaus von Bismarck oder August von Kageneck – die Ausstellung eröffneten und man nicht sicher war, ob sie ihre Rede vor innerer Erschütterung zu Ende bringen würden.

Von solchen öffentlichen Erregungszuständen will das Hamburger Institut – obwohl sein Leiter daran mit bemerkenswerten Beiträgen beteiligt war[69] – nun nichts mehr wissen, und sein neues Ausstellungsprojekt tut alles, um eine Wiederholung zu verhindern. Schon das Design sorgt mit kaltem Kunstlicht und weißen Ausstellungsmöbeln für die unterkühlte Sterilität eines Operationssaales. Die Materialien setzen diese Strategie der Einschüchterung fort: Der Besucher sieht sich umzingelt von erläuternden Texten, faksimilierten Dokumenten, gezeichneten Organigrammen, was nicht oben hängt oder unten ausliegt, kann aus überall sich öffnenden Schubladen und bereitliegenden Mappen herausgeholt oder in Computern längs des Weges abgerufen werden. Kein Ausweg nirgends, flüstern die Dinge, hier ist Wissenschaft. Ein kritischer Besucher versuchte, dem Lesezwang und Lerndruck mit Ironie zu begegnen: »Ging man in Berlin durch die neue Ausstellung, so war es, als könnten alle Besucher, die sich fleißig durchgelesen hatten, spätestens im zweiten Stock einen Seminarschein ausgestellt bekommen, während Jan Philipp Reemtsma mit einem Oberseminarschein samt vorzüglichem politischem Führungszeugnis dafür ausgezeichnet werden darf, daß die Ausstellung der Grundthese nicht abschwor.«[70] Andere, vor allem natürlich Wissenschaftler, begrüßten die Reduktion auf pures Wissen. »Die neue Ausstellung wirke«, so ein Historiker der Universität Bielefeld, »›klinisch steril, die Emotionen sind ganz zurückgenommen – in die Fußnoten verbannt‹. Das sei aber kein Nachteil: Die ›kalte Wut‹ entstehe nicht mehr, eine Diskussion werde nicht mehr erschwert […].«[71]

Die Gefühle – in das Kleingedruckte, in die Fußnoten verbannt, die Wut – am Entstehen verhindert, das ist eine präzise Beschreibung der Operation, die hier stattgefunden hat: »die empfindliche Stelle im Gemüt einiger Deutscher« wurde betäubt, »der Nerv einer ganzen Generation« wurde stillgelegt. Das heißt, um sich in der Sprache der Operateure auszudrücken, ein Krankheitsherd, der – dank der heftigen Intervention der ersten Ausstellung – offengelegt und mit dessen Behandlung vorsichtig begonnen wurde, ist wieder verschlossen worden, der in Gang gekommene Heilungsprozeß, der weniger einer der alten Soldaten selbst als vielmehr einer der Nachgeborenen war, wurde abgebrochen.[72] Einen solch gravierenden Vorgang nur der Wirkung des oben beschriebenen Designs und seiner Ästhetik zuzuschreiben, würde dies Handwerk der Oberfläche überschätzen. Es ging ja nicht um eine Zigarettenmarke, sondern um die Darstellung des neben Auschwitz barbarischsten Kapitels der deutschen und österreichischen Geschichte, den Vernichtungskrieg der Wehrmacht und den Völkermord, der sein integraler Teil war. Für die beabsichtigte »Entpolitisierung und damit Historisierung«, wie der Vorgang der Verhinderung von öffentlichen Erregungszuständen durch die neue Ausstellung elegant umschrieben wurde,[73] waren andere, tiefergehende Eingriffe und Schnitte vonnöten. Der oben zitierte Bielefelder Historiker, der so angetan war von der vollzogenen Vertreibung des Körpers aus der Wissenschaft, ist nicht ganz dem kalten Schein von vermeintlicher Objektivität und Differenzierung erlegen. Er hat bemerkt, was in der neuen Ausstellung, im Unterschied zur alten, fehlte: »Ein Manko habe aber die neue Ausstellung: ›Die Themen Völkermord und Vernichtungskrieg kommen zu kurz.‹«[74] Sollte das der Grund sein, warum sie keine Debatten mehr auslöst und – bis auf die Neonazis – alle im Konsens vereint? Ein Gang durch die Ausstellung bestätigte diese Vermutung.

Die von allen Medien verbreitete Nachricht, die neue Ausstellung habe die »Grundaussage« der alten, wonach die Wehrmacht im Osten einen Vernichtungskrieg geführt und dabei zahlreiche Verbrechen verübt hatte, beibehalten und sogar noch bekräftigt, war nicht mehr als eine fahrlässige und folgenreiche Verkürzung. Wenn der Titel »Vernichtungskrieg. Verbrechen der Wehrmacht 1941 bis 1944« die Grundthese gewesen wäre, hätte es keinen vierjährigen Kampf um die erste Wehrmachtsausstellung gegeben, weil auch noch der verstockteste Konservative diesem Allgemeinplatz – mit gewissen Einschränkungen – zugestimmt hätte.[75] Die Proteste und Polemiken erfolgten doch erst wegen der drei Einzelthesen, die sie unter diesem Generaltitel entwickelt hatte und die allesamt Provokationen im Hinblick auf das bisher gültige Geschichtsbild darstellten: 1. Der Holocaust begann in den besetzten Gebieten der Sowjetunion, und die Wehrmacht war daran in vorab geplanter, systematischer und arbeitsteiliger Weise beteiligt. 2. Die Verbrechen an den Juden wie an den andern Teilen der sowjetischen Bevölkerung waren nicht nur das Werk einer hitlerhörigen Generalität und einiger fanatischer Nazioffiziere, sondern sie wurden von der Truppe ausgeführt und mitgetragen, ohne daß es zu auffälligen Formen von Widerstand gekommen wäre. 3. Dafür verantwortlich war ein antisemitischer bzw. antislawischer Rassismus, der es erlaubte, den in den Befehlen verlangten Genozid an den Juden wie die Dezimierung der slawischen Bevölkerung auch als Kriegsziele plausibel zu machen.

Keine dieser drei Thesen fand sich in der neuen Ausstellung.[76]

Der Holocaust

Bis 1995 war der Holocaust von der deutschen Öffentlichkeit als Werk der Vernichtungslager vom Typ Auschwitz, Treblinka und Sobibor behandelt worden. Da diese Lager meist außerhalb der Reichsgrenzen gelegen waren und über den fabrikmäßigen Vorgang des Tötens kaum Fotos existierten, wurde der Holocaust zur bildlosen Tat gesichtsloser Täter. Es entstand eine »Derealisierung« der Wirklichkeit, die zur Entlastung der latenten Schuldgefühle der Deutschen bestens geeignet war.[77] Die Tatsache, daß nur etwa 60 Prozent der sechs Millionen jüdischen Opfer in diesen Vernichtungslagern unter fabrikmäßigen Umständen ihr Leben verloren und mehr als ein Drittel »in sehr traditionellen, nachgerade archaischen Formen« ermordet wurden – in den Ghettos von Riga und Minsk, in den Panzergräben und

Schluchten der besetzten Sowjetunion, mit Maschinengewehren oder Karabinern –, das paßte nicht ins Bild.[78] Jan Philipp Reemtsma hat diesen Tatbestand des Mißbrauchs von Auschwitz zur Auslöschung der Erinnerung an den Judenmord im Vernichtungskrieg als »eine Unsichtbarmachung durch Beleuchtung des Extrems« bezeichnet.[79] Die deutsche Geschichtswissenschaft, inclusive ihr wehrmachtskritischer Teil, hatte zur Beseitigung dieses blinden Flecks nichts beigetragen.[80] Die erste Wehrmachtsaustellung hat in diesem Punkt neue »Bewußtseinstatsachen geschaffen«.[81] Sie hat das erreicht, indem sie die einzelnen Stationen des Holocaust in den besetzten Gebieten – die Akte der Demütigung beim Einmarsch 1941, die Kennzeichnung und Ghettoisierung, den Geiselmord oder den Ghettomord, die Vernichtung der übriggebliebenen Arbeitsjuden 1943 – und den unterschiedlich intensiven Anteil der Wehrmacht daran dokumentiert hat. Sie hat die unterschiedlichen Szenarien der Vernichtung und deren arbeitsteiligen Prozeß – das Zusammenwirken mit den Einsatzgruppen beim Vormarsch und mit den Polizeibataillonen beim Partisanenkrieg – exemplarisch vorgeführt. Sie hat die Produktion spezieller Feindbilder – der Jude als »Kommissar« und als »Kommunist«, als »Plünderer« und als »Partisan« – und deren Verwendung zur Legitimation des Judenmords aufgezeigt. Sie hat anhand von Sprachcodes, Aktenmanipulation, Fotografierverboten und Anweisungen zur Beseitigung der Leichen deutlich gemacht, wie die Wehrmacht vom ersten Tag bemüht war, die Spuren ihrer Verbrechen zu verwischen. Auf diese Weise konnte nachgewiesen werden, daß der Judenmord zum Alltag des Vernichtungskrieges gehörte und die Soldaten daran partizipierten – als Zuschauer und Mitwisser, als Täter oder Helfer. Der Holocaust »auf freiem Feld«, das Erscheinen »des Juden« als Nicht-Kombattant auf der Bühne des Krieges war die erste große Provokation der Ausstellung. Sie löste mediale Gegenreaktionen aus, deren klügere nicht die These im gesamten in Frage stellten, aber ihre Glaubwürdigkeit durch

Attacken auf einzelne Fotos und Texte zu erschüttern suchten. Es ging bei all diesen Interventionen immer um den Holocaust.[82]

Die neue Ausstellung hat vor diesen Angriffen das Feld geräumt. Der Holocaust ist nicht mehr die durchgängige Achse, sondern wird jetzt nur noch als eines von sechs Kapiteln abgehandelt. Das Programm zur systematischen Vernichtung der Juden in den besetzten Gebieten der Sowjetunion und Jugoslawiens, zu dessen Verwirklichung die Wehrmacht von 1941 bis 1943 arbeitsteilig beitrug, wird aufgelöst in einzelne, in keinem inneren Zusammenhang stehende Aktionen. Sie rücken sowohl die permanente Zusammenarbeit von Wehrmacht und Einsatzgruppen[83] wie die kontinuierliche und institutionell verankerte Tätigkeit einzelner Einheiten, Dienststellen oder Kommandobehörden der Wehrmacht aus dem Blick.[84] Der Parzellierung der Verantwortlichkeiten für die Aktionen entspricht deren zeitliche Verkürzung auf das Jahr 1941: ohne jede Angabe von Gründen werden die in den Jahren 1942/43 erfolgten Massenmorde an den Juden nicht berücksichtigt.[85] Die Ausstellung geht aber auch in der Einzeldarstellung wie in ihrer generellen These zum Judenmord – und das ist gravierend – hinter den Forschungsstand von 1995 zurück: zu behaupten, die Wehrmacht habe sich »entgegen der vorherigen Absprachen« an der Verfolgung und Ermordung der sowjetischen Juden beteiligt,[86] wird schon durch die vor dem Feldzug erlassenen »Richtlinien für das Verhalten der Truppe in Rußland« widerlegt, in denen »rücksichtsloses und energisches Durchgreifen gegen bolschewistische Hetzer, Freischärler, Saboteure, Juden« befohlen wurde.[87] Auch die vorab an die Truppe verteilten Materialien – »Volkstumskarten« mit genauer Angabe der jüdischen Bevölkerung in jeder Siedlung, Plakate mit dem Befehl zur Kennzeichnung, zur Aufhebung der Freizügigkeit und zur Einführung der Zwangsarbeit der Juden sowie Maueranschläge, in denen die Bevölkerung zur Auslieferung der Juden aufgefordert wurden, zeigen, daß es sich bei der Verfolgung der Juden um vorher abgesprochene und nicht erst *nach* dem Überfall angeordnete zentrale Maßnahmen handelte.[88] Und die Behauptung, die Wehrmacht habe »wiederholt« personelle, organisatorische und logistische Unterstützung bei der Verfolgung und Ermordung der sowjetischen Juden geleistet,[89] kann man spätestens seit dem Standardwerk von Raul Hilberg nur als Euphemismus bezeichnen. Mag sein, daß die neue Ausstellung, wie ihr Leiter immer wieder erklärt hat, »viel mehr Details« zu allen möglichen Verbrechen der Wehrmacht vorlegt,[90] sicher ist, daß der Preis dafür sehr hoch ist: *Das* Verbrechen, der Holocaust nämlich, wird seiner Systematik beraubt und wird in seinen Ausmaßen beschnitten.

Die Täter

Schon 1992 hatte das Hamburger Institut eine Ausstellung über die Wehrmacht angekündigt und sein Interesse am Gegenstand damit begründet, daß die Wehrmachtserfahrung »die größte und möglicherweise bedeutendste Berührungsfläche zwischen deutscher Bevölkerung und dem Gesamtkomplex der NS-Verbrechen« dargestellt habe.[91] Und der Leiter des Instituts unterstrich diesen Gedanken von der Wehrmacht als Quersumme der Volksgemeinschaft, als er bei der Eröffnung der Ausstellung am 5. März 1995 ausführte, deren Brisanz bestehe gerade darin, daß sie nicht, wie üblich geworden, die verbrecherische Rolle der Eliten in der NS-Zeit vorführe, sondern »potentielle Verbrechen des Jedermann, Verbrechen von jedermanns Mann, Vater, Bruder, Onkel, Großvater«.[92] Damit war die zweite Provokation der Ausstellung benannt. Bisher war es üblich gewesen, für alle Verbrechen und jede verbrecherische Entscheidung Hitler verantwortlich zu machen »und nur in zweiter Linie die Wehrmachtsführung«.[93] Und wenn von Militärs als Tätern die Rede war, dann geschah das mit den Pathosformeln des

Mißbrauchs und der Verführung:[94] »Die meisten Soldaten, im militärischen Gehorsam diszipliniert, durch den Eid an Hitler gebunden und seit 1941 durch ein erbarmungsloses Ringen physisch und psychisch bis zum Äußersten herausgefordert, waren indoktriniert, manipuliert und tragisch verstrickt.«[95] Undenkbar, die Angehörigen der Wehrmacht, die doch selber so offenkundig Opfer waren, »eigenständiger genozidaler Motive und Handlungen« zu verdächtigen.[96] Genau das tat die Ausstellung, indem sie nicht nur das befehlsgebende Führungspersonal, sondern auch die Truppe im Feld beim Vollzug der befohlenen Verbrechen zeigte und indem sie darauf aufmerksam machte, »daß ›normale‹ Soldaten und nicht bloß pathologische Randgestalten unter dem verbrecherischen Krieg keineswegs nur litten, sondern Lust daran fanden«.[97] Eines der drei Kapitel der Ausstellung hatte sich als Gegenstand ausdrücklich die 6. Armee auf ihrem Weg nach Stalingrad gewählt. Es geschah, so unsere Begründung, um »die Verengung auf den Topos des Opfers, von dem die Diskurse über Stalingrad bis heute geprägt sind, als historische Fernwirkung nationalsozialistischer Mythisierungen« aufzubrechen.[98]

Der Aufschrei ob dieses Tabubruchs war ungeheuerlich und wurde nicht nur an den Stammtischen artikuliert.[99] Seriöse Wissenschaftler wandten sich gegen diese vermeintlichen »Pauschalurteile« und forderten »historische Gerechtigkeit« gegenüber den ehemaligen Soldaten.[100] Vernehmbar machten sich aber nicht nur die Stimmen der Generation, die lebensgeschichtlich mit Nazizeit und Krieg verbunden war, sondern auch Jüngere – wie Jörg Friedrich – bestanden auf dem ehrenden Gedenken an lauter Opfer: »Die Soldatenehre ist für den Zweiten Weltkrieg ein untauglicher Maßstab.[…] Doch darf die Überzahl der Mannschaften das Tragische für sich in Anspruch nehmen. Das unschuldig schuldig Gewordene, die Ausweglosigkeit des historischen Verlieses. Die Stalingrad-Armee in ihrem Grab zu denunzieren, dazu gehört allerdings eine Infamie.«[101] Andere begannen zu rechnen, um die Monstrosität der Ausstellungsthesen zu widerlegen, und präsentierten, ohne jeden Beleg, ihre privaten Börsenkurse: weniger als ein Prozent,[102] unter fünf Prozent,[103] zehn Prozent, aber möglicherweise auch nur »viele zehntausend« Angehörige des Ostheeres hätten sich an Verbrechen beteiligt.[104]

Die neue Ausstellung hat auf diese Interventionen umfassend reagiert. Sie hat den Vormarsch der 6. Armee durch die Ukraine als Gegenstand ihrer Darstellung fallengelassen und mußte also nicht mehr befürchten, als pietätlos zu gelten. Aber da auch die beiden übrigen Tatorte –Weißrußland und Serbien – aufgegeben wurden, war bei diesem Rückzug offensichtlich mehr als nur Rücksichtnahme auf einen deutschen Mythos am Werk. Die in der alten Ausstellung gewählte Beschränkung auf drei Fallbeispiele vermochte in der Einheit von Ort, Zeit und Handlung die Fülle der geschichtlichen Ereignisse in einprägsame Geschichten zu verdichten. Aber diese Entscheidung war, über den narrativen Surplus hinaus, auch forschungsstrategisch von Bedeutung: die bewußte Einengung auf einen bestimmten Zeitraum schärfte die Wahrnehmung für das Typische im Ablauf der Verbrechen, die Beschränkung auf ein relativ überschaubares und gleichbleibendes Täterpersonal erlaubte, dessen Entscheidungen genauer zu analysieren und daraus Rückschlüsse auf Eigenverantwortung und Mentalität zu ziehen. Zum ersten Mal waren, vom General bis zum Gefreiten, »›tatnahe‹ Täter«[105] und ihre Identifizierung mit dem Völkermord zu besichtigen. Die Einheiten und ihre Führer wurden, wo immer es möglich war, benannt, und persönliche Zeugnisse, wenn es sie gab, waren genauso wichtig wie Akten. Das Abrücken der neuen Ausstellung von den Fesseln dieser Beschränkung – angeblich vollzogen, um »mehr Verbrechen« darstellen zu können – bewirkte nicht nur eine von den Stoffmassen erzeugte diffuse Wahrnehmung, die sich im Kopf des Besuchers nicht mehr zum Bild zusammensetzte, sondern führte auch zu einer »Zersplitterung der präsentierten ›Helden‹«[106], also einer Auflösung von Täterkollektiven in eine Massen von Einzelteilen, in ununterscheidbare Rädchen einer gigantischen Maschinerie. Das war beabsichtigt: Es diente dem Täterschutz.[107] Dieser reichlich überzogen wirkende Befund wird plausibler, wenn man die zweite operative Entscheidung der neuen Ausstellung dazunimmt: statt an der Verantwortung von militärischer Führung *und* Truppe für die genozidalen Verbrechen festzuhalten, wurde jetzt nur noch Anklage erhoben gegen die Kriegsplaner in OKW/OKH und die Generäle vor Ort. Das jedem Verbrechenskomplex zugeordnete entsprechende Porträtfoto sorgte dafür, daß man diese Einbahnstraße nie mehr verließ. Diesmal saßen, wie *Der Spiegel* süffisant bemerkte, »nicht mehr die kleinen Soldaten auf der Anklagebank, sondern Hitlers Generäle«.[108]

Abgerundet wurde das Manöver durch eine Verweigerung, die einer wissenschaftlichen Kapitulation gleichkam. Gefragt nach der Anzahl der an Verbrechen beteiligten Wehrmachtsangehörigen, erklärte die Sprecherin der neuen Ausstellung: »Dazu kann man keine Aussage machen. Jede Zahl außer Null wäre in diesem Zusammenhang völlig spekulativ.«[109] Und Hans Mommsen, Vorsitzender des wissenschaftlichen Beirats, nach der Zahl der Täter gefragt, sekundierte: »Es geht aber auch gar nicht darum, die Einzelnen im Auge zu haben, sondern die Wehrmacht als Institution.«[110] *Die Einzelnen*, die waren für Mommsen immer ein Graus. Ganz »Funktionalist«, hat er sich das Herrschaftsgefüge des Dritten Reiches wie seiner Vernichtungszonen durch die Dynamik von Bürokratien und die Konkurrenz von Institutionen, durch das Spiel gegensätzlicher Interessen und die Folgen sich plötzlich auftuender oder blockierter Handlungsspielräume erklärt. Statt nach der Matrix von individuellem Handeln und dessen Auswirkungen zu suchen, hat er ganz auf die Analyse staatlich-institutioneller Strukturen und der in ihnen wirkenden Funktions-Eliten gesetzt. Den »Intentionalisten« Goldhagen, der den Motiven von »Hitlers willigen Vollstreckern« nachspürte, hat er mit nicht nachlassender Wut und offen gezeigter Verachtung verfolgt.[111] Und die alte Wehrmachtsausstellung hat er demselben Lager zugerechnet und ist jedem Kontakt mit ihr aus dem Weg gegangen. Nach handelnden Personen und ihrer Verantwortung z. B. im Vernichtungskrieg zu fragen ist für ihn, wie er an prominenter Stelle verkündete, nicht mehr als das oberflächliche Hantieren einer »modisch gewordenen Täterforschung», die, anstatt komplexe Strukturen zu analysieren, »ideologische Vorprägungen« aus der Zeit der Weimarer Republik sucht.[112] Das ist, bei allen Verdiensten dieses in Ehren ergrauten Zeithistorikers, eine funktionalistische Engführung, die nicht nur die Rolle des subjektiven Faktors unzulässig minimiert, sondern auch den Begriff der Mentalität, ohne Rücksicht auf den erreichten Forschungsstand, auf Ideologie verkürzt.[113] Hans Mommsen war es, der dem Leiter des Hamburger Instituts empfahl, die erste Wehrmachtsausstellung zurückzuziehen. Daraus wurde eine stabile Allianz. Der Leiter des Hamburger Instituts mußte zwar dafür alles widerrufen, was er bisher als Gewaltforscher und Goldhagen-Fan zum Thema geäußert hatte,[114] aber er gewann dafür einen wertvollen wissenschaftlichen Flankenschutz für sein geplantes Ausstellungsunternehmen. Als Vorsitzender des wissenschaftlichen Beirates sorgte Hans Mommsen ab jetzt dafür, daß in der neuen Ausstellung *die Einzelnen* nicht mehr vorkamen und das Wort *Täter* möglichst sparsam verwendet wurde.

Mentalitäten

Am häufigsten und heftigsten wurden die Verantwortlichen der ersten Ausstellung mit der Forderung konfrontiert, zu erklären, wie es zu den gezeigten Verbrechen kommen konnte. In der Tat wurde diese Frage in der Ausstellung selbst nicht thematisiert, was seinen Grund darin hatte, daß

1995, zum Zeitpunkt ihrer Fertigstellung, zur Mentalität von Angehörigen der Wehrmacht nur eine einzige Untersuchung vorlag.[115] Ausgehend von deren Befund und gestützt auf eigene Recherchen, kamen wir zu dem Schluß, daß es offensichtlich eine hohe Übereinstimmung zwischen nationalsozialistischer Führung und Truppe gegeben haben muß. Diese vorläufigen Ergebnisse wurden als Diskussionsmaterial veröffentlicht,[116] und die weiter gehenden Fragen fanden in Form von drei sehr unterschiedlichen Fallstudien im Begleitband zur Ausstellung ihren Niederschlag.[117] In den folgenden Jahren wurde das Material für eine Mentalitätsgeschichte der Wehrmacht dichter – durch Studien zu Feldpostbriefen,[118] zur soldatischen Kameradschaft und Gruppenbindung,[119] zur Radikalisierung des Verhaltens im Vernichtungskrieg,[120] zu Formen der Verweigerung[121] und nicht zuletzt durch die vom Hamburger Institut für Sozialforschung durchgeführten Interviews mit Besuchern der Ausstellung, darunter vielen ehemaligen Soldaten.[122] Aufgrund dieses Materials hätte sich 2001, anders als 1995, ein differenziertes Bild zeichnen lassen, warum normale Männer als Soldaten zu Tätern und Tatgehilfen werden konnten.[123]

Die neue Ausstellung hat diesen von der Forschungslage her möglichen und im Interesse der Besucher gebotenen Schritt verweigert. Indem sie vorgab, »auf der Grundlage des damals geltenden Kriegs- und Völkerrechts die Beteiligung der Wehrmacht an den im Zweiten Weltkrieg verübten Verbrechen« zu dokumentieren, machte sie *einen* wichtigen Aspekt zum *einzigen Grund* der Verbrechen.[124] In der »Haager Landkriegsordnung« von 1907 und den »Genfer Konventionen« von 1929 hatte sich die Völkergemeinschaft auf Regeln im Krieg geeinigt, die das Recht zur Schädigung des Feindes begrenzten und damit der Zivilbevölkerung wie den Kriegsgefangenen einen gewissen Schutz zusicherten. Das deutsche Reich hatte beide Abkommen unterzeichnet.[125] Ungeachtet dieser eindeutigen Rechtslage hatte Hitler zur Vorbereitung des Krieges gegen die Sowjetunion Grundsatzbefehle erlassen – so zur Exekution der Kommissare, zur Aufhebung der Kriegsgerichtsbarkeit für die Zivilbevölkerung, zur Behandlung der Kriegsgefangenen und zur Ermöglichung des Holocaust –, die einen eindeutigen Bruch des Völkerrechts darstellten.[126] Andererseits verschleierte die politische und militärische Führung diesen Bruch, indem sie dem Gegner unterstellte, *er* habe durch den geplanten Überfall auf das Deutsche Reich alle Rechte verwirkt und er verletze durch die verbrecherische Art seiner Kriegsführung permanent die Konventionen des Völkerrechts.[127] Dadurch war es möglich, dem von Beginn an praktizierten Völkermord einen scheinlegalen Anstrich zu geben, der vornehmlich zur Beruhigung des Auslandes und zum Schutz vor der gegnerischen Propaganda, weniger zur Motivation oder Beruhigung der eigenen Truppe diente. Die war durch die ideologische Indoktrination der Vorkriegsjahre[128] und die Propaganda der Tat im Krieg nur allzu bereit, den von Hitler verlangten »Vernichtungskampf« gegen Bolschewismus und Judentum mit durchzufechten.[129] Die Ausstellung negierte diese rassistische Programmatik der Nazis und die freiwillige Zustimmung von großen Teilen der Wehrmacht als materielle und mentale Basis des Vernichtungskrieges, indem sie statt dessen das Kriegs- und Völkerrecht in den Mittelpunkt der Betrachtung stellte. Sie revidierte damit aber auch die These der Fusion von »Regime und Volksgemeinschaft«, die Goldhagens Buch, Klemperers Tagebücher und die erste Wehrmachtsausstellung fast zeitgleich so wirkungsvoll in der deutschen Öffentlichkeit verankert hatten,[130] und stellte den alten Zustand einer säuberlichen Trennung von Krieg und NS-System wieder her, die schon die »Denkschrift der Generäle« behauptet und ihre Memoiren endgültig festgeschrieben hatten.

Zugleich bewirkte der »legalistische« Blick, den die Ausstellung auf die Verbrechen des Vernichtungskrieges warf, daß sie sich freiwillig zur Geisel der scheinlegalen Kriegsrechtsmanöver der Naziakteure machte. Die Historikerin

Ute Frevert fragte zu Recht, wie denn die von Dienststellen und Einheiten der Wehrmacht betriebene Verfolgung und Deportation der Juden in den Teilen des besetzten Europa zu erklären sei, in denen, laut Auskunft aus Hamburg, das Kriegsvölkerrecht eingehalten wurde, also in Frankreich, in den Niederlanden oder in Griechenland.[131] Noch berechtigter wurden die Fragen und Zweifel, wenn es um den Kampf gegen die Partisanen ging. Dies Kapitel war während der Laufzeit der ersten Wehrmachtsausstellung das Epizentrum des öffentlichen Erdbebens gewesen: Wir hatten den von der Geschichtsschreibung und den ehemaligen Soldaten immer behaupteten rein militärischen und defensiven Charakter dieses Krieges bestritten und dokumentiert, daß dieser Frontabschnitt von Beginn an Tatort eines präventiven Terrors und Teil des Völkermords gewesen war. Die neue Ausstellung und ihre Verantwortlichen haben diese Position, die verdient hätte, durch weitere Forschungen fundiert zu werden, umstandslos geräumt: sie erklärten, Repressalien gegen die Zivilbevölkerung seien, um »Anschläge auf die Soldaten abzuwehren und um die Besatzungsherrschaft zu sichern«, nach geltendem Kriegsvölkerrecht ebenso »zulässig« gewesen, wie es »unter gewissen Umständen rechtens war«, Partisanen aufzuhängen.[132] Diese Feststellungen verzerren die verbrecherische Wirklichkeit dieses Krieges und die Absichten seiner Akteure: Befehlsgebung, Propaganda und Praxis schufen eine Situation, in der weder der Terminus »Anschlag« noch das Wort »Partisan« mit der Begrifflichkeit des zitierten Völkerrechts etwas gemein hatten, ja, sie führten dieses täglich ad absurdum. Die Folge war, wie der Historiker Werner Röhr monierte, daß »die Ausgangsposition der Wehrmacht gegenüber den Partisanen als rechtens unterstellt und nur das Maß der Repressalien als völkerrechtswidrig bemängelt« wurde.[133] Selbst der *Spiegel* sah darin »die Schwäche« und »Angriffsfläche« der Ausstellung und dachte höhnisch deren Ansatz konsequent zu Ende: »Manche Barbarei war damals legal.«[134]

Warum haben das Hamburger Institut und seine Mitarbeiter sich wider besseres Wissen in diese unhaltbare Position begeben? Man wollte Ruhe haben um jeden Preis, daher Rückzug aus dem noch unsicheren Forschungsfeld Mentalität und Zugeständnisse an die ehemaligen Partisanenbekämpfer, deren Fotos von erhängten Zivilisten – an Bäumen, Balkonen, Dachbalken, Fahnenstangen, Telegrafenmasten und Galgen jeder Art – die Öffentlichkeit seit 1995 so schockiert hatten. Der Leiter des Hamburger Instituts hatte, über sein Vorhaben befragt, angekündigt, daß er mit Aussagen zur Mentalität der Soldaten »eher vorsichtig zu sein« beabsichtige: »Die alte Ausstellung hat zu viele mentalitätsgeschichtliche Aussagen gemacht, die dann auch noch überzeichnet werden konnten.«[135] Entsprechend mager sind die Auskünfte in der neuen Ausstellung. Sie gehen über den vagen Satz, »daß viele Soldaten mit den Wirklichkeitsdeutungen des Nationalsozialismus in hohem Maße übereinstimmten«, nicht hinaus.[136] Mehr zu sagen war unter dem strengen Mentor Mommsen, für den Mentalitätsgeschichte nur platte Ideengeschichte ist, nicht möglich.[137]

Diesem wissenschaftlichen Minimalismus entsprach eine Installation mit dem Titel »Handlungsspielräume«, die in den Medien mit höchstem Lob bedacht wurde: ein Hörraum, in dem aus Prozeßakten und Protokollen die Entscheidung von einem Dutzend Soldaten für oder gegen die Teilhabe an Verbrechen dokumentiert wurde. So richtig es war, gegen die Legende vom Befehlsnotstand immer wieder auf die gegebenen »Handlungsspielräume« zu verweisen, so sehr verfehlte die gute Absicht ihr Ziel. Abgesehen davon, daß ein Teil der Aussagen nicht zu verifizieren ist,[138] mußte das Ergebnis der Demonstration abstrakt bleiben, weil der mentalitätsgeschichtliche Kontext fehlte. »Das Individuum entscheidet, wie es sich in einer gegebenen Situation verhält«, erklärte die Ausstellung.[139] Ein solcher Satz ist als historiographische Aussage ziemlich wertlos. Sie würde Gewicht erhalten, wenn man erführe, ob oder wie dies Individuum im Nationalsozialismus geprägt wurde, was das Kriegserlebnis angerichtet hat an Veränderung oder Bestätigung der eigenen Haltung und wie sich das einordnet in das Verhalten und die Einstellungen der Kameraden, des Jahrgangs, der vergleichbaren Dienstgrade. »Die Frage, warum der eine so und die anderen eben anders gehandelt haben, bleibt unbeantwortet«, konstatierte eine enttäuschte Journalistin nach dem Besuch der Hörkabine.[140] So kehrte die Ausstellung mit ihren Aussagen in die Zeit vor 1995 zurück. Damals, so Thomas Kühne, sei in der Militärgeschichtsschreibung eine »Art Spaltungstheorie« favorisiert worden, wonach »es in der Wehrmacht ›gute‹ und ›schlechte‹ Soldaten gegeben (habe), die gleichsam unverbunden nebeneinander standen oder gegeneinander handelten«.[141] Dieser schlichten Dichotomie folgend und ohne eine einzige Auskunft darüber, wie repräsentativ die ausgewählten zwölf Stimmen für das Millionenheer der Wehrmacht sind, repräsentierte die Ausstellung vier Bösewichter, die an Verbrechen gegen Juden und andere Zivilisten beteiligt waren, und acht Gute, die sich moralisch einwandfrei bis vorbildlich verhalten hatten: zwei davon waren sogar desertiert, einer war wegen seiner Tat erschossen worden.[142] Die Hörkabine mit den Riesenpostern der zwölf Protagonisten war die Antwort auf das »Eiserne Kreuz« in der ersten Ausstellung: statt des Schreckens der unkommentierten Fotos der Trost einer erbaulichen Predigt. »Man könnte bösartig formulieren«, hat einer der Kommentatoren angemerkt, »die Aussteller hätten es den Besuchern diesmal ein wenig leichter machen wollen und ihnen einige Schindlers präsentieren wollen, aber natürlich auch einige, die ängstlich ein Übersoll an Befehlsausübung lieferten.«[143] Hier, auf diesen 15 Quadratmetern hat sich das Schicksal der neuen Ausstellung entschieden, hier hat sie der Grundthese der alten Ausstellung endgültig abgeschworen, hier hat sie den Nacken gebeugt vor den Meuten der national-konservativen Verfolger. Sie mußte dafür die sonst so sorgfältig gewahrte kühle Distanz und den so sehr betonten wissenschaftlichen Gestus aufgeben und einmal platt auf Wirkung setzen. »Distanz und wissenschaftliche Differenzierung, die [die] Ausstellung ansonsten charakterisieren«, hat die *Frankfurter Rundschau* beobachtet, »sind hier mit einem Mal weggeblasen. Bevor sie den Besucher entläßt, setzt auch die neue Ausstellung unversehens wieder auf das Individuum, auf Emotion und auf die Kraft der Bilder und verzichtet an dieser Stelle weitgehend auf Kontextualisierung. So schleicht sich am Ende doch wieder der geschichtspädagogische Gestus ein.«[144] Dessen Botschaft: Die Wehrmacht – gerettet, die Fratze der Verbrechen – geglättet, das Heer der Täter – desinfiziert.

Bilder

Der Bericht der Kommission zur Überprüfung der Ausstellung hatte deren Provokation vor allem auf den »schockierenden Effekt ihrer Bilder« zurückgeführt. Bei der Mehrheit der Zeitzeugen sei »ein Geschichtsbild massiv ins Wanken« geraten, und im öffentlichen Bewußtsein sei es zu einer »visualisierten Erweiterung der Tätergruppen« gekommen. Das bisher auf Auschwitz und die SS fixierte Bild von der Vernichtung der Juden habe einen »Bildbruch« erfahren: was bis dahin nur sehr allgemein und andeutungsweise öffentlich bekannt war, sei »durch die Individualisierung und Konkretisierung der Tat bzw. der Täterschaft, die das Foto bietet, zu einer eindringlichen Personalisierung gebracht und auf diese Weise in die öffentliche Kommunikation eingeführt« worden.[145] Vor dem Bildbruch aber herrschte fast ein halbes Jahrhundert lang das »Bilderverbot«.[146] Das besagte, daß die Verwandlung des Holocaust in ein unwirkliches und subjektloses Geschehen, zu einer Art Black Box,[147] kein unbewußter Vorgang der Verdrängung, sondern ein absichtsvoll hergestelltes Konstrukt der Entlastung war. Die Geschichtswissenschaft, daran hat Dirk Rupnow erinnert, half mit ihrem ausweichendem Reden vom »Undarstellbaren« oder vom »Unzumutbaren« des Holocaust, das Verbrechen zu »verschleiern« und »hat eine Konfrontation mit den Details erspart«.[148] Es waren also nicht nur die ehemaligen Soldaten, es waren auch die deutschen Historiker, die darüber wachten, daß die Fotos vom Judenmord »auf freiem Feld«, also jene Verbrechen, an denen jenseits der Vernichtungslager und außerhalb der SS-Belegschaften »Soldaten und Zivilisten alltäglich beteiligt waren«, nicht in die öffentliche Wahrnehmung gelangten.[149] Die erste Wehrmachtsausstellung hat diese Praxis mit ihren 1433 Fotos 1995 abrupt unterbrochen.

Helmut Lethen hat darauf hingewiesen, daß eine Sammlung von Fotos zunächst einmal »als Sammlung von schwarz-weißen Rechtecken nur ein ›Archiv toter Bilder‹« sei, die »animiert« werden müßten, »um lesbar zu sein«. Die Animation geschehe im Gebrauch und folge dessen immanentem Zweck, in diesem Falle, als »Indizien im Rahmen eines Tribunals« zu dienen.[150] Die Ausstellungsmacher wollten kein »Tribunal«, aber ihre Ausstellung wurde in der Öffentlichkeit so verstanden. Die Fotos sollten »nie bloße Illustration«,[151] erst recht keine »Indizien«, sondern zusätzliche Quellen sein.[152] Aber für die Besucher, vor allem, wenn es sich um ehemalige Soldaten der Wehrmacht oder um deren publizistische Sachwalter handelte, wurden die Fotos zu »Beweismitteln«. Spätestens da hätten wir alle Fotos auf dieses Kriterium hin noch einmal untersuchen müssen. Wir überließen es anderen. Das Ergebnis dieser Prüfung ist bekannt: Es waren einige Fotos der Ausstellung, die den Test nicht bestanden und ihr Ende einleiteten.

Die neue Ausstellung hat daraus radikale Konsequenzen gezogen. Sie hat zunächst die Anzahl der Fotos um die Hälfte reduziert, wodurch der Eindruck entstand, »fast alle früher gezeigten Fotos hätten einer wissenschaftlichen Untersuchung nicht standgehalten«.[153] Die Fotos haben auch einen anderen Ort bekommen: früher waren sie auf dem oberen Teil der Tafeln freistehend angebracht und bestimmten, obwohl kleinformatig wie in einem Fotoalbum, durch diese Plazierung die Wahrnehmung der Besucher.[154] Jetzt haben die Fotos ihre eigenständige Rolle an die Texte verloren: Sie dienten, »eingerahmt von einer Fülle von Schrift- und Tondokumenten«, nur noch zu deren Illustration.[155] Das Ergebnis war, so hat es ein Kritiker beschrieben, die »bestens abgesicherte Visualisierung eines wissenschaftlichen Buches«.[156]

Es ging bei diesen Veränderungen nicht um ästhetische Fragen, sondern um eine radikal andere Bewertung von Fotos. Um das nachvollziehen zu können, ist der Hinweis angebracht, daß die drastische Reduzierung der Fotos in der neuen Ausstellung zu Lasten eines ganz bestimmten Bildgenres geht: Die privaten Fotos der Landser sind verschwunden. Ihre grinsenden Gesichter vor den baumelnden, erfrorenen Erhängten, ihre Pistolen am Genick der Opfer, ihre Stiefelspitzen an den ausgehobenen Gruben voller Leichen, das alles durfte nicht mehr sein, existierte nicht mehr als aussagekräftige Quelle – angeblich, weil man nicht mehr ermitteln kann, wer der Fotograf war, wo und wann das Bild entstand, in welchem Fotostudio es entwickelt wurde, wer es besessen hat und wann und wie es in welches Archiv gekommen ist. Jeder der Millionen deutschen Landser, die im Osten auf ihre Auslöser gedrückt und fotografiert hatten, was das Zeug hielt, war mit einem Mal, wie *Die Zeit* die Ausführungen der Sprecherin der neuen Ausstellung zitierte, nur mehr ein »fragwürdiger Augenzeuge«.[157] Damit bestätigte sich ein Verdacht, den die *Frankfurter Allgemeine Zeitung* schon früh geäußert hatte, daß nämlich die neuen Ausstellungsmacher »das Vertrauen in Bilder fast vollständig verloren zu haben« scheinen.[158] Dieser Vertrauensverlust wurde durch einen Furor der Zuschreibung und Einordnung kompensiert. Das Foto eines Soldaten, der grinsend neben Erhängten stand, so ließ der Leiter des Hamburger Instituts wissen, finde nur Verwendung, »wenn es in der Ausstellung seinen richtigen Ort hat«. Und an anderer Stelle führte er aus: »Fotos werden so gezeigt, daß stets deutlich wird, was sie aussagen.«[159] Ganz in diesem Sinne teilte das Hamburger Institut der Fotohistorikern Miriam Y. Arani mit, man habe nur solche Fotos aufgenommen, bei denen »keine Unstimmigkeiten oder Zweifel an der Zuschreibung zutage traten«.[160] Das klang solide und schien dem vieldeutigen Charakter der Quelle Fotografie Rechnung zu tragen. Das Ergebnis war allerdings, wie Arani bei einer Analyse der Fotos und der Bildlegenden feststellte, ernüchternd: Im Vordergrund des Interesses habe »die Identifizierung des Bildinhalts, dessen Datierung und Lokalisierung sowie die namentliche Identifizierung des Fotografen« gestanden.[161]

Diese Kriterien einer nur »äußeren« Bildkritik bestimmten offensichtlich die Wahl der Bildbestände: um sicherzugehen, griff man »mehrheitlich auf einen weitgehend bekannten Bildervorrat zum Zweiten Weltkrieg zurück« und bediente sich dabei statt der materialreicheren osteuropäischen Archive der als zuverlässig geltenden bundesdeutschen Einrichtungen.[162] Allerdings unterließ man dabei die sogenannte »innere« Bildkritik, d. h. die Prüfung auch auszudehnen auf den Kontext, in dem diese Aufnahmen damals entstanden waren, auf die Zwecke, denen sie gedient hatten, auf die Folgen für Motivwahl, Bildaufbau und Aussage. Die Folge dieser aus übersteigertem Sicherheitsdenken geborenen Unterlassung war ein Skandal. Miriam Arani konnte nachweisen, daß die Hälfte der verwendeten Fotografien Produkte der Propagandakompanien waren, also jener Einheiten, die, von Goebbels in Zusammenarbeit mit dem OKW aufgestellt, die Front- und Heimatzeitungen mit genau den Bildern belieferten, die Hitler und seine Wehrmacht zur Steigerung von Kampfmoral und Durchhaltewillen brauchten; diese propagandistischen Ziele, so Arani, seien in der neuen Ausstellung »nicht kritisch dargestellt«, sondern es werde so getan, »als handele es sich um Bildmaterial aus einer politisch neutralen sozialen Perspektive«.[163] Anstatt die Legende von der sauberen Wehrmacht zu zerstören, werde diese »auf der visuellen Ebene fortgeschrieben«.[164] Der Einsatz der ca. 70 »Atelierporträts« der Generäle in den von ihnen selbst gewählten Formen »idealisierender Selbstdarstellung« verstärke diesen Eindruck.[165] Arani interpretiert die Entscheidung für »›schöne‹ professionelle Fotos von der deutschen Wehrmacht« statt der »›häßlichen‹ privaten Schnappschüsse« vom Tod der Juden, Kommissare, wirklichen und vermeintlichen Partisanen als eine bewußte Entscheidung: man sei damit »der politischen Opposition gegen die erste Version der Ausstellung weit entgegen« gekommen.[166]

Auch Helmut Lethen sieht Absicht am Werk, sie zielt auf die Täter: »Das Unheimliche der ersten Ausstellung«, konstatiert er, »war die magische Wiederkehr der Täter in unsere Gesellschaft«. Sie hätten Gesichter bekommen durch die Fotos, die sie selber geknipst hatten. Diese »magische Präsenz« versuche die neue Ausstellung zu annulieren – durch die Entfernung der Landser-Fotos und die Rückkehr der Texte: »Das führt«, so notiert er, »zu einem merkwürdigen Eindruck: die Täter werden von Texten absorbiert [...]. Wahrscheinlich ist dieser Effekt beabsichtigt. Die Schriftspur der Täter ist relevanter als ein Abdruck ihrer Physiognomien.«[167]

Den Ausgangspunkt für die Entscheidung des Hamburger Instituts, wie in seiner neuen Ausstellung mit der Quelle Fotografie umzugehen sei, bildeten die »unkommentierten Fotostrecken«,[168] also jene Fotoserien innerhalb des »Eisernen Kreuzes«, auf denen unter dem Titel »Der Alltag des Verbrechens« die häufigsten Tötungsarten – Judenquälen, Galgen, Genickschüsse, Gefangenschaft, Deportationen – quasi lexikalisch vorgeführt worden waren.[169] Solche textlosen Bildräume würde es nicht mehr geben, das versicherte der Leiter des Instituts in jedem seiner zahlreichen Interviews.[170]

Die meisten der im »Eisernen Kreuz« wie in den übrigen

Kapiteln der ersten Ausstellung verwandten Fotos entstammten den Brieftaschen der deutschen Soldaten. Die Dokumente der Verbrechen machten, gemischt mit den Idyllen von Frau und Kind, den Vormarsch und die Rückmärsche in diesem Behältnis mit und fielen bei der Gefangennahme den siegreichen Rotarmisten in die Hände, die sie an die sowjetischen Archive weitergaben. Für Massenexekutionen von Juden waren, als sich ein regelrechter Massakertourismus der Landser entwickelte, ab Spätsommer 1941 von den Kommandobehörden der Wehrmacht Fotografierverbote erlassen und der Einzug bereits gemachter Fotos angeordnet worden. Dennoch ging, wie die Wiederholung der Befehle zeigte, das Knipsen weiter, und die Abzüge wanderten in die Brieftaschen oder in die Fotoalben der Familien zu Hause. Ähnliche Fotografierverbote für das massenhafte Aufhängen, Erschießen, Deportieren von Zivilisten im Rahmen der Partisanenbekämpfung oder für das Totquälen der Kriegsgefangenen wurden nie verhängt.[171] Die Fotos, als Beutestücke in die osteuropäischen Archive gelangt, trugen meist keine erklärenden Bildunterschriften, manchmal waren Ort oder Datum, fast nie der Name oder die Einheit vermerkt. Man kann uns zu Recht vorwerfen, dem fragmentarischen Charakter dieser Fotos im Rahmen einer »äußeren« Bildanalyse zu wenig gerecht geworden zu sein, man kann uns kritisieren, daß wir, zum Zweck einer »inneren« Quellenkritik, die Prüfung der Überlieferungstraditionen der osteuropäischen Archive und deren Hauptinteresse an »Indizien deutscher Verbrechen« vernachlässigt haben,[172] man kann uns aber nicht tadeln, daß wir diese Fotos in Osteuropa als Quelle erschlossen und in der Ausstellung verwendet haben. Da die öffentlichen Archive der Bundesrepublik an einer Sammlung und Erschließung dieser privaten Soldatenfotos aus politischen Gründen nie interessiert waren und die Fotoalben der ehemaligen Landser von diesen vernichtet oder nicht zugänglich waren, blieb nur dieser Weg. Er ermöglichte den »Bildbruch« und das Ende des »Bildverbots«, er erlaubte, neues Wissen über das Ausmaß wie die Abläufe der Verbrechen zu gewinnen und eine tiefwirkende Vergegenwärtigung des Geschehenen zu erreichen. Wer über den Vernichtungskrieg und die Verbrechen der Wehrmacht als gesellschaftlichen Ausnahmezustand und Ort kollektiver Gewalterfahrung verläßlich berichten will, der kommt ohne diese Fundstücke aus den Brieftaschen der Täter nicht aus. Wer die historische Chance ergreifen will, die Lüge von der sauberen Wehrmacht, die sich unter dem Schutz von Beschweigen und Vergessenmachen über ein halbes Jahrhundert gehalten hat und hält, noch zu Lebzeiten der Nazigeneration zu benennen und zur Wiederherstellung des beschädigten »Wahrheitsgefüges« in der Öffentlichkeit wie in den Familien beizutragen, der kann auf die öffentlichen Erregungszustände, die diese Konfrontation auslösen muß, nicht verzichten, ja, der muß sie mit herbeiführen helfen. Wer etwas anderes erzählen will – z. B. die Verbrechen einer »Verwaltungs- und Wehrhierarchie«, gemessen »am Maßstab des Kriegsrechts«[173] – und alles daransetzt, Provokation wie Affekt als der wissenschaftlichen »Seriosität« und dem gesellschaftlichen »Konsens« abträglich zu vermeiden oder zu unterdrücken, der muß die Brieftaschen der Landser zum »Abfall« erklären und auf den »Müll der Geschichte« werfen.[174]

»Der Mord«, hat Klaus Theweleit zur ersten Wehrmachtsausstellung angemerkt, »wird nicht als ›Mord‹ wahrgenommen, weil er genehmigt ist, er kann als Urlaubsfoto nach Hause gehen oder neben die Familienbilder ins Portemonnaie geraten, weil er das eigene Leben im Zustand krimineller paradiesischer Freiheit zeigt, das sich dabei gefällt, die Erde von Ungeziefer zu befreien. ›Strafe?‹ Keine zu erwarten. Wir werden gesiegt haben. Dieses Bewußtsein, diesen Blick zeigen die Fotos der fotografierenden Soldaten in Rußland, in Polen oder auf dem ›Balkan‹ in aller Klarheit; in aller unschuldigen Klarheit. Die ganze Rede von der behaupteten Schuldlosigkeit des deutschen Soldaten im Osten, wie sie nach dem Ende des Krieges in den westdeutschen Rechtfertigungsreden zur Wehrmacht auftauchte, ist auf diesen Fotos vor- und abgebildet. Dies ist der Schock, den die Fotos bei den Gegnern der Wehrmachtsausstellung auslösten.«[175]

Das Haupt der Medusa, so wird uns erzählt, tötete jeden, der seiner ansichtig wurde. Perseus half sich mit einer List: er benutzte seinen Schild als abschwächenden Spiegel. So konnte er den Todesblick aushalten und das Volk von dem Monster befreien. Die erste Wehrmachtsausstellung war solch ein Spiegel, vier Jahre lang. Aber der Schrecken des Vernichtungskrieges und seiner Verbrechen war zu groß. Die List mißlang. Der Spiegel wurde zerschlagen, ehe Medusa geköpft war. Sie regiert weiter im Reich der Schatten.[176]

Konsensgeschichte

Es ist unwahrscheinlich, daß den Kommentatoren der großen Zeitungen die gravierenden Akzentverschiebungen der neuen Ausstellung im Unterschied zur alten nicht aufgefallen wären. Aber sie schwiegen, wie ein aufmerksamer Beobachter meint, um »eine erneute kritische Debatte um die Ausstellung zu vermeiden«.[177] Sie feierten die neue Version, weil diese das »Skandalisierungs- und Irritationspotential« unserer Fassung unter der Vokabel der »Versachlichung« auslöschte[178] und nach vier Jahren erbitterter Kämpfe endlich Konsens stiftete. Der neuen Ausstellung war es auf perfekte Weise gelungen, den Ausgleich sehr unterschiedlicher Interessen herzustellen und zur Quersumme gesellschaftlich dominanter Sichtweisen am Beginn des neuen Jahrhunderts zu werden. Drei von ihnen drängen sich auf.

1. Die alte Ausstellung hatte nur einen schmalen Ausblick auf drei Frontabschnitte im Osten bzw. Südosten, auf einen begrenzten Zeitraum und auf eine Teilmenge der Wehrmacht geboten. Aber sie hatte, weil sie das Geschehen

in der selbstgewählten Begrenzung als exemplarisch rekonstruieren konnte, zuerst eine böse Ahnung, dann eine zunehmende Gewißheit entstehen lassen, daß Millionen Soldaten von den Verbrechen gewußt haben oder gar daran beteiligt gewesen sein könnten, an der »Ostfront« wie im übrigen besetzten Europa. Das hatte gewirkt wie ein scharfkantiges Projektil und Schockwellen ausgelöst, die ohne Ansehen der Partei oder der politischen Gesinnung langjährige Lebenskonstruktionen und Familienlegenden erschüttert haben. Der Reflex, mit dem dieser Schock von ehemaligen Soldaten, konservativen Publizisten und dem rechten Flügel der Geschichtswissenschaft abgewehrt wurde, war ein Angriff: die Ausstellung pauschaliere, sie rechne von einem kleinen Teil auf das Ganze, sie mache Millionen von kleinen Landsern für die Fehler und Verbrechen der militärischen Führung verantwortlich, sie fälle ein Urteil über eine ganze Generation, sie konstruiere eine Kollektivschuld, schlimmer als in Nürnberg, sie treibe einen Keil zwischen die Generationen, sie verschweige die Verbrechen der anderen, sie schade dem Ansehen des deutschen Volkes im Ausland usw. usw. Diese konservative Kritik konnte sich nun davon überzeugen, daß ihre lautstarken Interventionen nicht umsonst gewesen waren. Peter Gauweiler hatte recht, als er das Wendemanöver der Ausstellung »im Zusammenhang mit dem erfolgreichen Feldzug der Rechten gegen Pauschalurteile« interpretierte.[179] Abgesehen von ein paar hundert Spitzenmilitärs war die Masse der Täter wohl auf immer ins Schweigen und Vergessen entlassen worden. Die unheilbringende schwarze Spinne war – wie in Gotthelfs Novelle – wieder ins Loch gedrängt, aus dem sie einst gekrochen war, und das Loch im Balken hatte der rettende Holzpflock verschlossen. Peter Gauweiler, nach gelungener Aktion: »Man kann sich der neuen Veranstaltung entspannter nähern.«[180] Dem Direktor des Instituts für Zeitgeschichte, Horst Möller, dem im Zusammenhang mit der Wehrmachtsausstellung nur Hitlers »Einhämmerungsmethoden« eingefallen waren, bestätigte der neuen Ausstellung, sie habe »der Kritik Rechnung getragen« und sei »wissenschaftlich seriös«.[181] Rolf-Dieter Müller vom Militärgeschichtlichen Forschungsamt, der die alte Ausstellung in ein Museum verbannt sehen wollte, als Horrorbeispiel für den Umgang der Deutschen mit ihrer Vergangenheit, forderte nun die Bundesregierung auf, die neue als Dauerausstellung zu übernehmen.[182] Die *Frankfurter Allgemeine Zeitung* triumphierte schon vor der Eröffnung: »Die Wehrmacht war keine Mörderbande.«[183]

2. In den herrschenden Eliten, denen der Politik wie der Medien, hat sich offensichtlich ein Konsens herausgebildet, jede Verbindung zur Generation von 1968 und zu dem, was man deren Geist und Erbe nennen könnte, zu kappen. Symptomatisch war dafür die Debatte um die Vergangenheit führender Politiker der Grünen, wie des Außenministers Joschka Fischer oder seines Kollegen im Umweltministerium, Jürgen Trittin, die sich der geforderten Distanzierung denn auch willig unterzogen. Was wie ein durchsichtiges Tagesmanöver eines bestimmten Teils der Massenmedien aussah, basierte auf einem schon länger geführten politikwissenschaftlichen Diskurs. Was am Pranger stand, war prima vista der »Linksextremismus« der 68er, als dessen ideologischer und versteinerter Kern der »Antifaschismus« ausgemacht wurde. Damit war ein Politikverständnis gemeint, das von ehemals linken Autoren als totalitär und antidemokratisch,[184] von solchen, die sich eher dem rechten Lager zugeordnet haben, als Fortsetzung der antideutschen Propaganda des Zweiten Weltkrieges und des Reeducation-Programms der Siegermächte klassifiziert wurde.[185] Der Ausstellung wurde unterstellt, aus diesem Geist geboren zu sein. Ihr abrupter Rückzug wie das überraschende Ausscheiden ihres Leiters, des »anachronistischen Alt-68er-Aktivisten« und »altvorderen Ideologen Heer«, wurde gefeiert als Absage an einen »geliehenen Antifaschismus«. Was die *Frankfurter Rundschau* sich von dieser Zäsur erhoffte, klang zugleich wie eine Abrechnung mit ihrer eigenen Vergangenheit: die Chance, den

Raum »für neue Formen der Erinnerungs- und Gedächtnispolitik« zu eröffnen, einen »Blickwechsel, der die Erinnerungs- und Betroffenheitskultur der alten Bundesrepublik über Bord« werfe und neuen Debatten über alle Verbrechen dieses Jahrhunderts »öffentlichkeitswirksam den Weg bereitet«.[186] Die Zeitenwende, die das einst linksliberale Blatt solcherart in den Turbulenzen um die Ausstellung zu erkennen glaubte, bestätigte die konservative *Welt*. Auch für sie war die Schließung der ungeliebten Wehrmachtsaustellung das deutliche Anzeichen für einen »Gezeitenwechsel«. Die zurückgezogene Ausstellung habe sich in ihrer Argumentation wie in der Rezeption »noch ganz in das alte Muster der deutschen ›Vergangenheitsbewältigung‹« eingefügt: »Die ewig-gestrige Fixierung auf die deutschen Verbrechen traf auf die ewiggestrige Verdrängung dieser Verbrechen.« Bogdan Musial habe mit seiner kritischen Intervention und dem Hinweis auf die Verbrechen des Kommunismus »dieses tote Ritual durchbrochen« und den Blick erweitert auf die »Geschichte der Gewalt und der Destruktivität dieses Jahrhunderts«. Dadurch sei »die Distanz zum Geschehen vergrößert« worden.[187] Auch Heribert Seifert, ein vehementer Gegner der alten Ausstellung,[188] begrüßte den Gewinn an »Distanz«, den die neue Ausstellung hergestellt habe, und erblickte darin einen Beweis für »den Wandel deutscher Geschichtspolitik«: das »zentrale Thema« deutscher öffentlicher Erregung sei zu einer »Facette des historischen Selbstverständnisses (geworden), die nicht mehr im Modus der Betroffenheit, sondern in dem der genauen historischen Wahrnehmung angeeignet wird«.[189] Die neue Ausstellung versprach auch einen Generationenwechsel unter den Akteuren der Memoria herbeizuführen. Für den *Spiegel* war schon das Geburtsdatum der neuen Ausstellungsmacher – »fast alle zwischen 1960 und 1970 geboren« – Garant für Qualität.[190]

3. Die politische Klasse der Bundesrepublik hatte 1999 ziemlich erschreckt die Nachricht aufgenommen, am 2. Dezember des Jahres werde eine englischsprachige Version der

Ausstellung in New York eröffnet werden und von dort durch einige der renommiertesten Universitäten des Landes wandern. Die Vorstellung, während der laufenden und höchst komplizierten Verhandlungen um die Entschädigung für die ehemaligen Zwangsarbeiter könnten die aufwühlenden Bilder der Ausstellung bei Millionen Amerikanern das Stereotyp des Nazi-Deutschen verstärken, muß auf das Kanzleramt und die beteiligten Akteure wie ein Alptraum gewirkt haben.[191] Nach dem beigelegten Streit um das Holocaust-Mahnmal und der greifbar nahen Lösung der Zwangsarbeiterfrage sollte endlich die Gegenwart in ihr Recht gesetzt werden. Sie bot genügend Stoff für politischen Konflikt und praktisches Handeln. Was der Vorgänger Helmut Kohl seit der Vereinigung so systematisch, wenn auch manchmal, wie an den Gräbern der Waffen-SS in Bitburg, etwas verunglückt begonnen hatte – eine Politik der »Normalisierung« und »Historisierung« der deutschen Vergangenheit –, das sollte fortgesetzt und zum Abschluß gebracht werden.[192] Die neue Ausstellung paßte offensichtlich vorzüglich zu diesen Abschlußarbeiten. Deshalb durfte sie ein Bundesminister als Emissär des Kanzlers eröffnen. Michael Jeismann hat dies gelungene Szenario in der *Frankfurter Allgemeinen Zeitung* präzise beschrieben: »Es scheint, als liefe die Ausschlußfrist unseres Rechts auf die eigene Zeit ab. Seit 1989 handelte es sich um eine geliehene Zeit, wie wir jetzt feststellen müssen. Die Bundesrepublik hat sie vor allem dazu genutzt, ihre Vorgeschichte zu bestellen, um sich dann selbst in Szene setzen zu können. In einem einzigen Monat, in diesem November, vollendet sich dieses Werk. In Berlin beginnen die Arbeiten am Holocaust-Denkmal, in Nürnberg hat man den verwahrlosten Monumentalismus des Reichsparteitagsgeländes historisch-kritisch gezähmt. Den Schluß wird die neue Wehrmachtsausstellung bilden, die korrekt und klug zu sein verspricht. In einem doppelten Sinn war das jetzt unsere Vergangenheit, ausgeleuchtet und gedeutet.«[193]

Wer hat das von euch gemacht?

Geschichtspolitische Wendungen sind keine Verschwörungen. Es gibt Wortführer und Akteure, es gibt Helden und Bösewichte, Sätze, die zu Kriegserklärungen werden, und Formulierungen, die ein Todesurteil bedeuten können. Das alles geschieht öffentlich und hat manchmal tiefgreifende politische Wirkung, auch wenn einige der Akteure überzeugt sind oder von sich behaupten, sie betrieben keine Geschichtspolitik, sondern *nur* Wissenschaft.[194] Es geht nämlich an solchen Wegscheiden um nicht weniger als darum, neue Orientierungen in dem komplizierten Geflecht von Vergangenheit, Gegenwart und Zukunft zu finden, zu bestimmen, welche Gesichtszüge im Selbstbild einer Gesellschaft die prägenden sein sollen. Das geschieht im Streit und endet in einem manchmal brüchigen, immer aber nur auf Zeit gestellten Konsens. Möglicherweise stehen wir an einer solchen Kreuzung. Die Tatsache, daß die Nazizeit für die meisten Deutschen nur noch gelernte und nicht mehr erlebte Geschichte ist, könnte dafür ebenso verantwortlich sein wie der Verdruß über eine Schuld, die nicht vergehen will. Vielleicht mußte man deshalb die Täter, deren Gesichter plötzlich so kenntlich geworden waren und die so unabweisbar an diese Schuld erinnert haben, wieder in den Schatten und in die Unkenntlichkeit zurückstoßen.

Die neue Ausstellung des Hamburger Instituts war wegen ihres zum Vergleich auffordernden Prototyps zwar das auffälligste, aber nicht das einzige Beispiel eines solchen Vorgangs. In Nürnberg, Dresden und Berlin gab es zeitgleich ähnliches Material zu besichtigen. So stutzte der Berichterstatter der *Zeit* beim Besuch des gerade fertiggestellten Dokumentationszentrums des Reichsparteitagsgeländes in Nürnberg ganz gehörig: »So aus dem Nichts, wie hier suggeriert, tauchten die Nazis nach dem Ersten Weltkrieg nun gewiß nicht auf.« Sein Unbehagen beim Weitergehen wuchs, als er in den Abschnitt der Weimarer Republik wechselte und sich dort mit einem Bild von Chaos und Elend konfrontiert sah: »Man kann sich des Eindrucks nicht ganz erwehren, als tappte die Ausstellung bei ihrem Versuch, die Gründe für den Aufstieg der NSDAP darzulegen, für einen Moment unglückseligerweise selbst in die Falle der NS-Kampfpropaganda.« Als Bilanz notiert er »die irritierende Neigung der Ausstellungsmacher, Hitlers Paten der frühen und Komplizen der späten Jahre nicht nur im Militär, sondern auch in der Wirtschaft, der Justiz, bei den Kirchen, unter Künstlern und Wissenschaftlern ein wenig arg in den Hintergrund zu rücken«.[195] Auf ähnliche Defizite stieß der *Zeit*-Redakteur im Militärhistorischen Museum der Bundeswehr in Dresden, das im Jahr 2000 in überarbeiteter Form eröffnet wurde. Dem Besucher werden Fototafeln mit den Siegesparaden der Wehrmacht in den Hauptstädten Europas präsentiert – »die Leiden der Bevölkerung sieht er nicht. Der Name Guernica erscheint nicht [...]. Die Beteiligung der Wehrmacht an der ›Endlösung der Juden- und Zigeunerfrage‹ auch in Ländern wie Polen oder Frankreich oder auf dem Balkan wird nicht erwähnt.« Erfreut registrierte der Mitarbeiter der *Zeit*, daß der Krieg gegen die Sowjetunion zwar korrekt als ein »rassenideologischer Vernichtungskrieg« bezeichnet wurde, man dessen Akteure aber wie eh und je im Zustand der »Verstrickung« und der tragischen Gewissensnot porträtierte: »Viele der deutschen Rußlandkämpfer, [...] steht zu lesen, ›opfern Humanität und soldatisches Ethos einer menschenverachtenden Ideologie‹. Der Täter, der mit seiner Tat, seiner Untat, ein Opfer bringt – eine hehre, eine tolle Vorstellung! Überhaupt die Täter: Kriegsverbrecher wie Manstein, Reichenau, Schörner, Kesselring, Raeder kommen nur flüchtig oder gar nicht in den Blick.«[196] Noch schärfer fiel das Verdikt über die erste repräsentative deutsche Ausstellung zum Holocaust aus, für die das Deutsche Historische Museum in Berlin verantwortlich zeichnete und die im Januar 2002 in Berlin eröffnet wurde. Sie zeigte auch den Holocaust »auf freiem Feld«, also in den

Räumen des Vernichtungskrieges: im November 1941 wurden Zivilisten in Charkow gehenkt – »von Deutschen«; in Lemberg gab es vom 30. Juni bis 4. Juli 1941 »ein Pogrom gegen Juden und Kommunisten« – von den Tätern keine Spur. Ähnlich verschwommen wurden die Ermordung der 30000 Juden in der Schlucht bei Babi Jar am 29. und 30 September 1941 und die berüchtigte Erschießung der jüdischen Frauen und Mädchen vom 15. bis 17. Dezember 1941 in den Dünen bei Libau geschildert. Alle diese Verbrechen sind mittlerweile bis ins Detail aufgeklärt, auch hinsichtlich der Täter. Dem Historischen Museum waren diese Fakten keine Zeile wert. Was in den Außenzonen des Verbrechens vielleicht noch entschuldbar wäre, traf auch für ihr Zentrum zu: »Von Himmler, von Bormann, Frank, Ribbentrop«, notierte der Berichterstatter der *taz*, »kein Bild, keine Biografie. Der Lagerkommandant von Auschwitz: nicht einmal namentlich erwähnt. Auch die niedrigeren Chargen, das Wachpersonal der Lager, die Teilnehmer an den Erschießungskommandos: höchstens zufällig im Bild, meistens von hinten fotografiert bei der Ausübung ihres Mordhandwerks – deutsche Nakken.«[197] Mit dem Verschwinden der Bilder, weiß man, verschwinden auch die Täter. Selbst wenn die Namen bleiben, so haben sie kein Gesicht mehr. Und an Zahlen haftet keine Erinnerung. Irritierender als der Effekt dieser bekannten Phänomene ist die Wirkung, die der oben zitierte Redakteur der *taz* nach dem Besuch der ersten deutschen Holocaust-Ausstellung bei sich feststellte: »Das Verbrechen wird mit den Opfern identifiziert, nicht mit den Tätern.«[198]

Friedrich Nietzsche hatte in der »Zweiten unzeitgemäßen Betrachtung«, als er »über den Nutzen und Nachteil der Historie für das Leben« nachdachte, den Gedanken gewagt: »Zu allem Handeln gehört Vergessen. [...] Das Unhistorische und das Historische ist gleichermaßen für die Gesundheit eines einzelnen, eines Volkes und einer Kultur nötig.«[199] Diese zutreffende Beobachtung, wie das kollektive Gedächtnis eines Volkes funktioniert, findet ihre Grenze an den eigenen erlittenen geschichtlichen Katastrophen oder an den andern Völkern zugefügten Großverbrechen. Die Tiefenströmung der deutschen Nachkriegsgeschichte ist vom Kampf um diese Grenze bestimmt. Das Unheil des nationalsozialistischen Krieges und den Zivilisationsbruch des Holocaust vergessen oder relativieren zu wollen würde den geschehenen Verbrechen ein weiteres hinzufügen – die Vernichtung der Erinnerung. Dies geschehen zu lassen wäre eine erneute und postume Verhöhnung der Opfer und hätte eine tiefgreifende Störung der noch lange nicht abgeschlossenen Identitätsbildung der Deutschen zur Folge. Der Osteuropa-Historiker Wolfgang Eichweide hat auf einer Konferenz zur Wehrmachtsausstellung in Bremen 1997 von einer Begegnung mit einer Überlebenden des Massenmordes von Babi Jar berichtet. Rahi, die 1941 ein kleines Mädchen gewesen war, hatte sich unter den Leichen ihrer Eltern und Geschwister verstecken und retten können. Als sie 40 Jahre später dem deutschen Wissenschaftler begegnet war, hatte sie das Gespräch so eröffnet: »Wer hat das von euch gemacht? Wer war verantwortlich, wer hat geschossen und das Schießen ermöglicht?« Und hatte dann hinzugefügt: »Wir müssen das wissen, um *mit euch* leben zu können, aber ihr selbst müßt das wissen, um überhaupt *leben* zu können.«[200]

2. Kapitel
Verwischen der Spuren. Vernichtung der Erinnerung

Die Wehrmacht als Chronist

Die Nachricht vom Einmarsch der Wehrmacht in die Sowjetunion erreichte den Unteroffizier Friedrich Fiedler auf dem jugoslawischen Kriegsschauplatz. In Kraljevicevo, einem Ort 60 km nördlich von Belgrad, war er mit seiner Nachschubeinheit von den Dorfbewohnern – ehemaligen deutschen Kolonisten aus Schwaben – begeistert empfangen und zehn Tag lang aufs freundlichste bewirtet worden. Während am Morgen des 22. Juni 1941 in der Dorfkirche die Konfirmation gefeiert wurde, bot sich draußen ein völlig anderes Bild: »Auf der Straße stehen überall Gruppen von Menschen, die über die neue militärische Lage diskutieren«, notierte Fiedler in seiner »Gedächtnis-Skizze«, in der er seit dem Tag der Verlegung aus Frankreich vor mehr als einem Monat alle wichtigen Ereignisse eintrug.[1] Wenige Tage später erfolgte der Abtransport auf der Bahn. Über Zagreb, Prag und Dresden erreichte die Einheit am 30. Juni Leipzig – zur Vorbereitung auf den kommenden Einsatz im Osten. Während des einwöchigen Aufenthalts sah Fiedler noch einmal seine Frau und den neunjährigen Sohn Eberhard. Dann begann die Verlegung an die Front, zunächst per Bahn und dann auf dem Landmarsch durchs Generalgouvernement. Am 18. Juli erreichte der Stab des Nachschubs der 294. Infanteriedivision bei Uscilug die sowjetische Grenze. Für Friedrich Fiedler, damals 43 Jahre alt und seit 1940 Soldat der deutschen Wehrmacht, begann die entscheidende Phase dieses Krieges.[2] Den Ablauf der ersten vier Monate hat er in knappen Notizen aufgezeichnet. Die Niederschrift zeigt, was deutsche Soldaten beim Vormarsch gesehen haben – wenn sie sehen wollten.

Das Tagebuch des Unteroffiziers Friedrich Fiedler

»18. 7. 1941. Morgen 7.00 Uhr geht der Vormarsch weiter über Husynne, Strzyzow, Krasnica, bei Uscilug (vollkommen zerschossen) über die ehem. poln.-russ. Grenze nach Wlodzimierz. Gleich nach dem Passieren der russ. Grenze sieht man überall Spuren der Kämpfe zwischen dem 22.–25. Juni, in Trümmer gelegte Ortschaften, verkohlte Bunker, Soldatengräber, ausgebrannte Tanks und Wagentrümmer. In *Wlodzimierz* liegen wir in dem ehem. russ. Offz.-Kasino der Kaserne. Riesige Haufen sowjetruss. Propaganda-Materials finden wir in den Räumen, in welchen wahrscheinlich der Generalstab einer russ. Panzerdivision gelegen hat und die z. T. durch Artl.-Beschuß stark beschädigt sind, desgl. viel Landkarten auf Leinwand aufgezogen. Im Park vor dem Gebäude liegt ein Grab von 4 gefallenen deutschen Kameraden. Am abend gehe ich mit Dr. Kuhne noch ein Stück spazieren. Die Stadt ist wie ausgestorben. Auf der Straße werden wir von einer Polin auf gebrochen deutsch gefragt, ob wir nicht wüßten, wo ihr Mann sei, seit 2 Tagen sei er auf der Arbeit und nichts gegessen. Später erfahren wir, daß 250 Juden u. bolsch. Funktionäre am Morgen von der Gestapo erschossen wurden. Diese Frau wird wahrscheinlich vergebens auf ihren Mann warten, und das Kind, welches sie erwartet wird seinen Vater nicht kennen lernen. In dem Saal, wo sich unsere Schreibstube befindet, liegen auf einem Podium die Instrumente einer Balaleika-Kapelle und ein deutscher Flügel, in den Arbeitspausen musizieren und singen wir.

20. 7. 41 7.00 Uhr Abmarsch von Wlodzimierz. Links und rechts neben der Straße erblicken wir die Reste einer Panzerschlacht, die deutschen Stukas haben ganze Arbeit gemacht, auch einige deutsche Panzer und Spähwagen liegen zertrümmert und ausgebrannt auf den Feldern und am Wegesrand. Gegen 9.00 Uhr erreichen wir unseren neuen Unterkunftsort *Zalurce*, wo Quartier und Schreibstube in

der Schule untergebracht sind. Am abend mache ich noch einen Spaziergang über die Felder, durch die Kornfelder führen viele Spuren von flüchtenden russ. Soldaten. Auf dem Rückweg durch das Dorf, welches auch stark zerschossen ist, unterhalte ich mich noch eine Weile mit einem Sanitäter der Organisation Todt und Dr. Kuhne.

21. 7. 41 4.15 Uhr Wecken, bereits 6.00 Uhr machen wir uns wieder auf die Landstraße, die an vielen Stellen von den Kampfhandlungen stark beschädigt und nur notdürftig geflickt ist. Über Torczyn, Zaborol kommen wir gegen 8.00 Uhr in *Luck* an. Luck ist eine ziemlich große Stadt, deren Zentrum wie alle bisherigen Orte durch Stuka-Angriffe total zertrümmert ist. Die Bevölkerung hat furchtbar gelitten. Unter russ. Verwaltung wurde ihr Besitz enteignet, die Zahl der nach Sibirien verbannten und füsilierten Einwohner ist nicht bekannt, 3000 Todesopfer erforderte der Bombenangriff deutscher Stukas, 1800 Juden und Bolschewiken wurden von der Gestapo erschossen. Fast kein Haus ist ganz geblieben und es hält schwer, Quartiere aufzutreiben. Schließlich kommen wir in einem weniger schwer beschädigten Palais auf der Stalinstraße unter. Am abend gehe ich mit Kam. Zimmermann spazieren, wir unterhalten uns lange mit einer alten deutschsprechenden poln. Sprachlehrerin, die – im Vertrauen auf Gott in ihrem Zimmer sitzend – dem rollenden Einsatz der deutschen Bombenverbände zugeschaut hat. Sie bewirtet uns mit Sauerkirschen und erbittet beim Abschied unseren Wiederbesuch, falls wir Gelegenheit dazu haben. Diese Lehrerin wohnt in einem Zimmer mit einer jungen Schneiderin zusammen, beide sind von den Bolschewiken aus ihrer früheren Wohnung verwiesen worden und haben sich nun in der Not gefunden.

22. 7. 41 Abmarsch von Luck (etappenweise). 13.15 Uhr nach Bahnstation Olyka, Ankunft 14.30 Uhr. Wir wohnen in einem früheren poln. Kolonialwarengeschäft, dessen Räume während der russ. Besatzung als Gemeindehaus dienten und liegen auf Strohmatten. Am abend mache ich mit

Kam. Jacobi einen Spaziergang über Bahnhof, Wiesen durch den schönen Wald, in dem vor einigen Tagen noch versprengte russ. Soldaten gesichtet wurden. Als Abendkost erhalten wir Wellfleisch.

23. 7. 41 Mitten aus einem erfolgreichen Skat heraus erfolgt der Abmarsch gegen 15.00 Uhr über Stawek, Kleiwan nach der großen Stadt *Rowne* (Ankunft = 17. 00 Uhr). Die Bewohner müssen bis 21. 00 Uhr die Straße verlassen haben, die Stadt macht dann einen entsetzlichen toten Eindruck mit ihren zerschossenen Häusern und ausgeräumten Läden. Wir marschieren jetzt durch wolhynisches Gebiet, die deutschdenkenden Wolhyhier sind 1939/40 nach Deutschland resp. Polen umgesiedelt, der überwiegend hier verbliebene Teil der Bevölkerung ist nicht sehr deutschfreundlich gestimmt. Am abend zimmere ich notdürftig einen Liegestuhl zwischen einem leeren Bettgestell zu einem Nachtlager in der Stube neben der Schreibstube in der Adolf Hitlerstr. Am 24. 7. morgens ziehen wir um in ein großes Haus gegenüber der Kirche. Nachmittag gehe ich mit Kam. Zimmermann ins Kino, eine ukrainische Kapelle spielt auf, 2 junge Mädchen tanzen leidlich. Die Wochenschau über den Krieg gegen Rußland ist lehrreich und der Hauptfilm »der Maulkorb« recht lustig.

25. 7. 41 Ab Rowne über Blata, Debawa, Antopol, Horbakow nach *Hoszcza*. Die Schreibstube ist in einem leeren Haus, deren Bewohner mit Kind und Kegel von den Russen nach Sibirien geschickt wurden, untergebracht. An diesem Abend bin ich U. v. D. und Wachhabender, ich schlafe mit der Wachmannschaft und Feldw. Jacobi in der Schreibstube, während Uffz. u. Mannschaften in Räumen der Alten Post untergebracht sind.

26. 7. 41 Ab Hoszcza 13.00 Uhr nach *Korzysc* (Ankunft 14.30 Uhr). Korzysc ist ein kleines Dorf, wir wohnen in der Schule. Am mit Wasserlinsen grün überzogenen Weiher steht eine vom architektonischen Standpunkt aus gesehen interessante Kirche, in der Kam. Jacobi und ich einer Taufe

zusehen. Ein alter weißhaariger Priester nimmt den Taufakt vor, trägt das Kind um den Altar herum, mit einem Besen befeuchtet er das Gesicht des Kindes mit geweihtem Wasser, während dieser Zeremonie küßt die Mutter die Heiligenbilder. Mythus, Zeremonie ersetzen Worte und Inhalt.

27. 7. 41 Auf der Vormarschstraße sind überall Spuren erbitterter Kämpfe und hartnäckigem Widerstandes zu sehen, raffiniert ausgelegte russ. M.G.- und Schützennester, verlassene und ausgebrannte russ. Panzer, zertrümmerte deutsche Lkw und Pkw. Gegen 11.00 Uhr fahren wir von Korzysc ab. Auf der Rollbahn Nord erreichen wir über Korzesc den Westausgang Zwiahel. *Zwiahel* ist ein kleiner Marktfleck und befindet sich auf altrussischem Gebiet. Es besitzt ca. 50 bis 60 russische Kasernen. Der Kampf um diese 3–4stöckigen Kasernen muß außerordentlich hart geführt worden sein, auf der nahen Bahnhofsrampe stehen ca 30–40 russische Tanks aber nur wenig Kriegsmaterial, alle Bahnhofsspeicher sind leer. Selbst die Matratzen in der Kaserne, wo wir liegen, scheint der Russe fortgebracht oder verbrannt zu haben. Es ist überhaupt merkwürdig, daß der Russe fast kein Beutematerial zurückläßt, Bekleidungs= und Lebensmitteldepots sind nirgends zu finden. Gegenüber der Kaserne liegt das russ. Kinderheim, jetzt Feldlazarett, 56 Gräber von schwerverletzten deutschen Kameraden zählte ich in dem Garten dieses Lazaretts. Noch 2 Lazarette gibt es in Zwiahel. Am Nachmittag des 28. 7. marschiert ein großer Transport von schätzungsweise 2000 russ. Gefangener an der Kaserne vorbei. Es macht den Kameraden Spaß, wie sie durch eine große Wasserlache, welche die Straße überquert, getrieben werden. Mit Knüppeln werden sie hineingetrieben, in der sie teilweise bis zum Knie im Schlamm einsinken, ein späterer Transport umgeht diese Einbruchstelle.

29. 7. 41 2 Tage verbleiben wir in Zwiahel, am 29. 7. = 9.00 Uhr fahren wir auf der Rollbahn Nord weiter, wir durchfahren die sogenannte russ. entvölkerte Zone. Nur wenige Siedlungen sind zurückgeblieben, das Land ist meistens

unbebaut, versumpft, versteppt. Harter Widerstand ist hier von den Russen geleistet worden, viele deutsche Soldatengräber stehen am Straßenrand. Gegen 10.30 Uhr erreichen wir *Kurne*, ein kleines langgestrecktes Dorf, wo wir in der Schule Quartier beziehen, auch die Schreibstube befindet sich dort. In der Turnhalle gegenüber liegt die Nachschub-Komp. Am abend kommt ein großer Gefangenentransport und lagert auf der Wiese in ca 50 m Entfernung von uns. Sie sind furchtbar ausgehungert und halb verdurstet, die Zivilbevölkerung, die sich vorher kaum hat blicken lassen, strömt in hellen Scharen heran und bringt Wasser und einige Brote, die natürlich nur ein Tropfen auf heißem Stein sind. Für die ca 3000 Gefangenen (meist Ukrainer, bei einer Säuberungsaktion gefangenengenommen, sie sind wahrscheinlich schon mehrere Tage ohne Verpflegung gewesen) sind eine Anzahl Pferde geschlachtet worden. Das schon halb stinkige Fleisch wird ihnen in rohem Zustand verabreicht. Die deutschen Wachposten haben Not, diese ausgehungerte und durstige Menge in Schach zu halten, viele Schreckschüsse müssen abgegeben werden, bei einem Fluchtversuch am Morgen des 30. 7. wird ein Gefangener erschossen. Eine Frau rennt aufgeregt hin und her und erbittet die Freilassung eines von ihr erkannten Angehörigen (wahrscheinlich ihr Mann oder ihres Sohnes, eine Verständigung ist nicht möglich).

30. 7. 41 Auf der durch harte Kämpfe beschädigten und mit groben Schotter ausgebesserten Straße erreichen wir die bisher größte altrussische Stadt *Shitomir*. Bis in die Vorstadt führt die Straßenbahn, die natürlich durch die Zerstörung des Lichtnetzes außer Betrieb ist. Auch hier dasselbe Bild, totale Zerstörung überall. Am abend suche ich ein Soldatenkino auf, wo »Wiener Operette« gespielt wird. Unser Quartier befindet sich in der Generalfeldmarschall v. Reichenaustr. 2, einer früheren Klinik. Am abend des 31. 7. mache ich mit Kam. Nitzsche einen Spaziergang und – auf der Suche nach frischen Gurken – machen wir die Bekanntschaft einer ukrainischen Familie (Großvater, Tochter mit 3 Kin-

dern, der Mann von der Tochter ist Soldat der Sowjetarmee). Die gastfreundliche junge Frau spielt recht nett Guitarre und Balaleika und singt uns einige russ. Lieder vor. Da wir 8 Tage in Shitomir bleiben, gehe ich jeden Abend in den kleinen Fluß Teterey baden. Er ist sehr steinig und flach, die Badekabinen sind sehr primitiv. Bei fahlem Kerzenschein wird nach Feierabend geskatet. In der früheren zum Lichtspielhaus umgebauten Kirche spiele ich ab und zu auf dem Klavier.

7. 8. 41 An diesem Tag marschieren wir weiter (Abmarsch von Shitomir = 8.30 Uhr nach Korostyschew und liegen dort in der Schule, in deren Garten 72 erschossene Juden begraben liegen) nur einige Stunden. Bereits gegen 17.30 Uhr fahren wir weiter. Die Vormarschstraße in Richtung Kiew ist in sehr guter Verfassung, ungefähr 45 km vor Kiew biegen wir rechts ab in eine Seitenstraße, die nur teilweise gepflastert ist und viele Löcher aufweist, nach *Brussilow*. Um 20.00 Uhr treffen wir in Brusilow ein, in diesem Ort liegt auch bis zum Morgen des 8. 8. 41 die Division. Am Nachmittag des 7. 8. schlägt das Wetter um, es regnet die ganze Nacht durch und es wird plötzlich sehr kühl. Schreibstube und Quartier sind in einem Gebäude gegenüber dem Divisionsquartier untergebracht. Der starke Regen macht viele Nebenstraßen unpassierbar.

9. 8. 41 Um den nächsten Einsatzort = Wassilkow zu erreichen, muß ein großer Umweg gefahren werden. Am 9. 8. = 6.15 Uhr fahren wir von Brussilow ab, über Kotscherowo, Korostyschew, Shitomir kommen wir abends gegen 1930 Uhr in *Skwira* an. Skwira ist ein kleiner Marktflecken, teilweise zerschossen, wir übernachten im Kom.[3]

10. 8. 41 Bereits am frühen Morgen (4.30 Uhr) wird zum Endziel gestartet. Wir fahren über Biala Zerkiew (Flughafen und Kasernen) nach *Wassilkow*. (Ankunft 8.15 Uhr). Für eine Entfernung von ca 50 km (Luftlinie) zwischen Brussilow nach Wassilkow mußten wir ca 300 km umfahren und brauchten dazu ziemlich 1 ½ Tage, nur weil der direkte Weg

durch Regen unpassierbar geworden ist. In Wassilkow liegen wir in der Schule Nr. 10. Wegen Ausgehverbot lerne ich das Städtchen Wassilkow nicht kennen. In einem Seitengang des Hausflurs spiele ich mit einigen Kameraden abends Skat. Vom 12.–13. 8. 41 bin ich U. v. D. und Wachhabender für die Fahrzeug- u. Muni-Wache.

13. 8. 41 Abmarsch von Wassilkow 9.00 Uhr. Glücklicherweise ist das Wetter in den letzten Tagen sonnig und trocken gewesen, sodaß der teilweise uneingebaute und bergige Weg von Wassilkow nach Mal. Olschanka in 1 Stunde zurückgelegt werden kann. In *Mal. Olschanka* wohnen wir außerhalb des Ortes ebenfalls in einer Schule. Sie liegt auf einer Anhöhe und bietet einen reizvollen Ausblick ins Tal und über das bergige Gelände. Wie mir der Lehrer, welcher einige Brocken deutsch spricht, erzählt, werden in Friedenszeiten 300 Schüler und Schülerinnen von 12 Lehrkräften unterrichtet. Im Tal liegt etwas abseits vom Dorf ein stark mit Schilf bewachsener aber sehr sauberer Teich, in dem ich mit Kam. Stiegel einmal mittags bade. Es gefällt uns in Mal. Olschanka überhaupt sehr gut. Das Wetter ist ausgezeichnet, im Schulgarten steht ein sauberer Brunnen, abends wird bis zum Dunkelwerden ein Skat gespielt.

17. 8. 41 4.00 Uhr Wecken. 6.15 Uhr Abmarsch von Mal. Olschanka. Auf einem kleinen Bergplateau geht der Vormarsch weiter nach dem kleinen Ort *Ssemjonowka*, wo wir bereits gegen 7.00 Uhr ankommen. Wir wohnen in einem kleinen Haus, die Fahrzeuge sind im Kolchosgarten untergestellt. Gleich nach Ankunft lassen wir uns vom Kolchosimker Scheibenhonig geben, eine feine Qualität. Auffallend ist, wie freundlich und zutraulich die Bevölkerung zu uns ist, sie macht auch einen satteren, zufriedeneren Eindruck als die Bevölkerung, die wir bisher kennen gelernt haben. Juden scheint es hier nicht oder nur wenige zu geben. Mittags gehe ich in den ziemlich verschlammten Dorfteich baden. Das Wetter ist immer noch ausgezeichnet, trotzdem habe ich einen prächtigen Schnupfen, alle ¼ Stunden wechsele ich

meine Taschentücher. Da sich der Russe an diesem Frontabschnitt sehr zäh verteidigt, bleiben wir 10 Tage in diesem kleinen Dorf liegen. In dem Dorfteich, wo ich in der Nähe des Wehrs eine tiefe Stelle entdeckt habe, gehe ich täglich mehreremale baden. Obwohl die Schreibstube und die Quartiere in zwei kleinen Räumen notdürftig untergebracht sind, fühlen wir uns in Ssemjonowka sehr wohl. Am 23. 8. 41 beginnt in 25 km Breite ein konzentrischer Angriff der 132. und 294. Inf. Div. auf die Stellung der Russen rechtsseitig des Dnjepr, die Russen werden über den Dnjepr gedrängt. Abends versammelt sich oft die ukrainische Bevölkerung, wir singen Soldatenlieder und die Ukrainer ihre ukr. Volkslieder.

27. 8. 41 Durch die Kampfhandlungen an der Front begünstigt, kann der Vormarsch fortgesetzt werden. Abmarsch von Ssemjonowka am 27.8.=15.30 Uhr, wir marschieren nach dem nur 3 km entfernten größeren Ort *Germanowka*. Der gesamte Stab ist in den Gebäuden des früheren russ. Krankenhauses untergebracht. Die lange Zeit, die wir in Germanowka verleben (wir verbleiben in Germanowka bis 14. 9. einschl.), wird Arbeit, Skatspiel, Lotteriespiel (ich gewinne etwas über RM 5.–) Fuß- und Faustballspiel totgeschlagen. Ab und zu mache ich während der Regenpausen kurze Spaziergänge auf dem Friedhof und die umliegenden Obstplantagen. Ab und zu mache ich auch einen kurzen Besuch mit Kam. Nitzsche bei einer ukrainischen Familie. Das Ehepaar ist kinderlos (die zwei Kinder sind gestorben). Bei dem Ehepaar wohnt eine junge verwitwete Frau, mit ihrem Kind, es ist die Schwester von der Frau von dem Ehepaar. Mit Hilfe eines russ.-deutschen Lesebuches, in welchen auch Artikel von deutschen Emigranten stehen, kommt eine primitive Unterhaltung zustande. Während des Aufenthalts in Germanowka regnet es sehr viel, die Straßen sind furchtbar verschlammt, viele Kfz. landen im Straßengraben und müssen mühevoll herausgeschaufelt und geschleppt werden.

15. 9. 41 Abmarsch von Germanowka=9. 30 Uhr, über Leonowka erreichen wir auf sehr schlechter Straße, die aber abgetrocknet ist (nur einige Pfützen und aufgeweichte Stellen müssen umfahren werden) den neuen Unterkunftsort *Tschernjachowo*. Wir wohnen in der unteren Schule am Eingang des Dorfes. Die Fahrzeuge sind ca 50 m entfernt auf einer kleinen Wiese – gegen Fliegerdeckung künstlich getarnt – aufgestellt. Am ersten Abend mache ich mit Kam. Nitzsche einen kleinen Spaziergang zur oberen Schule, ein schöner großer Bau auf einem Hochplateau gelegen, von wo aus man einen Ueberblick über das reizvolle kleine Tal gewinnt. Auf der Rückseite der Schule finden wir einen passenden Platz zum Faustballspiel. Die Nächte werden kühler, das von Kam. Potschien aus Angst vor Ungeziefer auf dem Platz aufgestellte Zelt wird nach 3 Tagen wieder abgebrochen. Der probate Wandofen spendet angenehme Wärme in der Schreibstube.

22. 9. 41 Da die gegenüberliegenden Feindteile infolge Einkreisung nur noch schwachen Widerstand leisten, stößt unsere Division über den Dnjepr vor. Am 19. 9. 41 wird *Kiew* – nur noch von einer kleinen Nachhut besetzt – eingenommen. Am 22. 9. 41=9.30 Uhr marschieren wir weiter und erreichen über Leonowka, Gussatschewka den neuen Unterkunftsort *Grigorowka*. Wir wohnen in der schönen geräumigen Schule (früheres Quartier der Qu.-Abtlg. 294. I.D.). Die Schreibstube ist im Hochparterre und die Schlafräume im Kellergeschoß untergebracht, Fahrzeuge stehen im Schulgarten. Am 23. 9. mittag mache ich mit Kam. Treibmann einen Spaziergang zur Werkstatt-Kp., die in der stillgelegten und bisher nicht ingang gebrachten Zuckerfabrik Grigorowka liegt. Dort befindet sich gleichzeitig das Gefangenlager. In der Nacht vom 22. 9. zum 23. 9. 1941 kamen dort ca 900 russ. Überläufer – bewacht von 1 Unteroffizier und 6 Mann an, die der Hunger über den Dnjepr getrieben hat. Es sind meist Jahrgänge 1906–10 und machen im allgemeinen einen günstigen und intelligenten Eindruck. Von den

Gefangenen werden ungefähr 35 pol. Kommissare und Funktionäre herausgesondert und »physisch liquitiert«.

24. 9. 41 Im Zuge der Vernichtung und Verfolgung der im Raume Kiew eingekesselten feindlichen Armeen wird der Vormarsch bereits am 24. 9.=12.30 Uhr antretend von Grigorowka fortgesetzt. Über Obuchoff, wo wir den Heldenfriedhof von ca 150 gefallenen Kameraden besichtigten, hauptsächlich Angehörige von J. R. 514 und einige – darunter der Rgt. Kdr. und Adjutant – von I. R. 515 und anderen Einheiten – Neschtscherroff, Besraditschi erreichen wir zunächst den vorgesehenen neuen Unterkunftsort Chodosowka. Die Wegstrecke zwischen Neschtscheroff und Chodosowka ist die schlechteste, die wir je gesehen haben. Die tiefen Sandfurchen, Loch an Loch sind nicht mehr als Wege zu bezeichnen. Da die Quartiermöglichkeit in Chodosowka nicht gegeben ist, fahren wir ein Stück zurück und erreichen endlich bei Dunkelheit auf abzweigender Straße unsere Unterkunft Krinitschi.

Die erste Nacht übernachten wir in einem Güterschuppen. Beim Kerzenschein lese ich noch eine Weile in dem Buch »Der Vagabund und die Dame« von Walther Kloepffer. Am anderen Morgen beziehen wir das ca 50 m entfernt liegende Schulhaus in dem auch die Schreibstube der le. Fahrkol. 11/294 untergebracht ist. Wetter kühl, sonnig, das Gelände ist reizvoll hügelig. Nachts sieht man den Feuerschein des brennenden *Kiew*.

26. 9. 41 Der kurze Marsch von Krinitschi nach *Chodosowka* wird in ca 20 Minuten durchgeführt. In Chodosowka liegen wir ebenfalls in der Schule. Bei Kerzenschein lese ich noch die kleine Novelle »das Haus zu den 4 Winden« von Hermann Walter Kaden. Am 27. 9. abends besuche ich noch mit Kam. Jacobi und Nitzsche den ca 250 m in einer straßenbeherrschenden Waldecke gelegenen und stark zerschossenen Bunker. Witterung: windig, kalt bei aufgeklärtem Himmel.

29. 9. 41 Der Marsch Chodosowka–Borispol ist einer der interessantesten in diesem Kriege. Gegen 15.00 Uhr mar-

schieren wir in Chodosowka ab, trotz schlechter Straße erreichen wir die Fährstelle über den Dnjepr bereits um 16.00 Uhr. Lange bevor wir den Dnjepr erreichen, fällt uns der feinpulvrige schneeweise Dünensand auf. Der Anblick des Dnjepr-Panoramas bei untergehender Sonne ist überwältigend. Seit Millionen von Jahren zieht dieser imposante Strom (er ist breiter als der Rhein, an der Fährstelle ca 700 m) majestätisch und gelassen seine Bahn, eingebettet in riesigen schneeweißen Sanddünen, die durch Rammpfähle und Flechtwerk befestigt sind. In der Ferne leuchten die Türme und Schornsteine von der heißumstrittenen Stadt *Kiew*. Im steifen, kalten Nordwestwind rauschen die Wellen ihr uraltes Lied. Langsam sinkt die Dämmerung. An den Ufern des Dnjepr leuchten Lagerfeuer auf. Aechzend und schnaubend kommt ein Infanteriesturmboot – ein Monstrum von einer Fähre, bestehend aus 8–10 Kähnen mit übergelegter Brücke, vor sich herschiebend – an der Landebrücke an. Ochsen, Kälber, Pferde mit ihren Treibern, Panjewagen bringen sie herüber, Geschütze, Truppen, alle Art Lastwagen bringen sie ans jenseitige Ufer. Längst ist es dunkel geworden, da fährt auch unser Kom auf die Fähre. Stromabwärts bis zur nächsten Fährstelle geht die Fahrt rasch vonstatten, 15 Minuten etwa dauert die Ueberfahrt. Nach kurzer Rast geht der Vormarsch weiter. Straßen kann man das nicht mehr nennen, die wir jetzt befahren. Durch die Dünenlandschaft mit weichen flüchtigen Sand haben deutsche Pionier- und Straßenbautrupps einen Bohlenweg gebaut, der aber durch die tausenden von Wagen, die vor uns fahren, in Auflösung begriffen ist. Fast jeder Wagen sitzt fest und muß herausgeschaufelt oder mittels Winden aus einem Gewirr von Bohlen herausgehoben werden. Das kurze Stück Weg von der Fährstelle bis zur nächsten einigermaßen eingebauten Straße (ungefähr 1 km) haben wir endlich in ungefähr 3 Stunden überwunden.

Am 30. 9. gegen 1.30 Uhr erreichen wir endlich den neuen Unterkunftsort *Borispol*.

Auf einem ungeheuer weiträumigen Gelände stehen verstreut eine große Anzahl russ. Kasernen. In einer der sauberen, weißgetünchten mit Zentralheizung versehenen Kasernen beziehen wir Quartier. Leider ist die Zentralheizung nicht in Ordnung, wir frieren. In der Nacht war das Kasernengelände erhellt von tausenden von Lagerfeuern, an denen sich ca 12000 russ. Gefangene für eine Nacht die totmüden Glieder erwärmen. Am Morgen setzt sich diese gewaltige Dampfwalze angetrieben mit Knüppeln und Blindschüssen wieder in Bewegung, eine Anzahl Kranke, Sterbende und Gestorbene zurücklassend.

1. 10. 41 Marsch Borispol ab 14.15 Uhr über Rogosoff, Jerkowzy nach *Perejasslaw* (Ankunft 17.00 Uhr). Auf der Straße zwischen Rogosoff und Jerkowzy sehen wir das erstemal die zerstörende Wucht eines Stukaangriffs auf einen von allen Seiten eingekesselten und angegriffenen feindlichen Kolonnenverband. Hunderte von zertrümmerten, ausgebrannten Fahrzeugen liegen ineinandergeschoben und übereinandergeworfen auf einem Haufen. Hier kreuzten sich die fliehenden Kolonnen, das konzentrische Feuer deutscher Geschütze und Bomber verrichteten hier ein Vernichtungswerk, aus dem es kein Entrinnen mehr gab. Auch sonst sind die Vormarschstraßen, die in eine konstante Staubwolke eingehüllt ist, umsäumt von aller Art ausgebrannten mot. Fahrzeugen, die von den fliehenden Russen selbst angezündet und vernichtet wurden. Die Schnelligkeit des deutschen Vormarschs hat aber doch vermocht, daß eine große Anzahl mot. und besp. Fahrzeuge ganz erhalten blieben, die – teilweise von gefangenen Russen wieder instandgesetzt – sofort in den Kolonnenaufmarsch der deutschen Verbände eingegliedert wurden. In Borispol hatte ich übrigens eine interessante Begegnung mit 2 gefangenen russ. Ärzten. Es waren beide Georgier und sprachen gebrochen deutsch. Sie waren mit der Entwicklung des Krieges sehr zufrieden und haßten den Kommunismus, der nach ihrer Meinung die Menschen faul und arm macht. Ein schlechter kommunistischer Spezialarbeiter werde in der Sowjetunion besser bezahlt als ein

guter nichtkommunistischer Spezialarbeiter. Ihr Monatseinkommen betrug vor dem Kriege 300 Rubel, ein guter Anzug kostete 3000 Rubel. Jeden deutschen Sieg, den sie erfuhren, haben sie mit etlichen Flaschen Wein gefeiert. In Perejasslaw wohnen wir in einer Art Rathaus, früher muß es der Besitz eines reichen Russen gewesen sein. Der Schablonenfries in unserem Zimmer besteht aus Hammer, Sichel und Sowjetstern. Im Hof steht ein Gebäude mit Gefängniszellen und eine Anzahl erbeuteter noch brauchbarer russ. Autos, Flakgeschütze, Maschinengewehrstän- mit 4 aufmontierten Maschinengewehren und aller Art russ. Munition.

3. 10. 41 Das Vormarschtempo wird immer schneller, die bsp. Kolonnen sind täglich nahezu 15 Stunden auf dem Marsch. Gegen 13.00 Uhr fahren wir von Perejasslaw ab. Die Straßen sind sehr staubig aber verhältnismäßig gut und hartgefahren. In dem ursprünglich vorhergesehenen neuen Unterkunftort Pererwanzy finden wir kein Quartier und fahren deshalb weiter nach *Gorodischtsche*, wo wir gegen 19.00 Uhr ankommen und in einem Gebäude an der Straße Unterkunft für die kommende Nacht finden. Morgens gegen 4. 45 Uhr ist Alarm, weil auf eine Streife von uns (Kam. Wetzig) geschossen wird. An diesem Vorabend meines Geburtstages erfahre ich den Tod meines lieben Schwagers Erich. Am Morgen darauf siedeln wir in ein Kinderheim um. Es ist groß, hell und geräumig gebaut, mit Zentralheizung versehen und ist überhaupt nach großzügigen Gesichtspunkten aufgebaut. In der Nähe steht ein großes schönes Gebäude – ein russ. Gymnasium – in dem alle Fenster durch Bomben zertrümmert sind. Am 4. 10. werden von Ltn. Weinfurtner 3 russ. Soldaten (1 Arzt mit seiner Assistentin und ein russ. Soldat) aufgegriffen, alle 3 sind aus Kiew, weil der Arzt noch 1 Pistole bei sich führt, werden die Gefangenen in einem Zimmer über Nacht bewacht und am nächsten Tag in das Gefangenenlager in Lubny eingeliefert.

5. 10. 41 Abmarsch von Gorodischtsche = 9.30 Uhr. Wieder stoßen wir hinein in den endlosen russischen Raum,

über 100 km legen wir an diesem Tag zurück. Bei der Stadt Lubny überschreiten wir das Gebiet, wo sich der deutsche Ring im Rücken der Russen schloß. In den nun folgenden ca. 30 km haben keine Kämpfe stattgefunden, gegen 16.30 Uhr erreichen wir den neuen Unterkunftsort *Mirgorod*. Wir liegen in der Kaserne, in der Nacht vom 5. zum 6. 10. werden wir einigemal von russ. Fliegern beunruhigt, ich höre es aber nicht und schlafe durch. Am Morgen des 6. 10. fängt es an zu regnen. Auch in der Nacht vom 7. – 8.10. werfen russ. Flieger 7 Bomben ab, die aber nicht die Kasernen, in denen wir liegen, sondern einige Zivilhäuser treffen und z. T. zerstören. Menschenleben sind nicht zu beklagen. Bei einem Spaziergang am 8. 9. stelle ich fest, das Mirgorod sehr idyllisch angelegt ist. Parkanlagen, Sportplätze, kleine Wäldchen, die sich an einem kleinen Fluß hinziehen, wechseln einander ab. Auch viele moderne Bauten, darunter ein großes komfortables Krankenhaus, in denen verwundete Russen gepflegt werden und die in der Mittagssonne im Park spazieren gehen, konnte ich feststellen.

10. 10. 41 Die Fahrt Mirgorod–*Borki* verläuft katastrophal. Das Wetter ist umgeschlagen, es schneit und regnet. Um 11.00 Uhr fahren wir am 10. 10. in Borki ab. Auf der Schlamm= und Sandstraße schlittern die Wagen hin und her, oft müssen wir heraus, um die Karren aus dem Dreck zu ziehen. In einem ausgedehnten Wald arbeiten wir allein 4 Stunden, um den Küchenwagen aus einem Loch herauszuwinden und zu schleppen. Die Nacht bricht herein, es wird empfindlich kalt, wir sind bis auf die Knochen durchgefroren. Bei dem Umgehen eines großen Wasserlochs bleiben wir endgültig im Wald stecken und sind gezwungen, in dem von versprengten Feindteilen noch unsicher gemachten Wald zu übernachten. Wachen werden aufgestellt. Ich erhalte mit einigen Kameraden den Befehl, im nächsten Dorf Ochsengespanne zu holen. Aber erst nach 2 Stunden erreichen wir ein Dorf, es ist Borki, unser neuer Unterkunftsort, wo unsere vorausgefahrenen Quartiermacher in der Schule die

Zimmer schön angeheizt haben. Da wir von dem Verpflegswagen und der Küche abgeschnitten sind, legen wir uns hungrig ins Stroh. Am anderen Morgen laufe ich mit einem Ochsengespann und seinem Führer die ganze Strecke wieder zurück. Im Laufe des 11. 10. erreichen nach und nach alle Fahrzeuge *Borki*. Die auf einer Höhe gelegenen Schule, in welcher wir Quartier bezogen haben, ist groß und geräumig gebaut, die typischen russ. Wandöfen verbreiten eine mollige und gleichmäßige Wärme. Beobachtungen deuten darauf hin, daß in den sich nordöstlich hinziehenden Wäldern, Teile einer versprengten Kav.-Division verborgen sind. Außer einzelnen Fahrzeugen von anderen deutschen Tr. Teilen liegen wir allein in Borki.

12. 10. 41 Die Nachtwache wird so verstärkt, daß immer 2 Mannschaften und 2 Unteroffiziere Wache stehen. In der Nacht vom 12. zum 13. 10. stehe ich von 9.00–11.00 Uhr, es regnet, die Nacht ist stockdunkel und ein scharfer Wind pfeift um die Ohren, ereignen tut sich nichts. Am 12. 10. werden einige Kinder im Alter von 9–13 Jahren aufgegriffen, die sich mit russ. Schußwaffen beschäftigt und geschossen haben. Der Hauptrrädelsführer, ein 13=jähriges Bürschchen, wird von Hptm. Selinka schwer verprügelt und einige Tage in einen dunklen Verschlag unter der Treppe gesperrt, die Mutter steht jeden Tag weinend vor der Schule und bittet um Herausgabe ihres Kindes. Die anderen Kinder werden nach der Vernehmung sofort heimgeschickt.

17. 10. 41 Da sich in den letzten Tagen das Wetter gebessert hat und die Straßen abgetrocknet sind, können wir am 17. 10. riskieren, den Vormarsch nach Osten fortzusetzen. Da die Straße Borki–Oposchnja immer noch unpassierbar ist, wird der große Umweg über Mirgorod–Poltawa gewählt. Um 7.00 Uhr fahren wir von Borki ab und erreichen immer noch recht mühevoll über Ssorotschinzy *Mirgorod*, wo wir wieder unser altes Quartier in der Kaserne beziehen. Am Abend gibt es Wodka als Marketenderware, die der Kamerad Habich mitgebracht hat, er erzählt bei seiner Rückkehr von

Lubny noch folgendes Erlebnis. Ueberschrift »moderne Umsiedlung«. Die jüdische Bevölkerung von Lubny hatten mittels Plakate die Aufforderung erhalten, sich am anderen Morgen mit Frauen und Kindern unter Mitnahme aller Wertsachen um 9.00 Uhr zwecks Umsiedlung am Ausgang der Stadt zu versammeln. Pünktlich ist alles zur Stelle, als ein grünes geschlossenes Auto vorfährt, dem SS-Männer entsteigen. 1600 jüdische Männer, Frauen und Kinder werden in Gruppen zu 60 Mann eingeteilt und mit Knüppeln nach einer Sandgrube getrieben. Kleider, Pelze und Schmucksachen werden in Säcken gesammelt, mit entblöstem Oberkörper müssen sie sich hinlegen in Reihen, zwei SS-Männer schießen mit Maschinenpistolen jedem eine Kugel in den Kopf. Die nächsten Opfer müssen sich auf die Toten legen und werden ebenfalls physisch vernichtet. Beim Fallen der ersten Schüsse schreit alles vor Angst auf und will entfliehen, doch die Knüppel der Wachmannschaft sind schneller, keiner entkommt. Nachmittag gegen 3.00 Uhr ist die gesamte jüdische Einwohnerschaft von Lubny in den Himmel umgesiedelt worden. So geschehen im Jahre des Heils Eintausendneunhunderteinundvierzig am 17. Oktober vormittag zwischen 9.00 und 15.00 Uhr. Diese Heldentat ist für meine Kameraden »ein Grund zum Trinken«, fröhliche Lieder werden laut. Kam. J. stimmt das Freiheitslied »die Juden ziehn dahin, daher, sie ziehn durchs rote Meer, die Wellen schlagen zu, die Welt hat Ruh« an und ich gehe still ins Bett von manchen gehänselt wegen meiner Gefühlsduselei.

18. 10. 41 Morgens 7. 35 Uhr fahren wir von Mirgorod ab. Einzelne Teile der Straße sind immer noch in schauderhaftem Zustand, sonst ist aber die Straße besser geworden. Über Bogatschke, Belozerkowka, Podoljany erreichen wir die große Stadt *Poltawa* gegen 17.00 Uhr. In einer höheren Schule finden wir in einem Saal für die 1 Nacht in Poltawa Unterkunft. Von der Stadt selbst bekommen wir nicht viel zu sehen, fast alle industriellen Unternehmungen sind anscheinend von den Russen selbst angezündet worden und

bis auf die Grundmauern niedergebrannt. Eine besonders schöne Anlage fällt mir beim Vorbeifahren auf. Schöne alte Laubbäume und Ruhebänke zieren die Anlage. Quer durch die Anlage ist ein breiter Kiesweg angelegt, in der Mitte der Anlage steht eine schwarze Marmorsäule, irgend ein Freiheitssymbol des Bolschewismus.

19. 10. 41 Abfahrt von Poltawa um 7.00 Uhr über Kamenka, Ssloboda, Tschernetschka, Budischtsche nach *Oposchnja*. Auch diese Straße weist noch manche Klippe auf, aber ohne Zwischenfall kommen wir gegen 12.00 Uhr in Oposchnja an. Kamerad Zimmermann und ich wohnen in einem Bauerngehöft, wo Großmutter, Mutter und 6 Kinder (3 ältere Mädchen und 3 Jungens im Alter von ca 1, 7 und 8 Jahren) wohnen. Da es in der Nacht vom 19. zum 20.10. regnet, sind wir gezwungen, in Oposchnja zu bleiben.«

Vernichtungskrieg

Friedrich Fiedler erweist sich in dieser Niederschrift als ein genauer Beobachter des Geschehens, des vergangenen, dessen Hinterlassenschaften er begegnet, wie des gegenwärtigen, das sich in seinem Beisein ereignet. Er registriert die Trümmer der Stuka-Angriffe und Panzerschlachten längs der Vormarschstraßen ebenso wie die zerschossenen Ortschaften und zerbombten Städte, in denen seine Einheit Quartier macht. Anstatt sich an der enormen Durchschlagskraft der deutschen Waffen oder dem phantastischen Zusammenwirken von Luftwaffe und Bodentruppen zu begeistern, notiert er in Luck: »Die Bevölkerung hat furchtbar gelitten.« Rowno zur Zeit der Ausgangssperre beschreibt er als Totenstadt: »Die Stadt macht dann einen entsetzlich toten Eindruck mit ihren zerschossenen Häusern und ausgeräumten Läden.« Und zu Shitomir bemerkt er resigniert: »Auch hier dasselbe Bild, totale Zerstörung überall.«

In solchen Bemerkungen äußert sich nicht ein abstrakter

pazifistischer Affekt, sondern wirkliche Anteilnahme am Schicksal der Zivilbevölkerung. Ebenso wie die offensichtlichen dramatischen Kriegsfolgen für die Ukrainer interessiert ihn nämlich ihr alltägliches Leben – wie es bei ihnen zu Hause zugeht und was sie denken, die Rituale in den Kirchen und ihre Lieder an den Festen. Auch den Verhältnissen vor dem Krieg gilt seine Aufmerksamkeit. Er erfährt von den Fortschritten im Erziehungswesen aus Gesprächen mit Lehrern und liest sie an der Architektur von Schulen und Kinderheimen ab. Aber er trifft auch auf Zeugen der sowjetischen Repression, die ihm von Enteignungen, Deportationen und Exekutionen berichten. Da er jeden nur möglichen Kontakt mit der einheimischen Bevölkerung sucht und trotz fehlender Sprachkenntnisse auch findet, liefern seine Beschreibungen der unbekannten Landschaften und einer fremdartigen Kultur keine exotisch-folkloristischen oder ressentimentgeladenen Stimmungsbilder eines Kriegstouristen, sondern zeigen von konkreten Menschen bevölkerte Lebensräume.

Diese Genauigkeit und Anteilnahme beweist Fiedler auch da, wo es um die Taten der eigenen Leute an den Besiegten und Unterworfenen geht. Schon in der ersten sowjetischen Stadt, in der sein Nachschubstab einrückt, in Wlodzimierz, hat die Gestapo wenige Stunden zuvor »250 Juden u. bolsch. Funktionäre« erschossen. Als Fiedlers Einheit im Schulhaus von Korostyschew Quartier bezieht, kampiert sie am Tatort einer Exekution: im Garten liegen 72 erschossene Juden begraben. Schließlich ist die Mordtat eines SS-Kommandos an 1600 jüdischen Männern, Frauen und Kindern in Lubny für die Kompanie »ein Grund zum Trinken« – mit fröhlichen Liedern und einem großen Besäufnis wird die »moderne Umsiedlung« gefeiert.

Während für die Erschießung der Juden in den meisten der berichteten Fälle die SS verantwortlich war, lag das Schicksal der Kriegsgefangenen in den Händen der Wehrmacht. Schon bald nach der Ankunft in der besetzten Ukraine ist Fiedler einem dieser Elendszüge von Tausenden verhungernder und verdurstender Gefangener begegnet, die mit »halb stinkigem« rohem Fleisch notdürftig versorgt und mit »vielen Schreckschüssen« unter Kontrolle gehalten werden. Wenn sich diese »gewaltige Dampfwalze, angetrieben mit Knüppeln und Blindschüssen«, wieder in Bewegung setzt, hinterläßt sie »Kranke, Sterbende und Gestorbene«. Man könnte aus diesen Bildern den Eindruck gewinnen, daß Fiedler mit einer Art tragischem Fatalismus diesem Phänomen der völkerrechtswidrigen Behandlung der Kriegsgefangenen begegnet wäre. Aber der Anschein trügt. In Zwiahel werden die besiegten Rotarmisten an der Kaserne vorbeigetrieben, in der der Nachschubstab für zwei Tage untergebracht ist. Fiedler beobachtet, wie das Begleitpersonal in eindeutiger Absicht die Gefangenen zwingt, durch eine riesige Schlammlache zu waten, in der sie bis zu den Knien versinken. Und er notiert, daß gerade dieser demütigende Akt seinen zuschauenden »Kameraden Spaß [macht]«. Beim Besuch des Gefangenenlagers in Grigorowka wird er dann auch Zeuge, wie von den Gefangenen »35 politische Kommissare und Funktionäre ›physisch liquitiert‹ werden«. Daß er die Exekution nicht nur mitteilt, sondern die wortwörtliche Begründung der Exekutoren hinzufügt, zeigt, wie er dies Ereignis bewertet.

Es sind nicht nur die großen Verbrechen, die seine Aufmerksamkeit erregen und seine Ablehnung erfahren, auch die alltägliche Gewalt wird aufgeschrieben und festgehalten – das Prügeln und tagelange Wegsperren eines »13=jährigen Bürschchens«, das mit anderen Kindern mit liegengebliebenen sowjetischen Waffen gespielt hatte. »Die Mutter steht weinend vor der Schule [dem Quartier der Kompanie – H. H.] und bittet um Herausgabe ihres Kindes.« Auch in Wlodzimierz war es eine Frau, die Fiedler auf ein Verbrechen aufmerksam gemacht und seine Anteilnahme ausgelöst hatte: »Auf der Straße werden wir von einer Polin auf gebrochen deutsch gefragt, ob wir nicht wüßten, wo ihr Mann sei, seit 2 Tagen sei er auf der Arbeit und nichts gegessen. Später erfahren wir, daß 250 Juden u. bolsch. Funktionäre am Morgen von der Gestapo erschossen wurden. Diese Frau wird wahrscheinlich vergebens auf ihren Mann warten, und das Kind, welches sie erwartet wird seinen Vater nicht kennen lernen.«

Was Fiedler anhand dieser Szenen in seiner »Gedächtnis-Skizze« beschrieben hat, sind keine Ausnahmefälle. Es handelt sich vielmehr um die üblichen Situationen eines Krieges, der anders ist als alle anderen vor ihm. Dieser neue Typ von Krieg findet nicht sein Ende im Sieg über eine feindliche Armee oder in der Besetzung der gegnerischen Hauptstadt, sondern er zielt auf die Zerstörung einer ganzen Gesellschaft und die Auslöschung von Millionen Menschen – in einem ersten Schritt der »jüdisch-bolschewistischen Intelligenz«.[4] Hitler selbst bezeichnete den Feldzug gegen die Sowjetunion als »Vernichtungskampf«[5], und die vorab erlassenen Befehle sorgten dafür, daß er vom ersten Tag an frei von allen hinderlichen Bindungen an das Kriegsvölkerrecht geführt werden konnte: Kommissare waren sofort zu erschießen, dem Kriegsgefangenen wurde der geschützte Status des Soldaten aberkannt, die Kriegsgerichte für die Zivilbevölkerung wurden abgeschafft, und jeder Verdächtige konnte ohne Urteil an Ort und Stelle erschossen werden. Die Ausrottung der Juden wurde zwar den Einsatzgruppen der SS übereignet, aber die Wehrmacht hatte dabei arbeitsteilig und auf mannigfache Weise Hilfestellung zu leisten.[6] Im übrigen galt in bezug auf die Juden für jeden Soldaten das Feindbild, das die »Richtlinien für das Verhalten der Truppe in Rußland« dekretierten: »Der Bolschewismus ist der Todfeind des nationalsozialistischen deutschen Volkes. Dieser zersetzenden Weltanschauung und ihren Trägern gilt Deutschlands Kampf. Dieser Kampf verlangt rücksichtsloses und energisches Durchgreifen gegen bolschewistische Hetzer, Freischärler, Saboteure, Juden und restlose Beseitigung jedes aktiven oder passiven Widerstandes.«[7]

Was geschah in der Zuckerfabrik Grigorowka?

Keines der beschriebenen Verbrechen taucht in den im Militärarchiv Freiburg gelagerten Kriegsakten der 294. Infanteriedivision auf – weder im »Kriegstagebuch« (KTB) noch in den »Tätigkeitsberichten« der einzelnen Abteilungen. In diesen offiziellen Dokumenten mußten die Truppenteile der Wehrmacht, angefangen vom Oberkommando bis hinunter zu den Bataillonen, z. T. täglich, z. T. für längere Zeitabschnitte »de[n] Nachweis über die Tätigkeit [...] bei Mobilmachung, [...] im Kriege sowie bei besonderen Anlässen« führen.[8] Daß die Massaker an den Juden oder die brutale Behandlung der Kriegsgefangenen in den Akten der Division nicht dokumentiert sind, könnte darin begründet sein, daß die Verantwortlichen der SS-Einsatzgruppe oder fremden Wehrmachtseinheiten angehört hatten. Aber zumindest für einen Tatkomplex – die Vorgänge in der ehemaligen Zuckerfabrik Grigorowka – war die Division zuständig. Zur Erinnerung: Als Friedrich Fiedler am Mittag des 23. September zusammen mit einem Kameraden von seinem Quartier in Grigorowka einen Spaziergang zu der alten Fabrikanlage machte, erfuhr er dort, daß man 900 in der vergangenen Nacht übergelaufene Rotarmisten in der Zuckerfabrik inhaftiert und davon 35 Politkommissare bzw. Kommunisten sofort »physisch liquitiert« hatte. Die Erschießung wurde in das KTB der Division nicht aufgenommen.[9] Die Kriegsakten der Division für diesen Zeitraum enthalten nur die sich widersprechenden Befehle zur »Entleerung« bzw. »Auflösung« und Aufrechterhaltung bzw. Verstärkung des Lagers. Am 27. September wurde die Zuckerfabrik in Grigorowka als Lager endgültig aufgegeben, zwei Tage später verließ auch die Werkstattkompanie das Gelände.[10]

Die Erschießungen, von denen Fiedler berichtete, waren nicht die ersten dieser Art. Als die für Versorgung und Nachschub der Division zuständige Abteilung Ib am 14. August die Schule von Grigorowka als ihren Standort ausgewählt hatte, richtete sie in der alten Zuckerfabrik eine Tankstelle ein und erteilte der Werkstattkompanie den Auftrag, dort zusätzlich eine Gefangenen-Sammelstelle aufzubauen.[11] Aber die Kompanie fand bei ihrer Ankunft am 20. August schon ein Gefangenenlager der Division vor, in dem vor allem der Feldgendarmerietrupp 294 und die Geheime Feldpolizei (GFP) ihrer Arbeit nachgingen: »Die Fabrik ist ein selbst für deutsche Verhältnisse sehr großes Unternehmen mit großem Gelände und vielerlei Einrichtungen. In der Fabrik untergebracht ist außerdem der Feldgendarmerietrupp mit der Gefangenensammelstelle. Es befinden sich in einem außerordentlich großen Getreidesilo etwa 600 Zivilinternierte aus dem unmittelbar davor liegenden Kampfgebiet. Auf die bestehende Partisanengefahr wurde die Komp. besonders hingewiesen. Die Vernehmungskommandos der Div. (Ic), der GFP und des Armee-Sonderstabes arbeiten täglich. Es finden fast täglich Erschießungen auf einem besonders dafür vorgesehenen Platze in der Fabrik statt von Spionen und Spioninnen, meist sehr jugendlichen Alters.«[12]

Grigorowka war zu diesem Zeitpunkt zum Vollzugszentrum der »Gegnerabwehr« der 294. ID geworden und zeigte zugleich exemplarisch die Radikalisierung des Kampfes der 6. Armee, der Fiedlers Division unterstand, gegen die für verdächtig bzw. feindlich angesehenen Teile der Zivilbevölkerung. Zunächst hatte dieser Kampf nur den Rotarmisten gegolten, die sich – meist aus Angst, sofort erschossen zu werden – nicht ergeben hatten, sondern versuchten, entweder als Zivilisten in den Dörfern unterzutauchen oder sich zu den eigenen Linien durchzuschlagen. Die Armee reagierte auf dies ungewohnte Verhalten eines geschlagenen Gegners mit drakonischen Maßnahmen. Sie versuchte, der untergetauchten Rotarmisten und deren Helfershelfer habhaft zu werden: diese waren als »Partisanen« zu behandeln und zu erschießen.[13] Doch der Kreis der Verdächtigen wurde bald erweitert: Als Anfang August Anweisungen des Gegners zur Bildung von Partisanengruppen in deutsche Hände fielen, wurde die Truppe ermächtigt, ganze Ortschaften zu evakuieren und jeden zivilen Verkehr zu unterbinden, Verdächtige und Ortsfremde – auch »Knaben und junge Mädchen« – mußten erschossen oder dem Sicherheitsdienst (SD) übergeben werden.[14] Am 17. August wurden von der Armee generelle Anweisungen zur Behandlung der Zivilbevölkerung erlassen, die einer Generalermächtigung gleichkamen: als verdächtig galten in Zukunft 1. »entwichene Soldaten«, 2. »politisch tätige eingesessene Kommunisten«, 3. »Angehörige von Partisanen- oder Spionagegruppen«, 4. »aus anderen Gegenden und vom Feind besetzten Gebieten« stammende Ortsfremde und 5. alle »im Kampfgebiet unliebsame[n] Elemente«. Die Angehörigen dieser Gruppen sollten festgenommen und – gegebenenfalls unter Hinzuziehung von Spezialisten des Armeeoberkommandos – verhört werden. Danach entschied sich ihr Schicksal: ehemalige Rotarmisten kamen ins nächste Kriegsgefangenenlager, Kommunisten wurden an den SD übergeben, Partisanen und Spione wie deren Helfershelfer wurden auf der Stelle erschossen, für die »Ortsfremden« wie die »unliebsamen Elemente« waren eigens geschaffene »Interniertenlager« vorgesehen.[15] Die Zuckerfabrik Grigorowka mit ihren weitläufigen Hallen scheint ein idealer Platz zur Erledigung dieser Aufgaben gewesen zu sein: sie diente als Sammelstelle, um die Verhafteten zu verhören und zu selektieren, als Internierungslager und – wie der Bericht der Werkstattkompanie gezeigt hat – auch als Exekutionsort. Für wenige Tage fungierte die Fabrik auch als Aufnahmelager für kollaborationswillige Ukrainer, die vor einem Angriff der Deutschen auf ihre Dörfer zu diesen übergelaufen waren.[16] Ende August/Anfang September scheint die Zahl der nach Grigorowka Eingelieferten zugenommen zu haben:[17] Ab jetzt wurden alle Zivilisten, die ohne Ausweis der Wehrmacht außerhalb von Ortschaften angetroffen wurden, als im Dienst »der feindlichen Spionage« stehend festgenommen,[18] Razzien in den Dörfern nach »verdächtigen Elementen« ergänzten diese Maßnahme.[19] Den höchsten Stand der Belegung – mit möglicherweise mehreren tausend Gefangenen – erreichte das Lager nach dem Übergang der Division über den Dnepr in den Tagen zwischen dem 16. und 24. September.[20] Geht man davon aus, daß das Lager in der Zuckerfabrik sechs Wochen bestand und dort »fast täglich« Exekutionen stattfanden, so dürften, wenn man nur eine Zahl von durchschnittlich drei bis fünf Erschießungen pro Tag annimmt und die Erschießung der 35 Kommissare an nur einem Tag oder die öfter gemeldeten »Entleerungen« von Grigorowka außer acht läßt, in diesem Zeitraum mindestens 100 bis 200 Zivilinternierte erschossen worden sein.

Der Tätigkeitsbericht des für Abwehr und politische Gegnerbekämpfung zuständigen Ic-Offiziers der Division, Rittmeister Petersmann, der hauptsächlich in der Zuckerfabrik tätig war, erzählt eine andere Geschichte: im Zentrum seines Berichts steht die kurzzeitige Aufnahme und Überprüfung von kollaborationswilligen Ukrainern. Die Hauptfunktion des Lagers wird dagegen eher beiläufig erwähnt: Auch alle im Befehlsbereich der Division festgestellten »Ortsfremden« seien nach Grigorowka zur »Überprüfung« gebracht worden. »Auf diese Weise wurde eine größere Zahl von [...] eingeschleusten Partisanen, Agenten oder Agentinnen ergriffen und unschädlich gemacht.«[21] An anderer Stelle nennt der Bericht eine Anzahl von 18 erschossenen »Partisanen und Agenten« und die Erschießung »einer Anzahl von Geiseln« wegen Sabotage an Fernsprechleitungen. Es bleibt unklar, ob die Erschießung der »Agenten« bzw. »Partisanen« in Grigorowka geschah oder – wie bei den Geiseln – an den Tatorten.[22] Diese insgesamt vagen Angaben werden dann noch einmal bis zur Unkenntlichkeit verkürzt, wenn in der Schlußphase des Lagers von der »Klärung der inzwischen im Gefangenenlager Grigorowka noch angefallenen Abwehrfälle« berichtet wird.[23]

Die Division war in den Monaten August/September –

abgesehen von zwei Gefechten und dem erwähnten Dnepr-Übergang – auf dem Vormarsch bzw. in Ruhestellung.[24] Der Kampf gegen »Banden«[25] und die »Überprüfung« von verdächtigen Zivilisten in den Dörfern des besetzten Gebietes waren also die Hauptaufgaben. Die Berichterstattung darüber in den Kriegsakten gleicht einem blinden Fleck: Statt mit exakten Angaben aufzuwarten wird mit pauschalen Feindbildern – Partisanen, Agenten, verdächtige Elemente, Banden –, mit verschlüsselten Begriffen – entleeren, unschädlich machen, Klärung von Abwehrfällen –, mit ungenauen Zahlen und undurchsichtigen Abläufen operiert. Bestimmte Ereignisse – wie die Erschießung der 35 Kommissare – werden gänzlich verschwiegen. All das war schon durch die zentralen Befehle des Oberkommandos der Armee vorgegeben. Der Begriff der »unliebsamen Elemente« kam einer direkten Aufforderung zur Manipulation und Verschwiegenheit gleich. Die Bestimmungen für die Führung von Kriegstagebüchern verlangten Darstellung »der Grundlagen für das Handeln der Führer, der Eindrücke vom Feind, [...] Wiedergabe von erhaltenen Befehlen, von eigenen Entschlußfassungen sowie der Ergebnisse von Besprechungen und des Inhalts wichtiger Ferngespräche und Funksprüche«.[26] Die Tätigkeitsberichte der Stabsabteilungen sollten nicht täglich verfaßt werden, sondern nur »einen zusammenfassenden Überblick im großen über Tätigkeit, Ereignisse und Maßnahmen« liefern. Aber sie sollten – wie die Kriegstagebücher – dem »Sammeln von Erfahrungen und von Unterlagen für die Geschichtsschreibung« dienen[27] und »wahrheitsgetreu« sein.[28] In der Schilderung der militärischen Aktionen – der Vormärsche, der Angriffe, der Kesselschlachten, der Feindeinbrüche, der Rückzüge – ist das ebenso berücksichtigt worden wie in den Tätigkeitsberichten über Nachschub an Munition und Betriebsstoff, über den Gesundheitszustand der Pferde oder die Zahl der Gottesdienste der Kriegspfarrer. Nur wenn es um die Verbrechen ging, wurde der Chronist Wehrmacht seltsam einsilbig, und die sonst so präzise Sprache der Militärs verlor sich in dunklen Andeutungen. Beim Mord an den Juden setzte die Sprache meistens gänzlich aus.

Notwendige Exekutionen

Fiedler erwähnt vier Judenerschießungen, die sich an Orten ereignet haben, in denen seine Einheit Quartier bezogen hat. Er war kein Augenzeuge, sondern kannte die Exekutionen nur vom Hörensagen. Verantwortlich für die Erschießungen waren – in seinen Worten – »die Gestapo« bzw. »SS-Männer«. Übersetzt heißt das: Kommandos der Einsatzgruppe C, die, der Heeresgruppe Süd logistisch unterstellt, mit deren Einheiten vormarschierte, um die kommunistischen Kader samt Helfershelfern auszulöschen und die Vernichtung der sowjetischen Juden einzuleiten. In den Grenzstädten wurde sie von »Unterstützungstrupps« des Sicherheitsdienstes (SD) aus dem Generalgouvernement verstärkt. Einer dieser Trupps, das »Kommando z. b. V.« aus Lublin, hatte in Wlodzimierz, der ersten Stadt auf sowjetischem Gebiet, die Fiedlers Einheit passierte, 250 Juden und bolschewistische Funktionäre erschossen.[29] Für die Erschießungen in Luzk und Lubny war eine 70 Mann starke und unter dem Kommando des SS-Standartenführers Blobel stehende Abteilung der Einsatzgruppe C, das Sonderkommando (SK) 4a, verantwortlich. Dieses Kommando hatte in Luzk am 30. Juni 300 und am 2. Juli 1941 weitere 1160 männliche Juden erschossen, im ersten Fall wegen angeblicher »Brandschatzung«, im zweiten »zur Vergeltung« für die Ermordung von 10 deutschen Soldaten und ca. 2000 vom sowjetischen Geheimdienst NKWD vor dem Rückzug erschossenen Gefangenen.[30] In Lubny hatte die dortige Ortskommandantur der Wehrmacht die Juden aufgefordert, sich »zwecks Umsiedlung« zu versammeln und für die geplante Reise »Verpflegung für drei Tage und warme Kleidung« mitzunehmen. Das SK 4a trieb die versammelten 1865 Juden – Männer, Frauen und Kinder – aus der Stadt heraus und erschoß sie an den dortigen Schützengräben.[31]

Aber auch in den meisten der übrigen Orte, die Fiedlers Einheit auf ihrem Vormarsch nach Osten berührte oder in denen sie für längere Zeit Quartier bezog, hatte das Kommando 4a vorher Maßnahmen gegen Juden durchgeführt: So wurden Anfang Juli in und außerhalb von Rowno mehrere hundert Juden erschossen,[32] in Zwiahel waren mindestens 34 Juden getötet worden[33] und in Shitomir wurden »187 Sowjetrussen und Juden« aus einem Gefangenenlager der Wehrmacht sowie 180 bei einer Razzia verhaftete Juden und Kommunisten erschossen.[34] Am 6. August trieb man weitere 400 Juden zusammen und erschoß sie am folgenden Tag auf dem Pferdefriedhof.[35] Fiedlers Einheit, die seit 30. Juli in Shitomir Quartier bezogen hatte, verließ die Stadt am Morgen der Massenerschießung. Sie marschierte über Skwira und Wassilkow, in denen ebenfalls SD-Kommandos tätig waren,[36] in die Gegend von Malaja Olschanka, wo sie in wechselnden Quartieren bis Mitte September blieb. In dieser Zeit kam es im nahen Belaja Zerkow zu einer der grausigsten Mordtaten des Krieges: ukrainische Hilfspolizisten, die der Ortskommandantur unterstanden, erschossen am 21. August 90 Kinder. Sie waren von der Erschießung von etwa 500 jüdischen Männern und Frauen durch das Kommando 4a übriggeblieben.[37] Erst Mitte September verließ Fiedlers Einheit die Gegend und setzte über Grigorowka ihren Vormarsch in Richtung Charkow fort. Von der Mordtat in Belaja Zerkow dürfte sie ebenso erfahren haben wie von der Erschießung der 33771 Juden in der Schlucht von Babi Jar bei Kiew am 29. und 30. September durch das SK 4a, das Polizeiregiment Süd und ukrainische Hilfspolizei.[38] Als Fiedler seine Gedächtnisskizze Ende Oktober aus unbekannten Gründen abbrach, legte das SK 4a eine Zwischenbilanz vor: es hatte bis zu diesem Zeitpunkt 55432 Juden erschossen.[39] Einen Monat später lautete die

Bilanz der SS-Kräfte in der gesamten besetzten Ukraine: 150000 bis 200000 erschossene Juden.[40] Es ist unwahrscheinlich, daß die damals in der Heeresgruppe Süd eingesetzten Soldaten von diesem Ereignis keine Kenntnis gehabt hätten. Um so mehr erstaunt, daß sich in den offiziellen Kriegsakten der 294. ID kein einziger Hinweis darauf findet. Dafür gibt es gute Gründe.

Die 6. Armee hatte schon früh ihre Haltung den Juden gegenüber zu erkennen gegeben. Im Juli hatte das Oberkommando die Truppe angewiesen, in allen Fällen von Sabotage, bei denen die Täter nicht gefaßt werden könnten, »Kollektivstrafen« zu verhängen: »Diese können in Erschießen von ortsansässigen Juden oder Russen, Abbrennen von jüdischen oder russischen Häusern bestehen.« Die ukrainische Bevölkerung, die »mit den Deutschen sympathisiert«, sei von solchen »Kollektivmaßnahmen auszunehmen«.[41] Damit waren die Juden zum generellen Feind der deutschen Wehrmacht erklärt. Diese Stigmatisierung wurde in einem Befehl vom 10. August noch einmal verschärft, in dem es hieß, daß in verschiedenen Orten des Armeegebiets »von Organen des SD [...] notwendige Exekutionen an verbrecherischen, bolschewistischen, meist jüdischen Elementen durchgeführt« würden.[42] Spätestens seit dieser Anweisung waren die Massenerschießungen der Einsatzkommandos durch den »verbrecherischen« Charakter der Juden als »notwendig« legitimiert. Das wurde dadurch unterstrichen, daß die »freiwillige« Beteiligung »dienstfreier Soldaten« an solchen Aktionen – zu der es in Luck, Shitomir, Berditschew und an zahlreichen anderen Orten gekommen war [43] – zwar verboten, die von einem militärischen Vorgesetzten befohlene Hilfestellung bei Massenerschießungen aber für rechtens erklärt wurde.[44] Der angeblich »verbrecherische« Charakter der Juden wurde von Beginn an quasi-militärisch begründet. Typisch dafür war die Meldung der 299. ID: »In mit Juden besiedelten Ortschaften ist das Freischärlertum besonders groß.«[45]

Dieser Linie folgte nicht nur die 6. Armee, sondern sie wurde in der gesamten Heeresgruppe Süd praktiziert. Der Kommandierende General des zur 11. Armee gehörenden XXX. Korps, Generalleutnant von Salmuth, legitimierte den Einsatz der SD-Kommandos mit Gründen der militärischen Sicherheit: »Der fanatische Wille der Angehörigen der Kommunistischen Partei und der Juden, um jeden Preis die deutsche Wehrmacht aufzuhalten, muß unter allen Umständen gebrochen werden.«[46] Der Oberbefehlshaber der 17. Armee, Carl-Heinrich von Stülpnagel, forderte in einem Schreiben an die Heeresgruppe Süd, in den Fällen, in denen die Täter von Sabotageakten nicht zu ermitteln seien, bei den Vergeltungsaktionen »besonders« auf die jüdischen Mitglieder des kommunistischen Jugendverbandes zurückzugreifen, da sie »als Träger der Sabotage und Bandenbildung anzusehen« seien. Insgesamt hielt er eine »nachdrückliche Aufklärung« der ukrainischen Bevölkerung über das Judentum für notwendig, »um zunächst eine entschlossene und einheitlichere Ablehnung zu erzielen«.[47] Bei Generalfeldmarschall von Rundstedt, dem Oberbefehlshaber der Heeresgruppe, dürfte er mit diesem Appell auf keine Ablehnung gestoßen sein: Dieser bezeichnete die Juden generell als »reichsfeindliche Elemente« und erlaubte den Kommandos der Einsatzgruppe C, sich »möglichst in der Nähe der kämpfenden Truppe [zu] bewegen« und also schon beim Vormarsch mit der Judenvernichtung zu beginnen.[48]

Wenn soviel kompakter militärischer Sachverstand »den Juden« als Feind vorführte und in entsprechenden Befehlen zu bekämpfen befahl, verwundert es nicht, daß die Truppe von seiner Vernichtung wenig Aufhebens machte. In den Akten der 294. Division taucht denn auch keins der Judenmassaker auf, von denen Fiedler berichtet. Es sei denn, die Geiseln, von deren Erschießung der Ic-Offizier Petermanns berichtet, seien Juden gewesen. Man hätte sich dann nur an die entsprechenden Befehle der Armee gehalten. Auch die Mörder der 72 Juden im Schulgarten von Korostyschew könnten Angehörige der Division gewesen sein, die Anfang August in dieser Gegend eingesetzt waren und die Ortschaft beim Vormarsch passiert hatten.[49] Das würde erklären, warum Fiedler den Vorfall für so bedeutsam fand, daß er ihn erwähnte und – abweichend von den sonstigen Erschießungen – zu den Tätern diesmal keine Angaben machte. Vergeltungsaktionen der Wehrmacht an Juden waren damals üblich.[50] Eine solche hätte auch zur Einstellung der Division durchaus gepaßt.

Die 294. ID hatte – von Jugoslawien kommend – den Kriegsschauplatz erst drei Wochen nach Eröffnung der Feindseligkeiten erreicht und war zunächst auch nicht direkt an die Front verlegt, sondern dem Kommandanten des rückwärtigen Armeegebietes zugewiesen worden. Galt schon das Zuspätkommen als Zurücksetzung, so wurde die Verwendung im rückwärtigen Gebiet geradezu als Degradierung empfunden – sie »löst allgemeine Bestürzung aus, da sie nur zu deutlich zeigt [...] welche Märsche nötig sein werden, um überhaupt Anschluß an die kämpfende Truppe zu erreichen«.[51] Erst am 29. Juli wurde die Division der 6. Armee unterstellt und war endlich »kämpfende Truppe«. Aber auch hier folgte die Enttäuschung auf dem Fuße: der Antrag, sofort an die Front verlegt zu werden, wurde abgelehnt.[52] Es begann der fast zwei Monate dauernde langsame, fast kampflose Marsch auf Kiew.[53] Die doppelte Frustration ob dieser Umstände war entsprechend groß und machte sich Luft in einer besonders aggressiven Rhetorik. Schon ein eher technischer Vorgang wie die Verlegung auf den östlichen Kriegschauplatz war politisch aufgeladen worden: »Die Division marschiert in den Kampf gegen das bolschewistische Russland.«[54] Wenn in der Folge vom militärischen Gegner die Rede war, wurden nicht seine Formationen genannt oder der Kollektivbegriff der Roten Armee verwandt, sondern es hieß schlicht nur »die Bolschewiken« oder »die Bolschewisten«.[55] Auch statt, wie üblich, versprengte Feindteile »Banden« zu nennen, sprach die Division nur von »roten

Banden«.[56] Ohne eine solche Rhetorik der Divisionsführung mit der Haltung der Mannschaften gleichsetzen oder deren Einwirkung auf die Truppe überbewerten zu wollen, kann man davon ausgehen, daß sie doch dazu beigetragen haben dürfte, den Krieg nicht als normalen Waffengang, sondern – im Sinne von Hitlers Absichten und Erklärungen – als »Weltanschauungskrieg« zu begreifen.

Während von der Abteilung Ic, die für die ideologische Betreuung der Truppe zuständig war, keine Berichte vorliegen, sind solche des evangelischen Kriegspfarrers erhalten. Sie vermitteln einen Eindruck vom Binnenklima der Division und lassen vorsichtige Rückschlüsse darauf zu, was Fiedlers Kameraden dachten. Pfarrer Dr. Beyer sah die »Haltung der Truppe« durch drei Faktoren bestimmt: 1. »durch das Erlebnis des bolschewistischen Rußlands«, 2. »durch das Erlebnis des Kampfes« und 3. »durch das Erlebnis entsagungsvollsten Daseins, das sie durchmachen mußte«. Vor allem bei der Verarbeitung der erstgenannten Erfahrung glaubte Beyer helfend eingreifen zu müssen: »Wo die Soldaten gelegentlich mit deutschstämmigen und deutschsprachigen Menschen zusammenkamen, erfuhren sie zudem von all den Leiden, welche die Bevölkerung durch die bolschewistische Schreckensherrschaft, durch die steten Verfolgungen, Verbannungen und Hinrichtungen und durch Hungersnöte durchgemacht hat. Ich habe mich bemüht, unseren Männern in Vortragsstunden und vielen Einzelgesprächen zu einem Verständnis dieses Erlebnisses aus dem unüberbrückbaren Gegensatz zwischen nationalsozialistischer Weltanschauung und Bolschewismus, zwischen Verantwortlichkeit des rassebewußten einzelnen deutschen Menschen und der grauenhaften Vermassung bewußten Proletariertums, zwischen starkem und ewigkeitsgebundenen Gottesglaubens und der gewaltsam erzwungenen Gottlosigkeit zu helfen.« Aufgrund des intensiven Umgangs mit den Soldaten der Division glaubt der Gottesmann die folgende Einschätzung zu ihrer Haltung abgeben zu können: »Es besteht kein Zweifel, daß die Mehrheit unserer Leute geradezu von Haß gegen das ganze russische Land erfüllt ist.«[57]

Angesichts einer solchen Feststellung wird deutlich, welche Ausnahmeerscheinung der Unteroffizier Friedrich Fiedler innerhalb der 294. ID gewesen sein muß. Dabei war er kein Eigenbrötler, der sich verzog, wenn die Kameraden das Skatblatt herausholten oder wenn ein Fußballspiel angesetzt wurde, sondern er gehörte im Gegenteil zu den Initiatoren solcher gemeinsamer Unternehmungen. Als Klavierspieler bei Musikabenden war er ebenso beliebt wie als Gesprächspartner bei langen Spaziergängen in den Orten, in denen sie Quartier bezogen. Dennoch war er in der Gruppe nicht aufgegangen, sondern hatte sich ein eigenes Urteil bewahrt. Für ihn war die Erschießung der 1600 Juden von Lubny – das belegt schon seine sarkastische Verwendung des von Wehrmacht wie SD zur Täuschung der Juden verwendeten Begriffs der »Umsiedlung« – ein gemeines Verbrechen: »Nachmittag gegen 3.00 Uhr ist die gesamte jüdische Einwohnerschaft von Lubny in den Himmel umgesiedelt worden. So geschehen im Jahre des Heils Eintausendneunhunderteinundvierzig am 17. Oktober vormittag zwischen 9.00 und 15.00 Uhr.« Für seine Kameraden war der Massenmord dagegen eine »Heldentat« und »ein Grund zum Trinken«: »fröhliche Lieder werden laut. Kam. J. stimmt das Freiheitslied ›die Juden ziehn dahin, daher, sie ziehn durchs rote Meer, die Wellen schlagen zu, die Welt hat Ruh‹ an und ich gehe still ins Bett von manchen gehänselt wegen meiner Gefühlsduselei.« Eine ähnliche Erfahrung hat der Schriftsteller Jochen Klepper, der bei der Nachschubtruppe der ebenfalls zur 6. Armee gehörenden 76. ID eingesetzt war, in seinem Tagebuch festgehalten: »20. September 1941. [...] Zu allem, von allem kann ich frei reden: nur nicht zur Judenfrage. Hier sehe ich, daß die Propaganda ihr volles Werk geleistet hat. [...] 25. September. [...] Alle Gespräche mit Kameraden nehmen eine so schöne, menschliche Wendung. Überall aber konstatiere ich den fast völligen Sieg der antisemitischen

Propaganda. Man reflektiert nicht mehr. ›Die Juden müssen weg.‹«[58]

Wie das im einzelnen geschah und wer dafür verantwortlich war, wurde in den Kriegsakten verschwiegen oder so verschlüsselt, daß die Opfer selbst für die am besten informierten Stabsoffiziere der Oberkommandos nicht immer kenntlich waren. So antwortete der Ic der Heeresgruppe Süd, Generalmajor Kleikamp, als er in einem Nachkriegsprozeß gefragt wurde, was er damals von Judenerschießungen gewußt habe: »Die Meldungen, die über Erschießungen kamen, waren immer so gehalten, daß man annehmen konnte, es seien Saboteure, Plünderer und Unruhestifter erschossen worden.«[59] Diese Einlassung vor Gericht diente wahrscheinlich weniger der Wahrheit als dem Selbstschutz. Kleikamp war nämlich im Stabe des Befehlshabers von Rundstedt für die Formulierung der Befehle mitverantwortlich gewesen, die aus Juden Reichsfeinde und Partisanen gemacht hatten. Dies Verfahren der Verschlüsselung durch sorgsame und von allen Beteiligten befolgte Sprachregelungen wurde, wie bei der Berichterstattung über den Judenmord, auch bei Darstellung der Gewaltmaßnahmen gegen die nichtjüdischen Teile der Zivilbevölkerung angewandt und war in der gesamten Wehrmacht üblich: Von Juden als »Plünderern« oder »Partisanen« zu reden,[60] die Begriffe »Umsiedeln« bzw. »Aussiedeln« oder die Formel von der »Lösung der Judenfrage« als Synonyme für ihre Massenvernichtung zu gebrauchen[61] war ebenso normal, wie Kinder als »Kundschafter«, Frauen als »Flintenweiber«, Zivilisten ohne Ausweis als »Herumtreiber«[62] und Aktionen gegen Partisanen, die meist mit dem Abbrennen ganzer Siedlungsgebiete und dem Massenmord an den Einwohnern endeten, mit dem nichtssagenden Begriff »Unternehmen« zu kennzeichnen.[63]

Diese sprachlich fixierte Umdeutung der Wirklichkeit schonte die Gefühle und das Gewissen der Täter: Meldungen über Zehntausende vernichteter Juden abzuzeichnen oder Berichte über Tausende erschossener, gefangener, evakuierter »Bandenhelfer« zu verfassen fiel leichter, wenn sie nicht als Rassenfeinde oder als Frauen und Kinder eines weißrussischen Dorfes, sondern als gefährliche militärische Gegner bezeichnet wurden. Vor allem aber diente es dazu, die Spuren der Taten zu verwischen und die Täter aus der Geschichte verschwinden zu lassen.[64] Statt auf ehrliche Chronisten trifft man bei Lektüre großer Teile der Wehrmachtsakten auf subtile Fälscher. Dieser Tatbestand zwingt dem Historiker die Rolle eines Detektivs auf, der erst den Code eines Desinformationssystems knacken muß, bevor er mit der üblichen Arbeit beginnen kann – Bruchstücke zusammenfügen und ein Geschehen rekonstruieren.

Vernichtung der Erinnerung

Die mühsame Arbeit des Decodierens wird zusätzlich dadurch erschwert, daß die Wehrmacht nicht nur Verbrechen verschwiegen oder in den Kriegsakten verschleiert hat, sondern daß sie auch große Teile ihrer eigenen Akten vernichtet hat. Das geschah gegen Ende des Krieges, als die Luftangriffe im Großraum Berlin auch die Bestände des Heeresarchivs Potsdam bedrohten. Die Kriegsakten vom Oberkommando des Heeres (OKH) bis zu den Divisionen abwärts wurden in sicher erscheinende Orte ausgelagert – zunächst nach Schlesien, dann zurück in die Umgebung von Potsdam und schließlich in den Westen und Süden des schrumpfenden Deutschen Reiches: die Schloßkaserne von Blankenburg im Harz nahm die Dokumente der Armeeoberkommandos, der Armeekorps und der Divisionen auf, die Kriegstagebücher der Heeresgruppen, das mit Flugzeug aus Stalingrad herausgebrachte KTB der 6. Armee und wichtige Nachlässe wurden in die Kasernen von Bad Reichenhall und Kufstein in Österreich ausgelagert.[65] Kurz vor Kriegsende befahl der »Beauftragte des Führers für die militärische Geschichtsschreibung«, Generalmajor Scherff, die Vernichtung der gesamten

Bestände. Dem Befehl wurde in Kufstein und Bad Reichenhall Folge geleistet: die Akten wurden – bis auf wenige Ausnahmen – mit Benzin übergossen und verbrannt. Die im Harz aufbewahrten Bestände blieben erhalten: sie fielen den englischen Truppen in die Hände und wurden von diesen vor der Übergabe Blankenburgs an die Rote Armee abtransportiert.[66] Währenddessen waren die im Heeresarchiv Potsdam verbliebenen Akten der Reichswehr und der Wehrmachtsverbände unterhalb der Divisionsebene – Brigaden, Regimenter, Bataillone – durch den Luftangriff vom 14. April 1945 zerstört worden.[67]

Auffällig ist, daß die geretteten Aktenbestände große Lücken aufweisen. Sie betreffen die Tätigkeit der für die Bekämpfung der »politischen Gegner«, also der Kommunisten, Juden und Patisanen, zuständigen Stabsabteilungen. Bei den Armeen und Panzergruppen der Heeresgruppe Mitte fehlen dreiviertel, bei den Infanteriedivisionen mehr als die Hälfte dieser Tätigkeitsberichte. Bei einigen Divisionen läßt sich der Anlaß für diese Lücke ermitteln: Sie wurden beim unerwarteten Rückzug im Winter 1941/42 »durch Feindeinwirkung« oder »aus abwehrmäßigen Gründen« vernichtet.[68] Bei der Masse der Fehlakten aber sucht man nach einem solchen Zerstörungsvermerk vergebens. Der Grund: diese Dokumente wurden nach dem Krieg entfernt. Der Tatort war die Historical Division, jenes von der US-Army schon 1945 etablierte Projekt, in dem ausgewählte deutsche Truppenführer und Stabsoffiziere ihre Kriegserfahrungen niederschreiben und Fragen ihrer ehemaligen Gegner beantworten sollten. 1946 arbeiteten, unter der Leitung von Franz Halder, mehr als 300 deutsche Spitzenmilitärs daran mit. Der ehemalige Chef des deutschen Generalstabes sah in dem zunächst als Zeitzeugenprojekt im Dienst der amerikanischen Militärgeschichtsschreibung installierten Unternehmen die einmalige Chance, die Geschichte des Zweiten Weltkriegs und der deutschen Wehrmacht im Sinne der Täter umzuschreiben: »Es werden die *deutschen* Taten, vom deutschen Standpunkt gesehen, festgelegt und dadurch unseren Truppen ein Denkmal gesetzt«, so lautete die Leitlinie für die Abfassung der kriegsgeschichtlichen Berichte. Dabei dürfe »keine Kritik an Führungsmaßnahmen« erfolgen, und es müsse Sorge getragen werden, daß niemand »irgendwie belastet« werde.[69] Das Unternehmen gelang: Die »Historical Division« wurde zur Zentrale der Geschichte des Zweiten Weltkriegs und schaffte – gegen alle bisherige Erfahrung – das Kunststück, daß die Geschichte über dies Kapitel nicht von den Siegern geschrieben wurde, sondern »eine Geschichtsschreibung der Besiegten gewesen ist«.[70] Eine Geschichtsschreibung, der es, nach Halders Selbstverständnis, darum ging, ein Zeugnis für die Tugenden und die Ehre des deutschen Soldaten zu hinterlassen, mußte versuchen, alle Trübungen dieses Bildes zu vermeiden. Dazu war es notwendig, die Militärakten, die im Rausch des Sieges vielleicht allzu offenherzig die eigenen Verbrechen dokumentiert hatten, zu entfernen. Der ehemalige Panzergeneral und jetzige Angehörige der Führungsgruppe der Historical Division, Leo Geyr von Schweppenburg, hat rückblickend bestätigt: »Belastungspapiere für Nürnberg wurden mit amerikanischer Hilfe [...] auf deutsche Einflußnahme aus dem Akt Westphal entfernt.«[71] Man kann annehmen, daß solche Aktivitäten sich nicht nur auf die Laufzeit der Nürnberger Kriegsverbrecherprozesse 1946–1948 beschränkten. Im Zeichen des Kalten Krieges diente das Projekt nicht mehr nur der Geschichtsschreibung – jetzt wurden bei Halders 150 Mitarbeitern Gutachten und Studien für einen möglichen neuen Krieg im Osten angefordert.[72] Die deutschen Rußlandexperten und Ostfrontstrategen arbeiteten längst nicht mehr in Lagern, sondern in Heimarbeit, und die Akten der Wehrmacht wurden ihnen jetzt als Grundlage ihrer Arbeit frei Haus geliefert.[73] Hier dürfte die Entfernung belastender Akten vollendet worden sein. Der im Privaten so skrupulöse Halder war, wenn es um sein Lebenswerk ging, skrupellos. Es gehe darum, »den Kampf gegen den Bolschewismus fortzusetzen«, so hatte er seinen Entschluß, für die »Historical Division« zu arbeiten, begründet.[74] An ein paar Akten durfte das nicht scheitern.

Angesichts dieser Situation läßt sich eine Geschichte der Verbrechen der Wehrmacht nur unter großen Schwierigkeiten schreiben. Plausible und gesicherte Aussagen sind bestenfalls zu erreichen, wenn man zusätzliche Materialien zum Thema erschließt – Prozeßakten deutscher und ausländischer Gerichte, Erinnerungen von überlebenden Opfern, Feldpostbriefe, Tagebücher und Fotos der ehemaligen Soldaten. Dokumente wie die Gedächtnisskizze von Friedrich Fiedler sind für ein solches Vorhaben von unschätzbarem Wert. Sie geben eine Ahnung vom Ausmaß der insgesamt verübten Verbrechen und können zumindest für einen Ausschnitt das Ziel vereiteln, das die Täter während und nach dem Krieg so wirkungsvoll verfolgt haben – die Vernichtung der Erinnerung.

3. Kapitel
Mordbereitschaft und Verstummen

Zur Mentalität deutscher Soldaten an der Ostfront

Tagebücher der Soldaten aus dem Krieg, wie die von Friedrich Fiedler oder Jochen Klepper, sind eine große Seltenheit. Nur für eine Minderheit meist Gebildeter war das Schreiben eine Notwendigkeit, und wenige von ihnen fanden auf den endlosen Märschen und nach den verlustreichen Gefechten, neben der Anstrengung um einen Schlafplatz oder um ein paar zusätzliche Lebensmittel, die Muße, ihre Erlebnisse zu notieren. Viele dieser Aufzeichnungen gingen verloren, wenn die Schreiber fielen oder bei den Rückzügen nur noch ums nackte Überleben kämpften. Ein großer Teil dürfte nach der Niederlage und aus Angst vor den Siegern vernichtet worden sein. So sind die Zeugnisse, die erhalten blieben, nur ein Ausschnitt. Das muß man wissen, wenn man sich ihrer bedient, um Aussagen zu machen über das, was Millionen Soldaten damals dachten. Mathematisch ausgedrückt, sind solche Urteile, auch wenn sie noch so vorsichtig formuliert sind, Schnittpunkte im Unendlichen. Das Ergebnis wird nur einige Stellen hinter dem Komma genauer, wenn man die sehr viel zahlreicher erhalten gebliebenen Feldpostbriefe oder später durchgeführte Interviews mit ehemaligen Soldaten zur Hilfe nimmt: Die Briefe wurden mit Blick auf die drohende Überprüfung durch die Zensuroffiziere geschrieben, die Antworten auf die Fragen des Interviewers entstammten dem Fundus einer glättenden und beschönigenden Erinnerung. Dennoch sind diese Zeugnisse die einzigen verläßlichen Quellen, die verstehen lassen, warum Fiedlers Kameraden den Judenmord bejubelten und die Sowjetunion haßten, warum sie also – wie Millionen andere – zu Tätern oder zustimmenden Zeugen werden konnten.

Die Millionen Soldaten, die in die Sowjetunion einmarschierten und dort Täter oder zumindest Mitwisser der Verbrechen an Kriegsgefangenen und Zivilisten wurden, wußten vor dem 22. Juni 1941 nicht, was sie dort erwartete. Die Jüngeren hatten zwar die nationalsozialistischen Schulen besucht, waren Mitglieder der HJ geworden und hatten im Reichsarbeitsdienst (RAD) eine vormilitärische Ausbildung bzw. als Rekruten der Wehrmacht den letzten Schliff erhalten. All das qualifizierte sie nicht zu Mördern. Erst recht galt das für die älteren Jahrgänge, die vor 1933 aufgewachsen und ausgebildet worden waren. »Daß Ihnen die friedliche Arbeit mehr liegt und mehr erfreut als das Morden, glaube ich, wenn aber die Überzeugung in den Menschen gekommen ist, treibt man auch dieses Handwerk mit Stolz und Gewissenheit«, so hat ein unbekannter Soldat in einem Feldpostbrief einem Bekannten in der Heimat die am eigenen Leib erfahrene Veränderung erklärt.[1] Erst wenn man die Situationen rekonstruiert, die der moderne Krieg und in seiner Steigerung der nationalsozialistische Vernichtungskrieg geschaffen hat, kann man verstehen, wann und warum »die Überzeugung« zum Morden in die Soldaten gekommen ist. Nur durch diese archäologische Grabung ist es auch möglich nachzuvollziehen, warum sich die Soldaten der Wehrmacht nach dem Krieg als Opfer, aber nicht als Täter begriffen, warum jeder Versuch, dieses verzerrte Bild durch Konfrontation mit der Wirklichkeit zu verändern, noch immer – wie die Wehrmachtsausstellung gezeigt hat – auf erbitterte Ablehnung stößt.

Feuertaufe

Walter Luhan, 21 Jahre alt und Gefreiter im Artillerie-Regiment 109, das zu der Zeit westlich des Bug lag, notierte am 20. Juni 1941 in sein Tagebuch: »Es ist soweit. Heute abends fahren wir in Feuerstellung und morgen früh 4 h muß die Straße frei sein. [...] Also wird um diese Zeit oder etwas später der Angriff beginnen. Bei Gott, ich kalkuliere, daß das Sterben nah ist.« Wie in Zeitlupe ließ er sein bisheriges Leben noch einmal ablaufen – die wenigen glücklichen Momente mit Freundinnen, die Stationen seines beruflichen Werdegangs, seine Leidenschaft für Bücher und Fotografieren, die Sehnsucht nach fernen Ländern. Dann schrieb er einen Abschiedsbrief: »Liebe Mutti! Bitte, bitte, weine nicht! Es hat ja keinen Zweck zu weinen. Besonders nicht, wenn schon alles vorbei ist. Es wird nichts so heiß gegessen wie gekocht und eine Granate geht so schnell, daß man sich keinen schöneren und schnelleren Tod wünschen kann.[...] Du hast ja noch zwei Kinder, die meinen Tod durchaus aufwiegen. [...] Übertrage Deinen Schmerz auf meine beiden Geschwister, sie werden Dich durch ihre helle, aufstrebende Jugend bestimmt wieder in kürzester Zeit zu Deiner frohen Natur zurückfinden lassen. Walter. Freitag 20. Juni 1941, 19 h 15.«[2] Ein 22jähriger Melder erinnerte die Stunden vor dem Angriff so: »Unser Kompaniechef kam kreidebleich auf uns zu und sagte: ›Was meint ihr, heute nacht wird Rußland angegriffen!‹ Wir wurden selber weiß im Gesicht, saßen erst einmal da und fingen an zu zittern. Jetzt hatten wir die Kämpfe in Frankreich erst hinter uns, und nun kam das auf uns zu. Nun hatten wir zu bedenken, wie ein russischer Soldat überhaupt aussieht, was er für eine Uniform trägt, was er für Waffen hat. Wir wußten ja überhaupt nichts vom Russen.«[3] Was hier beschrieben wird, sind Szenen einer Krise. Sie markierte den Übergang vom zivilen Leben oder von der Manöversituation in den Aggregatzustand des Krieges, vom Leben in den möglichen Tod. Wenn Krieg – nach Clausewitz – »ein Akt der Gewalt« ist, der »rücksichtslos ohne Schonung des Blutes« so lange andauert, bis das Ziel – »den Gegner zur Erfüllung unseres Willens zu zwingen« – erreicht ist,[4] dann mußte dieser Übergang für alle Beteiligten die bisher gültige Ordnung von Werten und Verhaltensweisen auf den Kopf stellen und einen Zustand von zumindest vorübergehender Orientierungslosigkeit, Verwirrung und Angst auslösen.

Dieser Zustand potenzierte sich, wenn das erste Gefecht über den jungen Soldaten hereinbrach. Die »Feuertaufe« hieß dieser Akt der endgültigen Initiation: »Bei Morgengrauen ging es [...] los. Aus dem gegenüberliegenden Wald kamen sechs russ. Panzer. Ein grauenerregendes Geräusch, diese mahlenden rasselnden Ketten, wenn einem selbst zur Gegenwehr nur Karabiner, MG und einige Handgranaten zur Verfügung stehen. Es kam auch noch mot. Inf. und Kavallerie. [...] Es waren furchtbare Stunden, die uns aber erst später ganz richtig zum Bewußtsein kamen. Wir waren vollkommen abgeschnitten. Von der Division hatte man uns schon aufgegeben.«[5] Oder: »Ich habe zwei furchtbare Sturmangriffe als Spitze mitgemacht. Es war die Hölle. Wie durch ein Wunder lebe ich und bin unverletzt. Mauern des Gebets waren um mich. Ich hab's gespürt.«[6] Der 26jährige Obergefreite Heinrich Böll erlebte seinen ersten Fronteinsatz Ende 1943, in einem Erdloch auf der Krim. In einem Brief an seine Frau schilderte er diese Erfahrung: »Alles Unwesentliche, das ich noch hatte, habe ich nun endgültig begraben. Niemals kann eine solch irrsinnige Feuertaufe, wie sie uns gleich fünf Minuten nach unserem Eintreffen in der vordersten Linie empfing, spurlos an einem Menschen vorübergehen.[...] Dir werde ich erzählen können, was es bedeutet, eine Kette russischer Panzer auf sich zurollen zu sehen und im Loch zu bleiben, was es bedeutet, mit Feuer und Stahl buchstäblich zugedeckt zu werden.«[7] Eine der eindrücklichsten Schilderungen dieser »Feuertaufe« stammt von dem 27jährigen Lothar Hochschulz, der mit einer Vorausabteilung der 257. Infanteriedivision auf Lemberg marschierte. Er notierte Ende Juni 1941 nach einem gegnerischen Angriff: »Was ist schon ein Mensch? Ein Dreck ist er, wenn es herangeheult kommt, nirgendwo weiß er sich sicher, er wirft sich hin, wo er stand und wartet. Jede Sekunde wird zur Stunde, – bis dann der erlösende Schlag kommt, die Granate ›reinhaut‹, die Trommelfelle zu platzen drohen vor dem Luftdruck, so peitscht und pfeift in Sekundenbruchteilen um Dich herum, Du bist nur ein bebender Haufen Fleisch in diesem Augenblick! Doch dann hebst Du den Kopf, um Dir die Bescherung anzusehen und siehst nur eine Wolke von Staub und Dreck und Rauch seitwärts abziehen, zappelst mit Deinen Gliedmaßen, um Dich zu vergewissern, daß Du sie noch hast und hoffentlich alles heil geblieben ist, dann erhebst Du Dich ganz und nimmst erst jetzt die ganze Verwüstung wahr.«[8]

Es gab noch eine Steigerung dieser schon an die Grenze gehenden Ersterfahrung – wenn unter den Verletzten oder Toten ein Freund war. Noch einmal Hochschulz: »Du pustest dem Kameraden den Dreck vom Gesicht: es ist der Liebscher, Heinz Liebscher! Mein Gott, auch den – ?!! […] ›Meine Frau‹ – murmelt er, ›meine Mutter‹ – und ich streich ihm über's Haar und sage zu ihm: ›s' wird ja alles gut, Heinz! Paß mal auf, in ein paar Wochen bist Du wieder gesund! – Dann schreibste uns!‹ – Und ich glaub' es selbst nicht ! – Ich streich immerfort über sein Haar, damit er glauben soll, es sei seine Frau oder seine Mutter. – Immerfort, und er beruhigt sich etwas. Mir stehen die Tränen in den Augen. Ich weiß mir nicht weiter zu helfen: ›Verfluchte Schweinerei!‹ – sage ich und kämpfe gegen das Heulen. Nicht weich werden, Lothar, nicht zeigen, daß es Dich jetzt plötzlich gepackt hat. Mit dem Ärmel wische ich mir über die Augen und streichele mit der anderen Hand weiter über Heinz seinen Kopf. […] Ich hab ihn doch so gern' gehabt! Verdammte Schweinerei!«[9] Hochschulz rettete sich zunächst noch in Spott und Routine: eine Zigarette rauchen mit denen, die, wie er, mit dem Schrecken davongekommen waren, Witze reißen über einen Kameraden, dem ein Splitter in der Arschbacke saß, Aufräumungsarbeiten im halbzerstörten Quartier, erfolgreiche Fahndung nach dem Huhn, das die Bäuerin ihm gerade gebraten hatte – »es hat mir herrlich gemundet«.[10] Was nach der emotionalen Explosion in der Begegnung mit dem sterbenden Freund wie eine plötzliche Gefühllosigkeit wirkte, war das Innewerden eines Triumphes – überlebt zu haben. Es war, wie Canetti es formuliert hat, ein »Augenblick der Macht«: »Der Schrecken über den Anblick des Todes löst sich in Befriedigung auf, denn man ist nicht selbst der Tote. Dieser liegt, der Überlebende steht.«[11] Später kehrte der Schmerz zurück – in Haß verwandelt. Noch einmal Hochschulz: »Ich schiele zu dem Weib, die starrt nur den keuchenden, brüllenden Kommissar an, – gut so! Ich ziehe die Pistole – da ist der Kerl nur noch 3 Meter ab – schieß ihm den ersten Schuß direkt in den Brägen, den nächsten in den Bauch [...], schieße im Laufen in eine kleine Gruppe der roten Schweine, die mich aufhalten wollen und werfe mich lang in das nächste Sonnenblumenfeld.«[12] Auch der 18jährige Dirk Bielefeld erlebte schon in den ersten Wochen seines Einsatzes den Tod zweier ihm nahestehenden Kameraden. Er reagierte darauf mit Ritualen des Abschieds – die Habseligkeiten bergen, den Angehörigen den Tod mitteilen, die Gräber herrichten, ein gemeinsamer Schluck aus der Schnapsflasche und die letzten Stumpen des Toten aufrauchen. Als aber dann auch noch sein engster Freund Paul fiel, reichten solche Rituale nicht mehr aus, den zunehmenden Druck der Verzweiflung wegzusprengen. Das gelang erst einem der Kameraden mit dem Schwur: »Paul, ich schwöre, ich lege dafür 10 Russen und einen braunen Bonzen um!«[13] Der Tod eines Kameraden oder gar eines Freundes, der neben einem und oft mit den furchtbarsten Qualen starb, löste deshalb eine so tiefe Krise aus, weil das Sterben des anderen an die eigene Mortalität erinnerte und ein Loch in die Ersatzfamilie riß, die der Kreis der Kameraden fern von zu Hause repräsentierte. Bielefeld glaubte, als der erste Freund fiel, plötzlich seinen toten Bruder vor sich zu sehen. Auch Hochschulz phantasierte den Bruder, als er neben seinem sterbenden Freund Liebscher kniete. Als er ihm das Hemd aufschnitt und seine weiße Haut sah, wähnte er sogar, die eigene Frau in den Armen zu halten.[14]

Angst am Vorabend des Krieges, Schock im Feuerhagel des ersten Gefechts, Weinen über den toten Freund und der

Schwur der Rache, das waren Grundsituationen, die jeder Soldat, gleich welcher Armee und welcher Nationalität, in den Kriegen der Moderne erlebt hatte. Die Zäsur verlief da, wo es um die Modi der Verarbeitung dieser Verzweiflung ging, wenn der Schock im Kampf und die Tränen um die Toten systematisch in eine Energie des Hasses transformiert wurde. Da begann der Vernichtungskrieg, und dort war Ostfront.

Finsterstes Untermenschentum

Die internationale Völkergemeinschaft hatte sich zu Anfang des Jahrhunderts in der »Haager Landkriegsordnung« auf ein Regelwerk geeinigt, das den kriegführenden Parteien gebot, auch im Falle eines Krieges »den Interessen der Menschlichkeit und [...] der Zivilisation zu dienen«, und sie bei Wahrnehmung ihrer militärischen Interessen verpflichtete, »die Leiden des Krieges zu lindern«.[15] Das bedeutete konkret, daß der Status des regulären Soldaten und des Nichtkombattanten definiert wurde, daß die Rechte und Pflichten der Kriegsgefangenen bestimmt und ihre Ansprüche auf eine menschliche Behandlung festgelegt wurden, daß der Vollzug der militärischen Gewalt im besetzten Gebiet geregelt und die Zivilbevölkerung in ihren Rechten, Besitzständen, religiösen Gebräuchen geschützt wurde. Als generelle Maxime sollte gelten, daß die Kriegsführenden »kein unbeschränktes Recht« zur Schädigung des Feindes besäßen.[16] Diese Vereinbarungen wurden 1929 durch die Genfer Konventionen zur Behandlung der Kriegsgefangenen und Verwundeten ergänzt und erweitert. Die Kriegsregeln von Haag und Genf schufen kein neues Recht, sondern faßten die Prinzipien des gültigen Völkergewohnheitsrechts zusammen. Deutschland hatte beide Abkommen unterzeichnet und in der Weimarer Verfassung die Regeln des Völkerrechts zu Bestandteilen des deutschen Rechts gemacht.[17]

Trotz dieser eindeutigen Rechtslage war Hitler entschlossen, den Krieg gegen die Sowjetunion außerhalb der Normen des Völkerrechts zu führen.[18] Um dieses Szenario zu verschleiern, wurde dem Gegner unterstellt, *er* habe völkerrechtswidrig einen Angriff geplant, dem das deutsche Reich nur zuvorgekommen sei, und *er* stehe, bezogen auf Kriegsführung wie Volkscharakter, außerhalb aller Kriegskonventionen und jenseits aller Standards einer Kulturnation: »Im Kampf gegen den Bolschewismus ist mit einem Verhalten des Feindes nach den Grundsätzen der Menschlichkeit oder des Völkerrechts nicht zu rechnen.«[19] Die Begründungen für die vor dem Feldzug erlassenen Sonderbefehle variierten diesen Gedanken:

– Politische Kommissare mußten bei Gefangennahme sofort abgesondert und erschossen werden, da von ihnen »eine haßerfüllte, grausame und unmenschliche Behandlung unserer Gefangenen zu erwarten« sei. [20]

– Dem sowjetischen Soldaten wurde in der Kriegsgefangenschaft jedes Recht auf Behandlung nach der Genfer Konvention verweigert, weil er erzogen worden sei, seinen Kampf »mit jedem ihm zur Verfügung stehenden Mittel: Sabotage, Zersetzungspropaganda, Brandstiftung, Mord« zu führen.[21]

– Die für Delikte der Zivilbevölkerung sonst zuständigen Kriegsgerichte wurden abgeschafft – wegen der »Besonderheit des Gegners«, der sich »heimtückischer Kampfesweise« bediene und »undurchsichtig, unberechenbar, hinterhältig und gefühllos« sei.[22]

Was damit erreicht wurde, war von nicht zu unterschätzender Bedeutung: Dem Gegner wurde der prinzipielle Wille zum Bruch des Völkerrechts und die konkrete Planung dieses Verstoßes unterstellt. Das eigene Handeln, insofern es Unrecht bestrafte, erhielt dadurch eine hohe moralische Legitimation, die jeden Zweifel an der Legitimität der deutschen Kriegsführung ausschloß. Schließlich wurde die Wahrnehmung der eigenen Truppe dadurch in einer Weise manipuliert, daß auch ganz normale taktische Operationen des Gegners als Bruch des Völkerrechts erscheinen mußten. Es war dies die Lektion, die Hitler aus den Erfahrungen des Ersten Weltkrieges mitgebracht und die er in *Mein Kampf* unter der Überschrift »Kriegspropaganda« ausführlich dargelegt hatte. Vor allem die Engländer seien Meister in dieser Kunst gewesen: »Indem sie dem eigenen Volke den Deutschen als Barbaren und Hunnen vorstellten«, hätten sie den eigenen Soldaten schon wirkungsvoll auf die Schrecken des Krieges vorbereitet: »Denn die grausame Wirkung der Waffe, die er ja nun an sich von Seiten des Gegners kennenlernte, erschien ihm allmählich als Beweis der ihm schon bekannten ›hunnenhaften‹ Brutalität des barbarischen Feindes, ohne daß er auch nur einen Augenblick soweit zum Nachdenken gebracht worden wäre, daß seine Waffen vielleicht, ja sogar wahrscheinlich, noch entsetzlicher wirken könnten.«[23] Wie wichtig Hitler diese Erkenntnis war, zeigte sich daran, daß er höchstpersönlich in die Vorbereitungen eingriff und ein vom Amt Wehrmachtspropaganda vorbereitetes Merkblatt über die Kriegsführung des Gegners zurückziehen ließ. Er ordnete die Herausgabe neuer Merkblätter an: in ihnen sollte auf alle Möglichkeiten »der heimtückischen Kriegführung, deren wir den Gegner für fähig halten«, hingewiesen werden.[24] Das gedruckte Ergebnis mit dem Titel »Kennt ihr den Feind?« wurde jedem Soldaten in die Hand gedrückt und las sich so: »Soldaten! Ihr steht jetzt im Kampf gegen einen Feind, bei dem ihr die Handlungsweise anständiger Soldaten und ritterlicher Gegner nicht voraussetzen könnt. Die bolschewistische Rote Armee weiß, daß sie der sicheren Vernichtung durch die deutsche Wehrmacht entgegengeht und wird deshalb mit den hinterhältigsten und gemeinsten Mitteln kämpfen.«[25] Diese Einstimmung auf einen kriminellen Gegner wurde präzisiert durch plakative Warnungen wie »Achtung, Gas!« – »Sie vergiften die Lebensmittel !« – »Seuchengefahr!« und detaillierte Hinweise auf »hinterhältige« Kriegslisten, nächtliche Überfälle usw. Bemerkenswert war die Ankündigung, daß von seiten des Gegners eine »sadistische Behandlung Gefangener oder Verwundeter« zu erwarten sei, und die Aufforderung, darüber sofort »Protokolle mit Zeugenaussagen (Ort- und Zeitangabe) auf dem Ic-Meldeweg vorzulegen«.[26]

Als die Rote Armee sich nach dem deutschen Überfall mit allen ihr zur Verfügung stehenden Mitteln wehrte und auch geschlagene Truppenteile sich nicht ergaben, sondern den Kampf aus Wäldern und Kornfeldern, Gehöften und Ortschaften fortsetzten, galt das als Bestätigung, daß die Rote Armee sich nicht als »ritterlicher Gegner« verhielt, sondern »Heckenschützen« und »Freischärler« einsetzte. Diese Art der Kriegführung wurde als »das Werk der Kommissare und ihrer brutalen Überwachungsherrschaft« und als Ausdruck des russischen Volkscharakters – seiner »primitive[n] Psyche und natürliche[n] Sturheit« – gebrandmarkt.[27] Dabei hatte das OKW in den Lehrgängen vor dem Feldzug solche Maßnahmen zwar als »Besonderheiten der [sowjetischen] Kriegsführung« bezeichnet, sie aber als militärisch vertretbares taktisches Konzept präsentiert.[28] Auch die in den ersten Wochen gemeldeten Fälle von möglicherweise nach der Gefangennahme ermordeten deutschen Soldaten wurden als Beweis für den ja bereits vorausgesagten Tatbestand geltend gemacht, daß der Gegner sich der »hinterhältigsten und gemeinsten Mittel« bedienen würde. Nur wenige Truppenführer stellten einen Zusammenhang her zwischen solchen Übergriffen und der in jedem Gefangenenverhör bestätigten panischen Angst der sowjetischen Soldaten, den Deutschen in die Hände zu fallen. Alle fürchteten, gefoltert oder sofort erschossen zu werden.[29] Um dem zu entgehen, taten die Rotarmisten alles, um den eigenen Rückzug nicht zu behindern. Deutsche Gefangene waren für einige Einheiten möglicherweise ein solches Hindernis.[30] Bei den »Verstümmelungen« handelte es sich in der Mehrzahl der Fälle um Verwundungen, die aus dem bei der Roten Armee bevorzugten »Nahkampf mit aufgepflanztem Seitengewehr« resultierten.[31] Die Propaganda aber machte daraus die Bestätigung für die in den Merkblättern vorausgesagte »sadistische Behandlung« deutscher Gefangener. Sie überschlug sich in rassistischen Anklagen, sprach von den »altbekannten asiatischen Methoden, Mord, Heimtücke und Niedertracht« und warnte: »In die Gewalt solcher Unmenschen darf man nicht geraten. Es ist finsterstes Untermenschentum.«[32] Der schlüssigste Beweis für diese Behauptungen waren die beim Rückzug vom NKWD begangenen Gefangenenmorde. Sie dienten den deutschen Besatzern dazu, ein noch gewaltigeres Verbrechen, den Holocaust, einzuleiten und zu legitimieren. Die ermordeten Häftlinge wurden benutzt, die Juden als Komplizen des NKWD, als die eigentlichen Drahtzieher der bolschewistischen Politik oder direkt als deren Mörder zu denunzieren. In einem Pressebericht aus Zlozcow, wo 500 tote Häftlinge aufgefunden worden waren, hieß es: »Die jüdische Bevölkerung der Stadt, verbittert über unsere ständigen Siege und die freudige Erwartung der ukrainischen Bevölkerung, ließ sich in ihrem hemmungslosen Haß gegen alles Deutschfreundliche dazu hinreißen, diese arme, uns freundlich gesonnene Bevölkerung zusammen zu treiben, in die Zitadelle zu schleifen und dort in bestialischer Weise zu ermorden.« Die 500 »dem sadistischen Blutrausch dieser Untermenschen« zum Opfer Gefallenen, so schloß der Bericht, »sind ein neues Glied in der Beweiskette und ein Feuer, das in uns brennen wird, bis der letzte Jude aus Europa verschwunden ist«. Ein zweiter Bericht endete weniger pathetisch, dafür einprägsam so: »Die noch lebenden Ukrainer haben den Juden ihre Schandtaten gezeigt und sie dann so bestraft, wie dieses Untermenschentum es verdient hat, hart aber gerecht.«[33]

3. KAPITEL

Totale Umstellung

Noch ganz im Rausch der schnellen Siege von 1939 und 1940 waren die Landser überrascht, als sie auf einen Gegner trafen, der sich völlig anders verhielt als in den vergangenen Feldzügen. Anstatt sich der Übermacht der modernsten und erfolgreichsten Armee der Welt zu beugen und sich spätestens nach erfolgloser Gegenwehr zu ergeben, kämpften die Angehörigen der Roten Armee weiter, verschanzten sich in Gehöften und Dörfern, überfielen Versorgungstrupps und Einzelfahrzeuge der Deutschen aus Hinterhalten und des Nachts oder sorgten mit Scharfschützenfeuer und plötzlichem Auftauchen im Rücken der Truppe für erhebliche Verluste. Reichte schon die Begegnung mit der ganz »normalen« Wirklichkeit des Krieges – die Erfahrung von Feuertaufe und ersten Toten – aus, um Schockzustände auszulösen, so steigerte die ungewöhnliche Art der sowjetischen Kriegführung diese kritische Situation zur regelrechten Panik. Die Truppe wehrte sich auf ihre Weise. Johannes Schröder, 27jährig und Kraftfahrer bei einer Infanteriedivision, notierte, als seine Einheit am 24. Juni 1941 in die Ukraine einmarschierte, in seinem Tagebuch: »Am 24. Morgens um 8 Uhr sind wir dann über die Grenze gefahren. Dann hatten wir wieder ein gewohntes Bild des Kriegsschauplatzes es ist aber nicht wie es in Holland, Belgien, Frankreich oder Jugoslawien war sondern hier wird ein Heckenschützen Krieg geführt. Wir sind ja mit unserer Werkstatt immer hinter der Front, aber wir sind uns keine Minute sicher, denn die Heckenschützen schießen hier überall. Am 27. und 28. sind wir in Sakawala gewesen, da wurden wir in der Nacht durch Heckenschützen gestört wir sind dann alle auf sicher gegangen und haben auch noch paar erschossen in der Nacht.«[34] Martin Crusius, Leutnant der 71. Infanteriedivision (ID), schrieb am 24. Juni an eine Tante: »Russe ist ein zäher Gegner. Schlimm das Heckenschützentum.«[35] Eine Woche später: »Die Bolschewisten sind zäh und tapfer. Leider führen sie einen hinterhältigen Guerillakrieg, der uns viele Leute kostet und harte Arbeit gibt. Meine MP und Handgranaten haben des öfteren sprechen müssen.«[36] Wolfgang Holzapfel, Melder in einem Bataillon der 299. ID, erinnerte sich, daß in der ersten Woche, beim Vormarsch in der Ukraine, »die nun mehrfach auftretenden Heckenschützen, unter denen auch Frauen sich organisieren, in größeren Mengen von uns gejagd und gefangen genommen werden. Zur Abschreckung hängen auch hier und dort welche am Galgen.«[37] Beim Durchmarsch durch Rowno erhielt seine Einheit die Anweisung, alle Häuser zu durchsuchen – »dazu den Befehl, keine Gefangenen zu machen; und wer sich wehrt, ist zu erschießen«.[38] Heinz Wilhelmy, 35 Jahre alt und Unteroffizier bei der 11. Panzerdivision, kam im Juli 1941 durch ein ukrainisches Dorf, in dem das Kradschützenbataillon seiner Einheit wegen des Todes von zwei Kameraden alle Bewohner erschossen und anschließend verbrannt hatte.[39] Siegfried Knappe, 21jähriger Leutnant der 87. ID, erlebte, wie bei einem Gefecht um eine grenznahe Stadt im Mittelabschnitt der Ostfront seine Leute von Rotarmisten, die sich hatten überrollen lassen, plötzlich von hinten unter Feuer genommen wurden. »Unsere Soldaten wurden zu Berserkern, und von da an bis zum Ende des Gefechts wurden keine Gefangene mehr gemacht. Kein Russe in einem Schützengraben oder in einer Deckung blieb am Leben. Weder ich noch ein anderer Offizier versuchte, sie aufzuhalten – unsere eigenen Leute hätten uns erschossen. Sie waren außer sich in ihrer Raserei.«[40]

Versetzte schon die »hinterhältige Kampfesweise« des Gegners die Truppe in höchste Erregung, die sich immer wieder in Gewalttaten entlud, so ließen die Meldungen über tot aufgefundenen Kameraden, die – angeblich nach ihrer Gefangennahme – vom Gegner getötet und oftmals auch verstümmelt worden waren, die Erregung in offenen Haß umschlagen. Der 19jährige Jürgen Leonhardt deutete in einem Brief vom 6. Juli 1941 solche Übergriffe an und verallgemeinerte sie als typisch für den Gegner: »[...] die Russen sind sehr gefährlich. Gefangene machen sie kaum, und auch Verwundete bekommen einen Gnadenschuß. Wir haben das ja an unseren eigenen Kameraden, nachdem wir sie zusammengelesen hatten, gesehen. Teilweise schrecklich zugerichtet.«[41] Zwei ehemalige Soldaten beschrieben nach dem Krieg dieses schockierende Erlebnis und ihre damaligen Reaktionen: »In einem Bombentrichter entdeckte ich tote Kameraden, die in einen Hinterhalt geraten sein mußten. Als ich sie herumdrehte, sah ich, daß man ihnen die Augen ausgestochen, die Zunge herausgeschnitten, das Geschlechtsteil abgeschnitten hatte. Als ich das sah, also da war ich erst mal vollkommen weg in dem Moment. Später meldete ich es meinem Kompaniechef, und der sagte: ›Jetzt hört für mich der Krieg auf!‹ Das hieß für mich: ›Wenn uns jetzt noch einmal ein Russe vor die Flinte kommt, dann ist Schluß!‹« – »Ein Bataillon an der Spitze unserer Division war in einen Hinterhalt geraten, gefangen genommen und massakriert worden. Wir sahen also Leichenhaufen von Kameraden und Freunden, und bei näherem Hinsehen stellten wir fest, daß sie zusammengebunden, mit Säure übergossen und mit Handgranaten in die Luft gesprengt worden waren. Das war derart entsetzlich, daß die Skrupel, die wir gegenüber dem russischen Volk hatten, momentan verdrängt wurden durch diese entsetzlichen Taten. Die Reaktionen waren verschieden. Ich war entsetzt und wäre am liebsten abgehauen. Ein Freund von mir, der Philosophie und Theologie studiert hatte, dessen Bruder es bei dem Massaker auch erwischt hatte, der war entmenscht durch diesen Anblick: Eine Zeitlang hat er sich jeden Russen, den er gesehen hat, vorgenommen, hat ihn mit der Pistole gezwungen, sein eigenes Grab zu schaufeln und hat ihn in dieses Grab hinein erschossen.«[42]

In der westlichen Ukraine wurden die einrückenden deutschen Einheiten mit einem anderen schockierenden Ereignis konfrontiert. Johannes Schröder hielt es in seinem Tagebuch fest: »Am 7. des Morgens bin ich in Cartkow wieder zur

Abt. gekommen. Aber in Cartkow haben wir ein Bild des Grauens gesehen. Da hatten die Juden sehr viel Okrainer ermordet auf grausamste art und weise. Die verstümmelten und zerschlagenen Leichen hatten sie in einer Kaserne vergraben. Die Okrainische Bevölkerung holten jetzt die Juden zusammen und die mussten die Leichen wieder ausgraben. Am 10. sind wir über die alte Russische grenze gefahren nach Husatin da hatten die Juden wieder so ein Blutbad angerichtet.«[43] Der Tagebucheintrag verweist auf Vorgänge aus den ersten beiden Kriegswochen, die später ausführlicher dargestellt werden.[44] Der sowjetische Geheimdienst NKWD hatte, weil er die Gefängnisse angesichts des raschen deutschen Vormarschs nicht mehr rechtzeitig evakuieren konnte, in der Westukraine etwa 10000 zumeist politische Häftlinge exekutiert. Dieser Mord wurde den Juden in die Schuhe geschoben. Mit Hilfe von bewaffneten Gruppen lokaler Kollaborateure lösten die Kommandos des SD, aber auch Dienststellen der Wehrmacht eine oftmals die Form von Pogromen annehmende Verfolgung der Juden aus, bei der Zehntausende ihr Leben verloren. Der 19jährige Wolfgang Holzapfel wurde in Dubno Zeuge der Vorbereitung einer solchen Mordaktion: »Auch hier wurden vor unserer Ankunft durch Spezial-Kommandos Juden zusammengetrieben, die hinter hohen Hofgittern einer Schule auf ihre Zukunft warteten.«[45] Sie sah so aus: die 24 Männer mußten sich im Schulhof ihre Gräber graben und wurden anschließend von Wehrmachtsangehörigen erschossen – als Vergeltung für 500 im Gefängnis vorgefundene NKWD-Opfer.[46] Wie die Verwendung des Wortes »auch« andeutet, war es nicht das erste Mal, daß Holzapfel das Zusammentreiben von Juden erlebte. Wahrscheinlich war er im benachbarten Luck, das seine Einheit vorher passiert hatte, Zeuge einer ähnlichen Aktion geworden. Dort hatte kurz vorher ein SD-Kommando, unter Beteiligung von Angehörigen der Infanterie und der Luftwaffe, 1400 jüdische Männer zusammengetrieben und erschossen – als Rache für die Ermordung ukrainischer Häftlinge und zehn toter deutscher Soldaten.[47] Leutnant Crusius scheint eine solche Exekution aus nächster Nähe miterlebt zu haben, das läßt ein Brief vermuten, den er im August an eine nahe Verwandte richtete: »Liebe Hilde! [...] Ich habe in den letzten Tagen Dinge erlebt, gegen die Dantes Inferno noch harmlos erscheint, und es ist mir ganz gut bekommen, bis auf einige Stunden völlige Appetitlosigkeit.«[48] Auch im Baltikum kam es beim Vormarsch zu ähnlichen Massakern – nicht nur durch die SS. Jürgen Leonhardt wurde Anfang Juli 1941 im lettischen Windau Zeuge, wie Angehörige seiner Division, der 291. ID, unterstützt von lettischen Kollaborateuren, Juden zur Vergeltung für die Morde des NKWD erschossen: »Auf dem Feldsteinpflaster einer Straße kam mir eine Kolonne von der Soldateska des Selbstschutzes getriebener Menschen entgegen. Im Dauerlauf stolpernd. Im Negligé, halb angezogen, in Straßen- und Hauskleidung, barfuß – Kinder und Alte – Juden! Abends in der OU, der Ortsunterkunft saß wieder mein Freund Walter Helbig in einer Ecke und weinte. Er streubte sich, etwas zu erzählen, er wäre vereidigt worden und dann kam es doch aus ihm heraus: es wurden, ohne Angabe wofür, Freiwillige für einen Sondereinsatz gesucht. Er meldete sich. Diese Gruppe Infanteriesoldaten der großdeutschen Wehrmacht marschierte aus der Stadt hinaus. Die von mir beobachtete Kolonne, es waren wohl mehr geworden, Walter Helbig sprach von Hunderten, mußten Gräben schaufeln und sich auf die Grabenränder stellen. Die deutsche Infanterie erschoß mit Karabinern und Maschinengewehren.«[49] Während sein Freund vor Erschütterung über den Judenmord weinte, scheint Leonhard ihre Vernichtung befürwortet zu haben. »Entsetzlich viele Juden sind übriggeblieben«, schrieb er am 6. Juli 1941 aus Windau in einem Brief an die Eltern.[50] Ein halbes Jahrhundert später, bei der Montage der Erinnerungen, Fotos und Briefe, fragte er sich, was in ihm vorging, als die Juden an ihm vorbeigetrieben wurden und der Freund ihm von deren Ende berichtete: »Was ich mir damals dachte? Ich weiß es nicht mehr. Es blieb bei dem Satz: ›Entsetzlich viele Juden sind übriggeblieben.‹ Erst sehr viel später begann ich die Geschehnisse zu durchdenken; ob ich sie je verarbeitet habe, weiß ich nicht. Der Wahnsinn hat uns, die wir mit 18 Jahren hineingeworfen wurden, gezeichnet.«[51]

Ein eindringliches Beispiel für diesen »Wahnsinn« und dessen Verlaufskurve liefert das Tagebuch von Lothar Hochschulz, der am 1. Juli 1941 in Lemberg eingetroffen war. Zunächst kommentierte er den vor seinen Augen ablaufenden Terror der ukrainischen Milizen, die Gruppen von Juden prügelnd durch die Straßen trieben und aus nichtigem Grund »wie tollwütige Hunde« erschlugen, aus gehöriger Distanz: »Mich schauderte. – Ich durfte nicht eingreifen. Ich war Soldat, mich ging es nichts an. – Weshalb auch? Mir soll es recht sein, wenn die Juden erschlagen werden – bloß – zusehen, das wollt' ich nicht.«[52] Das änderte sich, als er eines der Gefängnisse betrat. Zunächst drückte er noch auf den Auslöser seiner Kamera und fotografierte die auf dem Hof liegenden Leichen. Dann aber führte ihn jemand in eine der Zellen. »Ich sah Leichen anderthalb Meter hoch getürmt, das ganze Zimmer ausgefüllt mit Leichen! – Ich erschrak bis ins Mark, die Haare sträubten sich – um des Himmels willen! – das kann doch nicht sein!? – Ich hörte nur noch die Stimme sagen: ›So ist das ganze Haus voll! – 6000 Ermordete‹ – Ich kehrte um, rannte hinaus, über den Hof weg, bloß weg von hier! – Ich fand die Zaunlücke wieder, da knatterte eine Maschinenpistole. – Zusammengetriebene Juden werden auf dem Hof erschossen.«[53] Als er sich wieder gefaßt hatte, traf er auf einen Juden, der am Straßenrand in einem Haufen zurückgelassener Gegenständen herumwühlte. »Ich sehe das – und da kommt eine Wut in mir hoch, eine Wut, wie ich sie nie gekannt habe in mir. Ich könnte ihn jetzt bequem abknallen mit meiner Pistole, er ist ja ein Plünderer. Plünderer fallen unter das Standrecht. – Aber nein, ich will mich nicht dreckig machen an seinem Judenblut.« Statt dessen machte er eine Gruppe ukrainischer Nationalisten auf den Juden aufmerksam, die sofort mit der Verfolgung begannen. Als der Gejagte auf der Flucht in den rettenden Torweg an ihm vorbeirannte, stellte ihm Hochschulz ein Bein und brachte ihn so zu Fall. »Er wurde erschlagen. – Wie eine Fliege, ein lästiges Insekt.«[54] Am folgenden Tag wurde er im benachbarten Bobrka Zeuge, wie Ukrainer eine fünfköpfige Judenfamilie erschlugen: »Ich habe niemals zuvor so tierische Todesschreie gehört. Seltsam! – Es erregte mich nicht einmal mehr.«[55] Einige Wochen später war er offensichtlich bereit, selber Hand an die Juden zu legen: er berichtete, wie seine Einheit in einem Dorf 57 Juden zusammentrieb, weil man die wirklichen Spione und Informanten der Roten Armee vor Ort nicht finden konnte. Die Juden wurden »am Nachmittag in zwei Schichten erschossen«.[56] In einer eindringlichen Szene, die die Begegnung mit einer polnischen Lehrerin in seinem Quartier schildert, hat Hochschulz seine damalige Haltung bilanziert: »Sie sprach deutsch. Sehr gut sogar. Wir hatten uns unterhalten über die Juden, über die Ermordeten, über alles. Ich vertrat meine Meinung, daß alle Juden einfach totgeschlagen werden müßten. Nichts kann mich mehr davon abbringen, nachdem, was ich erlebt und gesehen habe. Da meinte sie: ›Sie haben wunderschöne Augen, aber ein steinernes, eiskaltes Herz!‹ Und sie wird Recht gehabt haben.«[57]

Waren diese »steinernen, eiskalten Herzen« der Leonhardt und Hochschulz typisch für die Masse der Wehrmachtssoldaten, und stellte der weinende Helbig die Ausnahme dar? Summiert man die bisherigen Aussagen, so muß man diese Frage bejahen. Es zeigt sich, daß die meisten Zeugen, ohne sich dessen bewußt zu sein, einen Prozeß der Radikalisierung beschreiben: in Reaktion auf die »Heckenschützen« werden keine Gefangenen mehr gemacht, als Rache für »verstümmelte Kameraden« wird jeder Russe, der einem vor die Flinte kommt, erschossen, die Morde des NKWD werden umstandslos den Juden zugeschrieben, die folgenden »Vergeltungsaktionen« finden weitgehende Billigung oder aktive Unterstützung. Der Übergang vom Judenhaß zum Judenmord ist bei vielen Soldaten in den ersten Wochen des Krieges erfolgt. Wenn man diesen Prozeß in der Sprache der ehemaligen Soldaten beschreibt, könnte man sagen, daß sie »entmenscht« und zu »Berserkern« wurden.[58]

Hinweise auf eine solche Verwandlung, ohne daß die Gründe im einzelnen mitgeteilt werden, finden sich in vielen Briefen und Tagebüchern wieder. Johann Holthusen bemerkte, als er im Januar 1942 auf Genesungsurlaub nach Hause fuhr: »Ich war aber ein anderer Mensch geworden. [...] Ich hatte einen guten Vater und eine gute Mutter, aber nun kam ich nicht mehr so recht klar mit ihnen und konnte den Zeitpunkt nicht abwarten, daß ich wieder los konnte.«[59] Ein unbekannter Soldat hat diesen Vorgang der Veränderung über einen längeren Zeitraum an sich beobachtet und den Eltern mitgeteilt. Schon am 26. Juni 1941 sprach er von einer beginnenden »Wandlung in uns, die aus uns Soldaten, Männer machen würde«. Einen Monat später war der Prozeß offensichtlich abgeschlossen: »Ja, meine Lieben, was hat der Krieg nicht aus uns Menschen gemacht? Ich jedenfalls mußte mich total umstellen, mußte vielleicht auch einige Prinzipien von früher her über den Haufen werfen, und ich kann Euch sagen, diese Umstellung fiel mir verflucht schwer. [...] Es stimmt schon, der Krieg [...] macht die Menschen gefühllos, stumpf, es ist vielleicht gut so.«[60] Der junge Leutnant Crusius hat für diese Umstellung in einem Brief das folgende Bild gewählt: »Wie anders sieht man doch die Welt, nachdem man durchs Feuer gegangen ist, dies ›Feuer‹ wörtlich und symbolisch genommen. Da ist so manche Schlacke weggebrannt, da sind Dinge, die einem wesentlich und wichtig erschienen, plötzlich in ein ganz anderes Licht gerückt und schal und nichtig geworden.« Übriggeblieben sei ein Kern, der sich durch eine »innere Ruhe und Selbstsicherheit«, eine »wirkliche Festigkeit« charakterisieren lasse.[61] Auch ein anderer Briefschreiber hat das Bild vom Kern verwandt. In einem Feldpostbrief von 1942 versuchte er zu beschreiben, was bei dieser Kernbildung geschah: »Es ist, als ob sich um einen herum eine Schale bildete, die fast undurchlässig ist. Was aber geschieht in dieser Schale? Man ist ein Massenwesen, Glied eines unerbittlichen Ganzen, das einen aufsaugt und in die Form zwingt. Man wird roh und gefühllos. Man ist nicht mehr man selbst.«[62] Dieses Phänomen scheint für jeden Krieg der Moderne zuzutreffen. »Solange der Krieg dauert«, hat Elias Canetti bemerkt, »muß man Masse bleiben; und er ist eigentlich zu Ende, sobald man es nicht mehr ist.«[63] Aber an der »Ostfront« ging es um mehr als um Reduzierung des Individuellen und Anpassung an die Kriegsmaschine, es ging darum, ein homogenes Gruppenindividuum mit der Bereitschaft zum Mord herzustellen. Der Mensch wird sich selber fremd, hieß: er kappte seine Geschichte und gab seine bisherigen moralischen Maßstäbe auf, er sah nicht mehr mit den eigenen Augen und war daher nicht mehr imstande, die neuen Erfahrungen als unverwechselbar eigene in sein Ich zu integrieren. Die Folge war: Fremdbestimmtheit, Abhängigkeit vom Kollektiv und dessen Deutungen. Damit ist die Stelle bezeichnet, an der oben beschriebenen Deutungs- und Legitimationsangebote der NS-Propaganda einsetzen und greifen konnten. Die Soldaten empfanden diese Angebote als Hilfe, weil durch die gelieferten Feindbilder die irritierend-ungewohnten Situationen plausibel gemacht und durch die Erlaubnis zum Verbrechen die Möglichkeiten, durch Handeln Angst zu überwinden, erweitert wurden.

Bei den meisten Landsern wurden dadurch schon vorhandene Vorstellungen bestätigt und verstärkt. Sie wurden, wie das Lemberg-Erlebnis von Lothar Hochschulz demonstriert hat, radikalisiert. Der hatte bereits vor dem Eintreffen am Tatort nichts dagegen, daß die Juden verschwänden – er wollte sich nur nicht als Soldat die Hände damit schmutzig machen. Auch Jürgen Leonhardt erinnerte daran, daß er und seine Kameraden nicht erst durch die »Heckenschützen« der Roten Armee oder die Morde des NKWD von der Schädlichkeit des Bolschewismus überzeugt wurden: »Wir kämpften, im Antibolschewismus und mit dem Lied ›Nach Ostland wollen wir reiten‹ erzogen und nach jedem Gefecht den Haß wieder aufbauend – die Schweine haben ja den und den Kameraden getötet.«[64] Thorsten Schmidt bestätigte das: »Als es los ging, 1933, da war ich zehn Jahre alt. Wir sind erzogen worden in der Schule, das haben wir nur gehört, daß die anderen alle nichts taugen, die Franzosen waren arbeitsscheue Menschen und die Polen, Russen und Juden waren Untermenschen.«[65] Paul Vanderhoven meinte zwar, dieser Begriff habe für ihn damals keine Rolle gespielt. Daß aber »das Reich, das großdeutsche Reich«, daß »das wunderschöne Deutschland« erhalten und »gerettet werden muß vor der Flut des Bolschewismus«, das war ihm, als er 1941 zur Wehrmacht eingezogen wurde, absolut klar – »von da an [waren] schlagartig für mich sehr viel Skrupel und Zweifel weg«.[66] Für diese antisemitisch-antibolschewistische Prägung aus Schule, HJ und RAD, die viele Soldaten sozusagen in ihrem Marschgepäck mitbrachten, hatten die vor dem Überfall auf die Sowjetunion erlassenen Grundsatzbefehle gegen Kommissare, Kriegsgefangene, Juden und andere als deutschfeindlich geltende Zivilisten einen festen Bezugs- und Handlungsrahmen geschaffen. Gefangene »auf der Flucht zu erschießen«, Kommissare »zu erledigen« oder Juden »die gerechte Strafe« zu verpassen, all das wurde dadurch zu einem normalen, militärisch gerechtfertigten Vorgang. Der Vorteil einer solchen Fusion des Verbrechens mit dem Alltag des Krieges lag auf der Hand. Es gab keine Skrupel mehr, man mußte sich nicht mehr um Rechfertigungen bemühen, alle Energie konnte auf das konzentriert werden, was die unmittelbare Gegenwart erforderte.

Den Rest besorgten – wie in jedem Krieg – Abstumpfung und Gewöhnung. »Und dann kamen wir nach Rußland, und das war hart, die erste Zeit, aber man stumpft sehr schnell ab.« Oder: »Man ist ganz schnell eigentlich, und gerade in Rußland war ein sehr rauhes Pflaster, zur Tagesordnung übergegangen.« So lauteten die identischen Auskünfte vieler ehemaliger Soldaten.[67] Ein Mechanismus, der dabei half, bestand darin, »daß die Bilder des Grauens sich gegenseitig abnützten; die von heute überdeckten die von gestern, die von gestern nahmen die von heute voraus«.[68] Bei dem einen ging das schneller, der andere brauchte mehr Zeit dazu. Martin Crusius diagnostizierte eine Woche nach Kriegsbeginn, daß ihm »nachgerade alle Dinge, die außerhalb des Militärischen liegen, als ganz unwesentlich und nebensächlich erscheinen«.[69] Ein anderer brauchte drei Monaten, bis er feststellen konnte: »Allmählich hatte man sich an den Krieg gewöhnt.«[70] Um dorthin zu gelangen, war es vor allem notwendig, die permanente Angst zu überwinden. Was half, war Aktivität. Wim Paulus beschrieb diese unbewußt ablaufende Mechanik so: »Ich habe in den Momenten, wo man eigentlich Angst haben müßte, keine Zeit dazu gehabt, das auszukosten, sondern die Handlung hat noch immer die Angst überwogen, also die Fähigkeit etwas zu tun.«[71] Der Verlauf des Krieges vor allem in den ersten Wochen sorgte dafür, daß man auch nach dem Gefecht nicht zur Ruhe kam, sondern zum nächsten Flußübergang, zur nächsten Höhe, also zur nächsten Schlacht marschierte: »Man kam ja sogar nicht zum Nachdenken«, erinnerte sich ein 23jähriger Artillerie-Beobachter, »wir waren dermaßen in dem Sog drin. Es gab kaum mal eine Ruhestellung.«[72] Wenn das Programm gegen die Angst absolviert war, wurde alles, wie Paul Vanderhoven sich erinnerte, »schon mehr oder weniger automatisch«.[73] Das erhöhte die Chance zu überleben. Wim Paulus, der ab März 1943 an der Ostfront eingesetzt war, hat dafür ein einprägsames Bild gefunden: »Ja, ich glaube, das ist typisch für einen Krieger, der längere Zeit dabei ist, daß man ähnlich agiert, wie der Autofahrer nachts auf der Autobahn, er erfaßt das Drumherum vollautomatisch, handelt richtig, denkt nicht mehr darüber nach, kann Radio hören, deswegen fährt er noch genau so sicher, und im Krieg hat man sich also auch in einer gewissen Fähigkeit bewegt, die einem zum Überleben fast eine Garantie gegeben hat.«[74]

Und die Kameraden von Fiedlers und Kleppers Nachschubeinheiten, die nicht durch die Hölle der Feuertaufe und den Schock der sowjetischen Nahkämpfe oder Scharfschützenattacken gegangen waren? Auch sie waren ein Teil der »polarisierten Welt«,[75] die Nationalsozialismus und Krieg geschaffen hatten, auch sie unterschieden zwischen »wir, die Deutschen« und »ihr, die anderen, die Feinde« und waren von der Wirkung der Propaganda kontaminiert, die so diabolisch aus »den anderen« Untermenschen machte, die man wie Insekten zerdrücken oder wie tollwütige Hunde totschlagen konnte. »In den Gesprächen mit den Kameraden [...] wird mir klar«, notierte Jochen Klepper in sein Tagebuch, »daß der Durchschnittslandser überhaupt nicht selbständig und unvoreingenommen beobachtet, sondern genau im Klischee das wiedergibt, was ihm durch die Pressepropaganda eingeprägt ist.«[76] Die Männer der Nachschubkompanie waren um so eher bereit, diese von den Vorgesetzten sanktionierten und von der Gruppe übernommenen Sichtweisen und Verhaltensmuster zu akzeptieren, weil jede signifikante Abweichung die Möglichkeit in sich schloß, zu den Einheiten an der Front abkommandiert zu werden. Deren Blutzoll im Kampf kannten sie genau. Nur vier Tote, so erfuhr Klepper bei Nachfragen, hatte es in den ersten drei Monaten des Ostfeldzuges bei seiner Einheit gegeben. Zwei davon waren unmittelbar nach ihrer Versetzung an die Front gefallen.[77]

Doppelleben

Aber nicht alle Soldaten hatten die oben beschriebene Routine erreicht, sich mit schlafwandlerischer Sicherheit im Krieg zu bewegen, jenen Zustand, bei dem alles »schon mehr oder weniger automatisch« ablief. Bei vielen hatte sich die Schale um den Kern nicht geschlossen, oder der Kern hatte einen Riß bekommen. Für den damals 28jährigen Siegbert Stehmann wurde der Krieg schon im besetzten Norwegen zum Beweis der allgemeinen »Ethoslosigkeit«: »Das Kriegerische ist keine Natur mehr, sondern der Aufstand wider die natürlichen Ordnungen, die zwangsläufige Trennung organisch verbundener Welten, der Abbruch der Beziehungen zur natürlichen Anlage des individuellen und universellen Lebens.«[78] Im Fortlauf des Krieges notierte er den zunehmenden Verfall aller moralischen Bindungen: »Egoismus und Rücksichtslosigkeit wachsen« – »Es ist hier alles so trübe, so lichtlos, so tot, so lieblos. Die Menschen vertieren fast.«[79] Für Heinrich Böll, der nach langem Aufenthalt in Frankreich Ende 1943 auf der Krim zum Fronteinsatz kam, gibt es »nichts Irrsinnigeres und Verbrecherischeres als den Krieg«. Was Tag für Tag an der Front geschieht, ist für ihn reiner »Mord«.[80] Claus Hansmann und seine Kameraden erlebten schon in den ersten Tagen des Krieges gegen die Sowjetunion, wie ihr Leutnant einen sowjetischen Offizier, der auf seinen Rechten als Gefangener beharrte, einfach abknallte: »Wir stehen starr, besiegt und fühlen seinen Tod [...]. Mißmutig sehen wir einander an, beunruhigt packen mit bösem Schwung wir den Kram und blicken höhnisch auf den Leutnant, der schnell entschwindet.«[81] Zumindest bei ihm, dem 23jährigen Funker, hat das bleibende Spuren hinterlassen, wie die peinigend genauen Bilder der Exekutionen und des Aufhängens von Partisanen oder Partisanenverdächtigen zeigen, die er später aus dem Gedächtnis niederschrieb. »Viehtreiber« und »Metzger« nannte er die Schergen der Feldgendarmerie, die sich gegenseitig bei der Arbeit anstacheln: »Mensch, schieß ihn doch zusammen ... verfluchte Sentimentalität.« Und die Opfer am Galgen erinnerten ihn mit ihren in Panik mächtig arbeitenden Körpern und grellen Augäpfeln an »ausbrechende Pferde«.[82] Heinz Wilhelmy, 35 Jahre alt und Unteroffizier bei der 11. Panzerdivision, tat den »Blick in die Hölle«,[83] als die Division im August 1941 in der Ukraine in Ruhestellung lag. In Berditschew, wo er Fahrzeuge seiner Einheit zur Reparatur gebracht hatte, wurde er mit vielen anderen Soldaten Zeuge, wie ein Kommando der Einsatzgruppe in einer Schlucht 150 Juden erschoß. Zum Schluß feuerten zwei SS-Männer in die noch stöhnenden Menschenleiber. Zum Schutz hatten sie sich eine Zeltbahn über den Kopf gezogen – »und dort auf dieser Zeltbahn hatte sich das spritzende Blut und die zerfetzten Gehirnteile schauerlich gesammelt. Ich wankte und mußte festgehalten werden.«[84] Tage später noch immer »völlig aus dem Gleis geworfen«, verfolgte ihn das Bild der Zeltbahn: »Was mögen wohl diese Gehirnteile, als sie noch im Kopf eines Menschen in der Ordnung des Gehirns beieinander waren, gedacht haben? War der letzte Gedanke der Glaube [...] an den Schöpfer Himmels und der Erden, der alles Unrecht an seinem auserwählten Volk rächt?« Und dann, auf das eigene Volk bezogen: »Was wird aus uns Menschen, wenn wir der Rache Gottes verfallen?«[85] Edwin Grützner, gleich alt wie Wilhelmy und als Kriegsverwaltungsinspektor in der Ukraine eingesetzt, hat in Lemberg erlebt, wie die Juden – mit weißen Binden gekennzeichnet, durch Kontributionen ausgeraubt, von der Lebensmittelversorgung ausgeschlossen – wie »Freiwild« auf den Straßen gejagt werden.[86] Schon bei der nächsten Station – in Shitomir – verzichtete er, erschüttert von dem, was er erlebt hat, Einzelheiten über ihr Schicksal mitzuteilen: »Wir sehen hier Dinge, die die Menschen daheim nicht sehen und wohl lange nicht oder überhaupt nicht erfahren werden. Durch unsern Kopf geht – so sehr wir den Krieg hassen – er muß gewonnen werden von den Deutschen, oder wir gehen unter. Man wird uns ausrotten [...].«[87] Bei dem 21jährigen Walter Luhan erfolgte der Riß nach acht Monaten Krieg. Die schweren Gefechte beim Vormarsch, Überfälle aus dem Hinterhalt, Partisanenjagden, Rückzüge in Eis und Schnee, aber auch die Verrohung der Truppe hatten ihre Spuren hinterlassen. Im Februar 1942 notierte er: »So sehr mir auch die winterliche Schlittenfahrt gefällt, so furchtbar ist es, wenn wir in ein Dorf kommen. Von Kultur und Zivilisation ist dann bei uns nichts mehr zu spüren. Wie blutgierig lechzende, sadistische Räuber gehen wir von Haus zu

Haus und plündern und rauben der wehrlosen Bevölkerung alles aus, was für uns von irgendeinem Wert sein könnte. [...] Ein Heuschreckenschwarm oder Hunnen könnten nicht ärger hausen. Gerade, daß wir ihnen noch das bißchen Leben lassen. Ich fühle mich sehr unglücklich in dieser Satansrolle. Und doch bleibe ich nicht zu[rück] und gebe mir selbst als Vorwand an, dem sturen Arbeitsdienst, der dumpfen Spießbürgerei und der grauenhaften Kost zu entkommen.«[88] Eine Woche später mußte er einen jungen Russen, der im Dorf als Tischler arbeitete, verhaften. Es stellte sich heraus, daß er ein ehemaliger Rotarmist war, der sich auf seiner Flucht in ein Mädchen aus dem Dorf verliebt hatte und bei ihr geblieben war. Sie erwartete ein Kind von ihm. Luhan gehörte zu dem Kommando, das ihn die letzten Stunden vor der Erschießung bewachte. Die Gespräche mit dem Gefangenen und sein drohendes Ende wühlten ihn auf und wirkten wie ein Spiegel. Es war ihm, als ob er selbst zur Hinrichtung geführt würde: »Mein Leben kommt mir jetzt so trostlos und verpfuscht vor, daß ich vor Verzweiflung schreien könnte. [...] Das Schicksal des gleichaltrigen Fedja Nowikow erschüttert mich aufs tiefste. Es zeigt mir eine Möglichkeit, eine Abart gewiß, aber dennoch.«[89] Für Stehmann und Böll war der Krieg ein Ausnahmezustand jenseits aller Moral, Grützner, Wilhelmy, Hansmann und Luhan reagierten in ihrer Empathie mit den Opfern, als ob der Nationalsozialismus nicht existierte oder sie sich vor seiner Kontamination hätten schützen können – alles übriggebliebene Humanisten.

Wolfgang Holzapfel wurde als 18jähriger im Juli/August 1941 Zeuge, wie ein Sonderkommando der Einsatzgruppe in Shitomir alle Juden in einem Kasernengelände zusammenkarrte, Männer, Frauen, Kinder. Man entkleidete sie, riß ihnen die Goldzähne aus den Mündern und erschoß sie an ausgehobenen Gräben. Kinder und Babys wurden in eine kleinere Grube geworfen und von oben mit MP-Garben erledigt. Für ihn brach damals eine Welt zusammen: »Mit meinen 18 Jahren kann ich das Erlebte kaum einordnen. Wo sind

Heldentum, Idealismus für ein zukünftiges friedevolles germanisches Deutsches Reich? – Was macht diese Staatsführung mit ihren Männern, die sauber und gerade ihren Dienst für Führer – Volk und Vaterland tun wollten?«[90] Später, nachdem Holzapfel weitere Judenmassaker, Hinrichtungen von Zivilisten durch den Strang und anderes erlebt hatte, brach es noch einmal aus ihm heraus: »Meine Zukunft beim RAD sah ich schwinden, der ganze Idealismus unter dem Hakenkreuz ging vor die Hunde. Schließlich kam ich aus dem Schulleben und kannte nicht das Wesen Mensch, das hier an der Front in so manchen Fällen zur Bestie werden konnte ... und das in den eigenen Reihen ... ich verwünschte diese Art Barras.«[91] Es war der enttäuschte Nationalsozialist, der hier sprach. Der Idealismus unterm Hakenkreuz – zerbrochen. Diese Erfahrung artikuliert sich noch deutlicher bei denen, die 1943 einrückten: vom heroischen Ton der Wochenschauen und den immer »packenden« Vorträgen von Ritterkreuzträgern und anderen Kriegshelden aufgeputscht, erschienen ihnen die Bombenräumeinsätze der HJ oder die Sammlungen fürs Winterhilfswerk längst als feiges und unnützes Herumsitzen in der Etappe. Sie wollten es ihren älteren Brüdern oder Vettern an der Front oder den schon zweifelnden Angehörigen zu Hause zeigen, wie man mit dem Bolschewismus aufräumt und Deutschland vor der roten Flut rettet. Bei den Gymnasiasten, die meist mit Notabitur abgingen, war diese Ungeduld und Überspannung durch die Kriegsrhetorik ihrer vom Kriegsdienst befreiten Geschichts- und Deutschlehrer zusätzlich aufgeladen: der Geist von Leonidas und Alarich, Sparta und Langemarck hatte sich in den Klassenzimmern festgesetzt und in die Schülerhirne eingebrannt. Der 19jährige Lothar Lothholz hat in Briefen und Tagebucheintragungen ein Zeugnis dieser hochgestimmten Jugend hinterlassen. Noch in der Kaserne hatte er den »wirklichen Krieg« herbeigesehnt, der ihn und seine Kameraden »mit seiner Maßlosigkeit« ergreifen und dem »dumpfen Bedürfnis nach Ruhe, Ordnung, nach Spießbürgerlichkeit« ein Ende bereiten würde: »In seiner Rüstung wollen wir Krieger sein, keine Landsknechte im Feilschen nach Beute und des Ruhmes vordergründigem Glück.«[92] Aber genau das begegnete ihm, als er im Dezember 1943 nach Bosnien zum motorisierten IR 92 kam, einem Sonderverband, der an der Ostfront gekämpft und sich dann als »Balkanfeuerwehr« bei der Partisanenbekämpfung in Griechenland einen Namen gemacht hatte: er traf auf einen Haufen von Landsknechten, die sich durch Raub bereicherten, verwundete Gefangene auf sadistische Weise erschossen, Zivilisten ohne Grund abknallten, ermordete Krankenschwestern des Gegners nackt und mit gespreizten Schenkeln an den Vormarschstraßen auslegten. Am 13. Januar 1944 schrieb er an seine Eltern: »Was mich aber mehr bedrückt, ist die geringe Moral der Truppe – nicht innerhalb des Dienstes und in bezug auf unsere Einsätze – sondern durch Plündereien und Beutemachen. [...] eine solche Truppe [nenne ich] eine Soldateska, die sich kaum mehr von den ›Banden‹ unterscheidet, gegen die zu kämpfen wir hier sind. Wir sind Soldaten und keine Diebe.«[93]

Der gleichaltrige Dieter Barth erfuhr die Realität des Krieges 1943 in Weißrußland: »Alles war anders, als es uns die entflammten Studienräte vorhergesagt hatten. Es fehlte gerade das Moment hoher Ideenhaftigkeit und humaner Steigerung, von dem sie redeten.«[94] Seine Einheit sollte ein Flußufer befestigen: das am Fluß liegende Dorf und seine Umgebung wurden verwüstet, eine alte Frau, die ihre Ziege heimtrieb, wurde ohne Grund niedergeschossen, beim plötzlichen Rückzug wurden die noch erhaltenen Hütten angezündet. Barth über die Wirkung dieses Erlebnisses: »Diese Bilder der ersten Wochen haben sich wahrscheinlich deshalb so tief eingenistet, weil ich sie nicht auffangen, nicht von mir wegdrehen konnte. [...] Es begann die Unsicherheit und der Zusammenbruch der Vorstellungswelt unserer Schuljahre.«[95] Der Kern der Unsicherheit bestand aus Angst – »das Hineingezwungensein in das andauernd Vorzivilisatorische, die zwanghafte Reduktion auf das Blickfeld der Horde, der Verlust der Person, die man war oder sein sollte«.[96] Da ist noch einmal die Schalenbildung und die Entleerung des Kerns beschrieben, nicht als vollzogener Prozeß der Anpassung, sondern als ständig lauernde Gefahr und drohender Verlust. Barth hat mit ihr gelebt, bis er 1944 in den Zusammenbruch der Heeresgruppe Mitte hineingezogen wurde und in Kriegsgefangenschaft geriet.

Wie haben diese neun Soldaten den Schock verarbeitet, von dem ihre Aufzeichnungen berichten? Wie haben sie die Widersprüche und Spannungen ausgehalten – zum Teil über Jahre? Die Antwort lautet – durch Rückzug, durch Verstummen. Wilhelmy, der die Erschießung der Juden von Berditschew und die blut- und hirnbespritzte Zeltbahn nicht vergessen konnte, versuchte es – im Vertrauen auf den Ehrenkodex der Wehrmacht – mit dem Dienstweg. Der Unteroffizier verschaffte sich Zutritt zum General eines am Ort stationierten Armeekorps. Dieser, so hoffte er, würde den Fall zum Anlaß nehmen, höheren Orts auf ein Ende dieser Verbrechen zu dringen. Doch der General, durchaus bewegt, erklärte sich für nicht zuständig und verwies im übrigen auf Befehle, »die von ganz oben kommen«. [97] Wilhelmy blieb nur der Schwur, sollte er mit dem Leben davonkommen, den ermordeten Juden aus Berditschew ein Denkmal zu setzen – »ein Denkmal aus Papier zwar, aber immerhin ein Denkmal«.[98] Auch Grützner wurde Zeuge, wie der Versuch, den Judenmord durch Einschaltung der militärischen Vorgesetzten zu stoppen, scheiterte: ein Hauptmann in Lemberg reichte die Beschwerde seines Freundes achselzuckend an die nächste Dienststelle weiter. Für kurze Zeit erschien ihm das Aufschreiben als Ausweg aus der Ohnmacht: »Was kann man bloß tun? Was und wer kann uns helfen? Dabei muß man bei all dem Elend ruhig sein, den Mund halten, sich in Schweigen hüllen, wo man doch aufschreien möchte und um sich schlagen, um seine Freiheit und die des eigenen Volkes zu erringen. – Vielleicht ist es zweckmäßig, ein Tagebuch zu führen. Doch das kann verhängnisvoll werden. Briefe sind wohl angebrachter, mag auch manch Banales dabei sein.«[99] Er setzte das begonnene Tagebuch fort, bemüht, die Verbrechen um ihn herum zu dokumentieren. Aber die Bilder und Eindrücke drohten ihn zu zerreißen, er resignierte. »Eine grenzenlose Gleichgültigkeit nimmt immer mehr Besitz von jedem Einzelnen. Man wird uninteressiert an dem, was über das kleine eigene Ich hinausgeht. Man friert nicht nur körperlich. Die Verhältnisse hier, die bewußte Zerstörung einer zivilisierten Organisation, wie sie jede Gesellschaftsordnung aufweist – und sei sie noch so grausam – erzeugen eine Verworrenheit und Verworfenheit aller menschlichen Werte.«[100] Nach diesem Eintrag vom 13. November 1941 trug er in sein Tagebuch nur noch »Banales« ein. Auch Walter Luhan rettete sich in sein Tagebuch. Hier versuchte er den Prozeß zu protokollieren, den der Krieg nur äußerlich unterbrochen hatte – das Reifen und Erwachsenwerden eines seiner selbst noch unsicheren, nach Gewißheit und Form suchenden jungen Mannes. Da er nicht die Vereinzelung wählte und den Widerstand, sondern die Realität der Gruppe wie die des Krieges akzeptierte, lieferten seine Aufzeichnungen eine zuckende Fieberkurve aus Ereignissen und Gefühlen. Eintragungen wie die folgende waren typisch: »Wenn mich jemand fragen sollte, wie ich die ersten zwanzig Jahre meines Lebens ausgenutzt und verwertet habe, muß ich antworten, ich weiß nicht was Leben ist. [...] Manche sagen mir, das Leben liege noch vor mir. Ist das so? Kann nicht jeden Augenblick etwas eintreten, was schon so viele abertausend Soldaten erreicht hat? Nicht, daß ich vielleicht von Todesfurcht übermannt wäre, aber ich möchte leben, um genießen zu können. [...] Was ich brauche ist Liebe, Musik und die Schönheit der Natur. Die harte Notwendigkeit des Krieges sehe ich ein, füge mich seinen Gesetzen und mache alles mit. Aber es ist mir aus tiefster Seele zuwider und alles in mir empört sich dagegen.«[101] Hansmann, als Graphiker ausgebildet, schuf sich in der künstlerischen Produktion einen Freiraum.

Er malte in jeder freien Minute und versuchte, die peinigenden Bilder literarisch zu verarbeiten: »Die anderen wollten ja möglichst eng auf Tuchfühlung bleiben, ich fand mich allein sicherer.« Nur so glaubte er in der Lage zu sein, »eine mentale Gegenposition aufzubauen […], die standhält«.[102] Holzapfel fand dagegen in der »Tuchfühlung«, im Kontakt mit drei Freunden, Verständnis und Hilfe: »Gerade der engste Kameradenkreis ist für mich die Zelle, wo ich Halt und Verstehen immer wieder finde.«[103] Dieter Barth hielt die permanente »Gewalt gegen Lebendiges«, wie er den Schrecken bezeichnet hat, nur aus, indem er die Beziehung zu einer Schulfreundin zur Gegenwelt aufbaute: »Von der Intensität, die dieses Denken an sich hatte, kann man schlecht einen Begriff geben, auch nicht von den Wunschhorizonten, die sich dahinter aufbauten. Es war das unter diesen Umständen erfahrbare Glück, aber es versprach vor allem Glück, für später, nach einer Rückkehr, für die man sich aufzusparen hatte.«[104] Auch Siegbert Stehmann überlebte in den Wäldern und Sümpfen des finnisch-russischen Grenzgebiets durch Briefe. Sie waren, täglich geschrieben, an seine Frau adressiert und ließen die gemeinsame »stille Welt des Herzens« wiederauferstehen: »Ich sehe die Bücher an der Wand und greife das Schönste heraus. Da empfinde ich den grausigen Hintergrund nicht mehr, vor dem wir leben und die Welt verwandelt sich leise von innen her.«[105] Aber mit dem Fortgang und der Brutalisierung der Kämpfe reichte dies »Museum der Gefühle« nicht mehr aus, um zu überleben. Jetzt half nur noch der christliche Glaube: »Wenn ich das Gefilde des Nur-Persönlichen nicht mit größter Anstrengung überschritten hätte, dann hielte ich keine Stunde mehr durch an der Front, dann müßte ich kaputt gehen.«[106] Ähnlich beschrieb Böll seine Rettung durch den fast täglichen Briefkontakt mit seiner Frau und den christlichen Glauben.[107] Auch Lothholz überlebte als Gläubiger – er glaubte, den Krieg von seinen Auswüchsen reinigen zu können. Als zukünftiger Offizier hielt er sich für fähig, Menschen so zu führen, »daß sie sich ihr moralisches Recht für ihren Kampf bewahren oder sich neu erwerben, daß sie reinen Herzens für das ihnen gesetzte höchste Ziel bluten und ihr Leben voll bewußt in die Schanze schlagen können«.[108] Um sich für diese Aufgabe die Reinheit zu bewahren und die Kraft zu sammeln, wählte er – z. B. beim Wachestehen – den Weg ins Alleinsein: »Tagsüber stehen wir einzeln, jedes Mal ein bis anderthalb Sunden. Für mich ist dies die schönste Zeit des Tages. Ich singe dann in die Landschaft hinaus oder schreibe, bin ganz in mir und schöpfe daraus die Kraft, ungebunden von Zeit und Ort die Gedanken in die Weite der Welt wandern zu lassen.«[109]

Die Aufzeichnungen der neun Soldaten stimmen in einem überein: sie dokumentieren, wie Stehmann es genannt hat, ein Leben in der Wirklichkeit von »zwei Welten, die nicht mehr zusammengehören«, einer äußeren des Krieges, die alles bestimmte, und einer inneren, in der Teile einer eigenständigen Person fortexistierten.[110] Manchmal waren diese Teile nur noch Reste und konnten nicht anders als in der Tiefe der Bewußtlosigkeit wahrgenommen werden: »17. 12. 1941. Ich habe niemanden vergessen, vergessen habe ich nur mich. Ich bin zu einem Bestandteil unerbittlicher Naturmächte geworden. [...] 6. 1. 1942. Aber wir leben, sind gesund und bringen die Tage gleichsam bewußtlos hin; denn das Bewußtsein regt sich nur noch im Schlafe.«[111] Auch Heinrich Böll unterschied zwischen einem Leben, »wo ich wirklich ich selbst sein darf«, und dem Leben des Soldaten, das er haßt und in dem er »ein anderer Mensch« ist: »[...] ich bin ›außer mir‹. [...] Es ist kein Leben, ich habe ein anderes Gesicht, eine andere Gestalt, ach, es ist so maßlos traurig.«[112] Die übrigen acht hätten diesen Zustand nicht so beschreiben können wie die jungen Schriftsteller Böll und Stehmann. Aber sie alle haben das Symptom dieser Doppelexistenz wahrgenommen. Nach Barths Erinnerung war es »ein dumpfer Druck [...] auf der Seele«.[113]

Und noch etwas fällt bei den altersmäßig sehr unterschiedenen Zeitzeugen als Gemeinsamkeit auf: sie kamen in der Mehrheit aus einer Welt, die mit der des Nationalsozialismus nichts gemein hatte. Hansmann wuchs in einem linksliberalen Milieu auf, seine Eltern waren Künstler.[114] Luhan war – wie seine Eltern – Kommunist.[115] Auch Barths Vater, ein Lehrer, war politisch organisiert: als »Oppositioneller« wurde er 1933 verhaftet und strafversetzt.[116] Grützner war wahrscheinlich gewerkschaftlich organisiert – eine beabsichtigte Anstellung bei der Gewerbeaufsicht »wurde durch die Ereignisse 33 hinfällig«.[117] Böll war als gläubiger Katholik schon ein Feind des Nationalsozialismus.[118] Wilhelmy und Stehmann waren Pfarrer. Beide hatten als Anhänger der »Bekennenden Kirche« bereits vor dem Krieg Erfahrungen mit dem NS-Regime gesammelt.[119] Auch Fiedler und Klepper waren Außenseiter – der eine Kommunist und der andere mit einer jüdischen Frau verheiratet.[120] Die Brief- und Tagebuchschreiber hatten die Wertvorstellungen ihrer Vorkriegswelten mit in den Krieg genommen. Diese nazifeindliche Weltsicht konnte zwar nicht verhindern, daß sie selbst Teile der Kriegsmaschinerie wurden, aber sie ermöglichte es ihnen, dort als Individuen zu bestehen und die Gesetze der Moral zumindest für sich selbst zu behaupten. Aber auch das Verhalten derjenigen, die aus einem Nazi- oder nazifreundlichen Elterhaus kamen und ihr weiteres Leben im Zeichen des Hakenkreuzes planten, beweist, daß eine schon in den Krieg mitgebrachte systemkritische Einstellung nicht Bedingung dafür war, sich kritisch zu verhalten. Wer, wie Holzapfel und Lotholz, sehen wollte, konnte sehen und vermochte, wie ihre kritischen Kameraden, zu Zeugen des Vernichtungskrieges und seiner Verbrechen zu werden.[121]

Kurz nach Eröffnung der Wehrmachtsausstellung erhielt ich den Brief eines 42jährigen Mannes, in dem er um »genauere Prozentzahlen« bezüglich des Anteils »an Gehorsam und Verweigerung innerhalb der Ostfront-Etappen Truppe« bat. Er gab sich auf die Frage selbst die Antwort: »Das wird wohl nicht mehr möglich sein.« Dann ließ er eine zweite interessante Frage folgen: »Bitte Sie deshalb um Stellungnahme zum folgenden Spruch eines Ex-Kombattanten: ›80% haben alles mitgemacht, weniger als 1% haben sich geweigert und der Rest waren unsichere Kantonisten.‹ Kann man so stehen lassen?«[122] Friedrich Fiedler und Jochen Klepper hätten vermutlich darauf mit Ja geantwortet. Ein anderer ehemaliger Soldat hat eine ähnliche Aussage auch für die Fronttruppen gemacht. Martin Schröter stellte rückblickend fest: »Selbst Phänomene, die eigentlich deutlich auf den Vernichtungscharakter dieses ›Krieges‹ hinwiesen, habe ich (wie wohl die allermeisten Frontsoldaten) eingeordnet in ein ganz allgemeines, um nicht zu sagen ›normales‹ Kriegsgeschehen und militärisches Unternehmen.«[123] Wenn man in Zukunft die Frage nach der Zahl der Täter stellt, wird man einen solchen Hinweis zu berücksichtigen haben.

4. Kapitel
Das Schweigen des Hauptmanns Jünger

Ernst Jüngers Reise an die Kaukasusfront 1942/43

Die meisten der Tagebücher und Briefsammlungen, die hier zur Beantwortung der Frage nach der Mentalität der Soldaten an der Ostfront herangezogen wurden, waren private Niederschriften, die auch nach dem Krieg nicht veröffentlicht wurden. Die wenigen Ausnahmen von dieser Regel wurden für einen kleinen Kreis von Freunden oder für ein Fachpublikum publiziert.[1] Ganz anders verhielt es sich mit dem Tagebuch, das Ernst Jünger während des Krieges, von 1941 bis 1945, verfaßte. Es war von vornherein zur Veröffentlichung bestimmt und wurde – als es 1949 erschien – sofort ein Bestseller. Das Buch mit dem Titel *Strahlungen* wurde schon im Jahr des Erscheinens 20000mal verkauft. Das verwundert nicht. Nachdem der Autor, wegen seiner Weigerung, sich dem üblichen Verfahren der Entnazifizierung zu unterziehen, von den Alliierten mit einem vierjährigen Publikationsverbot belegt worden war, interessierte die Deutschen erst recht, auf welche Weise der prominente Zeitgenosse die Fährnisse der Nazizeit überstanden hatte und wie er sein Davonkommen wohl darstellen werde. Der Tagebuchschreiber sollte sie nicht enttäuschen. Am 3. Januar 1945 hatte er schon angedeutet, wozu er und sein Werk noch taugen könnten: »Zu meiner Autorschaft, meiner Existenz überhaupt. Das Exemplarische daran, ihre Figur. Sie könnte in einer besonderen Art der Schleife liegen: wie man aus schwieriger, ja aussichtsloser Lage zurückfindet, nachdem man ihre äußersten Grenzen erstrebte – moralisch, metaphysisch, rational, rein leiblich in den Wirbeln der Feuerwelt.«[2] Mit dem einprägsamen Bild der »Schleife« bot er sich an, als Beispiel und Vorbild für einen ungewöhnlichen

Balanceakt zu dienen: wie man Teil eines Kollektivs hatte sein können, das für die größten Verbrechen der Menschheitsgeschichte verantwortlich gewesen war, ohne sich als einzelner durch diese Komplizenschaft moralisch diskreditiert zu sehen. Und er lieferte – im Vorwort – gleich die Handlungsanleitung, wie man sich in der komplizierten Welt des Nachkriegs zurechtfinden könnte: statt des gescheiterten Nationalstaates die »Vereinigung« Europas, statt radikaler Reformen die »Besserung im Menschen« und als deren Instrumente: die »Richtungskraft« der Kunst und die »noch unsichtbaren Tempel« des Christentums.[3] Das war der Programmentwurf einer politisch-geistigen Restauration mit, wie zu zeigen sein wird, schwerwiegenden Folgen. Aus den Verläufen seines Lebens im vergangenen Jahrzehnt ergab sich diese Richtung nicht zwingend. An der Kaukasusfront, in der Zeit vom 21. November 1942 bis zum 9. Januar 1943, schien auch die Weichenstellung für einen anderen Weg möglich gewesen zu sein.

Im sicheren Abstand

Ernst Jünger war im August 1939 wieder Soldat geworden und hatte als reaktivierter Hauptmann der 96. Infanteriedivision im Frühsommer 1940 den Feldzug gegen Frankreich mitgemacht. Ein Jahr später wurde er mit seiner Einheit nach Paris verlegt und tat dort Dienst als Kompaniechef im Wachregiment. Sein Name und die guten Beziehungen zu den Spitzen der Besatzungsmacht führten dazu, daß er nach kurzer Zeit zum Militärbefehlshaber in Frankreich, Otto von Stülpnagel, und dort »zur besonderen Verwendung« des Chefs des Kommandostabes, Oberst Hans Speidels, abkommandiert wurde.[4] Sein vage umschriebener Auftrag »historiographischer« Arbeit[5] ließ ihm genügend Muße zu einem interessanten Leben als literarischer und erotischer Flaneur sowie als begehrter Gesprächspartner an der Tafelrunde des

Befehlshabers und in den Salons der Pariser Kollaborationskultur. Genau zu dem Zeitpunkt, als Jünger seine lukrative Stelle antrat, erfolgte der Einmarsch der deutschen Wehrmacht in die Sowjetunion. Er kam, nach einer kurzen Notiz, erst drei Monate später darauf zurück, als er seine unterbrochenen Tagebucheintragungen wieder aufnahm: »Die Ereignisse in Rußland«, so notierte er am 8. Oktober, hätten in ihm »eine Art geistiger Lähmung« hervorgerufen: »Es scheint, daß dieser Krieg auf Stufen, die nach den Regeln einer unbekannten Dramatik gebildet sind, hinunterführt. Dergleichen läßt sich freilich nur ahnen, da der Vorgang von den Erlebenden vor allem in seinem anarchischen Charakter empfunden wird. Die Strudel sind zu nah, zu reißend, und nirgends, selbst nicht auf dieser alten Insel, gibt es Punkte der Sicherheit. Es dringen Brandungsarme in Lagunen ein.«[6] Zu diesem Zeitpunkt war der Krieg als Blitzkrieg bereits gescheitert. Die deutschen Verbände versuchten zwar, mit einem forcierten Vormarsch auf Moskau doch noch die entscheidende Wende zu erreichen, aber auch das schlug fehl. Das Tagebuch füllte sich ab Januar 1942 mit Eintragungen von Katastrophen – vom endemischen Kältetod deutscher Soldaten wegen fehlender Winterkleidung[7] und vom Massensterben im Kessel von Demjansk,[8] aber auch von einer ungeahnten Gewalttätigkeit der Kriegsparteien[9] und von ungeheuren Verbrechen. Es handelte sich um Untaten, wie sie in keinem Krieg der bisherigen Geschichte vorgekommen waren: Zivilisten – wie der Kontext nahelegte: Juden – wurden in den besetzten Gebieten des Ostens zu Zehntausenden zusammengetrieben und in selbstgegrabenen Massengräbern erschossen.[10] Die Mörder waren Deutsche.

Die Gewährsleute für solche bestürzenden Nachrichten waren in der Regel Offiziere von der Ostfront, die auf Besuch in Paris weilten oder dort gerade ihren Dienst angetreten hatten. Mit anderen – Verwandten und Kameraden – stand Jünger im Briefwechsel. Die Zeugen für die Judenerschießungen dürften vor allem Angehörige seiner ehemaligen Division gewesen sein, die durch Litauen marschiert und jetzt am Nordabschnitt der Front stationiert war. Ihren Niederschlag fanden diese Berichte auf sehr unterschiedliche Art. »Paris, 2. März 1942. Besuch von Grüninger, der aus dem Osten zurückkehrte. Er führte dort eine Batterie. Aus seinen Capriccios. Die 281. Division, mit mangelhafter Winterkleidung hinausgeschickt und durch den Frost sogleich fast aufgerieben, erhielt den Namen ›Die Asthma-Division‹. An einer Grabenkreuzung fror ein Kommissar, der dort im Handgemenge von einem deutschen Gefreiten erschlagen wurde, im Stehen ein. Dieser Gefreite hat auch jetzt noch häufig fremde Offiziere durch die Stellung zu geleiten und pflegt sie dabei an seinem Kommissar vorbeizuführen, gleich einem Bildhauer, der seine Arbeit zeigt. Ein russischer Oberst wurde mit den Resten seines Regiments gefangen, das seit Wochen im Kessel gewesen war. Gefragt, woher er die Verpflegung für die Truppe genommen hätte, antwortete er, sie hätten sich von Leichen genährt. Auf Vorhaltungen fügte er hinzu, daß er aber nur von den Lebern gezehrt hätte.«[11] Solche Geschichten ließen sich zwar im Offizierskasino erzählen, aber sie dürften bei den Zuhörern statt wieherndes Gelächter eher betretenes Schweigen und nachhaltendes Grauen ausgelöst haben. Jünger versuchte – unter Rückgriff auf die Bilderwelten von Bosch, Callot und Goya – mit diesen Miniaturen des Schreckens den irritierenden Charakter dieses Krieges zu fassen, dessen Kämpfe für ihn »ins Zoologische gemündet« waren und die »das Zertreten-Werden« als neue Form des Todes generiert hatten.[12]

Ganz anders verfuhr der Autor mit den Meldungen, die ihn über die vor sich gehende Ausrottung der Juden in den rückwärtigen Gebieten der Ostfront erreichten. Statt der Überschärfe seiner Miniaturen, die den Leser wie durch ein Vergrößerungsglas gesehen ansprangen, tauchten diese Vernichtungsbilder wie durchs Okular eines umgedrehten Fernrohrs auf, mit unscharfen Rändern und sogleich wieder zerfließend in ein Nebelreich von Schattenwesen ohne Ort und

Namen: »Paris, 6. März 1942. Mittags mit Massakowski, dem früheren Mitarbeiter von Cellaris, bei Prunier. Wenn ich ihm Glauben schenken soll, so gibt es in den großen Schinderhütten, die in den östlichen Randstaaten errichtet worden sind, einzelne Schlächter, die soviel Menschen mit eigener Hand getötet haben, wie eine mittlere Stadt Einwohner zählt. Solche Nachrichten löschen die Farben eines Tages aus. [...] Oft scheint der Tod inmitten dieses Lemuren- und Amphibiengewimmels wie ein Fest.« – »12. März 1942. Lemuren-Feste an Männern, Kindern, Frauen. Die schauerliche Beute wird verscharrt. Dann kommen andere Lemuren, um sie herauszuwühlen; sie filmen die zerstückte und halb verweste Strecke mit schauerlicher Lust. Dann führen die einen den anderen diese Filme vor. Welch sonderbares Treiben entwickelt sich doch am Aas.» – »6. April 1942: Gespräch mit Koßmann, dem neuen Chef des Generalstabes. Er teilte mir fürchterliche Einzelheiten aus den Lemuren-Wäldern im Osten mit.« Nur ein einziges Mal gab er solche Details weiter. Er beschrieb, wie das Morden vor sich ging – man trieb die zum Tode Bestimmten zusammen, ließ sie ihre eigenen Massengräber ausheben, zwang sie, sich hineinzulegen, und erschoß sie von oben Schicht für Schicht.[13] Aber Jünger kannte nicht nur die »Einzelheiten« des Judenmords, er wurde möglicherweise Anfang Februar 1942 durch seinen Vorgesetzten und Freund, Oberst Hans Speidel, auch über die weiter gehenden Pläne zur »Endlösung der Judenfrage« eingeweiht.[14] Kurze Zeit später waren die Auswirkungen nicht mehr nur aus Botenberichten von der Peripherie zu erfahren, sondern man konnte sie auch im Zentrum in Augenschein nehmen. Am 7. Juni begegnete Jünger in der Rue Royal zum ersten Mal Menschen, die mit dem gelben Stern markiert waren. Wenig später wurden in der Stadt »große Mengen von Juden« verhaftet und deportiert, unter ihnen auch die Frau seines Hausapothekers Potard.[15] In beiden Fällen vermerkte das Tagebuch Gefühle von Scham.[16] Dieses Gefühl dürfte der Grund gewesen sein, warum Jünger bei der

Darstellung des Judenmords – im Unterschied zu den Frontgreueln – so ungenau blieb und sich nicht scheute, die Opfer mit einem Federstrich ihren vertierten und seelenlosen Mördern anzugleichen: alles Bewohner ein und derselben Amphibien- und Lemurenwelt. Das schützte davor, überall das Gesicht der Frau Potard zu erblicken.

Während er als Schriftsteller in den *Capriccios* zu brillieren vermochte, überstiegen die Bilder des Holocaust auf freiem Feld sein Darstellungsvermögen. Zur Niederlage des Schriftstellers, dem die Bilder ausgingen, gesellte sich noch die Ohnmacht des Offiziers: den Juden zur Hilfe zu kommen hätte, nach seinen Worten, bedeutet, zum Don Qichotte zu werden. Blieb nur der Rückzug. Jünger kaschierte ihn mit einem markigen Satz: »Doch darf ich mich rühmen, daß in diesem Krieg in meiner Nähe noch nie ein Rechtsbruch stattgefunden hat, und daß ich manchen verhinderte.«[17] Von diesem Selbstlob bleibt bei näherem Hinsehen nicht viel übrig – in seiner Dienststelle war der Rechtsbruch zum Alltag geworden.

Die Militärverwaltung hatte schon wenige Monate nach dem Beginn der deutschen Besetzung Frankreichs die Juden registriert, jeden weiteren Zuzug unterbunden, mit der Enteignung des jüdischen Besitzes begonnen und einige tausend Juden in Internierungslager verbracht.[18] All das war, ohne auf Widerstand zu stoßen, durchgeführt worden. Mit dem Überfall auf die Sowjetunion im Sommer 1941 geriet die bisher so geräuschlos funktionierende deutsche Besatzungspolitik erstmals ins Stocken. Spontane Demonstrationen und eine Kette von Anschlägen auf deutsches Militärpersonal waren die weithin sichtbaren Zeichen dieser Veränderung. Nach dem Tod eines deutschen Soldaten am 21. August 1941 waren alle in Haft befindlichen Franzosen zu Geiseln erklärt und die Exekution von einer entsprechenden Anzahl dieser Geiseln bei jedem weiteren Attentat angekündigt worden.[19] Etwa 3000 dieser Geiseln waren Juden, die zum Teil schon vor dem Anschlag und dann als Reaktion darauf von Feldgendarmerie und französischer Polizei verhaftet und in ein Konzentrationslager transportiert worden waren.[20] Ungeachtet dieser Maßnahmen ereigneten sich im September weitere Anschläge, bei denen drei deutsche Soldaten verwundet und ein Offizier getötet wurden. Zur Vergeltung wurden 25 Geiseln erschossen.[21] Als im Oktober erstmals ein Feldkommandant und ein Kriegsverwaltungsrat in Nantes bzw. Bordeaux zu den Opfern gehörten, reagierten die Deutschen mit ungewöhnlichem Terror: in beiden Städten wurden je 50 Geiseln erschossen, die Erschießung weiterer 100 wurde für den Fall angekündigt, daß die Täter nicht gefaßt würden.[22] Die Maßnahmen lösten in der Bevölkerung eine Welle der Empörung aus und führten zu einer Krise in den Beziehungen zur Vichy-Regierung: Marschall Pétain bot sich persönlich den Deutschen als Geisel an.[23] Zwei Monate später wurde die Repression noch einmal verschärft. Am 14. Dezember 1941 ordnete der Militärbefehlshaber »nach Führeranweisung« folgende Maßnahmen an: »1) die Erschießung von 100 Juden und Kommunisten, 2) die Erhebung einer Geldbuße von 1 Milliarde Francs, aufzubringen durch die Juden des bes[etzten] Gebietes, 3) die Deportation von 1000 Juden nach dem Osten.«[24] Der Vorschlag der kontingentierten Judendeportationen stammte vom Militärbefehlshaber selbst – er wollte damit auf Kosten der Juden die Zahl der Geiseln vermindern. Bis Mitte Januar waren 1942 im Bereich des Militärbefehlshabers 10000 Juden inhaftiert.[25]

Jünger hatte dies alles unmittelbar miterlebt: im Hauptquartier des Militärbefehlshabers wurden die Entscheidungen in Absprache mit dem Führerhauptquartier gefällt,[26] sein Vorgesetzter Speidel verfaßte die Monatsberichte zur »Stimmung und inneren Sicherheit« und hatte ihn selber damit beauftragt, eine Denkschrift über die Attentate und die deutschen Reaktionen darauf zu verfassen.[27] Jünger war also über die Erschießung der Geiseln ebenso informiert wie über die vom Militärbefehlshaber angeordnete Deportation der Juden. Er billigte beide Maßnahmen.[28] In seinen Tagebüchern hat dies alles keine sichtbaren Spuren hinterlassen – weder die Anschläge noch die völkerrechtswidrige Reaktion der Besatzer und erst recht nicht die mit den »jüdisch-bolschewistischen« Widerstandsaktionen begründete Internierung und Deportation der Juden.[29] Dennoch war das Thema nicht ganz ausgespart. Wie in einem doppelbelichteten Film waren umrißhaft Fragmente der Ereignisgeschichte zu erkennen. Zweimal, Ende November und Anfang Dezember 1941, wurde erwähnt, daß ein Stadtbezirk abgesperrt und die Sperrstunde für die Bevölkerung verlängert worden war – »wegen der Attentate«.[30] Und durch den Hinweis des Autors, er sei gerade dabei, die »Briefe der erschossenen Geiseln« zu übersetzen, wurde die Tatsache der Erschießungen mitgeteilt – vier Monate nachdem es zur ersten Maßnahme dieser Art gekommen war.[31] Auf ähnliche Weise legte die an Jünger gerichtete Frage des antisemitischen Dichters Céline, warum die Wehrmacht die Juden nicht gleich umbringe, eine Spur zu den geplanten Deportationen, die ja einen Aufschub des Tötens bedeuteten.[32] Legt man diese Technik der Doppelbelichtung zugrunde, dann entschlüsselt sich auch das zentrale Thema dieser Monate am Ende des Jahres 1941 – »der Gehorsam des Soldaten«. Birgt nicht diese Tugend, wenn sie zum Instinkt wird, so die Frage des Autors, die Gefahr, daß der Soldat zum »Automaten, ein Diener ohne echten Herrn, und endlich gar ein Zuhälter« würde?[33] Und was bedeutete diese Lageeinschätzung für das praktische Handeln? Sollte man dem Freund Carl Schmitt folgen, der beim Besuch in Paris die Empfehlung ausgab, man könne nicht gegen denjenigen anschreiben, der die Macht habe, einen zu töten,[34] oder gab es geschichtliche Situationen, die wegen der Größe der Verbrechen den Kampf um die Freiheit, also Widerstand, erforderten?[35] Solche Erwägungen zogen ein zweites Thema nach sich, das der »Ausweglosigkeit«. Dies Gefühl scheint das vorherrschende jener Monate gewesen zu sein. Es darf nicht mit Depression verwechselt werden. Der Zustand der Ausweglosigkeit, so notierte Jünger am 18. November, sei »ungeheuer lehrreich«, weil man dadurch »gezwungen [wird], stillzustehen. Die Perspektive verändert sich.« Außerdem sei er voller Zuversicht: »Wir haben in diesen Wochen den Nullpunkt passiert.«[36] Er sollte sich täuschen.

Die Verschärfung der Maßnahmen gegen alle Akte von Widerstand, die die Befehle vom Dezember 1941 gebracht hatten, war nicht der Endpunkt. Zu Beginn des neuen Jahres hatte der Militärbefehlshaber versucht, um die für die Stimmung im Land katastrophale Praxis der Massenexekutionen von Geiseln zu beenden, als Alternative nur noch die Deportation von inhaftierten Juden und Kommunisten nach dem Osten vorzunehmen. Hitler lehnte ab – er befahl Geiselerschießungen *und* Deportationen. Stülpnagel trat daraufhin am 15. Februar 1942 zurück.[37] Jünger war von Speidel über die Entscheidung des Führerhauptquartiers in der Geiselfrage sofort unterrichtet worden,[38] und Stülpnagel hatte ihn nach seinem Rücktritt ebenfalls zu einem langen Gespräch in derselben Frage empfangen. In der folgenden Nacht hatte Jünger einen Traum, der ihn in ein brüchiges Felsmassiv führte: »Sobald ich fühlte, daß das Gleichgewicht nicht mehr zu halten war, machte ich eine Anstrengung, als ob ich die Augen öffnete, und schaltete den Traumgang aus. So handelte ich wie jemand, der einen Film vorführt, in dem er zugleich agiert; und wenn sich Katastrophen nahten, unterbrach ich den Strom.«[39] Das ist wörtlich zu nehmen: als die Attentate und die folgenden Exekutionen von Geiseln im Spätsommer 1941 begannen, hatte Jünger für drei Monate die Eintragungen in sein Tagebuch »ausgeschaltet«. Jetzt, im Frühjahr 1942, als das Führerhauptquartier die taktischen Manöver der Pariser Besatzungszentrale durchkreuzt hatte und die von ihr vorgeschlagenen Massendeportationen der Juden tatsächlich einsetzten,[40] entschloß er sich, die französische Hauptstadt zu verlassen. Der Rücktritt Stülpnagels und die Abkommandierung Speidels zu einem Armeekorps an der Ostfront dürften diese Entscheidung erleichtert haben.

Zum Kaukasus

Der erste Versuch, als »Höherer Kriegsberichter« an die Front im Mittelmeerraum oder im Nahen Osten versetzt zu werden, war – trotz bester Fürsprecher im OKW – schon im April 1942 gescheitert.[41] In den folgenden Monaten entwickelte sich als Alternative eine Abkommandierung an die Ostfront. Für diese Wahl dürften die grotesk-verzerrten Bilder aus dem ersten Kriegjahr ebenso verantwortlich gewesen sein wie die sehr viel genaueren, aber konträren Berichte, die ihm seine mittlerweile dorthin versetzten Pariser Kameraden Speidel, Podewils und Grüninger zukommen ließen. Ihre Briefe schwankten zwischen der Begeisterung für ein körperlich wie seelisch »urgesundes« Volk, das mit dem von der Propaganda gemalten Bild von »Untermenschen« nichts gemein habe,[42] und einem entsetzten Blick auf einen Menschentyp, der als Mensch »längst ausgelöscht und Arbeitstier geworden [ist]«.[43] Während der eine von Bildern schrieb, die eine solche Kraft besäßen, »daß sie zum Sinnbild werden«,[44] deutete der andere Erlebnisse an, von denen »manches alle Vorstellungsgabe zu übersteigen scheint«.[45] Für die Kaukasusfront sprach der Umstand, daß sein neuer Vorgesetzter, der Militärbefehlshaber Karl-Heinrich von Stülpnagel, vorher Kommandierender General der jetzt dort operierenden 17. Armee gewesen war – sein guter Name würde dem Reisenden jede Unterstützung vor Ort sichern. Ob das OKH die Abkommandierung befürwortet hatte, weil es sich von dem prominenten Besucher eine Stärkung des Durchhaltewillens der Truppen versprach, oder ob es von regimekritischer Seite einen Auftrag gab, die Stimmung des Offizierskorps im Osten zu erkunden, muß Spekulation bleiben.[46] Jüngers Äußerungen lassen für solche Vermutungen keinen Raum. In einem Brief an Carl Schmitt schrieb er zum Zweck seiner Reise lapidar: »zu meiner Information«.[47] Seinem Freund Speidel – damals Stabschef eines Armeekorps im Osten – erläutert er seine Absicht ausführlicher so: »Nicht so sehr Neigung als Gewissenhaftigkeit erweckte in mir den Wunsch, mich auch einmal im Osten umzusehen. Ich glaube doch, daß das, um ein vollständiges Urteil über den Krieg und auch die zweite Hälfte des 20. Jahrhunderts zu gewinnen, wichtig ist.«[48]

Am 21. November 1942 bestieg Ernst Jünger in Lötzen/Ostpreußen eine Militärmaschine, die ihn nach Kiew brachte. Von dort erreichte er – über Rostow am Don – am 24. November Woroschilowsk und blieb dort mehr als zwei Wochen. Die Stadt war Hauptquartier der Heeresgruppe A, die im Rahmen der als Kriegsentscheidung geplanten Sommeroffensive die Ostküste des Schwarzen Meeres besetzen und die Ölgebiete des Kaspischen Meeres erobern sollte. Die benachbarte Heeresgruppe B hatte den Auftrag, gleichzeitig das Industriezentrum um Stalingrad in Besitz nehmen. Während sich die 1. Panzerarmee und die 17. Armee schon seit Mitte September im Kaukasus festgerannt hatten, war der Ring um Stalingrad erst gerade geschlossen worden.[49] Das war die militärische Lage, in die Jünger nach seiner Ankunft vom Befehlshaber der Heeresgruppe A, Generaloberst Ewald von Kleist, und den wichtigsten Offizieren seines Stabes eingeführt wurde. Die euphorische Siegeszuversicht des Sommers war verflogen, und die Bedrohlichkeit der Situation war allgegenwärtig. »Das Leben in diesen von der Vernichtung bedrohten Räumen«, notierte Jünger nach dem Lagevortrag, »stellt die äußersten Anforderungen; es gleicht in seiner Bedrohung dem der belagerten antiken Städte, in denen Gnade nicht zu erwarten war. [...] Man sieht den Tod von weitem, über Wochen und Monate herannahen.«[50]

Angesichts dieser Lage verwundert es nicht, daß die Gespräche mit den Stabsoffizieren wenig Stoff für *Capriccios* über Frontgreuel boten. Um so erstaunlicher aber war, daß Jünger mit keinem Wort das andere Thema erwähnte, das ihm in seinen Pariser Tagen in zahlreichen Botenberichten zum Faszinosum geworden war – das Geschehen in den »Schinderhütten« und »Lemurenwäldern«. Jetzt war er an den Tatorten des Judenmordes und konnte sich selbst ein Urteil bilden. Woroschilowsk wäre ein geeigneter Ort gewesen, sich einen Überblick zu verschaffen. Die Stadt war nämlich nicht nur Hauptquartier der Heeresgruppe A, sondern zugleich auch Standort der Einsatzgruppe D. Ihr Stab logierte mit dem Stab der Heeresgruppe im selben Gebäude, dem ehemaligen Sitz des NKWD. Wehrmachtsangehörige und SS-Männer benutzten dieselbe Kantine. Ein Kommando der Einsatzgruppe hatte nach der Eroberung der Stadt am 3. August 1942 in zwei Etappen etwa 2000 Juden ermordet. Angehörige eines in der Stadt liegenden Kavallerie-Regiments waren an der Mordaktion beteiligt, und die Feldkommandantur hatte Möbel und Kleidung der Ermordeten für den eigenen Gebrauch übernommen.[51] In den nächsten sechs Wochen wurden in den umliegenden Städten von den Kommandos der Einsatzgruppe etwa 30000 Juden erschossen.[52] Diese Aktionen erfolgten in aller Öffentlichkeit und am hellichten Tag. Die Dienststellen der Wehrmacht waren über Ankunft und Einsatz der Kommandos vorab informiert.[53] Die Juden hatten sich an den zentralen Plätzen der Städte oder in bekannten Gebäuden zu versammeln und wurden von dort zur Erschießung getrieben oder transportiert. Keinem Soldaten blieben diese Vorgänge verborgen. Für zusätzlichen Gesprächsstoff sorgte die Art der Ermordung: an zahlreichen Orten wurden die Juden in speziell konstruierten Wagen vergast.[54] Dienststellen und Angehörige der Wehrmacht leisteten bei vielen dieser Aktionen logistische Hilfe: Man half bei der Durchsuchung und Verhaftung der Juden,[55] man sperrte den Exekutionsort ab,[56] man brachte geflohene Juden dorthin zurück[57] oder beteiligte sich – wie in Woroschilowsk – an der Erschießung. Um bei der Truppe das Verständnis für den Judenmord und die Notwendigkeit von logistischen Hilfen zu bestärken, hatte das Oberkommando des Heeres vor Beginn der Sommeroffensive 1942 ein »Merkblatt für das Verhalten des deutschen Soldaten in den besetzten Ostgebieten« zur Verbreitung gebracht. Dort hieß es lapidar: »Das Verhalten gegenüber den Juden bedarf für den Soldaten des nationalsozialistischen Reiches keiner besonderen Erwähnung.«[58]

Der Oberbefehlshaber und die Mitarbeiter seines Stabes dürften mit Jünger dieses Thema erörtert haben.[59] Gespräche über den Judenmord waren, wie Jünger am Ende seiner Reise erwähnt hat, in seinen Begegnungen mit Offizieren »üblich«.[60] Genauer informiert über die Behandlung der Juden im allgemeinen und die Tätigkeit der SD-Kommandos speziell hat ihn wahrscheinlich der Abwehroffizier der Armeegruppe, Oberstleutnant Schuchardt, der als Ic-Offizier der Ansprechpartner der Einsatzgruppe war und also den besten Überblick hatte.[61] Den Beweis für diese Vermutung lieferte Jünger selber. Wie immer, wenn es um Verbrechen in seiner unmittelbaren Nähe ging, wendete er alle Kunstfertigkeit an, sie aus seinem Bericht bis auf Reste zum Verschwinden zu bringen: er erwähnte das Thema, meist verschlüsselt, und kappte dann noch jeden Zusammenhang zur Chronologie, zum Tatort und zu den Tätern. Jünger hat in diesem Zusammenhang seine Arbeit am Text mit der eines Chemikers verglichen, der nicht dem Prinzip von Ursache und Wirkung folge, sondern »atomistisch« arbeite – »durch Umsatz kleinster Teilchen, durch Osmose und Filterungen«.[62] Wie Splitter eines Meteoriten, der fernab eingeschlagen war, hinterließ diese Technik Spuren im Text – rätselhafte Einkerbungen, irritierende Risse. Wir haben am Beispiel seines Umgangs mit den Geiselerschießungen und Judendeportationen in Paris von der Methode der Doppelbelichtung gesprochen. Er bediente sich ihrer auch in Woroschilowsk.[63] Seine Spaziergänge zu einem halbzerstörten Kirchturm, der jeden Überblick verwehrte, in die zoologische Sammlung des Stadtmuseums mit ausgestopften Tieren und Skeletten von Mißbildungen, auf den Marktplatz, wo ihm ein Leichenzug begegnete, zum Friedhof, dessen Kreuze und Grabplatten keine Namen trugen und dessen Grabhügel von Gestrüpp und Disteln überwuchert waren oder im zerwühlten Grund alte, verblichene Knochen zeigten, schließlich ins Pestinstitut, wo man an den Nagetieren der Gegend, vor allem den Ratten, die Anzeichen der kommenden Seuche beobachtete, ließen einen Ort entstehen, der dem Eingang zur Unterwelt glich. »Eine Witterung von Asien«, notierte der Autor.[64]

In diesem Klima der Ödnis und Verlassenheit sei ihm die Idee zu einer Erzählung gekommen. Das Thema – das Schicksal einer Schar von Schiffbrüchigen – war ihm bei seinen Lektüren in Paris zum ersten Mal begegnet. Von Nomaden in die Wüste verschleppt, gelangte die Gruppe zu einer steil aufragenden Felswand, in die ein handbreiter Pfad eingehauen war. Man mußte, eh man den Pfad betrat, durch Rufen feststellen, ob er frei war. Denn der Weg über dem Abgrund hatte eine furchtbare Geschichte: Auf der Mitte des Pfads trafen sich einst eine Karawane von Juden und ein Trupp von Mauren. Da jede Verhandlung, wer weichen sollte, scheiterte, »warfen sie sich in ihrer Reihenfolge aufeinander und der Stürzende riß immer den, der ihn stürzte, mit«.[65] Die Idee zu einer literarischen Bearbeitung des Stoffes war nicht zufällig in dem Moment aufgetaucht, als die ersten Massendeportationen der Pariser Juden begannen.[66] Jetzt wiederholte sich der Vorgang, und die Geschichte von der Begegnung auf dem schauerlichen Felssteg von Masirah wurde dadurch mehr als nur ein Einfall – sie wurde zum Leitmotiv seiner Beschäftigung mit dem Holocaust.[67] In Jüngers Sicht ging es dabei nicht nur um das Schicksal der Juden, sondern auch um das der Deutschen: »Wie wird der Konflikt, der mit dem Untergang einer oder auch beider Gruppen zu enden droht, gelöst? »– das war seine Frage nach dem Plot der geplanten Erzählung.[68] Das Wiederauftauchen des Themas zu diesem Zeitpunkt war nicht nur – ausgelöst durch die Gespräche vor Ort – eine Reaktion auf die vor sich gehende Judenvernichtung. Jünger lieferte damit auch einen versteckten Kommentar zu seiner eigenen, frühen Beschäftigung mit der »Judenfrage«.

1930 hatte er in einem vielbeachteten Beitrag mit dem

Titel *Über Nationalsozialismus und Judenfrage* ein böses Porträt des »Zivilisationsjuden« gezeichnet, der für ihn das Abfallprodukt des Liberalismus und der Antipode deutschen Wesens war.[69] Schon früher hatte er das Judentum als Vertreter einer Hochkultur bezeichnet, deren »Sinn [sich] längst erfüllt« habe und die »nur noch zum Dulden alles Elends der Erde bestimmt« sei.[70] Deshalb forderte er damals – in schroffer Abgrenzung gegen das von den Nazis propagierte Feindbild vom Juden als zersetzendem »Bazillus« und der von ihnen nach »Art von Bakterienjägern« vorgeschlagenen Ausmerzung – das Verschwinden der Juden aus der christlichen Hemisphäre und den Exodus nach Palästina als Rückkehr zur »jüdischen Orthodoxie«.[71] Als Jünger ein Jahrzehnt später, in Paris, erstmals erfuhr, wie die Phantasien der Nazis in den »Schinderhütten« und »Lemurenwäldern« des Ostens Realität wurden, wiederholte er – unter Bekräftigung seiner »kulturellen« Judenfeindlichkeit[72] – die Polemik gegen den »biologischen Antisemitismus« der jetzt herrschenden Partei:[73] Ähnlich wie die Zahl der geisteskrank geborenen Kinder seit der Sterilisation der Irren zugenommen habe und die Armut durch Unterdrückung des Bettelns allgemein geworden sei, führe »die Dezimierung der Juden zur Verbreitung jüdischer Eigenschaften in der Welt. Durch Ausrottung löscht man Urbilder nicht aus; man macht sie eher frei«.[74] Ein Jahr später, als sich das ganze Ausmaß der Judenvernichtung abzeichnete, änderte sich die Fragestellung dramatisch: Würde Deutschland diesen Akt der Vernichtung überstehen, oder könnte das Ende der europäischen Juden auch das deutsche Volk mit in den Abgrund reißen?

Jünger begann in Woroschilowsk nicht mit der Niederschrift der Erzählung vom Zusammenstoß mit den Juden auf dem »Steg von Masirah«. Mißmutig, so notierte er, habe er den Entwurf beiseite gelegt – die Anregung habe ihn »im ungeeigneten Augenblick« überfallen.[75] Stellvertretend für die Realität des Judenmordes berichtete er über die Auslöschung von 800 Geisteskranken durch ein Kommando der

Einsatzgruppe in den ersten Tagen der Besatzung. Das Staatsgut, auf dem sie untergebracht waren, sollte für das Pestinstitut geräumt werden.[76] »Der Hauch der Schinderwelt wird oft so spürbar, daß jede Lust zur Arbeit, zur Formung von Bildern und Gedanken erstirbt. Die Übeltat hat einen auslöschenden, verstimmenden Charakter; die Menschenflur wird unwirtlich wie durch ein verborgenes Aas.«[77] Dieser Eintrag vom 1. Dezember beschrieb die Reaktion auf alles, was er in Woroschilowsk gehört hatte. Die Verstimmung sollte zunehmen, je näher der Autor der Front kam.

Unter Schindern

Am 8. Dezember 1942 verließ Jünger Woroschilowsk und erreichte zwei Tage später Beloretschenskaja und damit den Kaukasus. Auch hier begann sein Aufenthalt mit intensiven Gesprächen im Oberkommando der 17. Armee, die in dem Städtchen ihr Hauptquartier bezogen hatte und von hier die Operationen mehrerer Divisionen lenkte. Deren Lage, so erfuhr der Reisende vom Oberbefehlshaber, Generaloberst Ruoff, war seit Ende September ziemlich hoffnungslos. Während die Gebirgsjäger eine weitläufige Frontlinie über Hochpässe und Gletscherfelder mit ausgedünnten Einheiten und bei langen Nachschubwegen zu halten versuchten, hatten sich die Infanteriedivisionen in den engen Gebirgstälern und im urwaldähnlichen Dickicht des Waldkaukasus festgerannt. Ein Ende September gestarteter Versuch, doch noch zur Schwarzmeerküste durchzubrechen, war nach vier Wochen mit hohen Verlusten gescheitert. Die Einheiten, von den Kämpfen zermürbt und von sintflutartigem Dauerregen gepeinigt, versanken in Apathie und Krankheit: Hunderte starben täglich an Erkältung oder einfach aus Erschöpfung. »Ein Leben an der Grenze des Seins«, so beschrieb Jünger die Situation, die er vorfand.[78]

Einer der interessantesten Gesprächspartner im Stab der

Armee war zweifellos Oberstleutnant Höfs. Dieser war zuständig für die Kontakte zu den Kommandos der Einsatzgruppe[79] und war, laut Armeebefehl, bei allen Fragen, die »Sondermaßnahmen für Juden« betrafen, zu »beteiligen«.[80] Er zeichnete auch die Berichte ab, die die praktische Durchführung dieser Sondermaßnahmen festhielten.[81] Aber er wußte nicht nur von den Verbrechen des SD, er war auch verantwortlich für die Maßnahmen, die die Armee eigenständig gegen die Juden durchführte – für ihre Kennzeichnung, für die Errichtung der Ghettos, für die Beschlagnahmung ihres Vermögens.[82] Von seiner Abteilung wurde die Propaganda gesteuert: die Stadt Maikop z. B. erhielt im November neben 26 Plakaten »Bauer mit Garbe« und 10 Plakaten »Lachender Bauer« 50 Plakate mit dem Motiv »Jude im Sowjetstern«.[83] Höfs war auch verantwortlich für Befehle zur Inhaftierung von »Ortsfremden« – oft ein Kürzel für Juden[84] – und sanktionierte die Aktionen der nachgeordneten Ic-Abteilungen bei den Divisionen – das Abschieben von Judenfamilien »nach rückwärts«[85] oder die Erschießung von Juden wegen »Aufwiegelung und Beunruhigung der Bevölkerung«.[86] Jünger berichtete nichts über den Inhalt seines Gesprächs mit Höfs, und in den späteren Editionen tilgte er sogar die Erwähnung seiner Begegnung mit ihm.[87]

Im Hauptquartier der Armee erfuhr der Reisende auch Details über ein Thema, das in den Pariser Tagen überhaupt nicht erwähnt worden war – die Bekämpfung der Partisanen. Zuständig dafür war »Major K.«.[88] Nachdem der Spezialist – übrigens der einzige seiner Gesprächspartner, dessen Name Jünger so auffällig verschlüsselt hat – die Brutalisierung des Geschehens an der Front mit zahlreichen Beispielen belegt hatte, kam er auf die Besonderheiten des Partisanenkampfes zu sprechen. Statt der Details notierte Jünger seinen Gesamteindruck: »Die Partisanen aber stehen außerhalb des Kriegsrechts, soweit von solchem noch gesprochen werden kann. Sie werden Wolfrudeln gleich in ihren Wäldern zur Ausrottung umstellt. Ich hörte hier Dinge, die in die Zoologie einschneiden.«[89] Anders als im Mittelabschnitt der Front gab es im Kaukasus keine erwähnenswerte Partisanenbewegung: der enge Raum und die nur als Stoßtruppunternehmen durchgeführten militärischen Operationen führten dazu, daß zwischen und hinter den Linien Gruppen von versprengten Rotarmisten sich mit geflüchteten Dorfbewohnern mischten.[90] Statt zu großen Aktionen kam es bestenfalls zu Überfällen auf kleinere deutsche Trosse und Marschgruppen.[91] Dennoch wurden diese ums Überleben kämpfenden Gruppen, wie überall in der besetzten Sowjetunion, als »Banden« bezeichnet und zur »Vernichtung« freigegeben.[92] Das gleiche Schicksal drohte denen, die im Verdacht standen, mit Partisanen Kontakt zu unterhalten.[93] Dazu gehörten in erster Linie Familienangehörige,[94] sogenannte »unzuverlässige Elemente«[95] und Kinder und Jugendliche – sie würden als besonders unauffällige Spione durch die Linien geschleust.[96] Diese Personengruppe wurde mit einer solchen Hysterie verfolgt, daß die Heeresgruppe einschritt und verbot, Frauen und Kinder, die im Wald »Heu oder wilde Früchte sammelten«, einfach abzuknallen.[97]

Natürlich gab es die Jugendlichen, die sich der Roten Armee zu Erkundungsaufträgen zur Verfügung stellten. Für Jünger waren sie Helden. In Paris hatte er, aus Anlaß der Deportationen, die »Blindheit« der Jugend gegenüber dem »Leid der Schutzlosen« beklagt und hinzugefügt: »Für ritterliches Leben sind sie zu schwach geworden.«[98] Hier im Kaukasus, auf der Seite des Feindes, fand er Jungen und Mädchen, die dieses »ritterliche Leben« im Dienst des Vaterlandes auch bei Gefahr des Todes auf sich nahmen. Als ihm in seinem Quartier eine Schülerin das Schicksal ihrer vierzehnjährigen Freundin erzählte, die man als Partisanin erschossen hatte, war er tief beeindruckt.[99] Auf die Argumente eines Generals, der ihm am darauffolgenden Tag solche Erschießungen als legitim und pädagogisch sinnvoll darstellte, reagierte er empört.[100] Für Jünger war mit solchen Auffassungen eine Grenze erreicht. Wenn Bewaffnete ihre

Waffe auf Wehrlose richteten, wurde die Grenze zwischen Soldat und Henker aufgehoben: »Das ist bei kaltem Blut nur möglich im Kampf mit Tieren oder in Kriegen, die zwischen Atheisten geführt werden.«[101] Der Krieg, wie ihn Jünger bis dahin gekannt und verstanden hatte – als Kampf sich gegenseitig respektierender Gegner –, erschien ihm nun aufgelöst in einen Vorgang der »puren Bestialität und der dämonischen Gewalt« und damit in seinem Kern beschädigt.[102]

Jünger kapitulierte. Nach der Begegnung mit dem Partisanenjäger Major K. notierte er: »Die gestrige Besprechung zeigt mir, daß ich zu einer Bestandsaufnahme in diesem Land nicht kommen werde: es gibt zuviele Stätten, die Tabu für mich sind. Dazu gehören alle, an denen man sich an Unschuldigen und Wehrlosen vergreift und alle, an denen man durch Repressalien und Kollektivmaßnahmen zu wirken sucht.«[103] Aber war das nicht Flucht? War es nicht gerade seine Aufgabe, die Mordstätten aufzusuchen – »als Zeuge, um zu sehen und festzuhalten, welcher Art die Täter und Opfer sind«?[104] Das entsprach – wie er es in Paris, als ihn die ersten Nachrichten über den Judenmord erreichten, schon einmal durchgespielt hatte – dem »Blick des Arztes, [...] der eine Wunde prüft«, um die Symptome einer unbekannten Krankheit zu analysieren.[105] Aber er verwarf ein solches Vorgehen, weil es ihn zwingen würde, die Rolle des politischen Mahners, eines rigorosen öffentlichen Gewissens einzunehmen. Er hatte diese Möglichkeit in Woroschilowsk an der Person des Propheten Jeremiah schon einmal durchgespielt und befunden: Die Sicherheit eines höheren, göttlichen Auftrags fehlte ihm.[106] Und wenn er den Gang an die Tabustätten als Dichter täte und davon zeugte, wie es Dostojewski in seinen *Aufzeichnungen aus dem Totenhaus* getan hatte? Abgesehen von dem »Ekel«, den schon die bloße Vorstellung eines solchen Auftrags für ihn bedeutete, würde er »sofort als Widersacher sichtbar sein. Wem wäre damit gedient?«[107] Also hielt der Reisende gehörigen Abstand.

Jünger hatte 1938, in der zweiten Fassung seiner Schrift

Das abenteuerliche Herz eine Summe seines bisherigen Schreibens gezogen. Die Sinnenwelt sei nur Oberfläche, aber »in ihrer bunten Musterung« auf geheimnisvolle Weise mit »tieferen Strömen« verbunden.[108] Diese »verborgene Korrespondenz« zu erkennen und im gewöhnlichen die »Vexierbilder« des wirklichen, tieferen Lebens zu entschlüsseln, darin bestehe die Aufgabe des Dichters.[109] Die Katastrophe und der Schrecken aber seien die Orte, an denen sich diese Kunstfertigkeit bewähren könne – objektiv, weil in einer aus den Fugen gegangenen Welt »Risse« entständen, »durch die wir die Geheimnisse der Architektur erraten, die uns gemeinhin verborgen sind«,[110] subjektiv, weil »auf verlorenem Posten unsere Ordnungen deutlicher« werden, »das Leben sich entscheiden muß«.[111] In diese Gefahrenzone vorzudringen gleiche der Teilnahme eines »unter dem Gesetz einer höheren Regie improvisierenden Statisten an einem Schauspiel«.[112] Als Jünger in Paris zum ersten Mal jungen Mädchen mit dem gelben Stern begegnet war und er einige Tage später erfuhr, daß Studenten sich auf den Champs-Élysées Judensterne mit der Aufschrift »Idealist« angeheftet hatten, reagierte er mit Affekt: im ersten Fall mit Scham, im zweiten mit verräterischem Ärger.[113] Er hatte diesen Verlust an Contenance überwunden, indem er sich – wie mit einem Ordnungsruf – an seine Rolle als improvisierender Schauspieler und passiver Beobachter erinnerte: »ein winziges Figürchen, das wie mit Kreide aufgezeichnet ist. Das ist mein Vorposten, ganz hart am Nichts – dort unten am Abgrund kämpfe ich für mich.«[114] Jetzt wiederholte sich der Anfall, den er in Paris erlebt hatte, allerdings verstärkt, wie die Vielzahl der möglichen Rollen widerständigen Verhaltens demonstrierte. »Wem wäre damit gedient?« – diese Frage konnte zwar in den späteren Editionen des Tagebuchs getilgt werden, damals, auf seiner Reise immer weiter ins Zentrum des Krieges, war das Eindringen der Moral in die Poetologie allerdings nicht so leicht zu unterdrücken.

Krise im Gebirge

Auch räumlich ist Jünger damals geflüchtet – aus den Kartenzimmern der Oberkommandos und weg von den peinigenden Gesprächen mit den Offizieren der Stäbe in die freie Luft der Bergwälder und unter das vertraute Dröhnen der Geschütze. Am 13. Dezember erreichte er Kurinskij im eingekerbten Tal des Pschisch. Auf den Höhenstellungen oberhalb des Flusses lagen sich die Gegner in befestigten Unterständen gegenüber und kämpften in wechselnden Vorstößen um einen Bergsattel oder eine günstige Geschützstellung. Aber die Welt, die ihn hier aufnahm, war nur ein Teil der Wirklichkeit, der er versucht hatte zu entkommen. Er durchquerte die Schlammhölle des über die Ufer getretenen Flusses, er betrat die modrig-dumpfen Unterstände im Dickicht mit ihren lehmverkrusteten Besatzungen, er begegnete auf breiigen Wegen den von Kriegsgefangenen gestellten Nachschubkolonnen. Niemand nahm mehr diejenigen wahr, die unter den Lasten zusammenbrachen und wochenlang im Lehm lagen, nackt im Wasser eines Wildbachs, verschlammt an der Böschung eines Flusses. Wer hier noch lebte, bewegte sich in einem »Meer der Lieblosigkeit«.[115] Die Generäle erschienen ihm in diesem apokalyptischen Malstrom nur noch wie »Arbeiter auf dem Gebiete der Befehlstechnik« und waren, »wie der nächste Beste an der Maschine, ersetzbar und auswechselbar«.[116] Die Mannschaften – »apathisch« und »ameisenartig«[117] – waren Teile derselben »großen Maschine, aus der es kein Entrinnen« gab.[118] Ihre Physiognomien widerspiegelten eine zur Normalität gewordene Haltung – »die automatische Gewohnheit des Tötens«.[119] In einem Brief an Carl Schmitt vom 23. Dezember resümierte er seine Erfahrungen: »Hier in den verschlammten Wäldern hatte ich weniger Anregungen als Einsichten. Der Einblick in das Reich des Schmerzes ist hier vielleicht am unmittelbarsten, am deutlichsten. Die Verbindung von mechanischen Vorgängen, als Auskristallationen der puren Gewalt, mit den

Schmerzen als ihrem passiven Korrelat erinnert stark an gewisse Bilder von H. Bosch, der diese Eislandschaften sehr klar gesehen hat.«[120] Der Versuch, diesen bedrängenden Bildern schreibend zu widerstehen, indem er das Genre der *Capriccios* reaktivierte, scheiterte.[121] Er verfügte nicht mehr über die Ausgänge und Fluchtwege, die Paris ihm geboten hatte, sondern steckte in der Sackgasse Kaukasus. Statt mit Gleichgesinnten an der chevaleresken Tafelrunde des Hotels »George V« geistreich zu plaudern, war er der Plebs des Vernichtungskrieges ausgeliefert. Die Katastrophe von Stalingrad mit dem drohenden Zusammenbruch der gesamten Südfront schuf eine reale Gefahr und hatte die Reise in ein Abenteuer mit ungewissem Ausgang verwandelt. Die Vorstellung, sich in einem »Abstellraum« des Todes zu befinden, in dem man »auf Nimmerwiedersehen« alles hineinsteckte, was unbequem und schwierig war, schien in der letzten Dezemberwoche immer mehr Besitz von ihm zu ergreifen. In dieser Lage wurde der sonst so stabile Panzer der Selbstkontrolle brüchig, und das elegante Korsett der Contenance begann zu reißen. Es bedurfte nur eines der »Gespräche der üblichen Art« – diesmal über die Ermordung der 30000 Juden in Babi Jar im September 1941 – und der plötzlichen Erinnerung an die Frau seines Pariser Apothekers Potard, die ihr Mann vor der Deportation nicht hatte retten können, um am Silvesterabend 1942/43 Jüngers Sicherungen durchbrennen zu lassen: »Wenn man in solche Einzelschicksale hineingesehen hat und dann die Ziffern ahnt, in denen die Ermordung in diesen Schinderhütten sich vollzieht, eröffnet sich die Aussicht auf eine Potenzierung des Leidens, vor der man die Arme sinken läßt. Ein Ekel ergreift mich dann vor den Uniformen, den Schulterstücken, den Orden, dem Wein, den Waffen, deren Glanz ich so geliebt. Das alte Rittertum ist tot, wie es noch in den Kriegen Napoleons, ja noch im Weltkrieg der Macht den Adel gab. Die Kriege werden von Technikern geführt.«[122]

Für Jünger war der Krieg eine natürliche Lebensäußerung

wie die Liebe. Der Tod auf dem Schlachtfeld galt ihm als höchste Vollendung. Die Techniker des gegenwärtigen Krieges verwandelten diese elementaren Ereignisse in einen mechanischen Vorgang. Das wurde möglich, weil sie keinen Gegner mehr als Gegenüber hatten, sondern nur noch Vernichtungsmasse, weil sie die riskante Balance von Töten und Getötetwerden, wo immer es möglich war, in die Asymmetrie des Overkills von Wehrlosen verwandelt hatten. Indem sie die Wehrlosen zu »Bakterien« oder »Untermenschen« erklärt und sich selbst die historische Mission von »Hygienikern« und »Hegemeistern« zugeschrieben hatten, war der Krieg zum Rassenkrieg geworden. »Der Mensch«, so schloß Jünger das Protokoll seiner Krise am Silvesterabend, »hat also jenen Stand erreicht, der sich seit langem angedeutet, und wie ihn Dostojewski im Raskolnikow beschrieben hat. Dann sieht er seinesgleichen als Laus, als Ungeziefer an. Gerade davor muß er sich hüten, wenn er nicht in die Insektensphäre hineingeraten will. Es gilt ja von ihm und seinen Opfern das alte, ungeheure: ›Das bist Du.‹«[123]

In diesem Gemütszustand brach er auf zum Höhepunkt seiner Reise – in die Bergwelt des Hochkaukasus. Am 3. Januar 1943 erreichte er Teberda, einen Kurort für Lungenkranke und Standort einer Kampfgruppe von Gebirgsjägern unter dem Kommando des Oberst Le Suire, eines alten Bekannten aus Reichswehrtagen. Jünger atmete auf: »die hohen Berge erheitern, wie ich das schon oft erlebte; sie machen das Blut leichter und freier, den Verkehr kameradschaftlicher und offener.«[124] Aber auch in dieser Welt, in der er sich »heimatlich« und einer kräftigenden »Reinheit« nahe fühlte,[125] war das Verbrechen längst zu Hause. Jüngers Krise war dafür verantwortlich, daß er zum Zeugen wurde. Eine der zahlreichen Heilanstalten Teberdas hatte 1500 an Knochentuberkulose erkrankte Kinder beherbergt, die von 500 Ärzten und Pflegern betreut worden waren. Der Abtransport, den die zuständigen militärischen Dienststellen wegen der Ernährungslage Anfang September gefordert hatten,[126] war durch den Einspruch der Armee zunächst verhindert worden.[127] Aber das sollte für Teile der Insassen nur ein Aufschub sein: am 12. Dezember wurden 285 Angehörige des medizinischen Personals mit ihren Familien, darunter 100 Kinder, von einem SD-Kommando ermordet.[128] Unter den ermordeten Ärzten befanden sich auch Juden.[129] Zehn Tage später vergasten Angehörige der Einsatzgruppe 50 gehunfähige, in Gips verpackte Kinder.[130] Am 5. Januar 1943 notierte Jünger im Originalmanuskript seines Tagebuches: »Übrigens soll der SD auch hier 300 Juden unter die Erde gebracht haben.«[131] Es war das erste Mal, daß Jünger über die Ermordung von Juden an einem der Standorte seiner Reise berichtet hatte. Der Eintrag wurde in keine der gedruckten Ausgaben des Tagebuchs aufgenommen.

Zur Lage der Deutschen

Jünger hatte seine Reise vorzeitig beenden müssen. Der Grund war die Katastrophe von Stalingrad, die den plötzlichen Rückzug der deutschen Verbände aus dem Kaukasus erzwang. Am 10. Januar 1943 landete er am Ausgangspunkt seiner Expedition – in Lötzen/Ostpreußen – und kehrte von dort nach Paris zurück. Die Ausbeute seiner Reise in den Kaukasus erscheint wenig ertragreich und hinterläßt einen zwiespältigen Eindruck.[132] Die Beschreibung des Krieges, auch als Jünger von den Stäben endlich zur Truppe und auf Schußnähe an ihn herangekommen war, blieb umrißhaft und kam über die Feststellung nicht hinaus, daß er anders geführt wurde als im Westen – automatenhaft und ameisenartig. Da er den Besuch der Tatorte verweigerte und die Berichte über die Täter nicht mitteilte, blieben die Verbrechen ausgespart. Wo sie sich allzu sehr aufdrängten, wurden sie vor der Veröffentlichung gelöscht. Was wirklich im Kaukasus geschah und wovon der Reisende wahrscheinlich Zeuge geworden war, wird nur sichtbar, wenn man Jüngers Film ins Säurebad des Historikers taucht. Dann erst werden auch die Erschütterungen kenntlich, die seine Begegnung mit Krieg und Verbrechen ausgelöst hatten und die der Text wie in einem verschlüsselten Funkspruch festhielt. »Das Schweigen des Hauptmanns Jünger ist stärker als sein Drang zu Mitteilungen – und es müßte mitgelesen werden«, kommentierte bei Erscheinung der *Strahlungen* Alfred Andersch und wollte in diesen weißen Stellen im Text eine Form von politischem Widerstand erkennen.[133] Jünger selbst hat dieser Deutung Vorschub geleistet, indem er seinen Lesern empfahl, das Tagebuch als Stimme der inneren Emigration aufzunehmen – als »das letzte mögliche Gespräch« im totalen Staat.[134] Um zu erkennen, daß hier eine falsche Fährte gelegt wird, muß man nicht die Biographie bemühen, die Texte selber überführen den Autor: sein Schweigen dauerte an, als der totale Staat der Nazis längst zerfallen war, ja, es nahm zu im steigenden Abstand zu dieser Zeit. Diese auffällige Entwicklung begann nach der Rückkehr von seiner Reise.

In Paris, so schien es, gewann Jünger seine im Kaukasus erschütterte Fassung zurück, indem er seine alten Verrichtungen wieder aufnahm. Aber der Anschein trog: das Leben in der vertrauten Stadt kam ihm schon bald »künstlich« vor, und er beantragte im Sommer ein erneutes Kommando an die Ostfront. Der Antrag wurde abgelehnt – nach der Landung der Alliierten in Sizilien am 10. Juli 1943 war die Zeit der privaten Exkursionen an die Front endgültig vorbei.[135] Jünger hatte nach seiner Rückkehr den alten Apotheker Potard besucht und sich nach dem Schicksal von dessen Frau erkundigt.[136] Er hatte auch die alte Gewohnheit fortgesetzt, sich von seinen Besuchern über die Vernichtung der Juden berichten zu lassen. Aber die Wiedergabe war jetzt genauer, die Zeugenschaft wurde festgestellt, und das Gehörte diente dazu, andere Besucher mit dem Verbrechen zu konfrontieren.[137] Erstmals gab er Einzelheiten aus den frühen KZs weiter[138] und machte genaue Angaben über die kleinen Ghettos im Osten, insonderheit über das Vernichtungsghetto in Łodz, über die Zwangsarbeit in den Rüstungsbetrieben, über die Auswahl der zum Tod Bestimmten durch den Judenrat, über die Todesarten mit Gas und Starkstrom: »Dort also verschwinden die Massen von Juden, die man aus Europa zur ›Umsiedlung‹ verschickt.«[139] Von den Erschießungen der Juden auf freiem Feld, so erfuhr er, gab es Fotos – eines aus Nikopol ließ er sich zeigen.[140]

Dieser präzisen und enthüllenden Darstellung der Vernichtung der europäischen Juden – ihrer singulären Rolle als Opfer, der barbarischen Methoden ihrer Ermordung, der Feststellung von Zeugen und Beweismitteln, der versuchten Verschleiërung durch die Propaganda – kontrastierte eine gleichzeitig anzutreffende diffuse Rhetorik des Verschleierns und Relativierens. Am 27. Juli 1943 hatte Jünger sich entschieden, einen Aufruf an die Jugend Europas zu verfassen, der einem künftigen Frieden gewidmet war und helfen sollte, den Weg dahin zu bahnen.[141] »Neben den Soldaten, den Arbeitern, den unschuldig Leidenden darf ich auf keinen Fall das Opfer jener vergessen, die blutdürstig und sinnlos massakriert worden sind. Auf ihnen vor allem, wie auf den früher in die Brückenpfeiler eingemauerten Kindern, wird der Bau der neuen Welt bestehen.« Einen Tag später wird er diesen Katalog noch einmal glätten und um eine vierte Opfergruppe – die Mütter – erweitern.[142]

Was auffällt, ist, daß die Juden in dieser Versammlung der Opfer nicht namentlich erwähnt wurden – man wird nicht fehlgehen, wenn man sie unter der Gruppe der »blutdürstig und sinnlos« Massakrierten vermutet. Diese Auslassung ist kein Zufall: sie erlaubte, ein Kollektiv zu konstruieren, bei dem zwischen den Kategorien von Schuld und Unschuld, Tätern und Opfern nicht mehr unterschieden wurde und das sich – mit Ausnahme der aktiven Nazis – auf das ganze deutsche Volk bezog: die gefallenen Soldaten des Vernichtungskrieges und die von Bomben getroffenen Arbeiter der Rüstungsbetriebe, die unschuldig leidenden Kinder und die um die toten Söhne trauernden Mütter. Diese sich andeutende Verwandlung der Täter in Opfer trat deutlicher zutage, je größer die militärischen Niederlagen wurden und die Deutschen sich in gejagtes Wild verwandelten. Jetzt würden sie, so der Autor, den Juden vergleichbar: »[...] der Kessel ist der reinste Ausdruck unserer Lage. [...] Vorbilder kündeten es an, wie etwa das Schicksal der Judenschaft.«[143] Im Blick auf das Grauen des Bombenkrieges spitzte er diesen Befund noch zu: »Die Lage des Deutschen ist jetzt ganz ähnlich, wie die der Juden innerhalb Deutschlands war.«[144] Zu behaupten, die Deutschen würden – wie die Juden nach 1933 – jetzt ohne Grund ausgegrenzt, zu Parias gemacht und in die kollektive Vernichtung getrieben, hieß sie freisprechen. Anfangs machte Jünger noch auf den Unterschied aufmerksam, daß Deutschland durch die Politik, die es betrieben hatte, der Möglichkeit »beraubt« worden war, »sich im Recht zu fühlen gegenüber den Unbilden, die ihm zugefügt werden und ihm drohen«. Aber die Schuld an diesem »Rechtsraub«, so Jünger, trug einzig Hitler.[145] Die Deutschen waren schuldlos, bis auf den Tatbestand, daß sie sich hatten von ihm verführen lassen – zuerst durch seine Rattenfängerreden, dann durch den Köder seiner Erfolge.[146] Den Boden aber, auf dem diese tragische Beziehung von Verführer und Verführten sich hatte entwickeln und geschichtsmächtig werden können, waren die Ideen der Aufklärung, die die bestehenden Sehweisen und Bindungen zertrümmert und Rationalismus und Individualismus an deren Stelle gesetzt hatten. Hitler war ihre häßliche Mißgeburt.[147] Durch die Wissenschaft waren die Menschen nicht klüger geworden: »Die Blindheit wächst mit der Aufklärung; der Mensch bewegt sich in einem Irrgarten von Licht«, hatte Jünger noch auf der kaukasischen Reise notiert.[148] Jetzt, wieder in Paris, markierte er den andern Pol, die Folgen der Droge Freiheit: »›Ich bin frei, ich bin frei‹, so lautete das große Thema der starken und schönen Geister über ein Jahrhundert lang. Ja, dadurch wurden aber auch ganz andere Geister frei.«[149] Was er dagegensetzte, klang nicht ermutigend. »Christliche Moral«, ein »Gefühl für ritterliches Leben und Waffenehre« sowie »altgermanischen Anstand und Bewußtsein für das Rechte« wünschte er sich von einer erneuerten deutschen Jugend.[150]

Es war das bekannte Programm Ernst Jüngers aus der Vorkriegszeit, und es wurde – in der Wortwahl gereinigt und zugespitzt zur Frontstellung gegen den Nihilismus – zum Halt für viele Orientierungslose im Nachkrieg. Geleistet wurde diese Arbeit des Bereinigens und Zuspitzens in den 1950 und 1951 veröffentlichten Essays *Über die Linie* und *Der Waldgang*. Jünger bekräftigte darin seine Rolle als einer der einflußreichsten, weil wortmächtigsten Akteure des »kollektiven Beschweigens«, das für die fünfziger/sechziger Jahre in der Bundesrepublik so charakteristisch war. Ablesbar ist dieser Beitrag zur Kultur des Schweigens daran, daß die Juden und ihr Schicksal – außer dem allgemeinen Hinweis, daß das Ausrotten von Minderheiten für das Jahrhundert typisch war[151] – keine Erwähnung mehr fanden. Statt der exakten Ortsbezeichnungen ihrer Vernichtung wurden ortlose und nicht zurechenbare Assoziationen des Schreckens geliefert – »Tiefpunkte des Malstromes« und »Zentren des nihilistischen Vorgangs«[152] das Leiden »in den Gefängnissen, der Sklaverei, der Kesselschlacht«[153] oder »in den großen Treibjagden, Kesseln und Schinderhütten«.[154] Diese Rhetorik griff das dunkle Raunen von den »Schinderhütten« und »Lemurenwälder« wieder auf, das Jünger im sicheren Abstand seines ersten Pariser Aufenthaltes angemessen erschienen war, um das Verbrechen an den Juden zu benennen. Im Kaukasus und in der Zeit unmittelbar danach hatte er sich zugemutet, konkreter zu werden: Kiew, Teberda, Łodz, Nikopol, der Sicherheitsdienst, SS-Leute, der SD. Er hatte auch den deportierten und vernichteten Juden einen Namen gegeben: Frau Potard. Jetzt zeigte sich, daß die Krise im Gebirge nur eine Episode gewesen war.

Es blieb nicht beim Unkenntlichmachen der Tatorte und

der Täter des Judenmords. Jünger lieferte auch eine neue Definition der Opfer. Was er schon als Charakteristikum des modernen Krieges generell bezeichnet hatte, das sah er in der vor sich gehenden Massenvernichtung des Zweiten Weltkrieges auf die Spitze getrieben – daß er »ganz und gar Leiden wird«.[155] In dieser Steigerung erblickte er aber auch die Chance. Sie lag für ihn in der »produktiven Kraft des Schmerzes«.[156] Wo er am größten war, da konnte auch die größte Klarheit sich einstellen.[157] Er war auch inmitten von Destruktion und Auflösung der Schöpfer der einzigen sozialen Beziehung. Der Schmerz, notierte Jünger nach der Nachricht vom Soldatentod seines Sohnes, habe »die wahre, die einzige Gemeinde dieses Krieges« geschaffen, eine »geheime Brüderschaft«.[158] Die Orte, an denen dieses Lernen vornehmlich geschah und diese Brüderschaft sich gründete, waren die Kesselschlachten und die Gefangenenlager, denen die Deutschen hatten entkommen können.[159] Auf den Gesichtern vor allem der Jugend glaubte Jünger den Gewinn aus diesem apokalyptischen Geschehen zu erkennen – einen nüchternen und starken »Elan«[160] und »das Schweigen der Jugend, die doch viel Seltsames in ihren Kesseln und mörderischen Gefangenschaften sah«.[161] Nur der Dichter vermochte es, durch die Macht der Sprache, diesen »Schmerz der Tiefen« aufzugraben[162] und das mitgebrachte »furchtbare Schweigen« zu lösen.[163] Erst in dieser magischen Begegnung mit der Kunst, so versprach er, »[vergehen] die Leiden und verklären sich im Gedicht«.[164] Und die Leiden in den Deportationszügen und Ghettos, an den Erschießungsgräben und in den Vernichtungslagern? Wie könnte das Schweigen darüber zur Sprache werden und zur Erinnerung? Wer buchstabierte auf den Gesichtern der überlebenden Juden den Schmerz und half, ihn zu »verklären«? Jünger hatte sich in den *Strahlungen* als »Seismographen« eingeführt, der die Katastrophen zu registrieren und zu vermessen vermochte.[165] Aber er hatte auch auf die Möglichkeit des Scheiterns dieser Anstrengung hingewiesen. »Es gilt Tiefen des Leidens, die ewig sinnlos bleiben werden, wenn nicht die Frucht sie klärt.«[166] Zu diesen sinnlosen Leiden aber gehörte für ihn das Schicksal der Juden.

Zur »Frucht», zum Sinn werden konnte nur, was aus dem »Opfer« entstanden war.[167] Und Opfer war ein Synonym für Mut und Heldentum. In diesem Sinne konnte das Heer der Heimkehrer aus den Kesseln und Gefangenenlagern, die gescheiterten Attentäter des 20. Juli ebenso wie die erschossenen französischen Geiseln[168] zum »Korn« werden, »aus dem der Krieg Frucht tragen wird«.[169] Diese Art von Geschehen und Erleben gehörte für ihn zur »heroischen Sphäre«, jenseits davon begann die »Elementar-Ebene« mit Ereignissen »physikalischer, zoologischer oder kannibalischer Natur«.[170] Deren Form war das Massaker.[171] Es war für Jünger der reinste Ausdruck des Nihilismus – Produkt eines Schrecken verbreitenden Terrors und einer von Nüchternheit bestimmten technischen Ordnung, ausgeführt von Menschen, die wie Maschinen funktionierten, und an Orten, die außerhalb der menschlichen Sphäre, im Verborgenen und in der Einöde lagen.[172] Der Tod der Juden in den nationalsozialistischen Todesfabriken ließ sie für Jünger zu einem ununterscheidbaren Teil der Naziwelt und damit zu einer flüchtigen Erscheinung werden – ein »sekundärer, […] zeitlicher Dekor«, also bloße Oberfläche.[173] Sinn aber lag, seinem poetologischen Selbstverständnis nach, nur in der Tiefe, konnte nur aus Opfer entstehen. Während er den in den Schlachten und Verbrechen des Vernichtungskrieges umgekommenen bzw. daraus heimgekehrten Soldaten der Wehrmacht seinen Epitaph errichtete, schloß er die sechs Millionen ermordeten Juden wie die wenigen Überlebenden von jedem Mitgefühl und von jeder Erinnerung aus. Selten haben ein ästhetisches Konzept und eine angemaßte eigene Moral solch zynische Folgen gehabt.[174]

Die Leser seiner Nachkriegsschriften applaudierten diesem Ausschluß der Juden aus der Erinnerung. Sie teilten Jüngers Ansicht, daß das Verbrechen des Judenmords und die Dauerdebatte darüber das einzige Hindernis für die Deutschen waren, sich als Opfer zu fühlen und sich der Welt gegenüber auch so zu präsentieren. Daher war Totschweigen das Gebot der Stunde. Aber das Publikum goutierte auch das Bild vom »christlichen Gentleman«, das der Autor von sich entworfen hatte.[175] Es entsprach dem eigenen Selbstbild. Die Grundlage dieser Übereinstimmung war das Wissen, Komplize zu sein. Peter de Mendelssohn hatte schon früh – aus Anlaß der Veröffentlichung der *Strahlungen* – darauf aufmerksam gemacht. Jüngers Scheidelinie gegenüber dem untergegangenen Regime verlaufe »zu sehr im Zick-Zack-Kurs; auf solcherlei unübersichtlichen Fronten wimmelt es von Überläufern. Für diese wird *Strahlungen* zu einem Handbuch und Wegweiser: ›Wie entnazifiziere ich mich selbst?‹ werden, unter Ignorierung alles Nichtzutreffenden.« Und er hatte diesem Charakterzug des Opportunismus einen zweiten, schärferen hinzugefügt – den der Feigheit. Er zitierte Jüngers verwirrendes Selbstgespräch in den Bergen des Kaukasus, ob er sich an die Stätten des Verbrechens begeben und Zeugnis davon ablegen sollte: »Ich würde sofort als Widersacher sichtbar sein. Wem wäre damit gedient?« Der schon 1933 aus Deutschland geflohene Jude Mendelssohn gab dem Hauptmann Jünger die Antwort: »Ja – das ist allerdings die Frage. Wem wäre damit gedient? Ganz bescheiden möchte ich anmerken: mir zum Beispiel.«[176]

5. Kapitel
Die Legende von der sauberen Wehrmacht

Böll, Remarque, Bamm

»Ein Ekel ergreift mich dann vor den Uniformen, den Schulterstücken, den Orden, dem Wein, den Waffen, deren Glanz ich so geliebt«, so kulminierte am 31. Dezember 1942 Jüngers Krise im Kaukasus.[1] Fast gleichlautend beschrieb der unbekannte Obergefreite Heinrich Böll, der ein Jahr später zu der aus dem Kaukasus zurückgezogenen 17. Armee auf die Krim abkommandiert worden war, nach einem dreiwöchigen Einsatz seine tiefe Verzweiflung: »Ach, ich kann bald keine Uniform und keinen Orden darauf mehr sehen. Ich kann nie mehr das Soldatenleben bedenken, ohne die absolute Wirklichkeit des Krieges zu spüren, wie ich sie ›vorne‹ erlebt habe.«[2] Böll war bei den Abwehrkämpfen verwundet worden und kam, nach seiner Genesung, erneut an die Ostfront, diesmal an die ehemalige sowjetisch-rumänische Grenze. Als er sich dort – schon am zweiten Tag schwer verwundet – mit den panisch zurückflutenden deutschen Einheiten retten konnte, schrieb er seiner Frau: »Ich hasse den Krieg, ich hasse ihn aus tiefster Seele, den Krieg und jedes Lied, jedes Wort und jede Geste, jeden, der irgendwie etwas anderes kennt für den Krieg als Haß.«[3] Jüngers Ekel hatte nicht dem Krieg generell, sondern nur dessen Entartung gegolten und hatte im übrigen, wie wir gesehen haben, nicht lange angehalten: binnen Jahresfrist war die Erschütterung über die deutschen Verbrechen dem Mitleid um das wie ein Wild gejagte und eingekreiste Deutschland gewichen. Die Physiognomien der Täter hatten sich in die Gesichter von Opfern verwandelt. Bei Böll hielt das Entsetzen an, und er wollte es so: »Diese unsagbare Grausamkeit des Krieges«, schrieb er aus dem Lazarett an seine Frau, »ist so unerbittlich, ich vergesse nicht eine Sekunde von allen Tagen, und ich möchte sie auch nicht vergessen. [...] Weißt Du, sehr, sehr kostbar sind mir alle diese Erinnerungen auch an den Krieg, aber ich möchte, daß ich Gewalt über sie habe, und nicht sie Gewalt über mich.«[4] Über die Erinnerung frei zu verfügen und nicht deren Gefangener zu werden hieß für ihn: schreiben. Schon ein halbes Jahr nach seiner Rückkehr aus der Gefangenschaft, im Frühjahr 1946, begann er damit. Aber niemand wollte die Texte haben: von den ersten zehn wurde keiner gedruckt.[5] Gegenüber dem Freund Ernst-Adolf Kunz kommentierte er diesen anhaltenden Mißerfolg im Oktober 1948 so: »Mein eigentliches Gebiet ist ja offenbar der Krieg mit allen Nebenerscheinungen und keine Sau will etwas vom Krieg lesen oder hören und ohne jedes Echo zu arbeiten, das macht dich verrückt.«[6] In den meisten Fällen waren die Redakteure und Lektoren, die Bölls Manuskripte ablehnten und zurückschickten, dafür verantwortlich, daß die Leser nichts von Böll zu lesen bekamen. Eine dieser Absagen lohnt es sich näher anzuschauen: der Verlag begründete nämlich explizit, warum er Bölls ersten Roman *Kreuz ohne Liebe* nicht abdrucken wollte. Der Fall zeigt, was man damals über den gerade zu Ende gegangenen Krieg schreiben durfte und was nicht.

Kreuz ohne Liebe

Der Roman setzt ein kurz vor der Errichtung des NS-Regimes und endet mit dessen Untergang im Mai 1945. Im Zentrum steht das Schicksal der katholischen Familie Bachem im Zeichen des »verkehrten Kreuzes«, wie die Mutter das Hakenkreuz nennt.[7] Ihr Sohn Hans glaubt an die Bewegung, die unter diesem Zeichen sich anschickt, Deutschland aus der Schmach von Versailles zu befreien und von Grund auf zu erneuern. Sein Bruder Christoph dagegen sieht im Nationalsozialismus eine neue, fanatische Religion, die den

Massen der Entwurzelten und Orientierungslosen die Erlösung predigt und sie in Wirklichkeit in einen neuen Krieg treibt. Während der eine als Parteisoldat aufsteigt und – durch die Einweisung des gemeinsamen Freundes ins KZ – in den Vorhof der Macht gelangt, erlebt der andere als Soldat im feldgrauen Rock sein Golgatha in den Kasernen und auf den Truppenübungsplätzen der Wehrmacht. Planmäßig zertreten und entwürdigt, hält ihn nur der Haß auf seine Peiniger am Leben, nur der Glaube an den Gekreuzigten und die Liebe zu einer jungen Frau helfen ihm, Mensch zu bleiben. Dann holt ihn der Krieg – nach Polen, nach Frankreich, an die Ostfront. Dort – in der Brutalität des vom Sieg berauschten deutschen Herrenvolkes und in der Marter der Geschlagenen – erkennt er dessen Gesetz: »das Hinausgestoßensein aus aller Ordnung und aller Heimat ... hineingeschleudert, hilflos in das Antlitz der Erde«.[8] Dem Bruder ist sein Glauben an Führer, Sieg und Deutschland mittlerweile zerbrochen: unter den Trümmern seines Idealismus entdeckt er den Grundriß eines Systems der Amoralität und der Lüge. Von der Partei als Offizier an die Ostfront abkommandiert – um ihn dort zu kurieren –, beschließt er, seine Beteiligung an den Verbrechen zu sühnen: er rettet einem deutschen Soldaten und drei russischen Frauen, die zum Tod verurteilt sind, das Leben. Als Hans den Unbekannten, mit falschen Papieren ausgestattet, freiläßt, erkennt er in ihm den Bruder Christoph: er war verhaftet und verurteilt worden, weil er eine verhungernde russische Familie mit Lebensmitteln aus Wehrmachtsbeständen versorgt hatte. Während der eine, Hans, sich stellt und wegen Verletzung seiner Offizierspflichten erschossen wird, kann der andere in der Unübersichtlichkeit des Krieges entkommen und die Schrecken von Verwundung, Endkampf und Gefangenschaft überleben. Heimgekehrt, trifft er auf einen anderen Überlebenden: den Freund, der aus der Hölle der KZs zurückgekommen ist. Vor den Schuttbergen ihrer zerbombten Heimatstadt Köln schwören sie: »die Hoffnung auf uns nehmen; und die Wirklichkeit verkünden« – die Hoffnung des richtigen Kreuzes und die Wirklichkeit des erlebten Unrechts.[9]

Böll begann mit der Niederschrift des Romans im Sommer 1946 und beendete ihn ein Jahr später. Im Juli 1947 reichte er das fertige Manuskript beim Verlag Johann Wilhelm Naumann ein.[10] Der Verlag gab die katholische Zeitschrift *Neues Abendland* heraus, die sich zum Ziel gesetzt hatte, »im Dienst der Erneuerung Deutschlands aus christlich-universalistischem Geist, also im Sinne echter abendländischer Geisteshaltung« zu wirken.[11] Am 29. August 1946 hatte das *Börsenblatt für den deutschen Buchhandel* die folgende Annonce des Verlages veröffentlicht: »Die in Augsburg-Göggingen erscheinende Zeitschrift *Neues Abendland* erläßt ein Preisausschreiben für den besten Roman, der die weltanschauliche Auseinandersetzung des Christentums mit dem Nationalsozialismus gestaltet.«[12] Ob die Idee, den Roman zu schreiben, durch diese Ankündigung ausgelöst worden war, ist ungeklärt, in jedem Falle aber dürfte die Chance einer Veröffentlichung für den erfolglosen Schriftsteller ein starker Antrieb gewesen sein, ihn in so kurzer Zeit zu vollenden. »Eine wahnsinnige Arbeit«, teilte er rückblickend dem Freund Kunz mit.[13] Nachdem der Verlag den Einsendetermin – offensichtlich wegen Mangel an eingehenden Manuskripten – mehrfach verlängert und der Autor sich nach dem Ausgang des Wettbewerbs öfter erkundigt hatte, erhielt Böll am 15. April 1948 sein Manuskript zurück – mit der folgenden Ablehnung: »Das Kollegium sieht in Ihrem Roman zwar ein menschliches Dokument und künstlerische Gestaltung, doch tritt die Auseinandersetzung mit dem Nationalsozialismus zu wenig in Erscheinung. Es wird ferner bei der Beurteilung hervorgehoben, daß Sie über dichterische Möglichkeiten verfügen, doch wird dazu bemerkt, daß diese noch sehr der Reifung bedürfen. Die Schilderung des deutschen Heeres wird, wenn wir auch selbst sehr gegen jede Form des Militarismus sind, doch als eine zu starke Schwarz-weiß-Schilderung angesehen, die nur aus einer noch nicht objektivierten Erbitterung entnommen wird.«[14] Hinweise auf bestimmte Stellen im Text als Beleg der geäußerten Kritik enthielt das Schreiben nicht. Im Manuskript selbst hatte der Lektor im vorletzten Kapitel einige Fragezeichen an den Rand gesetzt: nur eines bezog sich auf eine inhaltliche Aussage – den mangelnden Widerstand der katholischen Kirche –, die beiden anderen betrafen wohl eher stilistisch-formale Aspekte des Textes.[15] Grund für die Ablehnung waren also nicht einzelne Passagen, die vor Drucklegung und im Einvernehmen mit dem Autor möglicherweise hätten geändert werden können, sondern die Gesamtaussage des Romans und die darin erkennbare Haltung.[16]

Kreuz ohne Liebe ähnelt in manchem Borcherts Erstlingswerk *Draußen vor der Tür* – in der spätexpressionistischen Vagheit der Sprache und im groben Umriß der meisten Figuren. Aber der Roman verfügt über etwas, was dem vielgelobten Theaterstück fehlt – eine analytische Hellsicht und ein unerbittliches Urteil bei der Darstellung von Nationalsozialismus und Krieg.

Die Kritik des Verlages, die Auseinandersetzung mit dem erstgenannten Thema trete »zu wenig in Erscheinung«, trifft schon nicht, weil eine der beiden Hauptfiguren Nazi ist, die Demontage der Partei und ihrer Politik also nicht nur von dessen Gegnern, von außen, sondern auch von innen her, von einem ihrer glühendsten Anhänger, betrieben wird. Der Vorwurf zielte denn auch auf etwas ganz anderes – auf das Bild, das Böll vom Nationalsozialismus, von seinen Wurzeln und seiner Wirkung, von seinen Trägern und Ermöglichern entworfen hatte. Dieses Bild paßte den Organisatoren des Preisausschreibens nicht. Sie dürften damit nicht allein gestanden haben – es widersprach wohl auch den Vorstellungen der meisten Deutschen über die unmittelbare Vergangenheit. Denn statt, wie damals üblich, den Nationalsozialismus als die Irrlehre eines krankhaften Fanatikers zu zeichnen, die auf unerklärliche Weise in Deutschland Eingang gefunden habe und mit Propaganda bzw. Terror dem Volk aufgezwungen worden sei, wird das Programm der Nazis als ein »Mischmasch aus guten und schlechten Ideen« präsentiert, und ihrer Politik wird mit Blick auf den Versailler Vertrag der »Anschein des Rechts« zugebilligt – denn sie »befreit ja Deutschland aus einem ungerechten Zustand«. So sei, erklärt der nazikritische Protagonist Christoph, etwas ganz Seltenes entstanden – »die gefährlichste Erscheinungsform des Irrtums: eine wunderbare menschliche Wahrheit mit einem Anhang, der des Teufels ist«.[17] Diesem Trugbild, dem die »dämonische Gewalt Hitlers« den Glanz einer »neuen Religion« verliehen habe,[18] sei »die große Masse der geistig Heimatlosen, der Hilflosen und Verwirrten«, die von den Zeitumständen »aus ihrem Element geworfen waren«,[19] ebenso erlegen wie »die geistige Oberschicht« aus Adel, Militär und Bürgertum.[20] Die Massen habe die Verzweiflung unters Hakenkreuz getrieben – die Nazis hielten sie dort, indem sie »die niedrigsten Instinkte« entfesselten und befriedigten.[21] Die Eliten aber hätten »ihren Segen dazu gegeben«, weil ihnen nichts heiliger gewesen sei »als ihre bürgerliche Sicherheit, mag sie Staat, Partei, Kirche oder Geld heißen«.[22] Auf diese Weise sei mit der Zustimmung und Unterstützung »eines völlig verblendeten Volkes« beides ermöglicht worden – das Foltern und Ermorden der Gegner »in den Lagern« und »Schädelstätten der Macht« wie »die infernalische Vernichtung aller Werte«.[23]

Und die katholische Kirche? In den Kasernen war Christoph den Priestern begegnet, die das »verkehrte Kreuz« neben dem Kreuz Christi am Rock getragen hatten, und er mußte erleben, wie man den Gekreuzigten zum Kriegsgott gemacht hatte – in der »Uniform mindestens eines Majors«.[24] Auch hier – wie beim übrigen Bürgertum – sei die Sorge um den drohenden Verlust der »kostbaren Sicherheit« der Grund gewesen, warum »so verschwindend wenige Männer der Kirche sich in Deutschland gegen den Wahnsinn erhoben« haben.[25] Noch gewichtiger aber als dieser verheerende Befund ist die düstere Prognose, die der entlassene KZ-Häftling Joseph am Ende des Romans formuliert: »das Geschlecht der Ahnungslosen«, so nennt er die Mittäter und Mitläufer, sei mit dem Untergang von Nazideutschland nicht verschwunden – »Sie haben im Jahre 33, während der Kreuzigung Christi, beim ersten und zweiten Frühstück gesessen, und ihr Geschlecht [...] ist nicht ausgestorben bis heute ...«[26] Keiner der Zeitgenossen, außer vielleicht Dietrich Bonhoeffer, hat das Versagen des deutschen Bürgertums ähnlich scharf gegeißelt.[27] Bei den Organisatoren des Preisausschreibens dürfte diese Kritik einige Irritation ausgelöst haben. Für sie hatte der Katholizismus, »unerschüttert« und ohne sich etwas vorwerfen zu müssen, Nazizeit und Krieg überstanden.[28] Erst recht widersprachen Bölls generelle Ansichten über den Nationalsozialismus den eigenen Deutungsmustern: was sich zwischen 1933 und 1945 ereignet hatte, wurde nicht als Erblast der Deutschen, sondern nur als Folgeerscheinung einer umfassenderen Epochenkrise begriffen, die, mit der Aufklärung einsetzend, zu einem allgemeinen Kulturverfall und einer verheerenden »Säkularisierung« des Lebens geführt hatte.[29]

Als Böll sein fertiges Manuskript dem Freund Kunz zugestellt hatte, antwortete dieser mit einem begeisterten Brief: er habe den Roman zweimal gelesen und werde ihn, wenn er demnächst in Buchform vorliege, auch noch ein drittes Mal lesen. Offensichtlich schien der ehemalige Wehrmachtsangehörige, den Böll in der Kriegsgefangenschaft kennengelernt hatte, nach der Lektüre keinen Zweifel an der positiven Entscheidung der Juroren des Wettbewerbs zu haben: »Wenn die kritisierenden Herren auch nur einen Tag Landser waren, müssen sie sich für Dich aussprechen.«[30] In der Tat bot der Roman ein erschreckendes und wirklichkeitsnahes Bild von Militär und Krieg in der Nazizeit. Es basierte – wie die fast täglich geschriebenen Briefe Bölls an seine Angehörigen und dann an seine Frau belegen – bis in Details auf dem eigenen Erleben. Das ist für das Gelingen einer literarischen Produktion keine Garantie, und der Autor hat daher in seiner Antwort auf den ablehnenden Bescheid das Urteil der Preisrichter sofort akzeptiert, »soweit es die künstlerische, dichterisch-kompositorische Beurteilung meiner Arbeit betrifft«.[31] Die Kritik am Inhalt seiner Aussagen aber hat Böll zurückgewiesen – nach sechs Jahren Dienst als Soldat wußte er, wovon er schrieb.

Den größten Teil seiner Militärzeit, vom Herbst 1939 bis zum Frühjahr 1942, hat er in deutschen Kasernen zugebracht – zunächst als Rekrut, dann, aus Gesundheitsgründen, auch als Soldat. Danach war er für zwei Jahre zur Besatzungstruppe in Frankreich abkommandiert worden – davon ein halbes Jahr in Bunker und Stellungen an der Kanalküste. Zum Fronteinsatz kam er zweimal – bei den Abwehrkämpfen auf der Krim Ende 1943 und im Frühjahr 1944 bei einem gescheiterten Großangriff an der rumänisch-sowjetischen Grenze. Beide Einsätze endeten wegen seiner Verwundung vorzeitig und hatten längere Lazarettaufenthalte zur Folge.[32] Abgesehen von wenigen Wochen in Frankreich,[33] hat Böll die gesamte Zeit in Uniform als Tortur erlebt. Nur die nie abreißende Verbindung zu seiner Familie und sein Glaube haben ihn davor bewahrt, daran zu zerbrechen. Diese Spannung zwischen Untergehen und Gerettetwerden bestimmt auch den Roman, in allen seinen Situationen und im fortlaufenden Selbstgespräch seiner Protagonisten. Sie verleiht der ätzend scharfen Kritik an Kasernendienst und Fronteinsatz ihre existentielle Grundierung.

Als erster Kreis der Hölle erscheint die Kaserne – als äußere Hülle »ein grauenhaftes Gemisch aus Hygiene, Ziegelsteinen, Geistlosigkeit und Stumpfsinn«, im Inneren bestimmt und gesteuert durch »planmäßige Lieblosigkeit und systematische Zersetzung der Menschenwürde«.[34] Die mit der Zerstörung jeder Individualität und dem Aufbau eines willfährigen Massenwesens beauftragten Spezialisten, die Feldwebel, Unteroffiziere und Leutnants, geben schon in den Namen ihren ignorant-brutalen Charakter preis – Schwachhulla,

Wind, Pruskopp, jeder »ein Götze, der Gehorsam fordert«.[35] So lebensbedrohend erscheint dem Rekruten Christoph Bachem die totale Macht dieser Götzen, daß er glaubt, nur »ein Krieg könnte die Erlösung aus diesem fürchterlichen Wahnsinn sein«.[36] Als dieser kommt und die Wehrmacht Polen, dann auch Frankreich überfällt, gesellt sich im Rausch der Blitzkriege zur Macht die Gier: der Gefreite Bachem erlebt seinen Spieß Schwachhulla, den »Sieger auf dem Schlachtfeld der Kaserne«, als feigen Plünderer und Vergewaltiger – »eine ekle Ratte, die in den Spuren des Entsetzens ihre Nahrung sucht«.[37] Was keiner Steigerung mehr fähig zu sein schien, konnte noch gesteigert werden – zum Inferno der Ostfront. Das Heer war längst nicht mehr der siegtrunkene, schimmernde Koloß, der die Völker Europas nach Belieben zertrat, sondern ein geschlagener Haufen: »keine Litze zu erkennen, nicht die hübschen Schulterstücke des Offiziers, rostig und schmutzig die Gewehre, nichts Blinkendes an ihnen; von Schlamm bedeckt das Gerät und die bleichen, schmalen Scheiben der Gesichter überfilzt von Bärten und Dreck. [...] sie scheinen selbst zum Fluchen zu müde, und mit einer fürchterlichen Gleichgültigkeit erheben sie sich mühselig und langsam, wenn sie stolpernd in einen Trichter gefallen sind, [...] mein Gott, woher haben diese ausgemergelten Tiere noch die Kraft?«[38] In diese Szene aus Apathie und Schlamm, in dieses Bild einer ausweglosen Endzeit schlägt der Roman wie eine gewaltige Kerbe eine neue Frontlinie, nicht zwischen Deutschen und Russen, sondern zwischen Deutschen und Deutschen – zwischen denjenigen, die ein Ende des Krieges fordern, und den »Mahlknechten«, die seine Mühle weiterdrehen.[39] Der Leutnant Hans Bachem entscheidet sich, nicht länger »als halb rebellischer, aber immerhin noch im Kriege brauchbarer Landsknecht« zu funktionieren, und suspendiert die Maxime »Befehl ist Befehl«.[40] Die Schwachhullas, die die Zivilbevölkerung als Objekt ihrer Mordlust entdeckt haben und sich einen Spaß daraus machen, zum Tod verurteilte Frauen vorher noch zu vergewaltigen, sind bei dieser Auseinandersetzung zu Randfiguren geworden.[41] Jetzt tritt ein anderer Teil der militärischen Hierarchie ins Blickfeld. Seinem Bataillonskommandeur, der die Fortsetzung des Krieges mit »lächerlichen Phrasen« rechtfertigt und »in blinder Eitelkeit« Orden sammelt wie abgerissene Kalenderblätter, wirft der Leutnant die Pistole vor die Füße.[42] Und dem General, einem alten Herrn »mit einem tragischen Gesicht«, der alles versteht, aber zu schwach ist, der eigenen Einsicht zu folgen, schleudert er entgegen, daß er nicht länger einer Pflicht folgen werde, »deren Erfüllung Unschuldigen das Leben kostet, während man sich selbst in einer kostbaren Sicherheit zurückhält«.[43] Es ist die Kampfansage an die Menschenverachtung einer militärischen Kaste, die Millionen von Menschen – darunter die eigenen Leute – in einem hoffnungslos gewordenen Krieg verbluten läßt, um die eigene Haut zu retten. Dies Motiv der Feigheit erlebt in den apokalyptischen Endkämpfen auf deutschem Boden seine Apotheose in der verbrecherischen Weigerung, nach den zahllosen Siegen nun auch Verantwortung zu übernehmen für die Niederlage: »und die arme, verratene, sich selbst fremde Armee geisterte in der heillosen Verwirrung umher, hoffnungslos versponnen in ein Netz blödsinniger Befehle, die niemand mehr entwirren konnte; aber der blutige Zwang eines mörderischen Gehorsams hielt das zerschlissene Gefüge zusammen; und in diesen fürchterlichen Teppich von Verwirrung fraßen die wildesten, entfesselten Triebe, Angst und Gier und Wollust und Vernichtungslust, klaffende Löcher wie dunkle Flecken des Nichts ...«[44]

Die Kritik der Preisrichter hatte Böll unterstellt, eine »noch nicht objektivierte Erbitterung« gegen seine ehemaligen militärischen Vorgesetzten habe ihm bei Niederschrift des Romans die Feder geführt.[45] Es ging dem Autor aber um etwas viel Grundsätzlicheres als um eine Abrechnung mit den kleinen Schleifern auf den Kasernenhöfen und den hochdekorierten Menschenverächtern an der Front. Der

Roman stellte die Frage nach dem soldatischen Ethos in Zeiten des Verbrechens: War es Teil einer moralischen Ordnung, die Menschenwürde und Menschenrechte achtete, und behauptete es diesen Anspruch – notfalls auch durch offenen Widerstand gegen Staatsmacht und militärische Führung –, oder war dieses Ethos eine ununterscheidbare Teilmenge des Verbrechens und diente ihm unter den Masken von Gehorsam, Ehre, Pflichterfüllung? Die Antwort auf diese Frage fiel vernichtend aus: die Wehrmacht – ob in der Kaserne oder an der Front – war für Böll eine Organisation ohne Moral und im Dienst des Verbrechens.[46] Ein solcher Befund aber paßte schon nicht mehr in die politische Landschaft der besetzten Westzonen. Während die »Wut auf die Wehrmacht« unmittelbar nach dem Krieg weit verbreitet gewesen war und die Berichterstattung über die Nürnberger Prozesse diese Stimmung mit reichhaltigem Material unterstützt hatte, gewannen in der Zeit des beginnenden Kalten Krieges mehr und mehr die Stimmen an Gewicht, die das Bild einer »sauberen« Wehrmacht propagierten, die »ritterlich« gekämpft habe und »ehrenvoll« unterlegen sei.[47]

Diese Zäsur verlief parallel zur Neuorientierung der Zeitschrift *Neues Abendland*, die das Preisausschreiben organisiert hatte: sie war im Herbst 1947 von einem stark religiös geprägten auf einen »dezidiert rechtskonservativen Kurs« umgeschwenkt.[48] Starken Einfluß auf diesen Kurswechsel hatte der neue Redaktionsleiter Emil Franzel. Dieser war 1938 von der sozialdemokratischen Partei zur Bewegung des Sudetendeutschen und Nazis Henlein übergetreten und hatte sich nach 1945 zunächst als Publizist in der Presse der Vertriebenenverbände betätigt. Franzel war Mitglied der CSU und Duzfreund von Franz Josef Strauß.[49] Unter seiner Leitung wurde der Kampf gegen den »Bolschewismus« als, wie einer der Autoren schrieb, »geistige Massenkrankheit und soziale Seuche« zur Leitlinie des Blattes.[50] Zwar war die Wiederbewaffnung noch kein Thema, aber die Front, an der Westdeutschland mit seinen neuen Alliierten künftig zu kämpfen hatte, war immerhin klar benannt. Radikale Kriegsgegner waren da nicht zu gebrauchen, auch wenn sie noch so gläubige Katholiken waren.[51] Böll hatte gespürt, daß die Argumente für die Ablehnung seines Manuskripts nur vorgeschobene waren. Den wirklichen Grund hat er in einem Antwortbrief im Mai oder Juni 1948 benannt und dabei die Aussagen seines Romans noch einmal bekräftigt: »Den Vorwurf, Heer und Krieg zu schwarz-weiß gezeichnet zu haben, weise ich zurück. Vielleicht [würde] ich diese Kapitel heute noch schwärzer schreiben, da sich inzwischen erwiesen hat, daß in Wirklichkeit – auch innerhalb der scheinbar christlichen Parteien – die alten romantisch-patriotisch-militärischen Tendenzen wieder Kraft und Gestalt gewinnen.« Das war politischer Klartext. Zugleich deutet er eine persönliche Konsequenz an: da es für ihn »als Katholiken« offenbar »hoffnungslos« sei, »einem christlichen Verlag eine radikalere Arbeit vorzulegen«, sehe er sich gezwungen, auch weiterhin »mit sogenannten liberalen Verlagen« zusammenzuarbeiten.[52] Daß es dort für »radikalere Arbeiten« nicht besser aussah als bei einem konservativen katholischen Kampfblatt, sollte sein sehr viel berühmterer Kollege wenig später erfahren. Der Wettbewerb endete übrigens ohne Gewinner oder wurde vorher abgebrochen – das *Neue Abendland* hat jedenfalls nie einen Preisträger genannt.[53]

Zeit zu leben und Zeit zu sterben

1952 war im Kölner Verlagshaus Kiepenheuer & Witsch Erich Maria Remarques erstes Buch nach dem Krieg erschienen – *Der Funke Leben*. Der seit dem Welterfolg seines Romans *Im Westen nichts Neues* verwöhnte Autor hatte alle Mühe gehabt, in Deutschland einen Verleger für sein Manuskript zu finden. Diese Schwierigkeiten hingen mit dem Thema des Romans zusammen: es erzählte anhand der Geschichte des Häftlings 509 vom Leben und Sterben in einem deutschen KZ.[54] Das gründlich recherchierte Buch wurde ein Mißerfolg.[55] 1954 publizierte der Kölner Verlag unter dem Titel *Zeit zu leben und Zeit zu sterben* Remarques nächsten Roman. Das Thema – der gerade zu Ende gegangene Zweite Weltkrieg – war nicht weniger brisant. Während der KZ-Roman von den Opfern erzählt hatte, ging es diesmal um »die Welt der Täter«.[56] Die Hauptfigur ist ein deutscher Landser: Ernst Graeber wird, nach Einsätzen in Frankreich und Nordafrika, 1943 an die Ostfront verlegt und gerät mit seiner Einheit – nachdem er auf einem Heimaturlaub die Schrecken des alliierten Luftkriegs und eine wunderbare Liebe erlebt hat – in die Katastrophe des Rückzugs und kommt darin um. Bücher dieser Art hatten damals Konjunktur. Dennoch unterschied sich dieser Roman, schon durch die Figuren, von der damals üblichen Erinnerungsliteratur auf bemerkenswerte Weise.

Die einzige Person in Graebers Kompanie, die sich von Hitlers Parolen nicht hatte verführen lassen, ist der Kommunist Immermann. Er hat eine Strafkompanie nur überlebt, weil er ein guter Mechaniker ist, und er spricht offen aus, wohin dieser Krieg führen wird: »Wir verkürzen unsere Linien [...]. Seit einem Jahr schon. Strategische Notwendigkeit, um den Krieg zu gewinnen.«[57] Ein anderer Angehöriger der Kompanie ist »Vierteljude«. Hirschland ist offener antisemitischer Hetze und ständigen Demütigungen ausgesetzt: »Erstklassige Arbeit für dich, Isaak! Leichen ausgraben. Gut für dein jüdisches Blut. Stärkt Knochen und Geist. [...] durch die Großzügigkeit des Führers ist es dir erlaubt, Seite an Seite mit echten deutschen Männern zu kämpfen. So, grab das russische Schwein aus.«[58] Sein Peiniger Steinbrenner kommt von der SS. Er war vor seiner Versetzung zur Wehrmacht Wachmann in einem KZ, später in einer Einsatzgruppe des SD und dann bei der Waffen-SS. Durch diese Konstellation ist »die Judenfrage« in die Wehrmacht implantiert. Die Biographie Steinbrenners macht unmißverständlich klar, daß er nicht nur antisemitische Parolen verbreitet, sondern daß es ihm damit ernst ist: »›Ausgewählte Zucht der Rasse! Wir müssen die Juden nicht nur ausrotten, wir müssen sie auch durch reinblütige Deutsche ersetzen. Eine neue Führer-Rasse. – Hast du viele Juden ausgerottet? – Steinbrenner grinste: Wenn du mein Führungszeugnis sehen könntest, würdest du nicht fragen. Das waren Zeiten‹«.[59] Er beläßt es nicht bei solchen Andeutungen, sondern erzählt in den Kampfpausen und auf Wache gerne und im Detail darüber. »Dieser Zwanzigjährige«, sinniert Graeber nach einem solchen Gespräch, »hatte mehr Männer getötet als ein Dutzend alter Soldaten zusammen. Nicht im Kampf; hinter der Front und in Konzentrationslagern.«[60] Steinbrenner wird nicht als Ausnahmeerscheinung, als sadistischer Killer und plündernder Landsknecht beschrieben, sondern als Prototyp des politischen Soldaten. So wie er sollten nach Hitlers Willen alle werden: »Steinbrenner war das vollkommene Produkt seiner Partei. Er war vollkommen gesund, vollkommen durchtrainiert, vollkommen ohne eigene Gedanken und vollkommen inhuman. Er war ein Automat, für den Waffenreinigen, Exerzieren und Töten ein und dasselbe waren.«[61] Nicht nur die russischen Zivilisten sind für ihn Feinde, auch die eigenen Kameraden sind ihm politisch suspekt: er wird sie ohne Mitleid jederzeit denunzieren. Natürlich grüßt er nur mit »Heil Hitler!«.[62]

Die Reden des SS-Mannes über seinen Beitrag zur Judenvernichtung werden durch die Berichte eines anderen Nazis bestätigt. Graeber trifft ihn beim Heimaturlaub. Heini war mit einer Einsatzgruppe an der Ostfront, und er erzählt freimütig, was sie mit Juden und anderen Zivilisten gemacht haben: »›Erst eine Lage Holz und dann eine Lage Menschen, und jede Lage muß ihr eigenes Holz heranschleppen und sich dann drauflegen und wird dann in den Hinterkopf geschossen – allerhand, was? – Ja, allerhand. – Und die Frauen! Kannst du dir vorstellen, was mit denen gemacht wurde? – Ja, nur zu gut. – Hättest du dabeisein mögen? – Bei den Frauen? – Nein, bei den anderen. Bei dem brennenden

Scheiterhaufen und den Weihnachtsbäumen voller Gehängter und den Massenerschießungen mit dem Maschinengewehr.‹«[63] Aber Graeber ist nicht auf solche Horrorgeschichten angewiesen, um zu wissen, in welchem Krieg er drinsteckt. Er hat genügend Verbrechen mit eigenen Augen gesehen, von Wehrmachtseinheiten begangen, von der eigenen oder anderen. Die Würmer konnten sich freuen über die Hekatomben von Kadavern, die die Truppe hinterlassen hat: »›Nicht nur Soldatenfleisch – auch Frauenfleisch und Kinderfleisch und das weiche, von Bomben zerfetzte Fleisch der Alten, von allem reichlich.‹«[64] Er hat erlebt, wie man mit den gefallenen Rotarmisten umgegangen ist: »Nur die Deutschen wurden begraben. Die Russen wurden in eine offene Koppel geworfen. Wenn es mild wurde, begannen sie zu stinken.«[65] Und er kann sich erinnern an die Bilder der erhängten Partisanen oder Partisanenverdächtigen an den Bäumen und Telegrafenmasten in den russischen Dörfern und Städten – »eine Gruppe von fünfzig Gehängten, mit aufgeschwollenen Köpfen, gebrochenen, hervorstehenden Augen, gespaltenen Lippen und dicken, schwarzen Zungen«.[66]

Graeber wird geplagt von diesen Bildern, sie halten seine Zweifel in Gang, die ihn seit seiner Verlegung an die Ostfront immer häufiger heimsuchen. Ein Kamerad, der einzige, mit dem er darüber reden kann, verstärkt das bohrende Fragen. Ruhelos sucht er nach dem Grund der Qual, und ihm dämmert, daß er in der Art dieses Krieges liegen könnte, in der diabolischen Kombination von Kämpfen und Morden, von militärischen Aktionen und politischen Verbrechen. Um Klarheit zu finden, besucht er im Urlaub seinen alten Lehrer Pohlmann, der ihnen am Gymnasium Geschichte und Religion beigebracht hat. Er zählt ihm die Möglichkeiten auf, aus dem Verbrechen auszusteigen – sich zu Hause verstecken, Selbstverstümmelung, sich an der Front einfach abknallen lassen, desertieren –, und verwirft sie alle. Als sein Gegenüber vorsichtig einwendet: »›Schuld [...] Niemand weiß, wo sie beginnt und wo sie endet. [...] Und Komplizenschaft! Wer weiß davon? Nur Gott.‹«, hält Graeber aufgewühlt dagegen: »›Aber wo beginnt die persönliche Verantwortung? Wir können uns nicht einfach hinter der Tatsache verstecken, daß wir auf Befehl handelten, oder können wir das?‹«[67] Mit dieser Frage kehrt er an die Front zurück. Hier, in einer Kampfpause nach Tagen verzweifelter Rückzugsgefechte, wird er sie beantworten – mit einer Tat. Als Steinbrenner eine Gruppe von gefangenen Zivilisten einfach abknallen will, weil sie den Rückzug behindern könnten, erschießt ihn Graeber: »Er ging zurück, dahin, wo Steinbrenner lag. ›Mörder‹, sagte er und wußte nicht, wen er meinte. Er starrte auf Steinbrenner. Er fühlte nichts. ›Mörder‹, sagte er noch einmal und meinte Steinbrenner und sich selbst und unzählige andere.«[68] Ihm ist es ernst mit diesem Schuldbekenntnis, und er weiß, daß er gerichtet ist, das belegt das Finale des Romans. Graeber läßt die gefangenen Russen, unschuldige Zivilisten, frei. Als sie ihn auffordern, mit ihnen zusammen zu fliehen – zu desertieren und seinen Krieg zu beenden –, weigert er sich. Da erschießt ihn einer der Freigelassenen, mit Steinbrenners Gewehr. Graeber wurde gewogen und seiner Halbherzigkeit wegen als zu leicht befunden. Mit ihm sind Millionen deutscher Soldaten gerichtet.[69]

Alles dies – die Personen, ihre Aussagen, die Debatte um Schuld und Ausweg, die rächende Tat, das tragische Finale – fand der deutsche Leser nicht, wenn er im September 1954 Remarques Buch aufschlug.[70] Wollte er den Originaltext lesen, mußte er zur englischen Fassung greifen, die zwei Monate vor der deutschen erschienen war, oder er mußte bis 1989 warten, als das Buch zum ersten Mal vollständig in deutsch publiziert wurde. In der deutschen Version von 1954 waren die Personen umgeschrieben und ihre oben zitierten Aussagen gestrichen:

– Aus dem Kommunisten Immermann wurde ein Sozialdemokrat – ein kommunistischer Antifaschist mit Durchblick paßte nicht in die Landschaft des Kalten Krieges.

– Der »Vierteljude« Hirschland verwandelte sich in den »Arier« Hirschmann – mit dem Wechsel von Namen und Blut verschwanden auch die antisemitische Hetze und damit »die Judenfrage« aus der Wehrmacht.

– Der SS-Mann und Parteisoldat Steinbrenner wurde zu einem normalen Landser umfrisiert – alle Hinweise auf die systematischen Verbrechen der SS an Juden und anderen Teilen der Zivilbevölkerung wurden eliminiert.

– Auch die Verbrechen der Wehrmacht, die den Protagonisten so geplagt hatten, fielen der Schere des Zensors zum Opfer.

– Die Auseinandersetzung mit Befehl und Gehorsam, Schuld und Verantwortung darf nicht sein: sich und Millionen Kameraden als Mörder zu sehen – gestrichen, sich nicht mehr hinter Befehlen zu verstecken – gestrichen, an Flucht und Desertion zu denken – gestrichen. Gestrichen der Akt des Widerstands gegen das verbrecherische System – die Erschießung Steinbrenners wird in einen Akt der Notwehr umgefälscht. Gestrichen das Urteil, das die freigelassenen russischen Bauern an Graeber vollstrecken – sie werden zu Partisanen gemacht, die ihren Befreier hinterlistig getäuscht haben. Und der tragische Held des Romans, der dieses oder ein anderes Todesurteil als einzige Sühne für all die Schuld schon erwartet? Ein komischer Dummkopf, der für seine Gefühlsduselei bezahlt hat. Der erschossene Kamerad hatte recht gehabt: »›Partisanen.‹ Steinbrenner leckte sich die Lippen und sah die Russen an. Sie standen auf dem Dorfplatz. […] ›Sie sehen nicht aus wie Partisanen‹, sagte Graeber. […] ›Sie sehen aus wie arme Bauern!‹ Steinbrenner lachte. ›Wenn es danach ginge, gäbe es keine Verbrecher.‹«[71]

Verantwortlich für diese gravierenden Änderungen war der Verleger Joseph Caspar Witsch. Eigentlich ein Liberaler, fürchtete er nach dem Desaster des KZ-Romans von Remarque und in Kenntnis der Zeitstimmung einen neuen Mißerfolg. Um sich abzusichern, gab er intern drei anonyme Gutachten in Auftrag: zwei davon beurteilten das Manuskript positiv, eines war ein Verriß.[72] Den machte sich der Verleger zu eigen. Das knappe, nur drei Seiten lange Gutachten war eine Mischung aus raffinierter Verschlagenheit und brutaler Offenheit. Gleich der erste Satz intonierte das Thema des möglichen Mißerfolgs: der werde sich einstellen, wenn man nicht einige Veränderungen am Anfang und beim Schluß des Romans vornehme. Dann wandte es sich diesen »gefährdenden Teilen« zu: mit dem Hinweis darauf, daß es Spitzel der Gestapo in der Wehrmacht nicht gegeben habe und für »Vierteljuden« diesbezügliche Eintragungen in ihren Wehrpässen nicht üblich gewesen seien, schlug es vor, die SS-Biographie Steinbrenners ebenso zu eliminieren wie den jüdischen Hintergrund Hirschlands. Indem man sich auf diese Weise von »Attributen« befreite, »die in diesem ganz konkreten Fall der historischen Wahrheit widersprechen«, würde man der Gefahr entgehen, daß kritische Leser wegen einzelner falscher Details das Ganze als Ausgeburt der »dichterischen Erfindung« bezeichnen könnten und »dann gewissermaßen das Kind mit dem Bade ausschütten«.[73]

Ohne den offenen Antisemitismus der Wehrmacht und deren Beteiligung am Holocaust zu leugnen und damit möglicherweise eine kontroverse Debatte zu provozieren, wurde die »Judenfrage« elegant aus der Wehrmacht ausgelagert und der Formation zugewiesen, auf die als Alleinverantwortliche für alle Verbrechen sich die bundesdeutsche Öffentlichkeit längst verständigt hatte – der SS. Die Perfidie des Manövers wurde noch dadurch gesteigert, daß beide Hinweise auf »Fehler in der Darstellung« falsch waren: Steinbrenner wird im Roman gar nicht als beauftragter Spitzel der Gestapo eingeführt, sondern als Denunziant aus Überzeugung, und »Vierteljuden« in der Wehrmacht erfuhren in der Tat eine besondere Behandlung, wurden also auch kenntlich gemacht. Aber der bloße Hinweis auf Verstöße gegen die historische Wahrheit reichte aus, um den Roman umzuschreiben. Mit offenem Visier und rein politisch wurden die Teile und Personen des Romans attackiert, die in irgendeiner Beziehung zum

Kommunismus standen: »Europa, ja die ganze Welt steht noch immer unter der lebensgefährlichen Bedrohung durch den Kommunismus, und die Schilderung des Kommunisten Immermann als des sozusagen einzig anständigen und die Situation klar Erkennenden wirkt darum nicht nur verharmlosend, sondern wie die posthume Rechtfertigung einer Besatzungspolitik [...], unter deren verderblichen Folgen heute Europa (ja, auch hier wieder die ganze Welt) noch zu leiden hat.« Ähnlich scharf wurde der ehemalige und aktuelle Gegner, die Sowjetunion, angegriffen, nicht zufällig in der Rhetorik der Nazizeit: »Die Russen – und vor allem die Partisanen – werden hier genauso verharmlost wie der Kommunist, und daraus ergeben sich mit Notwendigkeit falsche Schlüsse, die dem Autor gewiß fern liegen, die aber der Wirkung des Buches nur abträglich sein können.«[74] Zu dieser »abträglichen Wirkung« dürften nach Meinung des Gutachters auch die bohrend-selbstquälerischen, aber in ihrem Ergebnis eindeutigen Auseinandersetzungen des Landsers Graeber um Befehl und Gehorsam, Schuld und Sühne beigetragen haben – sie wurden deshalb mit der Umschreibung des tragischen Schlußkapitels zur kolportagehaften Partisanenstory ohne weitere Begründung getilgt. Die Eingriffe haben die Intentionen des Autors auf den Kopf gestellt. Ein Roman, der »eine Warnung vor dem deutschen Militarismus mit seinem Befehl-Gehorsam-Prinzip« hatte sein wollen, »war zu einem Instrument im Kalten Krieg geworden, in dem die Klischees von der Unmenschlichkeit und Hinterhältigkeit des Gegners bestätigt werden«. Der Autor des entscheidenden Gutachtens dürfte der wichtigste Mitarbeiter des Verlegers Joseph C. Witsch gewesen sein: der Baltendeutsche Berend von Nottbek. In seinem früheren Leben hatte der SS-Untersturmführer als Angehöriger des SD – u. a. in dessen »Wannsee-Institut«, als Chefredakteur der »Rigaer Zeitung« im besetzten Lettland und als Mitarbeiter des Auslandsnachrichtendienstes – gehörige Erfahrungen im Kampf gegen den Bolschewismus und zur Rechtfertigung der deutschen Verbrechen gesammelt.[75]

Remarque hatte sofort erkannt, daß es bei den verlangten Textänderungen um einen grundsätzlichen Konflikt ging. Als ihm der Verleger Witsch in einem langen Brief – mit z. T. wörtlichen Zitaten aus dem Gutachten – die Notwendigkeit und den Umfang der Veränderungen begründete, notierte er am 27. März 1954 in sein Tagebuch: »Nachricht von Kiepenheuer über vorgeschlagene Änderungen [...]; wollen die Wehrmacht hochhalten; einen (klarer sehenden) Kommunisten in einen Soz. Demokraten verwandeln; möchten letzten 3 Kapitel rausnehmen u. so was.« Bitter fügte der Emigrant hinzu: »Der Ton des Lehrers u. des irgendwo: Sie waren ja nicht dabei; es war doch anders, (u. nicht ganz so schlimm).«[76] Der Autor hat auf die Ankündigung des Verlegers nicht reagiert und sich jeder Mitarbeit an den Eingriffen verweigert. Er hat sie schweigend geschehen lassen. Es waren nicht nur finanzielle Rücksichten, die ihn zu einer solchen Haltung bewegten.[77] Entscheidender dürfte sein, daß er angeekelt war vom Zeitgeist dieses angeblich neuen, demokratischen Deutschland und die Auseinandersetzung mit den Deutschen, die ihn am 25. April 1938 ausgebürgert hatten, nicht mehr führen wollte. Sechzehn Jahre später – fast auf den Tag genau am 11. April 1954 – findet sich in seinem Tagebuch der folgende Eintrag: »Mit schweigendem Disgust [Ekel – H. H.]die deutsche Ausgabe fertig gemacht für Kiepenheuer. Abgeschickt«[78]

Er hat auch geschwiegen, als der Vorgang publik gemacht wurde. Skandinavische Zeitungen hatten durch Textvergleich die gravierenden Eingriffe des Verlages offengelegt und den Vorgang als Beispiel für die in der Bundesrepublik übliche Leugnung der Naziverbrechen im allgemeinen und die Weißwaschung der Wehrmacht im besonderen interpretiert.[79] Auf dem Höhepunkt der Debatten um die Wiederaufstellung einer neuen bundesdeutschen Armee drohte der Literaturfall Remarque plötzlich zur Staatsaffäre zu werden. In der in Ostberlin erscheinenden Zeitschrift *Neue Deutsche Literatur* forderte der Schriftsteller Franz Carl Weiskopf den

Autor auf, zu dem Zensurfall Stellung zu nehmen.[80] Ein klärendes Wort Remarques schien um so dringlicher zu sein, weil der Verleger Witsch mittlerweile in einer öffentlichen Erklärung ziemlich dreist jede Zensur bestritten hatte: bei den fraglichen Passagen habe es sich um »Änderungen« gehandelt, »um die uns Herr Remarque ausdrücklich gebeten hatte«; aus Zeitgründen sei es dann nicht mehr möglich gewesen, diese Änderungen »auch in den anderssprachigen Ausgaben anzubringen«; im übrigen bedürfe es keines Hinweises, »daß nichts an der Tendenz geändert worden ist und nichts von seiner Härte weggenommen wurde«.[81] Remarque als Komplize einer Romanfassung, die die Wehrmacht von jedem Verdacht eines Verbrechens freispricht und die Nazizeit wie mit dem Weichzeichner abbildet? »Wenn dem so ist«, spitzte Weiskopf die Frage zu, »muß freilich Erich Maria Remarque das Schweigen brechen, das er bisher in dieser Sache so peinlich gewahrt hat. Weiterschweigen heißt seine Schuld eingestehen.«[82] Der Angesprochene reagierte auch jetzt, als er in das Kreuzfeuer der deutsch-deutschen Debatten geraten war, wie schon vorher in der Auseinandersetzung mit seinem Verleger: er hörte weg – »mit schweigendem Disgust«.

Remarque war es mit *Zeit zu leben und Zeit zu sterben* gelungen, eine dichte und genaue Beschreibung von Hitlers Vernichtungskrieg zu liefern und den Nachweis zu führen, daß die Wehrmacht trotz der einsichtig-zweifelnden Hirschlands, Immermanns und Graebers all die Verbrechen exekutiert hatte, die der Führer von ihr verlangt hatte. Genau das aber paßte nicht zu dem Bild, das die gestern noch führergläubigen Generäle in ihren Memoiren und die eben noch für die Goebbelsschen Propaganda-Kompanien tätigen Journalisten in den illustrierten Massenblättern zeichneten – das Bild eines »normalen« Krieges und einer »sauberen Wehrmacht«. In den Krieg »gezwungen«, hatten sie nur ihre »Pflicht« erfüllt und waren dabei »anständig« geblieben. Die »Schweinereien« waren hinter der Front passiert, und verantwortlich dafür waren »Himmlers SS« oder die »Goldfasane« der Partei. Was der verletzte Autor so treffend auf den Punkt brachte – »wollen die Wehrmacht hochhalten« –, war also nicht bloß das individuelle Motiv des liberalen Verlegers und ehemaligen Wehrmachtsangehörigen Witsch, sondern war das obsessiv verfolgte Grundanliegen der meisten Deutschen dieser Zeit. Im idealisierten Bild des deutschen Landsers verteidigten sie einen Rest von Normalität in Nazideutschland, im umgedeuteten Schicksal einer vermeintlich ritterlichen Wehrmacht glaubten sie eine Spur von Sinnhaftigkeit für die eigene Existenz zu behaupten. Remarques Roman stellte diese Konstruktion in Frage. Er störte und – er war überflüssig. Die Deutschen hatten nämlich schon ihren Kriegsroman. Verfaßt hatte ihn einer, der in den apokalyptischen Jahren 1941–1945 dabeigewesen war und der auch jetzt, in der Kraterlandschaft der Nachkriegszeit, wußte, was gebraucht wurde. Die Rede ist von Peter Bamm.

Die unsichtbare Flagge

Peter Bamm, Jahrgang 1897 und mit bürgerlichem Namen Curt Emmrich, hatte schon ein abenteuerliches Leben hinter sich, als er 1940 als Soldat reaktiviert und als Truppenarzt zur Wehrmacht eingezogen wurde: Kriegfreiwilliger im Ersten Weltkrieg, Studium der Medizin und Sinologie, Schiffsarzt auf Routen zwischen China – Mexiko – Westafrika, Firmenvertreter in China, Facharzt für Chirurgie in Berlin, ab 1932 freier Schriftsteller mit der Begabung für geistreich-ironische Feuilletons. Sein 1952 erschienener Erlebnisbericht über seinen vierjährigen Kriegseinsatz an der Ostfront – von der Ukraine über die Krim in den Kaukasus und zurück bis nach Ostpreußen – schöpfte aus dieser Begabung. Wenngleich als Roman vorgestellt, handelte es sich um Plaudereien eines Reiseschriftstellers über eine etwas ungewöhnliche Tour: »Die Kompanie hatte während der vier Jahre eine Marschentfernung von zwölftausend Kilometern zurückgelegt. Auf ihren fünfzig Hauptverbandplätzen waren achttausend Operationen durchgeführt worden. Unendliche Strapazen hatten wir miteinander geteilt, unendliche Palaver miteinander abgehalten.«[83] Entsprechend groß war die Erleichterung, als die Reise im Frühjahr 1945 in Kopenhagen – nach der Flucht aus dem letzten Kessel in Ostpreußen – für ihn und einen Kameraden glücklich zu Ende gegangen war: »Alte Steppenwölfe«, so der Schlußsatz, »in der Sonne sitzend, ihre Wunden leckend.«[84]

Die unsichtbare Flagge lieferte alles, was Remarque verweigert hatte. Peter Bamm war als Arzt an der Ostfront kein Mörder in Uniform, sondern er bewahrte Tausende vor dem Tod. Der Truppenarzt trug zwar den Waffenrock mit dem Zeichen des Hakenkreuzes, aber er stand nicht in dessen Dienst: als Nachfahre der großen Meister der Antike »der hippokratische Held«, als Schüler der modernen Wissenschaft deren »Vorposten« in den Schrecken des Schlachtfeldes, als Gefährte der Florence Nightingale und des Henri Dunant mit dem Auftrag »unserer Zivilisation« versehen, Verwundete im Krieg zu versorgen, folgten Peter Bamm und seine Kameraden anscheinend anderen Befehlen als denen der Nazis.[85] Über ihren Sanitätszelten und Feldlazaretten wehte denn auch, so der Autor, statt der Fahne mit dem Hakenkreuz eine andere – »eine unsichtbare Flagge, die Flagge der Humanitas«.[86] Ihr diente eine verschworene Gemeinschaft von Meldegängern, Krankenträgern, Operationsgehilfen, alles Männer, begabt mit einer »natürlichen Menschlichkeit« und »unerschütterlichem Gleichmut«, mit »Scharfblick für das Komische« oder einem »großartigen Instinkt«, sich zurechtzufinden.[87] Natürlich war auch der Chef des Ganzen, der Stabsarzt, ein vorzüglicher Vorgesetzter – »ein Meister in allen Schlichen und Listen des Apparates« und zugleich ein Mann »feinsten Taktes«.[88] Dieses Ensemble vorzüglicher Fachleute und feiner Kerle war auch außerhalb des medizinischen Bereiches anzutreffen, in den Stäben des

Regiments und der Division, denen Bamms Sanitätskompanie angehörte. Der Hauptmann der Pioniere: »von schönem Ehrgeiz in bezug auf Brücken und gleichgültig gegen Vorgesetzte und Orden«, dabei »grob und hilfsbereit« wie ein Landsknecht; der Major und erste Stabsoffizier: »ein Mann von Geist und Witz, ein Taktiker von bedeutendem Können«, Marke »Gentleman«; der General: »kühl, hager, drahtig, ironisch, mit vollendet guten Manieren«, Typ »alter englischer Kolonialoffizier«.[89] Meistens reichte zur Charakterisierung und als Qualitätsnachweis, wie bei der Vorstellung seines Regimentskommandeurs, nur ein Satz: »ein alter Weltkriegssoldat«.[90] Wer 1914 schon dabei war und die Niederlage von 1918 erlebt hatte, gehörte für Bamm zu einer »Art von Loge«, die durch Höflichkeit, Hilfsbereitschaft und Ritterlichkeit geprägt war.[91] Es war eine Welt, die der Ernst Jüngers glich, ritterlich und heroisch, gemildert durch famose Anekdoten und verfeinert durch einen anständigen Cognac. Böll und Bamm schienen in unterschiedlichen Heeren gedient zu haben – bei dem einen eine Ansammlung von ignoranten Menschenquälern und hochdekorierten Menschenverächtern, bei dem andern Feldwebel als reine Gemütsmenschen und Offiziere als Gentlemen in Uniform. Bamms »anständige Truppe«[92] linderte die Not der Zivilbevölkerung und schlichtete ihre Streitigkeiten,[93] ließ Kriegsgefangene laufen, die der Sabotage verdächtig waren, oder versorgte sie wie selbstverständlich, wenn sie als Verwundete der ärztlichen Hilfe bedurften,[94] sie hielt ihre Hand über befreundete Bauern, die Radio Moskau hörten, um sich über ihre Lage zwischen der zurückgehenden Wehrmacht und der vorrückenden Roten Armee klarzuwerden, und bekämpfte die Malaria zum Schutz der bedrohten Bevölkerung.[95] Es versteht sich, daß Verbrechen in dieser Wehrmacht nicht vorkamen, sieht man von den paar Schüssen ab, die aus einem fernen Kriegsgefangenenlager zu hören waren, oder den Gerüchten, daß Hunderttausende Gefangene in der Etappe hungern mußten.[96] Ein Regimentskommandeur, dessen drei Kosakenschwadrone einen gnadenlosen Kampf gegen vermeintliche oder wirkliche Partisanen geführt hatten[97] und in Woroschilowsk, der ersten Station auf Jüngers Kaukasusreise, an einer Massenerschießung von Juden beteiligt gewesen waren,[98] wird als »nobler, alter Kavallerieoffizier aus süddeutschem Hochadel« vorgestellt, der seine Reiter auf Ehrenwort für zwei Tage in ihre Dörfer entläßt.[99] Die Anwerbung von Russen für die Kriegsindustrie in Deutschland, die »unter den Augen der Armee noch den Charakter völliger Freiwilligkeit gehabt« hatte, verwandelte sich auf der Fahrt nach Deutschland in eine tödliche Falle: aus Gastarbeitern wurden plötzlich Zwangsarbeiter, die einem »rechtlosen Sklavendasein entgegenfuhren«.[100]

Verantwortlich für diesen Umschlag von einer Arbeitsbeschaffungsmaßnahme zu einem Verbrechen waren »die Anderen«, Bamms Bezeichnung für die SS und die Partei. Sie wirkten »im Hintergrund« und zogen von dort die Fäden.[101] Seit Frankreich, das sie »nur im Gepäckwagen der Armee« erreicht hatten, waren sie dabei, »die alten Überlieferungen Europas in geborgten Kommißstiefeln zu zertreten«.[102] Auf ihr Konto gingen die Drangsalierungen der Kriegsgefangenen und die Ermordung der Juden, aber auch die »bevorzugte Beförderung junger Stabsoffiziere«, die sich »offen zum System der Anderen bekannten«,[103] mit der Folge, daß in der Wehrmacht Voyeurismus und Denunziation, schlimmer: »eine schleichende Thrombose der Moral« implantiert wurden.[104] An der Spitze »der Anderen« stand »der primitive Mann«, dem der »kleine Mann« seine Intelligenz zur Verfügung stellte. Beide hatten »das primitive Reich« fest im Griff.[105] Unter diesen dunklen Decknamen verbargen sich – sieben Jahre nach dem Untergang des Dritten Reiches – Hitler, Goebbels und Nazideutschland. Der »primitive Mann« war krank, nach der Diagnose des Chefarztes Bamm verriet sein Verhalten alle Symptome, die zum »klinischen Bild der Hysteriker gehören, vor allem der schizoiden Fanatiker«.[106] Die Wehrmacht dagegen war, abgesehen von einigen kontaminierten Elementen, also nicht nur moralisch integer, sondern auch mental gesund.

Während für Remarque das Verbrechen in der Truppe nistete, existierte es bei Bamm nur in der scharf davon geschiedenen Welt der Politik. Und diese Politik war nicht, wie Böll es beschrieben hatte, aufgrund der Verzweiflung der großen Masse der Entwurzelten und Orientierungslosen zur Macht gelangt und weil sich das Bürgertum an die Sicherheit von Besitz, Karriere, Leben klammerte, sondern hatte sich dank des dämonischen Fanatismus eines Neurotikers und durch den heimtückischen Terror seiner Helfer des Volkes bemächtigt. Eine Mitverantwortung oder gar eine Schuld waren aus diesem Akt einer Vergewaltigung nicht abzuleiten. Mit Blick auf den internationalen Buchmarkt und mögliche Übersetzungen seines Romans stellte der schriftstellernde Arzt dann sich und seinem Volk das salomonisch formulierte Attest aus: »Es ist keiner von uns ganz schuldig am Ausbruch der Barbarei. Es ist aber auch keiner von uns ganz unschuldig.«[107]

Was zur Milderung dieses Befundes beitrug, war zudem, daß auch der Gegner sich gehöriger Verbrechen schuldig gemacht hatte: auf Rot-Kreuz-Wagen wurde geschossen, Partisanen täuschten die gutmütigen Besatzer und überfielen sie aus dem Hinterhalt, deutsche Verwundete wurden bei der Rückeroberung einer Stadt aus den Fenstern des Lazaretts geworfen.[108] So waren die Roten und »die Anderen«, obwohl auf unterschiedlichen Seiten der Front gegeneinander kämpfend, nichts anderes als »totalitäre Brüder«.[109] Und wo standen die Millionen Soldaten, die der großen Illusion gefolgt waren, der Eintritt in die Wehrmacht sei eine »Form der Emigration«?[110] Sie standen zwischen den Fronten – auf verlorenem Posten. »Die feindlichen, aber in ihrem Wesen ähnlichen totalitären Brüder spielten einander in die Hand. Jeder der beiden begründete seine Verbrechen mit den Verbrechen der Gegenseite. Jeder der beiden vertrat das Recht der Rache. Aber Rache ist nicht Recht. Dazwischen stand der deutsche Soldat. Die brüchig gewordene große Illusion wurde durch eine noch brüchigere kleine Illusion ersetzt. Wenn die Armee erst einmal gesiegt habe, werde sie in der Lage sein, den Schändlichkeiten der Anderen Einhalt zu gebieten.«[111] Das heißt, die Soldaten der Wehrmacht führten zwei Kriege, einen offen-militärischen gegen die Rote Armee und einen verdeckt-politischen gegen »die Anderen«.[112] Es entsprach dieser Logik, daß sie wünschten, den ersten nicht zu verlieren, um den anderen gewinnen zu können.[113] Aber »ein zu allem entschlossener Verbrecher«, so der weitgereiste und welterfahrene Autor, »ist einem anständigen Mann, der an Spielregeln glaubt, immer überlegen«.[114] So verloren die Anständigen beide Kriege, aber das Wichtigste konnte ihnen nicht genommen werden – ihre Ehre.

Dieser abendländisch verbrämte Existentialismus bot für die geschlagenen Soldaten die Matrix zur Idealisierung des Krieges und zur Heroisierung des eigenen Tuns. Jüngers Pariser Tagebücher hatten den Krieg im Westen geadelt. Bamm gelang das ungleich schwierigere Kunststück, den Krieg an der Ostfront zu einer Kulturmission umzulügen. Seine Erfahrungen als Schriftsteller in Goebbels' Diensten dürften ihm dabei sicher geholfen haben.[115] Für den zivilen Teil der Volksgemeinschaft wurde das dualistische Schema – hier »die saubere Wehmacht« und da »die verbrecherischen Anderen« – zum genialen Modell, die eigene Unterstützung des Nationalsozialismus und seiner Untaten umzudeuten und alle Gewissenszweifel verstummen zu lassen. Hannah Arendt, sehr früh auf Peter Bamms Konstruktion aufmerksam geworden, hat darauf hingewiesen, daß sie auf einer Lüge aufgebaut war, und diesen Vorgang der Manipulation einer vernichtenden Kritik unterzogen. Sie hat dazu die Passagen herangezogen, in denen der »hippokratische Held« und seine Kameraden von der Ermordung der Juden durch Kommandos der Einsatzgruppe erfuhren bzw. persönlich Zeuge wurden und nichts dagegen unternahmen. In Nikolajew hatte Bamm das ihm von Zeugen zugetragene Verbrechen noch mit einem bemerkenswerten Anflug von Selbstkritik kommentiert: »Jedermann empfand es als eine Schande, daß die Anderen die von tapferen Soldaten erkämpften Siege der Armee für ihre Ziele ausnutzen durften. Aber es war keine aus der Tiefe des Herzens kommende, lodernde Empörung der Humanitas. Das Gift des Antisemitismus hatte sich schon zu tief eingefressen.«[116] In Sewastopol mußte er selber miterleben, wie ein SS-Kommando die Juden der Stadt im Gefängnis – »Mauer an Mauer mit uns« – gesammelt, in Gaswagen umgebracht und in alten Panzergräben vor der Stadt verscharrt hatte. »Es ist gewiß, daß jeder von uns, der es gewagt hätte, lieber den Tod zu erleiden als das Verbrechen schweigend zu dulden, nutzlos sein Leben geopfert hätte. Damit will ich nicht sagen, daß ein solches Opfer moralisch nutzlos gewesen wäre. Niemand von uns hatte eine Überzeugung, deren Wurzeln tief genug gingen, ein praktisch nutzloses Opfer um eines höheren moralischen Sinnes willen auf sich zu nehmen.«[117] Hannah Arendt bemerkte 1964, aus Anlaß des Prozesses gegen Eichmann und dessen Berufung auf Sittengesetz und Pflichtgefühl, zu Bamms Behauptung, er und seine Kameraden von der Wehrmacht seien im Unterschied zu den Verbrechern von der SS »anständig« geblieben: »All dies ist völlig richtig, und das einzige, was man hinzufügen kann, weil der Autor es nicht bemerkt, ist die Belanglosigkeit einer ›Anständigkeit‹, der der ›höhere moralische Sinn‹ abhanden gekommen ist.«[118] Dieser Hinweis hat ebensowenig wie die erdrückende Beweislast der Nürnberger Prozesse verhindert, daß Bamms Buch ein Bestseller in Deutschland und bald darauf auch ein Welterfolg wurde. Was Böll und Remarque versucht hatten zu verhindern, dem hat *Die unsichtbare Flagge* endgültig zum Durchbruch verholfen – der Legende von der »sauberen Wehrmacht«.

6. Kapitel
»Es trägt sich weiter durch die Generationen«

Krieg und Nazizeit in den Erzählungen der Besucher der Wehrmachtsausstellung 1995

Spätestens seit dem Zensurfall Remarque hatten die Soldaten der Großdeutschen Wehrmacht von der Literatur nichts mehr zu befürchten. Kein Roman erzählte, was in den besetzten Gebieten im Osten und Südosten an Verbrechen begangen worden war, und es gab keine Figur, die sich – als Mörder – zu diesen Taten bekannte oder sich gar selbst das Urteil sprach.[1] Die möglichen undichten Stellen, an denen unter dem Druck der Bilder und der Scham sich ein autobiographisches Bekenntnis spontan hätte Luft machen können, wurden durch die Memoiren von Generälen und Offizieren verstopft, in denen die Täter sich als in der Pflicht Gefangene, tragisch Verstrickte oder vom Führer Betrogene, immer aber als unschuldige Opfer präsentierten.[2] Den Tonfall dafür, wie mit den begangenen Verbrechen umzugehen sei, hatte Bamm vorgegeben: möglichst viel verschweigen und, wenn die Untat allzu offensichtlich war, die Verantwortung dafür »den Anderen« – der SS und der Partei – zuschieben. Dieses Bild von einer »sauber« gebliebenen Wehrmacht fand – angereichert mit den Zutaten Kampf und Abenteuer – in der Trivialliteratur, in den illustrierten Massenblättern und in den Spielfilmen jener Zeit seine endgültige Form und eine millionenfache Verbreitung.[3] Auch von der juristischen Front drohte keine Gefahr. Von den Nürnberger Prozessen, bei denen in zwei spektakulären Verfahren von 25 angeklagten Generälen 19 zu langen bis lebenslänglichen Haftstrafen verurteilt worden waren, blieb in der öffentlichen Wahrnehmung nur der aus formalen Gründen erfolgte Beschluß haften, daß die Wehrmacht nicht als »verbrecherische Organisation« eingestuft, also offensichtlich freigesprochen worden war.[4] In der Folge kam es vor bundesdeutschen Gerichten nur noch einmal – quasi aus Versehen – zu einer Verurteilung von Soldaten.[5] Von den übrigen 1000 Ermittlungsverfahren führte kein einziges zu einer Anklage.[6] Als Bundeskanzler Konrad Adenauer den ehemaligen Oberkommandierenden der alliierten Streitkräfte und damaligen NATO-Oberbefehlshaber, General Dwight D. Eisenhower, – als Bedingung für die Zustimmung zur geplanten deutschen Wiederbewaffnung – im Januar 1951 erpreßt hatte, eine Ehrenerklärung für Hitlers Wehrmacht abzugeben, und in der Folge alle von den westlichen Alliierten verurteilten Militärs nach und nach freigelassen wurden, waren im öffentlichen Bewußtsein die Verbrechen der Wehrmacht getilgt.[7] Im Klima des Kalten Krieges und endgültig mit dem Wiederaufbau der Bundeswehr erfuhr der Überfall auf die Sowjetunion sogar eine späte Rechtfertigung.[8]

Eine ähnliche Immunisierung der kollektiven Erinnerung gegen die Wirklichkeit des Vernichtungskrieges erfolgte – in unterschiedlicher Form und mit anderen Akteuren – in der wiedererstandenen Republik Österreich. Hier wurde der 1938 von der überwältigenden Mehrheit der Bevölkerung begeistert vollzogene Eintritt in die großdeutsche Geschichte nachträglich zu einem Akt der militärischen Besetzung umgedeutet und Österreich zum ersten Opfer Nazideutschlands erklärt.[9] Entsprechend galt auch für die österreichischen Angehörigen der Wehrmacht, sie seien »unfreiwillig in fremde Uniformen gepreßt« und zu einem Krieg gezwungen worden, »den kein Österreicher jemals gewollt hat«.[10] Mit dieser offiziellen »antifaschistischen« Staatsdoktrin, durch die die NS-Zeit wie ein krankes Organ aus der österreichischen Geschichte herausoperiert und zu einer Angelegenheit der Deutschen gemacht wurde, koexistierte eine kollektive Erinnerung der Bevölkerung ganz anderer Art: danach war der Nationalsozialismus eine »gute«, aber »schlecht ausgeführte« Idee gewesen,[11] und der Dienst der Österreicher in der Wehrmacht wurde als heroisches »Opfer ihrer Pflichterfüllung« gewürdigt.[12] Um dieses positive Soldatenbild zu etablieren, war es notwendig, die Wehrmacht aus dem Kontext des Nationalsozialismus herauszulösen, sie vom Verdacht des Verbrechens freizusprechen und ihren Krieg vor allem vom Makel der großdeutschen Welteroberungspläne zu reinigen. Dienst in der Wehrmacht wurde zur »Verteidigung der Heimat« umgedeutet.[13] Anders als in der Bundesrepublik, wo die Kriegserinnerung als »Traditionspflege« ihren Ort hinter den Mauern der neuen Bundeswehrkasernen fand oder als abgeschirmtes, privates »Kameradschaftstreffen« von den Veteranenverbänden zelebriert wurde,[14] gab es im Nachbarland in Gestalt des »Österreichischen Kameradschaftsbundes« eine mit öffentlichen Geldern geförderte Massenorganisation, die als ihr Ziel »die positive Imagebildung über den Soldaten des zweiten Weltkrieges« verfolgte und die Erinnerung an seine Taten als öffentlichen Kult vor den Kriegerdenkmälern des Landes feierte.[15]

In Österreich löste die »Waldheimaffäre« von 1986 eine tiefe Identitätskrise aus. Die Äußerungen des damaligen Präsidentschaftskandidaten Kurt Waldheim, er habe als Stabsoffizier der Wehrmacht in Griechenland nur seine »Pflicht als Soldat erfüllt« und wisse nichts von Kriegsverbrechen, konfrontierten die österreichische Gesellschaft mit den Fragen von Mitwissen und Mitverantwortung in den Jahren 1938 bis 1945. Die folgenden Debatten konnten zwar nicht verhindern, daß der Kandidat zum Bundespräsidenten gewählt wurde, bewirkten aber eine Veränderung des gültigen Selbstbildes: der bisher staatsoffizielle »Opfermythos« wurde durch das Eingeständnis abgelöst, »daß es nicht wenige Österreicher gab, [...] die Teil hatten an den Verfolgungen und Verbrechen« des NS-Regimes, und daß die österreichische Gesellschaft als »Juniorpartner« Nazideutschlands auch Mitverantwortung für dessen Verbrechen zu tragen hätte.[16] In der Bundesrepublik hatte die Kulturrevolution von 1968, die neue Ostpolitik Willy Brandts und eine sich in der Folge entwikkelnde kritische Militärgeschichtsschreibung die bisher gültigen Legenden in Frage gestellt, denen zufolge die verbrecherische »Hitlerdiktatur« nur von einer Clique fanatischer Nazis unterstützt worden sei und eine von dieser Sphäre getrennte moralisch »saubere Wehrmacht« nur ihre Pflicht erfüllt habe.[17] Trotz dieser Erosionen der gültigen kollektiven Geschichtsbilder wirkte die Wehrmachtsausstellung auf die Gesellschaften beider Länder wie ein Schock. Vor allem für die Soldaten- und Kriegsgeneration bedeutete die Dokumentation der Verbrechen an der Ostfront und auf dem Balkan das Ende einer sorgsam gehüteten und zäh verteidigten Lebenslüge mit unabsehbaren Folgen für das in den Familien tradierte Bild von mißbrauchten, aber anständig gebliebenen Vätern, Onkeln und Großvätern.[18]

Nachdem die Wellen dieser Erschütterung schon bei der Eröffnung der Ausstellung 1995 in Hamburg deutlich zu registrieren waren, ließ das Hamburger Institut an den drei folgenden Stationen Berlin, Potsdam und Stuttgart von einem Team unter Leitung der Sozialwissenschaftlerin Gabriele Rosenthal mit Besuchern der Ausstellung Interviews durchführen. Die 131 zum Teil bis zu drei Stunden dauernden Gespräche, die außerhalb der Ausstellungsräume stattfanden und deren Verlauf die Befragten weitgehend selbst bestimmten, wurden – um möglichst viele Aspekte und die unterschiedlichen Reaktionen zu erfassen – von verschiedenen Autoren ausgewertet und in einem Buch veröffentlicht.[19] Im Oktober 1995 interviewte die österreichische Filmemacherin Ruth Beckermann die Ausstellungsbesucher in Wien – in den Räumen der Ausstellung und vor laufender Videokamera. Die 200 Interviews ergaben 46 Stunden Videomaterial, aus dem unter dem Titel »Jenseits des Krieges« ein auf vielen Festivals gezeigter und preisgekrönter zweistündiger Film entstand.[20] Die Wiener Interviews bestätigten die Ergebnisse der an den vorherigen Stationen durchgeführten Befragungen und der anhand anderer Materialien gewonnenen Ergebnisse und können so als exemplarische Protokolle der Befindlichkeit der Nazigeneration in Deutschland und Österreich gelesen werden.[21]

Die Auswahl ihrer Gesprächspartner erfolgte spontan und zielte zunächst nur auf ehemalige Wehrmachtsangehörige: »Es gab keine Vorgespräch mit den Interviewten«, beschreibt Ruth Beckermann ihr Vorgehen, »ich wußte vorher nie, wo jemand während des Krieges gewesen ist. Wir sind einfach in der Ausstellung herumgegangen und haben geschaut, wer vom Alter her paßt, und ihn dann angesprochen. War jemand nicht im Krieg, habe ich meist gleich abgebrochen.« Später hat sie dann auch Frauen, Emigranten, Menschen, die den Krieg als Kinder erlebt haben oder erst nach dem Krieg geboren wurden, mit hinzugenommen. »Je länger wir drehten, desto spannender wurde dieser Ausstellungsort, wo sich wie in einem Wassertropfen die ganze Welt zu versammeln schien.«[22] Die ehemaligen Soldaten wurden nicht in langatmiges Gespräch verwickelt, sondern mit zwei knappen Fragen konfrontiert: »Wo waren Sie während des Krieges?« Und: »Was haben Sie gesehen von dem, was hier gezeigt wird?« Ablenkende Erzählungen über Kriegsabenteuer und Gefangenschaft wurden sofort abgeschnitten. Die Gesprächsführung arbeitete mit dem Schock, den die Ausstellung ausgelöst hatte, und versuchte, durch provokativ-hartnäckiges Nachfragen tiefer in die möglicherweise porös gewordenen Schichten der Erinnerung einzudringen: »Ich benutze die Erregung, in der sich die Besucher befinden. Und ich bediene ihr Bedürfnis zu sprechen. Ich habe gesehen, welche Überwindung es für manche Besucher bedeutete, in die Ausstellung hineinzugehen. Manche sind lange vor dem Eingang auf und ab gegangen, bevor sie sich hineingewagt haben; manche dagegen sind öfter gekommen. Für manche war es sehr anziehend, dort hineinzugehen. Man spürte, daß der Reiz des Verbotenen erhalten geblieben ist. Manche Männer gingen da hin wie in eine Peep Show. Und dazu kam noch die Angst/Lust, zu schauen, ob sie sich selbst oder einen Freund auf einem der Fotos erkennen würden.«[23]

Die Landser

Um die in den Interviews gemachten Aussagen angemessen zu deuten, empfahl es sich, die Befragten in Altersgruppen zu gliedern: auf diese Weise wurde der unterschiedliche Erlebnisausschnitt der Beteiligten und ihre vom Alter wie von der gegebenen politischen Situation abhängige Fähigkeit zur Wahrnehmung und zur Verarbeitung berücksichtigt.[24] Die Gruppe der Landser umfaßt die in den Jahren 1915 bis 1924 Geborenen. Die Älteren waren in der Ersten Republik aufgewachsen und hatten 1933/34 die aus den Wirren des Bürgerkriegs folgende Errichtung eines autoritären Regimes erlebt, für die Jüngeren wurde die mit dem »Anschluß« 1938 scheinbar beginnende Erfolgsgeschichte Österreichs als Teil des Großdeutschen Reiches prägend.

Von 46 Männern dieser Gruppe waren 34 in der Sowjetunion eingesetzt, fünf davon kamen vorher oder nachher auch in Jugoslawien zum Einsatz. Die übrigen 10 Befragten hatten nur in Polen, Frankreich, Nordafrika, Italien oder Griechenland Dienst getan, zwei andere machten keine Angaben zu ihrem Einsatzort. Schon aus dieser knappen Übersicht läßt sich ablesen, daß diese Altersgruppe eine einschneidende Phase ihres Lebens – den Krieg gegen die Sowjetunion und in Jugoslawien – in der Ausstellung wiederfand und mit einer kritischen Deutung dieser Jahre konfrontiert wurde. Ihre Aussagen geben diese Erfahrung unmittelbar wieder. Die Befragten erwähnen die Durchführung des Kommissarbefehls[25] und berichten über die verbrecherische Behandlung der sowjetischen Kriegsgefangenen, die oft schon bei der Gefangennahme erschossen, in den Lagern brutalster Behandlung unterworfen oder beim Transport getötet wurden.[26] Als ähnlich brutal wird das Vorgehen der Besatzer gegenüber der Zivilbevölkerung geschildert: Zivilisten wurden in den Hungertod getrieben, man unterließ ihre Behandlung im Krankheitsfall, sie wurden beim kleinsten Vergehen bzw. beim geringsten Verdacht schon erschossen oder aus angeblich militärischen Gründen geopfert.[27] Der Partisanenkrieg nimmt in den Erinnerungen einen großen Raum ein: die Mehrheit spricht davon nur in Andeutungen, ein Zeichen dafür, welches Tabu damit offensichtlich immer noch verbunden ist,[28] nur vier der Befragten berichten konkrete Einzelheiten.[29] Auch die Verfolgung und Ermordung der Juden spielt in den Berichten eine große Rolle. Einige können sich noch an die Vorgeschichte in Österreich erinnern,[30] für die meisten aber ist das in den besetzten Ostgebieten Erlebte dramatischer und daher erinnerungswert: Juden werden geprügelt, gedemütigt und verspottet, man pfercht sie in Ghettos, zwingt sie zur Arbeit, sie werden zusammengetrieben und deportiert, einzeln oder in Massen erschossen oder in Gaswagen erstickt.[31] Als verantwortlich für diese Verbrechen wird nicht die Wehrmacht genannt, sondern Polizei, SS und SD, kollaborierende Einheimische. Nur ein einziger hält bei den ersten Massenerschießungen in Riga auch eine Beteiligung der Wehrmacht für möglich.[32] Ansonsten treten Wehrmachtsangehörige als Beteiligte nur auf bei der Zwangsarbeit, bei den Demütigungen, bei den Prügeleien und bei den Deportationen der Juden. Bei den Massenerschießungen kommen sie nur als Zuschauer ins Bild.

Aber auch bei denjenigen, die nicht in der Sowjetunion oder in Jugoslawien eingesetzt waren, löst die Ausstellung Erinnerungsschübe aus: Einer berichtet von der »Auflösung« eines Lagers mit sowjetischen Kriegsgefangenen beim Rückzug in Finnland durch die SS,[33] ein anderer hat mit seiner Panzereinheit eine Stadt in Frankreich eingeäschert und erinnert sich, daß man bei vielen Kämpfen keine Gefangene gemacht habe.[34] Die Witwe eines Fallschirmjägers erzählt, daß ihr Mann mit seinen Kameraden ein Dorf mit allen Bewohnern vernichtet hat.[35] Zahlreich sind die Erinnerungen an Verbrechen, die sich in Polen ereignet haben: Gefangene wurden erschossen, die Bevölkerung wurde drangsaliert, die SS zwang die Juden zu demütigenden Arbeiten und schnitt den

Männern die Bärte ab, und es kam zu den ersten Massenerschießungen von Juden.[36] Eine Frau erinnert sich an Urlauberfotos, auf denen der brutale Umgang deutscher Soldaten mit polnischen Frauen dokumentiert war.[37] Insgesamt 16 der Befragten wollen überhaupt keine Verbrechen gesehen haben. Auffällig ist, daß mehr als die Hälfte davon in der Sowjetunion eingesetzt war, also dort, wo die Masse der Verbrechen stattfand.[38]

Untersucht man die Berichte der ehemaligen Soldaten genauer, dann lassen sich vier Arten der Reaktion auf das, was sie an der Front erlebt haben, unterscheiden:

1. eine schon zur Tatzeit deutliche Distanz, die in abweichendem Verhalten, Widerstand und manchmal in der Desertion ihren Ausdruck fand;
2. eine immer noch andauernde Irritation und der Versuch, sich das Geschehene und die eigene Rolle darin zu erklären;
3. die Bestätigung der Verbrechen bei gleichzeitiger Relativierung der eigenen Rolle oder Leugnung einer Beteiligung;
4. die Rechtfertigung von Vernichtungskrieg und Völkermord mit den Lügen und in der Sprache der Nazizeit.

Distanz

Der innere Abstand zu dem Geschehen kann sich im Ekel äußern und in der Ablehnung dessen, was um einen herum und mit einem selber geschah: mit anzuschauen, wie Juden in Kiew von deutscher Polizei gezwungen wurden, sich gegenseitig mit Knüppeln zu prügeln – »Es war natürlich erschütternd aber ... ich habe mich natürlich nicht getraut, mich da einzumischen« –, oder von Juden auf der Straße gegrüßt zu werden, ohne den Gruß zu erwidern – »Also wir durften nicht zurückgrüßen, sondern [mußten] geradeaus weitergehen. Hat mich auch empört«.[39] Zu erleben, wie sich bei einer Vergeltungsaktion an willkürlich zusammengetriebenen Russen ein Kamerad, der Theologie studierte, in das Erschießungskommando hineingedrängt hat – »Das hat mich erschüttert. Ich habe dann mit ihm geredet und habe gesagt: Hör, wie ist das [...] Wie ist das mit dem Glauben zu vereinbaren und so ... Hat er gesagt: das sind keine Menschen. Das sind Untermenschen. [...] Ich habe dann so in ruhigen Stunden irgendwie, was mache ich, wenn ich zu so etwas kommandiert werde?«[40]

Die Distanz kann auch die Form einer genauen Beobachtung des Geschehens annehmen: keine Einzelheit des verbrecherischen Tuns wird übersehen, Ort, Zeit und Verantwortliche werden benannt. Ein ehemaliger Flugmelder der Luftwaffe hatte sein erstes Erlebnis schon in Polen: »Ich war damals im Südabschnitt, Krakau, Rzeszow, Jaroslaw. [...] Wir sind in einem Dorf gelegen mit unserer Flugmeldestation, und da ist dann am Abend ein Unteroffizier gekommen und hat gesagt: wer geht mit freiwillig, da revoltieren polnische Gefangene. Wer geht mit, da gibt es ein Eisernes Kreuz usw. [...] Und ich habe gesagt: ich gehe nicht mit. Aber es haben sich ... einer hat sich gemeldet, das war auch ein Österreicher und dann noch jemand, ich weiß nicht mehr ... Den Österreicher könnte ich sogar namentlich nennen, der war aus Vösendorf da, war so alt wie ich. Der Unteroffizier war ein ziemlicher Rowdy, der war sehr bekannt als Scharfer, schon bei der Ausbildung usw., ein Bayer, Kern hat er geheißen. Den Namen werde ich nie vergessen. [lacht] Und da sind die rein in die Schule, wo die Gefangenen waren, und der hat dort aufgeräumt mit ihnen sozusagen. [...] Am nächsten Tag – es waren vielleicht 30 Leute, 30 Polen, die sie dort erschossen haben – haben sie Juden geholt zum Eingraben. Die mußten Gräber schaufeln. Da war ein junger Jude dabei [...], der hat dem einen Faustschlag ins Gesicht gegeben. Und daraufhin hat er ihn gleich mit dem Gewehr erschlagen. Also in ... gleich das Gehirn ausgetreten, und die Juden mußten die Gräber ausgraben, und da haben sie die Polen reingeschmissen. Zum Schluß wurden die Juden auch erschossen, wurden auch dazugeschmissen. Dann ist das zugeschüttet worden, eine kleine Erdschicht darüber, und am nächsten Tag sind polnische ... jüdische Frauen gekommen, also Mütter und Frauen, die haben die wieder ausgegraben zur Beerdigung. Das war dann alles.« Beim Einmarsch in die Sowjetunion im Sommer 1941 hat er von einem Lager gehört, in dem die Insassen erschossen wurden. Später, im November, hat er selber erlebt, was mit den Gefangenen gemacht wurde: »Wo wir 10° gehabt haben – minus – da hat man die Gefangenen mit offenen Güterwagen transportiert. Die waren schon zwei Tage da drauf, kann man sich vorstellen, die waren schon alle halb erfroren. Da waren fast keine Lebenden mehr oben. [...] Und zwar war das damals ... von Smolensk nach Witebsk die Bahnlinie, das habe ich gesehen.« Wenig später, beim Vorstoß auf Moskau, muß er mit einer Postenkette einen Flugplatz schützen. In der Nähe sind russische Verbände eingekesselt, die auszubrechen versuchen. »Dann sind Russen gekommen, sollen das Gewehr wegwerfen ... und haben die Hände in der Höh gehabt zum Ergeben. Es war ein Bayer, auch aus dem Allgäu, vielleicht 19 Jahre, der hat die Russen abgeschossen, abgeknallt wie ein Wild. Der hat schon so einen Haufen Tote dort gehabt. [...] Aber ... was soll ich machen? Ich bin neben ihm gelegen da, und er ist dort gelegen.« Unser Augenzeuge ist nicht abgestumpft worden durch das Verbrechen, das nicht die Ausnahme, sondern die Regel war. Er hat weiter genau registriert, was um ihn herum passiert ist und die Ursachen ergründet: wie im Frühjahr 1942 die Einwohner von Charkow vor Hunger das Gras auf den Wiesen gegessen haben und daran krepiert sind, wie Zivilisten, die in den Mühlen aus Not ein Säckchen Mehl entwendet hatten, aufgehängt wurden, wie notgelandete sowjetische Piloten in ihren Maschinen erschossen wurden und wie die deutsche Luftwaffe im Herbst 1942 die Anlegeplätze und die Wolgafähren in Stalingrad – vollbesetzt mit Zivilisten – bombardiert hat, wie die kollaborierenden Ustascha-Einheiten die Serben in der

Krajina verfolgt und auf grausamste Weise in den Spalten des Karstgebirges umgebracht haben. »Ja, jetzt haben wir genug geredet«, so hat er das Gespräch beendet, »sonst fällt mir noch allerhand ein.«[41]

Ähnlich genau sind die Erinnerungen eines Truppensanitäters. Er hat in der Ukraine den Holocaust auf freiem Feld erlebt: »Ganze Siedlungen, jüdische Dörfer, die sind dann alle liquidiert worden, und da haben sie Russen oder Ukrainer angesiedelt. [...] Die Feldtruppe hat das natürlich nicht gemacht, sondern das haben nur die rückwärtigen Truppen gemacht. Die haben die Leute ... da war angeschlagen: die Leute müssen sich melden. [...] Ja, die Anschläge, die haben wir gesehen. Es ist dann gesprochen worden und da hat es geheißen: die Juden werden alle erschossen. Und man hat es halt dann erlebt. Die Gräber hat man gesehen, die zugeschütteten.« Schon in Polen hat er von einem Juden erfahren, daß sie deportiert werden. Später in der Sowjetunion hat er die Züge mit den Juden auf den Bahnhöfen stehen sehen. Gegenüber den Kameraden, die behaupten, von alldem nichts gewußt zu haben, besteht er darauf: »Also [...] wenn einer sagt, er hat das nicht gewußt, das ist natürlich ein Blödsinn. Weil, jeder Soldat hat gewußt, daß die Juden, die jüdische Bevölkerung zum Großteil massakriert oder überhaupt weggeschleppt wurde.« Als Täter nennt er Stäbe im rückwärtigen Gebiet. »Die Fronttruppen konnten das ja gar nicht machen. Man ist nicht schuldlos, aber das war nicht möglich. Der [Frontsoldat] hat sich um das nicht gekümmert, kann es auch gar nicht – weil, der war ja im Graben gelegen oder im Kampf.« Die Fronttruppen waren für andere Verbrechen verantwortlich, z. B. für das Schicksal der Kriegsgefangenen: Er erlebte, wie sie schon bei der Gefangennahme oder beim Rückzug als lästiger Ballast erschossen wurden, man ließ sie verhungern oder verweigerte jegliche medizinische Versorgung. Aber er berichtet auch, wie mutige Stabsärzte sich dem widersetzten. Er selbst sorgte dafür, daß einer, der die Gefangenen abschoß, in seiner Einheit isoliert wurde. Zahlreich sind auch die Belege für die brutale Behandlung der sowjetischen Zivilbevölkerung: der Vorwurf, Partisan zu sein, war schnell bei der Hand, die Bauern wurden ausgeplündert, die Frauen durch die Not zur Prostitution gezwungen, Menschen, die beim Rückzug hinderlich waren, wurden gnadenlos vernichtet. Zur Frage der Mentalität der Vernichtungskrieger liefert er interessante Beobachtungen: am fanatischsten seien die österreichischen Gebirgsjäger gewesen – »die waren ärger wie die SS« – und die aus den Sudeten stammenden Soldaten – »die waren unheimlich ..., daß der Krieg weitergeführt wird bis zum siegreichen Ende«. Als Gründe für die Verbrechen nennt er die Möglichkeit, daß Menschen in diesem Krieg ihre Gewalttätigkeit »ausleben [konnten], ohne bestraft zu werden«, und die ständig verbreitete Ideologie der Nazis, daß die anderen »minderwertige Menschen« seien. Aber er nennt auch Beispiele antinazistisch eingestellter Truppenführer: ein Student, dessen Vater Gauleiter in Niedersachsen war, ein elsässischer Bergbauingenieur und ein Berufsoffizier – »so ein preußischer Soldat«.[42]

Nicht alle sind so nahe herangegangen an das Verbrechen wie dieser Sanitäter bei der Infanterie oder der Unteroffizier der Luftwaffe. Ein Flaksoldat wurde im Sommer 1941 Zeuge, wie man in Riga von der Straße weg junge Juden, darunter auch Mädchen, verhaftet und weggetrieben hat: »die sind dann weggeführt worden und nach kurzer Zeit hat man Maschinengewehrfeuer gehört. Die sind erschossen worden, ermordet worden. Das war eigentlich ... ich bin nur in die Nähe davon gekommen. [...] Na ja, ich kann es jetzt nicht sagen, ob das nun Wehrmacht war oder Sicherheitsdienst oder SS. [...] Also von weitem gesehen, konnte man das nicht recht auseinanderhalten, ob es Soldaten waren oder SS.« Er ist froh, als Kraftfahrer beim Nachschub mit solchen Erschießungen nichts zu tun gehabt zu haben. Aber er ist auch sicher, »daß die Soldaten sich dem hätten entziehen können« – mit Hinweis auf ihren Glauben oder mit anderen

Begründungen. »Es ist mir kein Fall bekannt geworden, daß man deswegen einen Soldaten erschossen hätte, wenn er das abgelehnt hat. Wie gesagt, das habe ich öfter gehört.«[43]

Es gibt auch den Fall, daß jemand viel gesehen hat, aber von den Erinnerungen so gepeinigt wird, daß er darüber kaum mehr reden kann: »Ich war ca. ein Jahr in Polen, bei der Firma Brown-Boveri in Krakau und Lemberg. Habe erlebt ... die Ermordung von 10000 Juden im KZ. Von meiner Wohnung vis-à-vis war das Hauptquartier des SD. Dort wurden jede Nacht zig Lastwagen voll Menschen ermordet [weint]. Dann war ich einige längere Zeit in Minsk am Bahnhof. [...] Dort habe ich gesehen riesige Transporte mit Russen, die tagelang am Bahnhof gestanden haben bei 40° Hitze. Da hat man jeden zweiten Tag die Waggons aufgemacht [weint], hat dann die Toten herausgeworfen.« Er hat seiner Familie zum ersten Mal von diesen Dingen erzählt, nachdem Waldheim behauptet hatte, als Stabsoffizier in Griechenland nie etwas von den dortigen Judendeportationen gehört zu haben, und ist empört, wie viele genau dasselbe sagen: »Das ist das Schreckliche, daß da Millionen Soldaten waren, die heute behaupten nie etwas gesehen zu haben. [...] Weil sie nicht sehen wollten. Weil sie so verhetzt waren, daß sie wahrscheinlich Vieles, was geschehen ist, als richtig empfunden haben. Aber, daß man 50 Jahre darauf das noch als richtig empfindet, das ist das Deprimierende für mich.«[44] Wer seine Tat nicht für verbrecherisch hält, kann sie auch nicht als Verbrechen erinnern.

Einige der Zeugen haben sich damals geweigert, an Verbrechen teilzunehmen oder sie zu unterstützen.[45] Andere haben daran gedacht, sich dem Krieg durch Desertion ganz zu entziehen. In Rußland blieben die Pläne von zwei befragten ehemaligen Landsern – wegen der unübersichtlichen Fronten und der Sprachprobleme – bloße Phantasien.[46] In Italien dagegen haben es zwei andere tatsächlich gemacht.[47] Die solches erwogen oder durchführten, hatten meist schon vor dem Krieg eine klare nazifeindliche Einstellung – drei von ihnen kamen aus sozialistischen Elternhäusern. Eine ähnliche politische Antihaltung war in den meisten Fällen die einzige Gewähr, der allgemeinen »Verhetzung« zu entgehen und »sehen« zu können: der Sanitäter war als Mitglied einer katholischen Jugendgruppe 1938 gegen den »Anschluß« an Nazideutschland aufgetreten und deswegen in Haft gewesen, der Flaksoldat gehörte zu den Anhängern des von den Nazis ermordeten Kanzlers Dollfuß, und der von Erschütterung geschüttelte Zeuge besaß damals den gefährlichen Status eines »Staatenlosen« und war außerdem wegen einer »defätistischen« Bemerkung von der Universität entfernt worden. Aber es gab auch Ausnahmen: der Luftwaffensoldat hatte sich ohne eine solche politische Stütze und prägende Erfahrung sein moralisches Urteilsvermögen bewahrt.

Irritation

Bei vielen ehemaligen Soldaten wirkt der Krieg noch nach – einzelne Erlebnisse, die sich als Bilder eingebrannt haben, Zweifel, die man schon damals hatte und die sich nach dem Krieg verstärkt haben, vorsichtiges Eingestehen, daß da was falsch war, Vorwürfe, damals nicht anders gehandelt zu haben. Ob dieser Prozeß schon damals eingesetzt hat oder erst nach dem Krieg – durch Gespräche, Lektüre, Filme – in Gang gesetzt worden ist, läßt sich nicht mehr feststellen. Aber der Zeitpunkt ist auch unerheblich, wichtiger ist die Feststellung, daß da eine Wunde ist – bei den einen vernarbt, aber noch kenntlich, bei den andern offen und schmerzend. Einige lassen erkennen, daß die Ausstellung etwas aufgebrochen und gelockert hat, was vorher blockiert oder erstarrt war. Ein ehemaliger Angehöriger der Panzertruppe, der den ganzen Rußlandfeldzug mitgemacht hat, gesteht: »Katastrophal ist ja … die vielen Leichen und auch, daß es organisierte Verbrechen der Wehrmacht gab. […] Selbst als alter Soldat ist man entsetzt, wenn man diese Verbrechen jetzt hier dokumentiert sieht. […] Sicher hat man ein bißchen was gewußt, aber das Ausmaß an Schrecklichkeiten hat man nicht an allen Frontabschnitten gewußt. Sicher hat man mehr gewußt, als zugegeben wurde.«[48] Auch ein anderer bezieht sich direkt auf die Ausstellung: »Was man da sieht, das ist für mich fast alles, was ich schon gesehen oder gehört habe. Nicht direkt, aber es ist mir bekannt. [...] Ich mache mir heute immer wieder die Vorwürfe, daß ich sage, du hättest halt doch hinüberlaufen sollen zu den Russen, da wäre die Welt anders geworden.«[49] Diesen Feststellungen folgen keine persönlichen Erinnerungen an erlebte oder vom Hörensagen bekannt gewordene Verbrechen, was mitgeteilt wird, entspricht eher den bekannten und im folgenden noch zu behandelnden Stereotypen der Abwehr. Aber die Bilder der Ausstellung haben an etwas erinnert, das vielleicht lange vergraben war, und vorsichtige Eingeständnisse möglich gemacht.

Bei anderen ruft die Ausstellung die Zweifel und Beschwichtigungsversuche von damals zurück. Ein ehemaliger Funker wußte, daß er am 22. Juni 1941 in keinen normalen Krieg ging – »die Propaganda war uns natürlich bekannt: wir müssen die bolschewistischen Horden vernichten und die Juden müssen wir vernichten ... im allgemeinen, das war mir natürlich bekannt. Und das war für mich nicht eine Selbstverständlichkeit, wo ich einstimmen konnte. Das war bedrückend. [...] Ich habe versucht, für mich selbst eine Rechtfertigung zu finden.« Er findet sie in der von Goebbels inszenierten Ausstellung *Bolschewismus ohne Maske*, in der Stalin als Mörder am eigenen und am polnischen Volk präsentiert wird. Vielleicht gibt es ja noch etwas Schlimmeres als die Nazis: »Vielleicht ist der Stalin das größere Übel. [...] Vielleicht ist der Krieg in gewisser Weise doch ... notwendig oder so.«[50] Ein anderer Besucher, sozialdemokratisch erzogen und damals bei der Artillerie, ist erschüttert: »Wenn ich das sehe, ich weiß schon gar nicht mehr, wohin ich mich noch schämen soll.« Denn er kennt die Bilder. »Und in so einem Feldzug hat man etwas gesehen, wenn man nicht blind war. […] Wenn man vorgerückt ist und plötzlich ist einem ein Transport entgegengekommen, auf dem 40, 50 Zivilisten zusammengepfercht waren und die abgegangen sind. Man hat gewußt, die gehen … kommen jetzt irgendwie in ein Gefangenenlager oder sonst irgend etwas. Es geschieht etwas mit ihnen.« Als ihm 1943 geschlossene Kastenwagen begegnen und er erfährt, daß in diesen Autos mit den Abgasen des Motors Menschen vergast werden, weiß er zwar nicht, wo sie hinfahren, und er hat auch nie die erstickten Toten gesehen, aber: »soviel Hirn muß man doch haben, daß ich gewußt habe, da geschieht etwas. Warum? Weil die ganze Propaganda, es hat immer geheißen, das sind Untermenschen und was weiß ich, die gehören vernichtet. Na, wie sollen sie denn vernichtet werden?« Sein Problem, damals wie heute: was hätte er tun sollen, um da rauszukommen? Zu den Russen überlaufen, so meint er auch rückblickend, sei Selbstmord gewesen. So bleibt nur das Eingeständnis der Schuld und – Ratlosigkeit: »In Österreich ist es so schwer, mit Menschen über diese Zeit zu sprechen. Warum? Weil niemand bereit ist, einzugestehen, daß er etwas falsch gemacht hat. Ich weiß, daß ich etwas falsch gemacht habe in diesem Krieg. Ich weiß nur nicht bis zum heutigen Tag, wie ich es hätte anders machen können, um dem zu entgehen. Das weiß ich bis zum heutigen Tag nicht.«[51]

Bei andern sind es statt der quälenden Selbstgespräche nur noch die Bilder, die sich eingebrannt haben und nicht vergehen wollen. Ein Gebirgsjäger hat an der finnisch-sowjetischen Grenze erlebt, wie die SS die Insassen eines Kriegsgefangenenlagers erschossen hat, weil sie beim Rückzug lästig waren. »Wenn ich heute daran denke, daß man da zugeschaut hat. […] Also, das war mit das Grausamste von dem Ganzen, das ich erlebt habe.« Auf der Suche nach einer Erklärung für sein Verhalten, erinnert er sich mühsam stammelnd, wer er damals war:« »Es war auch die Zeit, wie soll man da sagen, eine harte, wie man da gesagt hat, eine harte Zeit. Da hat man für solche Gefühlssachen … die waren gar nicht ›in‹ irgendwie.«[52] Diejenigen der alten Soldaten, die noch immer wegen des Geschehenen irritiert sind, haben damit ein halbes Jahrhundert leben können, indem sie ihre Zweifel oder Schuldvorwürfe mit allen möglichen entlastenden Argumenten beschwichtigt haben. Nicht allen ist dieser Balanceakt gelungen. Ein ehemaliger Fallschirmjäger hatte mit seiner Einheit Weihnachten 1943 im Rahmen einer »Vergeltungsaktion« alle Bewohner eines Dorfes im Süden Frankreichs umgebracht. Nach dem Krieg, so erzählt seine Frau, habe er sich jedes Jahr an Weihnachten mit Alkohol vollaufen lassen. Erschwerend, eine Art inneren Frieden zu finden, war wohl auch die Tatsache, daß sich damals ein 22jähriger Student, als einziger in der Truppe, geweigert hatte, an dem Massaker teilzunehmen, und deshalb an Ort und Stelle erschossen worden war. Im August 1958 hatte ihr Mann ihr erstmals von dem Verbrechen erzählt. Danach hat er es nicht mehr ausgehalten. »Mein Mann war ein seelenguter Mensch und ist über diesen Punkt nie darüber gekommen. Am Heiligen Abend hat er sich umgebracht. [...] Ich kann ihm nicht böse sein, bis heute nicht. Weil er mir eben gesagt hat, in seiner ganzen Verzweiflung: ich komme nicht darüber hinweg.«[53]

Verleugnung

Die ehemaligen Soldaten, die sich von den Verbrechen an den Fronten im Osten bzw. im Südosten distanzieren oder damit immer noch nicht im reinen sind, stellen eine Minderheit dar: Zwei Drittel der Befragten leugnen, davon etwas gewußt zu haben oder daran beteiligt gewesen zu sein. Ein Unteroffizier der Panzerabwehr, der die Besetzung der Tschechoslowakei, den Überfall auf Polen, den Frankreichfeldzug mitgemacht hat und danach zwei Jahre an der Ostfront eingesetzt war, macht über seine Kriegszeit die folgenden Angaben: »Ich war immer bei der Kampftruppe, das will ich auch einmal sagen, das ist sehr wichtig. [...] Die

Kampftruppe hat im Kampf natürlich … es ist allerhand passiert – wenn nicht ich, dann der und umgekehrt. […] Aber es sind keine Greuel passiert. […] Also, ich bin überzeugt, daß hinten viel geschehen ist, aber vorne, da haben wir keine Zeit dazu gehabt.« Natürlich kannte er den Kommissarbefehl, und er wußte auch, daß er durchgeführt wurde – »von was für Einheiten, das weiß ich nicht«. In Minsk hat er einen eigenartigen Kübelwagen gesehen, mit dem, wie man sich erzählte, die Juden vergast würden. »Da hat es Spezialeinheiten gegeben, die haben das gemacht, bestimmt. Aber gewußt haben wir nichts, gewußt haben wir wirklich nichts.« Und die Erschießung von Kriegsgefangenen? Die hat er zum ersten Mal bei der Waffen-SS erlebt – »die haben alle umgebracht, das hat es bei uns nicht gegeben«. Und Vergewaltigungen? »Wir haben bei den Bauern gewohnt, wir haben ihre Läuse genossen, wir haben ihre Wanzen genossen, wir sind mit ihnen auf den Öfen gelegen. Mir wäre nie eingefallen, eine Bäuerin zu vergewaltigen. […] Ich streite gar nicht ab, daß es Fälle gegeben hat, aber bei unserer Einheit nicht.« »Unsere Einheit«, das war die 44. Infanteriedivision, die sogenannte Hoch- und Deutschmeisterdivision, die in der Mehrheit aus Österreichern bestand. Sie blieben, das will ihr ehemaliger Unteroffizier damit sagen, auch im Krieg immer anständig und waren schon von Natur aus untauglich zum Verbrechen – »selbst der Stalin hat ja gesagt: die Österreicher waren ja humaner«. Und die Juden? »Die waren kein Problem für uns. […] Als Zivilist, als junger Mensch, war der Jude für mich kein Problem. Das Problem hat erst der Hitler daraus gemacht, daß man draufgekommen ist, der Jude ist an allem schuld.« Bleibt der Krieg, in dem das alles möglich wurde: »Das kann man nur der Führung anlasten, aber nicht dem einfachen Soldaten. Denn ich bin mit Widerwillen hinein.«[54]

Ein Kamerad aus derselben Division, eingesetzt in Jugoslawien, in der Sowjetunion und in Italien, liefert eine ähnliche Bilanz, nur noch drastischer: »Wir waren eine rein kämpfende Truppe. [...] Ich habe nie ... Ich habe wohl eine ... von Erschießungen gehört, aber von eigenen Landsern, die erschossen worden sind, weil sie irgendwas angestellt haben.« Dann mit direktem Bezug auf die Ausstellung: »Ich habe natürlich niemals, auch nicht ein einziges Mal irgend so etwas gesehen. [...] Wohl aber habe ich sehr viele getötete, hinterrücks erschossene und verstümmelte Kameraden gesehen, die wiederum von den Partisanen hinterrücks und ... ermordet worden sind. Ich habe gehört, daß es Vergeltungsmaßnahmen gegeben hat und das hat ein jeder als normal empfunden. Weil ein Partisan gehört nicht zur normalen Kampftruppe.« Von den Judenverfolgungen, die er für »eine große Schweinerei« hält, hat er damals nichts erfahren: »Die kleinen Leute haben das nicht gewußt, die Kleinchargen auch nicht – also ein Leutnant war gar nichts bei der Wehrmacht, also der hat keine Verantwortung.« Und daß der Krieg gegen den Bolschewismus notwendig war, hat er daran geglaubt? »Ich habe mir da keine Meinung gebildet. Es war eben so: wir sind eben eingezogen worden, wir mußten gehorchen.« Wenn man etwas verantwortlich machen will, dann bestenfalls die Zeitumstände: »Die ganze politische Entwicklung damals, die ist ja hinlänglich bekannt – Arbeitslosigkeit und Mißstände in ... überall. Und der Hitler hat da ein Spielfeld gehabt, ein leichtes ... Spielend hat er die Leute gewonnen für sich.« Dabei hat dieser Geist in seiner Einheit keinen Nährboden gehabt: »Das politische Denken und das Durchhalten bis zum Tod usw., das hat ja z. B. ein Österreicher sicher nicht so ernst genommen.« Und begeisterte Nazis hat er in der Truppe nicht gekannt, im Gegenteil: »Unsere Wehrmacht war, soweit ich das gesehen habe, sauber. Auch die Offiziere, da kann ich nichts sagen. [...] Wo wir hingestellt worden sind, da haben wir die Heimat verteidigt. Ob das jetzt in Italien war oder in Ungarn oder in Rußland [...] Die deutsche Heimat.«[55]

Beide Erzählungen haben natürlich mit den Fakten des Vernichtungskrieges, wie sie durch Kameraden der beiden vor der Kamera von Ruth Beckermann bezeugt wurden oder von der historischen Wissenschaft rekonstruiert worden sind, nichts gemein. Es sind Verteidigungsreden, Plädoyers, die zur Entlastung des jeweiligen Soldaten wie der Wehrmacht insgesamt dienen sollen. Die dabei verwendeten Argumente werden, mit eigenen Erlebnissen versetzt, in den Erzählungen von weiteren 23 Befragten wiederholt. Es sind – nach der Häufigkeit sortiert – sieben immer wiederkehrende Mustersätze:

1. Man sei immer nur vorne, also Kampftruppe, gewesen, während die Verbrechen hinten, in den rückwärtigen Gebieten, begangen worden seien.[56]

2. Man sei gezwungen worden, in die Wehrmacht einzutreten, und danach habe man einem absoluten Befehlssystem mit drakonischen Strafen unterstanden.[57]

3. Man sei als kleiner Landser nicht in der Lage gewesen, das politische Geschehen zu überblicken oder gar zu beeinflussen, und habe nur mit allen Mitteln versucht, irgendwie durchzukommen.[58]

4. Verantwortlich für die Erschießung von Gefangenen, Juden und anderen Zivilisten seien Spezialeinheiten von SS, Polizei oder einheimischen Kollaborateuren gewesen.[59]

5. Auch die Gegner hätten Verbrechen begangen, auf die man zu Recht und entsprechend reagiert habe.[60]

6. Als Österreicher sei man der geborene Antinazi und Antimilitarist, also zum Verbrechen untauglich gewesen.[61]

7. Man habe ein gutes Verhältnis zur russischen Zivilbevölkerung gehabt und ihr geholfen, wo immer es ging.[62]

Die Aussagen, zur Summe addiert, ergeben den Satz, daß man nicht Täter gewesen, sondern das eigentliche Opfer sei – aufgrund der Einberufung zur Wehrmacht, wegen der Strapazen und Verwundungen, durch den Verlust von Kameraden oder Angehörigen, infolge der Rache der Sieger.[63] Die verzweifelte Klage eines Befragten vor der Kamera – »Das ist das Schreckliche, daß da Millionen Soldaten waren, die heute behaupten, nie etwas gesehen zu haben« – scheint angesichts dieser Verkehrung der Tatsachen berechtigt zu sein. Der Vernichtungskrieg fand statt, aber keiner war offensichtlich dabei. Um sich diesen gespenstischen Vorgang zu erklären, empfiehlt es sich, Adornos Anmerkung zu den Strategien des Vergessens zu beachten: »Die Tilgung der Erinnerung ist eher eine Leistung des allzu wachen Bewußtseins als dessen Schwäche gegenüber der Übermacht unbewußter Prozesse. Im Vergessen des kaum Vergangenen klingt die Wut mit, daß man, was alle wissen, sich selbst ausreden muß, ehe man es anderen ausreden kann.«[64] Anders als beim Vorgang des Verdrängens, bei dem das Erinnerungsmaterial als zu belastend ins Unbewußte absinkt und dem aktiven Erinnern nicht mehr zugänglich ist, scheint hier ein höchst aktiver Prozeß des Sortierens im Gang zu sein. Die Risse und Brüche, die Eruptionen und Korrekturen in den Aussagen der Befragten belegen diese Vermutung.

Auffällig ist, daß bei vielen immer noch starke Gefühle nachwirken, die mit sehr präzis erinnerten Bildern zusammenhängen. So kann ein ehemaliger Panzersoldat das Abbrennen aller Siedlungen beim Rückzug 1941 vor Moskau nicht vergessen: »Da hat es gut und gerne 20 bis 30° Minus gehabt, und es war so eine Hitze, daß der Schnee wäßrig geworden ist. Und so weit am Horizont, so weit das Auge reicht, dort ein Dorf in Flammen, dort ein Dorf in Flammen, also ein richtiges Inferno. Das war, das war so bedrückend, man hat dort einfach keine Rücksicht genommen auf Zivilisten, weder auf Kinder noch auf Frauen usw. Das war brutalst. [...] Und das hat sich eingeprägt. Das ist, das ist ... man kann es verdrängen, man kann es vergessen, aber es ist ...«[65] Ähnlich hat eine Szene, bei der einige ältere Soldaten, bewaffnet mit dicken Prügeln, in einem polnischen Dorf 20 alte Juden zusammengetrieben haben, bei einem jungen Rekruten der Artillerie nachgewirkt: »Nach zwei bis drei Minuten höre ich ein derartiges Gebrüll, also haben die Soldaten auf diese Juden eingeschlagen. Ob sie sie erschlagen haben, das weiß ich nicht.« Das Erlebnis habe ihn, so bekennt er, »sehr erschüttert [...], ich war 20 Jahre damals.«[66] Hier ist die Erinnerung noch flüssig und gefährlich wie Lava. Der Hitzegrad der Emotion läßt es manchmal gar nicht zu, die Erinnerung in Worte zu fassen: »Es hat oft schreckliche Szenen gegeben. Das kann man gar nicht, das kann man gar nicht schildern. Grauenvoll.«[67]

Bei andern fallen die Widersprüche auf, in denen sie sich im Gespräch verwickeln und verfangen. Einer der Besucher der Ausstellung antwortet auf die Frage, ob er jemals Juden gesehen habe, mit aller Entschiedenheit: »Ich könnte schwören, ich habe überhaupt nie einen gesehen, auch nicht zu Hause, wie wir auf Urlaub waren. [...] 14 Tage und da waren noch drei Reisetage auch. Na, jetzt muß ich Ihnen ... Schauen Sie, jeder, der in Wien damals gewohnt hat, wird irgendwie ... Juden gesehen haben mit diesem Stern. Das habe ich gewußt ... wenn ich einen gesehen habe, ich habe es nicht beachtet. Ich war nie ein politischer Mensch, ich bin heute keiner. [...] Obwohl ich Ihnen sagen muß, ich war wie gesagt bei der motorisierten Infanterie, also bei uns ist ... von uns ist keiner ... ich meine natürlich, wir haben Russen erschossen und Franzosen auch, klar. Als Infanterist, am Maschinengewehr. Aber so etwas ... Das hat man so ... Peu à peu hat man das ... jeder Landser hat ein bißchen was gehört, aber ...«[68] Ähnlich ergeht es einem ehemaligen Soldaten der Wiener Hoch- und Deutschmeisterdivision, der behauptet, nie Zeuge eines Verbrechens geworden zu sein: »Ich habe den ganzen Krieg [...] miterlebt [...], bin dreimal verwundet worden und bin Gott sei Dank heil aus dem Krieg herausgekommen. Aber, wie gesagt, Greueltaten habe ich in meiner Einheit nicht erlebt. Aber nicht, wenn ich ... ich selbst ... Man hat schon was gehört, daß einmal dort und da irgendwas war, aber ... Aber nichts besonderes, also nichts ... also mir ist nichts bekannt.« Zum Thema des Judenmordes befragt, erklärt er mit Emphase, daß das »natürlich eine große Schweinerei gewesen ist«. Ob er selber davon etwas gesehen habe im Osten? »Nichts, das haben wir nicht gewußt. [...] Nein, nein, aber absolut nichts. Wo wir hingekommen sind, da waren entweder keine Leute oder ... das war Frontgebiet immer.«[69] Ein anderer, der bis vor Moskau gekommen ist, beginnt ungefragt das Gespräch vor der Kamera mit dem Satz: »Aber so Massengräber haben wir noch nie gesehen. [...] Wir haben von den Konzentrationslagern auch nichts gewußt.« Weil sein Thema ganz offensichtlich das Schicksal der Juden ist, wird er gefragt, ob er denn noch Juden in den Dörfern angetroffen habe: »In den Dörfern waren nur alte Frauen und Kinder. Die ganzen Jungen bis 45 Jahre haben sie zurückgenommen, wie wir in Rußland einmarschiert sind. Nur ganz alte Männer, die nicht gehen haben können und Frauen und Kinder. Das waren ja ... haben die Russen alle zurückgenommen. [...] Also, die Dörfer, wo wir hin sind, war alles leer.«[70]

Ein dritter Typ von brüchiger Rechtfertigung läßt sich charakterisieren als ein Reden mit »zerbissener Zunge«.[71] Da kommt z. B. jemand, der im Milieu der Arbeiterbewegung aufgewachsen ist und über ein klares politisches Urteil zum Nationalsozialismus verfügt, ins Stammeln, als es um seine eigenen möglichen Verbrechen in Jugoslawien geht. Gefragt, wie denn Aktionen gegen die Partisanen abgelaufen seien, antwortet er: »Nein. Es ist ... wir sind beschossen worden, aber wieso ... Wir sind hingekommen und das war weg. Das Dorf war leer. Wo die waren ...« Auf Fotos hingewiesen, auf denen brennende Häuser zu sehen sind, antwortet er: »Ja. Wo der Widerstand ... Wo der Widerstand vielleicht groß war, aber das war ja auch nicht unser ... Ich war ja ... Ich war ja dort, z. B. das war in einer ... wie soll ich sagen ... eine Aufstellungskompanie. Ich war ja nicht ständig dort. Da sind Rekruten gekommen, wir waren der Kader zur Neuaufstellung. Da sind junge Leute gekommen und dann, wenn das ... wenn das angefüllt war, [...] dann sind wir runter nach Albanien damals.«[72]

Die Erlebnisse des Krieges, so sieht man, arbeiten noch.

Sie wurden also nicht verdrängt, und das heißt, dem Unbewußten, dem Vergessen übereignet, sondern sie sind nur eingekapselt und in dieser Form abgelagert worden. Sie wurden verleugnet. Der Schock der Wehrmachtsausstellung hat dies gut gesicherte Material aufgesprengt und reaktiviert. Alle Strategien des Vergessens verfolgen ein einziges Ziel – das jetzt lebende Ich von früheren negativen Erfahrungen zu entlasten. Die Erinnerungen sind das Medium, in denen dieser Prozeß sich vollzieht. Sie versuchen das Geschehen von damals in Einklang zu bringen mit dem Selbstbild von heute. Damit dessen positives Wertekonto stimmt, müssen die Bilanzen von damals rückwirkend »gefälscht« und angepaßt werden. Das geschieht, wie es die meisten der ehemaligen Wehrmachtssoldaten in ihren Erzählungen vorgeführt haben, indem man die negativen Erlebnisposten ganz aus der Abrechnung herausnimmt, indem man sie »verleugnet«.[73] Das ist nicht das Ergebnis einer kaltblütigen und bewußten Lüge, sondern einer schleichenden und allmählichen Umdeutung des ursprünglichen Wissens, die Züge des Selbstbetruges trägt. Primo Levi hat diesen typischen Versuch vieler Täter, aber auch der Opfer, sich eine »bequemere Wirklichkeit zurecht[zu]zimmern« anschaulich beschrieben: »Ihre Vergangenheit belastet sie; sie empfinden Abscheu vor den Handlungen, die sie begangen oder erlitten haben, und neigen deshalb dazu, etwas anderes an ihre Stelle zu setzen. Das kann bei vollem Bewußtsein der realen Zusammenhänge einsetzen, mit einem erfundenen, verlogenen, wiederhergestellten Handlungsablauf, der aber weniger schmerzvoll ist als der wirkliche. Beschreibt man diesen Ablauf oft genug gegenüber anderen und sich selbst, verliert die Unterscheidung zwischen Wahrheit und Lüge allmählich ihre Konturen, und der Mensch glaubt schließlich mit voller Überzeugung an seine Geschichte, die er so oft erzählt hat und noch immer erzählt [...]: aus dem anfänglichen ›wider besseres Wissen‹ ist ›Treu und Glaube‹ geworden: Der lautlose Übergang von der Lüge zum Selbstbetrug ist nützlich: wer auf Treu und Glauben lügt, lügt besser, spielt seine Rolle besser, findet leichter Glauben beim Richter, beim Historiker, beim Leser, bei seiner Frau und bei seinen Kindern.«[74]

LÜGEN

Es hat unter den Besuchern – neben denen, die »auf Treu und Glauben« lügen – aber auch die gegeben, die »ganz bewußt lügen und auf diese Weise die Wirklichkeit kaltblütig verfälschen«.[75] Diese ehemaligen Wehrmachtssoldaten rechtfertigen noch immer alles, was geschehen ist – militärisch, politisch und moralisch. Sie tun es in der Rhetorik der Nazizeit. Für sie war Hitler die Antwort auf Versailles und die feige Republik von Weimar: »Schuld an dem Ganzen ist der Versailler Vertrag. Das war der Beginn. Wenn das nicht gewesen wäre, wenn es eine anständige deutsche Regierung gegeben hätte, wenn nicht die Wirtschaftskrise gekommen wäre, dann wäre der Hitler nie so groß geworden.«[76] Und der Krieg war ein Präventivkrieg, ein notwendiger Kreuzzug gegen den Bolschewismus, der Europa gerettet hat: »Wir sind in den russischen Aufmarsch hinein«, erinnert sich ein ehemaliger Offizier, ein anderer ergänzt: »Und wenn die deutsche Armee nicht gewesen wäre, wäre der Russe am Atlantik gestanden. […] Dann wären wir … 40 Jahre hätten wir das gehabt, was der Osten gehabt hat, das heißt Ungarn, Bulgarien, Rumänien, Tschechien.«[77] Zu einem solchen Weltbild will der Vorwurf der deutschen Verbrechen nicht passen – die der andern waren zumindest gleich groß: »Wenn man uns schon so etwas anlastet, dann bedaure ich sehr, daß nicht der Kriegsverbrecher Churchill auch dabei war beim Nürnberger Prozeß. Denn dieser Lump hat dem Stalin beweisen wollen, wie stark er ist und hat Dresden bombardieren lassen: Und dann würde ich auch den Commander Harris zum Kriegsverbrecherprozeß einladen. Der Lump ist mittlerweile aber gestorben. […] Dann würde ich sagen: wo sind denn die Leute geblieben, die den Befehl gegeben haben, Nagasaki und Hiroshima zu bombardieren? Das sind Verbrechen, und die Verbrechen sind nicht einseitig.«[78]

Es bleibt nicht bei diesen politischen Bekenntnissen, auch der Alltag des Vernichtungskrieges wird von zwei ehemaligen Offizieren der Wehrmacht umgelogen: es waren die Russen, die mit den Verbrechen begonnen haben. In Sewastopol hatte sich die Zivilbevölkerung vor den schweren Kämpfen in die unterirdischen Stollen geflüchtet: »Wie wir in die Stadt gekommen sind, in Ruinen, da haben die Kommissare die Frauen und Kinder, die in den Stollen Schutz gesucht haben, in die Luft gesprengt. [...] Das war also die Tätigkeit der Kommissare.« Noch schlimmer war das Wirken der Geheimpolizei GPU: »In Nikolajew haben wir etwas kennen gelernt, da lagen also Tote im GPU-Gefängnis, als wir reingekommen sind. Die hatten alle ein zerbrochenes Genick, und da haben wir das erste Mal gehört, daß es eine Tötungsmethode gibt, den Genickschuß. Das war also gang und gäbe in Rußland, diese Genickschüsse. Die Wehrmacht hat sich sicherlich in der Folge auch bedient bei Exekutionen und die sind nicht ausgeblieben.« Anlaß für solche Exekutionen waren die heimtückischen Überfälle der Partisanen auf die Deutschen und jeden Einheimischen, der mit ihnen paktierte: »Also diese Partisanensachen, die illegalen Kämpfe inmitten von Truppen, das sind nach Kriegsrecht Verbrechen. Und Verbrechen gehören bestraft oder abgeschreckt.«[79] Auch der millionenfache Tod der sowjetischen Kriegsgefangenen, der die Todesrate der in den Lagern umgekommenen Deutschen bei weitem übersteigt, findet eine ganz generelle demographische Begründung: »Die haben auch wesentlich mehr Einwohner, die Russen. Das ist ganz logisch, daß es von den Russen mehr waren als von den Deutschen.«[80] Für ihren Tod im Einzelfall, z. B. bei den Märschen in die Gefangenenlager, waren sie dann selber schuld: »Na gut, ich kann mir vorstellen, wenn einer nicht mehr gehen kann und es sind also da 5000, [...] na, dann werden doch ein paar Kameraden, ein paar Russen den tragen. [...] wenn die Russen den nicht nehmen, nicht tragen, der Russe ist da gleichgültig, der Russe ist ungeheuer gleichgültig. Das war ... Da sitzt einer am Straßenrand und hat einen zerschossenen Arm, und der hängt ihm hinunter, und er sagt: ›Kaputt, kaputt‹ und bleibt sitzen. Also, wenn du den nicht freundlich einlädst und sagst: ›na komm, komm, was hast du? Na, tut weh, na ...‹ Was sollst du machen? Die haben eine Gleichgültigkeit an den Tag gelegt, die uns also völlig fremd und unverständlich war.«[81] In ähnlicher Weise waren auch die Juden selber schuld an ihrem Schicksal.

Einer der beiden Offiziere, der den ganzen Rußlandfeldzug – zuletzt bei den Gebirgsjägern – mitgemacht hat, leugnet zunächst, vom Judenmord überhaupt etwas gesehen zu haben. Dann fällt ihm aber doch etwas ein. »Nur die Ukrainer waren durchwegs auf ihre Kommissare bzw. auf die Leiter der Kolchosen, die vielfach Juden waren, sehr, sehr verbittert und die haben also viel ... [...] Und da waren also vor allem auch die Ukrainer irgendwie beteiligt, daß die ... Die haben ihren Kommissar umgebracht oder so ungefähr.« Später gesteht er ein, daß auch die Deutschen nicht gut auf die Juden zu sprechen waren. Schon vor dem Krieg hätten die Juden in Österreich den Konkurrenzkampf in der Geschäftswelt ungebührlich angeheizt. »Und da hat man natürlich gesagt: wenn die Juden weg sind, dann täten wir uns leichter, nicht.« Auch er hat damals die Verfolgung der »mauschelnden Juden« und der »jüdischen Geschäfter« ausdrücklich gutgeheißen, und als die Synagogen brannten, kann er sich an seine Haltung genau erinnern – »das hat uns nicht aufgeregt. [...] Ja, sie sollen auswandern, sie sollen raus.« Im Krieg, bei der Durchfahrt durch Polen, ist er dann wieder auf Juden gestoßen, die in den Dörfern in eigenen Häuserzeilen oder Vierteln leben mußten – »da ist einem das Grausen gekommen«. Der Grund: kleine Judenjungen hätten den Landsern ihre Schwestern für ein paar Mark zur Prostitution angeboten. »Also, nun waren wir irgendwie ja doch, sagen wir, gegen die Juden eingestellt.«[82] Auch der zweite ehemalige Offizier, damals Berufssoldat, kann sich an den Judenmord im Osten nicht erinnern – er will Juden nur beim Holzabladen auf einem Bahnhof und als geschickte Uhrmacher für seine Leute erlebt haben. Für irgendwelche Verfolgungen oder gar Erschießungen habe man, als Kampftruppe, keine Zeit gehabt. Allerdings gibt er zu, daß für das Registrieren der Juden, das Bewachen der Ghettos und ähnliche Aufgaben »Soldaten von rückwärtigen Dienststellen dazugekommen« seien. Sehr viel später – als ob er dafür eine Begründung liefern wollte – kommt er darauf zu sprechen, daß es natürlich einen »latenten Antisemitismus« gegeben habe. Dessen Wurzeln reichten lange zurück. Nach dem Ersten Weltkrieg seien zahlreiche Juden nach Wien gekommen, um etwas zu werden. Und sie hätten es – als Angehörige eines »hochintelligenten Volkes« und mit »eiserner« Arbeit – auch geschafft: »Da war der Anwaltsberuf abgedeckt mit Juden zu 80 %, die Primariten [Chefärzte – H. H.] in den Spitälern zu 90 %. Daß sie natürlich ihre Leute bevorzugt haben, das ist doch ganz logisch, das kann ihnen ja niemand verdenken. Aber natürlich bringt das Emotionen auf der anderen Seite.«[83]

Rekruten und junge Soldaten

Eine Gruppe von Besuchern der Ausstellung hat den Krieg zwar in der Uniform der Wehrmacht mitgemacht, aber doch deutlich anders erlebt als die Landser. Es handelt sich dabei um die 1925 bis 1929 geborenen Jahrgänge, die erst in der Endphase des Krieges an die Front kamen. 34 Angehörige dieser Altersgruppe haben über ihre Erlebnisse vor der Kamera Auskunft gegeben. Die meisten von ihnen haben noch die nationalsozialistischen Schulen besucht. Alle waren sie in der HJ. Einige erwähnen auch ihre Zeit beim Reichsarbeitsdienst (RAD) in Jugoslawien und Polen.[84] Die Einberufung zur Wehrmacht erfolgte für einen Teil dieser Jugendlichen Mitte des Jahres 1943. Die damals Siebzehn- oder Achtzehnjährigen kamen für drei Monate in die Kaserne und absolvierten den Rest ihrer Ausbildung an der Front.[85] Doppelt soviel kamen erst ab Frühjahr 1944 als letztes Aufgebot zum Einsatz – die meisten als Rekruten.[86] Die Einsatzorte waren Polen, die Tschechoslowakei, Ungarn, Jugoslawien, Italien[87] und schließlich – als häufigst genannter Frontabschnitt – Frankreich.[88] Die Ostfront haben nur noch zwei der Befragten erlebt – in Rumänien, in Lettland und in der Ukraine.[89] Fünf wurden zur Kriegsmarine eingezogen – in Dänemark bzw. zur Adria.[90] Bei zwei der Befragten fehlen nähere Angaben. Die Jüngsten der Altersgruppe kamen als Sechzehn- oder Siebzehnjährige nicht mehr zum Froneinsatz: entweder waren sie noch in Ausbildung, oder sie wurden als Jugendliche nur zum Bau von Befestigungsanlagen und Panzersperren verpflichtet.[91] Einer kam noch zum Volkssturm, zwei konnten die Wirren des Kriegsendes nutzen und sich der Einberufung in Wien durch Untertauchen entziehen.[92] Von den fünf interviewten Frauen ging eine nach dem Schulbesuch in Wien nach Deutschland und übernahm dort führende Funktionen in der Naziorganisation »Bund deutscher Mädel« (BDM), eine andere war als Luftwaffenhelferin in Wien eingesetzt, eine dritte besuchte dort die Hebammenschule, und zwei junge Frauen erlebten den Partisanenkrieg in Jugoslawien – die eine im Rahmen des Kriegshilfsdienstes, die andere eingesetzt als Kindergärtnerin zur »Eindeutschung« der einheimischen Bevölkerung.[93]

Gefragt nach Verbrechen, von denen sie Kenntnis gehabt haben, berichten die meisten von der Verfolgung der Juden vor dem Krieg, vor allem in Wien.[94] Die Existenz von Konzentrationslagern war vom Hörensagen oder durch eigene Erfahrungen mit KZ-Häftlingen beim Arbeitseinsatz bekannt.[95] Einer der Befragten hat den Todesmarsch eines der am Kriegsende aufgelösten Lager als Augenzeuge in Österreich erlebt, ein anderer war bei einem dieser Märsche möglicherweise als Such- oder Begleitkommando eingesetzt.[96] Eine junge Frau wurde im Verlauf ihrer Ausbildung zur Kindergärtnerin in die Theorie und Praxis der Euthanasie eingeführt und besuchte in Wien die entsprechenden Anstalten.[97] Auch für die unmenschliche Behandlung der Zwangsarbeiter finden sich Zeugen.[98]

Auffällig ist, daß Verbrechen an der Front meist nur noch vom Hörensagen bekannt waren: die jungen Soldaten oder Rekruten erfuhren von älteren Kameraden, was sich in Polen und in der Sowjetunion in den ersten Kriegsjahren ereignet hatte – daß man den Juden die Haare abgeschnitten hatte »aus Hetz« sowie die Tatsache, daß man generell gegen die Juden »sehr brutal« vorging und »in welcher Weise das gemacht worden ist«, daß »widerrechtlich Gefangene erschossen wurden, fast so zum Spaß«, daß beim Kampf gegen die Partisanen »Leute sinnlos erschossen wurden« oder die Erhängten anschließend »mit Jagdstolz« auf Fotos festgehalten wurden und daß »SS-Einheiten zu gewissen Aktionen eingesetzt worden sind«.[99] Eigene Erlebnisse sind dagegen eher selten. Eine brutale Szene schildert ein ehemaliger Angehöriger des RAD in Polen: Kameraden haben, als sie durch ein Dorf marschierten und von den Einwohnern nicht gegrüßt wurden, diese mit ihren Spaten niedergeschlagen.[100] Ein anderer erzählt von einem nahbei gelegenen Lager in Polen, in dem Erschießungen und Verbrennungen stattgefunden haben. Er hat ständig aufsteigenden Rauch gesehen, weiß aber nicht, ob es sich dabei um ein Vernichtungslager gehandelt hat.[101] Bei der Ardennenoffensive zum Jahreswechsel 1944/45 hat ein junger Artillerist erlebt, wie die Waffen-SS-Division »Hitlerjugend« keine Gefangene gemacht, sondern alle »umgelegt« hat.[102]

Zusammenhängende Erzählungen, die einen Eindruck von den Verbrechen an der Front vermitteln, gibt es nur noch vom Tatort Jugoslawien. Dort wurde – von beiden Seiten – bis zum Ende des Krieges ein Partisanenkrieg geführt, der an Grausamkeit und an Opfern dem in der Sowjetunion 1941 bis 1943 praktizierten vergleichbar war. Eine Kindergärtnerin, die jugoslawische Kinder in der Schule »eindeutschen« sollte, hat sich weggemeldet: sie konnte die Feindseligkeit der Bevölkerung nicht mehr aushalten und mußte erleben, wie eine Kollegin, die die Kinder zum Unterricht zwingen wollte, von Partisanen erschossen wurde.[103] Eine zum Kriegshilfsdienst eingesetzte junge Frau sah Tag für Tag 10 bis 20 aufgehängte Jugoslawen vor ihrer Unterkunft: »Weil damals, wenn ein deutscher Soldat oder irgend jemand erschossen worden ist, haben sie 10 oder 20 geholt. [...] Die haben sie einfach von den Geschäften oder irgendwo [...] da geholt.«[104] Ihr Mann, der in Istrien, an der Grenze von Italien und Jugoslawien, eingesetzt war, hat solche Szenen aus unmittelbarer Nähe miterlebt oder war, wie seine Erzählungen und die Fotos, die er damals gemacht hat, nahelegen, daran beteiligt: bei einem Ausflug ans Meer, so berichtet er, »sind wir als Soldaten baden gegangen und da haben wir einen erwischt, und den haben sie gleich dort ... die Wehrmacht ... gleich aufgehängt«. Bei einer anderen Gelegenheit mußte ein gefangener Partisan abgeführt werden: »Und ein Kollege [...] der hat das Gewehr genommen, so schräg gehalten und ist mit ihm gegangen und hat abgedrückt, und der ist dort gefallen, und wir sind weitergegangen. Das war bei der Wehrmacht. Ein 17jähriger Bursche war ich damals.«[105] Eine Vorstellung davon, warum der Widerstand der Bevölkerung so erbittert war und Titos Partisanenorganisation so stark werden konnte, liefert ein ehemaliger Marinesoldat, der jedesmal, wenn sein Schiff in der Adria kampfunfähig geschossen oder versenkt worden war, zu sogenannten »Partisanensachen« in Istrien abkommandiert wurde. Die meisten dieser Einsätze, die immer von Marine, Heer, Polizei und SD gemeinsam durchgeführt wurden, verfolgten als »Hauptzweck«, wie er sich erinnert, »Leute zusammenzusuchen, um Arbeitskräfte nach Deutschland zu schicken.[...] Und hin und wieder eben, wenn sie bei jemand etwas gefunden haben, was so auf Partisanentätigkeit hingewiesen hat, dann haben sie ihn umgebracht, meistens.« Viele dieser Verhafteten und Umgebrachten waren einfache Zivilisten, die mit den Partisanen nichts zu tun hatten. Wenn man bei der Jagd nach wirklichen Partisanen in den Bergdörfern keinen mehr antraf, nahm man an den Zurückgebliebenen Rache: »Da war noch die Oma da mit Kindern oder so, und da haben Leute dort ... das Gewehr an und ›da mach eine Eierspeise‹ und lauter so Blödsinn. [...] Oder daß ich erlebt habe, daß ein ganz normaler Soldat eben auch einen Mann, der an einer Böschung sitzt mit seinem Schaf im Arm und will das beschützen, und der wirft ihn hinunter über die Böschung mitsamt dem Tier.« Er bestätigt die Gerüchte, daß die Partisanen gefangenen Deutschen übel mitgespielt haben: »Daß man ihnen die Augen aussticht und die Ohren abschneidet und weiß der Teufel, was alles. Daß es das gibt, bin ich auch hundertprozentig überzeugt, weil, es ist ja kein Wunder, wenn ... Weil, was haben wir dort verloren gehabt, so fängt es ja schon an. Und dort sind ja Tausende Menschen, unschuldige Menschen, umgebracht worden. Und natürlich die Überlebenden, die waren dann nicht fein mit denen, die sie erwischt haben.«[106]

Diese eindeutige Haltung, die sich zur eigenen Schuld bekennt, ist kein Einzelfall. Die Mustersätze der ehemaligen Landser, mit denen sie, wie oben gezeigt, die Verantwortung für die begangenen Verbrechen stereotyp den rückwärtigen Einheiten, der SS oder dem Gegner zuschieben, kommen in dieser Altergruppe nicht vor – von zwei Ausnahmen abgesehen: bei der einen Stimme handelt es sich um einen ehemaligen Soldaten, der noch an der Ostfront eingesetzt war, insgesamt länger als alle anderen seiner Altersgruppe diente und nach dem Krieg aktives Mitglied des Kameradschaftsbundes geworden ist, die andere Stimme gehört einer ehemaligen Führerin der Nazi-Organisation »Bund deutscher Mädel«.[107] Zwar tauchen in den Interviews Aussagen auf, die den Landser-Ausreden zu ähneln scheinen – man sei zum Kriegseinsatz gezwungen worden, man habe gehorchen müssen, man sei blutjung gewesen.[108] Aber solche Sätze haben bei halbwüchsigen Soldaten, die noch Schüler oder Lehrlinge waren, einen hohen Grad an Glaubwürdigkeit. Dieser Befund wird unterstützt durch die Art, wie sie über ihre Erlebnisse reden. Bei manchen ist die Verzweiflung und Verlorenheit jener Monate noch heute zu spüren: sie sprechen von »einer furchtbaren, traurigen Zeit« oder fast wortgleich »furchtbar, was passiert ist«,[109] sie weisen darauf hin, »genug gesehen zu haben«, oder verweigern konkrete Antworten, weil noch »zu viele Emotionen« spürbar seien – »da kocht es innerlich«.[110] Der Formulierung, es habe sich bei den Ereignissen jener Zeit um »prägende Erlebnisse« gehandelt, dürfte die überwältigende Mehrheit dieser Altersgruppe zustimmen.[111] Fast alle artikulieren eine klare Absage an jeden Krieg[112] und wenden sich gegen alle Versuche, die begangenen Verbrechen des Vernichtungskrieges zu verharmlosen oder sie mit denen anderer kriegführender Nationen aufrechnen zu wollen.[113] Diese eindeutigen Positionen sind bei einigen der Befragten offensichtlich schon beeinflußt durch die Herkunft aus nazifeindlichen und »linken« Elternhäusern[114] bzw. gespeist aus eigenen Erfahrungen des Widerstandes gegen das NS-Regime.[115] Das hat ihre Wahrnehmung geprägt und die spätere Verarbeitung erleichtert. Ebenso wichtig dürften aber zwei andere Faktoren gewesen sein. Zum einen hatte das Konglomerat der NS-Ideologie, die ihre Stärke nicht zuletzt aus den militärischen Siegen bezogen hatte, in der letzten Kriegsphase an Bindekraft eingebüßt. Die allgemeine Stimmung war – nach dem Fall von Stalingrad Ende Januar und der Landung der Alliierten in Sizilien im Juli 1943 – umgeschlagen und verschlechterte sich mit jedem vergleichbaren militärischen Rückschlag.[116] Zum andern hatte sich die Homogenität und Kohäsion der Wehrmacht aufgrund der hohen Verluste, vor allem auch innerhalb des Offizierskorps, dramatisch vermindert. Die sich rasch ändernden Fronten und der Einsatz bei wechselnden Einheiten, vor allem aber die insgesamt kürzere Zeit, die

die meisten Angehörigen dieser Altersgruppe im Krieg verbrachten, führte dazu, daß sie ein Gefühl der Zugehörigkeit zum Kollektiv Wehrmacht nicht mehr entwickelten. Nur einige wenige waren anderthalb Jahre, die meisten weniger als ein Jahr Soldat. Kaum einer unter ihnen hätte mehr, wie es die Landser ganz selbstverständlich und mit einem gewissen Stolz taten, von »unserer Einheit« gesprochen. Mehr oder weniger auf sich gestellt im Inferno des Kriegsendes, war auch ihre Verarbeitung danach weniger vom Kollektiv und dessen uniformierender Selbstverständigung geprägt, sondern fiel individuell und radikal aus: manche wollten die Ursachen des Zivilisationsbruchs in einer Erziehung zur Hörigkeit und zum Haß auf »den Anderen« erkennen,[117] andere verwiesen auf den verhängnisvollen Einfluß von Begriffen wie Befehl und Pflichterfüllung[118] oder auf die Verführung, die das Gefühl von Macht über Leben und Tod bei vielen bewirkt hatte.[119]

Kriegskinder

Ein Teil der Besucher – die Jahrgänge 1930 bis 1935 – war mit dem Krieg nur zu Hause in Berührung gekommen und kannte die Ereignisse an den Fronten nur aus den Erzählungen von Familienangehörigen oder aus dem Schulunterricht. In der Ausstellung wurden 25 Besucher dieser Altersgruppe interviewt. Die jüngsten waren bei Kriegsbeginn vier, die ältesten zehn Jahre alt. Der Nationalsozialismus begegnete ihnen in der Schule als scharf polarisierendes Welterklärungsmodell, außerhalb – in HJ oder BDM – als faszinierendes Modell einer erfüllten Jugendzeit, aber auch – bei entsprechendem Elternhaus – als System der brutalen Verfolgung aller politischen und rassischen Gegner. Der Krieg, anfangs noch als Beweis großdeutscher Stärke erfahren, wurde, je länger er dauerte, zur allgegenwärtigen Bedrohung – durch den Tod von Angehörigen und die Erzählungen der

Erwachsenen, wegen der Bombenangriffe, des zunehmenden staatlichen Terrors und schließlich der Wirren der Besetzung.[120]

In der Schule wurde ihnen der Haß gegen die russischen Untermenschen, gegen den jüdischen Bolschewismus und die jüdischen Plutokraten eingeimpft, sie erfuhren von der Notwendigkeit der Gewinnung von Lebensraum im Osten und der geschichtlichen Mission Großdeutschlands unter Führung Adolf Hitlers.[121] Das Schicksal der Juden erlebten sie, als der Straßenterror gegen sie einsetzte und jüdische Nachbarn, Mitschüler und deren Angehörige oder die engste Freundin plötzlich verschwanden.[122] Einige wußten von der Existenz der KZ, weil sie die Häftlinge im Arbeitseinsatz gesehen, in der Familie davon erfahren oder das schreckliche Los der Überlebenden bei den Todesmärschen am Kriegsende miterlebt haben.[123] Viele bezeugen die furchtbare Lage der Zwangsarbeiter – ihre Ängste, ihren Hunger, die Fluchtversuche und die Massenerschießungen.[124] Der Krieg wurde für die einen bedrohlich, als die ersten Bomben fielen,[125] für die anderen war er es schon früher geworden: durch das Schicksal von Familienangehörigen, die Soldaten waren und gefallen sind,[126] aber auch aufgrund der Erzählungen, in denen die Gefahren des Krieges und seine Verbrechen vorkamen.[127] Viele berichten von der Zeit der Besetzung durch die sowjetischen Truppen, wobei nicht alle nur schlechte Erfahrungen gemacht haben.[128] Nur ganz wenige bezeugen, nichts von Judenverfolgungen und Kriegsverbrechen gewußt zu haben.[129]

Das auffällige an den Erzählungen ist, daß in ihnen immer wieder große Zonen des Schweigens auftauchen. Die eine betraf das Schicksal der Juden. Eine Frau berichtet, wie die Großeltern ihrer besten Freundin Dita, einer Halbjüdin, 1941 plötzlich verschwunden waren und Dita nicht mehr in die Schule kommen durfte. Sie wollte natürlich wissen, was da passiert ist, aber es gelang ihr nicht, die Gründe dieses rätselhaften Geschehens aufzuklären. Es blieb nur eine Ahnung und – Wut: »Aber ich war schon sehr erstaunt, daß ich als Kind [...] mit diesen Kindern gespielt habe und die Großeltern sind wegtransportiert worden, und die Erwachsenen erzählen mir, sie wissen nicht, wo die hin sind.«[130] Ähnliches hat eine andere Frau mit einer Klassenkameradin erlebt, die von einem auf den andern Tag weg war: »Man hat das irgendwie nicht erfahren. Wenn man gefragt hat, ist man an Mauern gestoßen. [...] Aber man hat mitbekommen, daß etwas vor sich geht.« Näheres über die Deportationen und über das, was danach passierte, war nicht in Erfahrung zu bringen: »Also, meine Eltern haben versucht, von mir alles, was gefährlich ist, überhaupt fernzuhalten. Aber ich habe doch mitgehört bei Gesprächen, daß dann Krankheiten angegeben wurden in diesen ... also aus diesen Verschickungsorten, die wahrscheinlich nicht stimmen. Also, man hat es geahnt.«[131]

Ähnlich schweigsam und ausweichend wurden die Erwachsenen, wenn es um das Geschehen im Krieg, genauer: um die Ereignisse im Osten ging. Ihr Mann hatte ältere Cousins, die bei der Wehrmacht waren. Als sie in Italien und in Frankreich eingesetzt waren, erzählten sie von ihren Erlebnissen – »sobald sie in Rußland gewesen sind, haben sie davon nicht gesprochen«.[132] Über die Opfer und Verluste der dort eingesetzten Soldaten hat man geredet, über ihre Taten nicht.[133] Wenn über Verbrechen gesprochen wurde, ging es über Andeutungen von »Erschießungen in Rußland« oder dunklen Angstphantasien nicht hinaus: »Wenn die Verwandten auf Heimaturlaub gekommen sind, [...] die haben gesagt: wenn die Russen kommen und die Hälfte von dem machen, was wir gemacht haben, na, dann gnade uns Gott. Aber mehr gesprochen hat fast niemand.«[134] Dies Thema war, wie sich zwei Frauen erinnern, geschützt. »Man ist irgendwo an Mauern gelaufen«, formuliert die eine,[135] und die andere konstatiert: »Es hat eine Atmosphäre des Verschweigens geherrscht.« Dahinter, das wußte sie, lauerte die Angst: »Mein Vater war nur am Anfang des Krieges eingerückt, und es ist von uns Kindern alles ferngehalten worden. [...] Und wir haben auch immer im Haus Einquartierung von Soldaten gehabt, die also vor Kindern auch sehr kritische Dinge geäußert haben. Aber mir ist sehr gut in Erinnerung, daß ich nie darüber gesprochen hätte mit anderen Kindern oder auch mit meinen Eltern. Warum? Darüber zu reden, das war in dieser Atmosphäre wahrscheinlich auch schon einem Kind verständlich, daß das nicht, daß das ... Angst war da.«[136]

Manche haben versucht, dieses Schweigen zum Reden zu bringen und die damit verbundene Angst zu überwinden. Ein Mädchen hat »innerlich mitbekommen«, daß sich alle zur Wehrmacht Eingezogenen gefürchtet haben, zum Partisanenkrieg nach Jugoslawien zu kommen. Der Grund war ihr nicht klar, und von den Eltern bekam sie keine Antwort. Sie machte sich selbst an die Auflösung des Rätsels – für eine Elf- oder Zwölfjährige damals eine fast unlösbare Aufgabe. Sie kam nicht weit und verirrte sich in neuen Rätseln: »Als Kind ist mir aufgefallen ... also z. B. in Radiosendungen, wenn dann gesagt wurde: für jeden deutschen erschossenen Soldaten werden 10 oder Hunderte umgebracht – da habe ich mir als Kind schon immer gedacht, daß ... wie kann es denn das geben und warum und weshalb?«[137] Eine Acht- oder Neunjährige wurde Zeuge, wie ein französischer Kriegsgefangener geflüchtet ist – sie hat ihn nicht verraten. Jahrelang wurde sie von der Ungewißheit verfolgt, ob die Flucht damals geglückt ist. Nach 25 Jahren bekam sie die Bestätigung. Und als die Polizei damals auf brutale Weise eine Zwangsarbeiterin aus dem Haus ihrer Eltern abholte, hat sie sich kurz zu der Frau aufs Bett gesetzt. »Sie hat etwas gesagt. Sie konnte nicht deutsch, aber diese Worte – es war wahrscheinlich ihr Name – sind mir heute noch in Erinnerung. Und das war eine solidarische Haltung eines Kindes einer angehörigen Person gegenüber, aber damit war es auch beendet.«[138]

Es war natürlich nicht beendet: die Ereignisse des Krieges haben sich tief eingraviert in die Erinnerung dieser Kinder und ihre Zukunft geprägt – auf ganz unterschiedliche Weise.

Viele haben sich nach dem Krieg politisch betätigt, als Kriegsgegner und Antifaschisten.[139] Auch für das kleine Mädchen, das den Verfolgten auf so unspektakuläre Weise geholfen hatte, hat das Schweigen der Eltern Konsequenzen gehabt: »Aber von mir kann ich sagen, daß mein Leben von diesen Dingen mein ganzes Leben lang beeinflußt war. Und auch die Beziehung zu Leuten aus der Familie – unausgesprochen ist immer eine Barriere geblieben.«[140] Für sie wie für ihren späteren Mann hat sich das Schweigen im Krieg im Nachkrieg fortgesetzt: »Es ist ein neuer Anfang und es wird nicht darüber gesprochen, weder die einen noch die andern reden.«[141] Auch eine andere Besucherin, die unter dem Schweigen ihres Vaters gelitten hat, artikuliert ihre Wut über das Verhalten dieser Generation: »Dann war 45 – da hat man nur vertuscht, vertuscht, vertuscht. In der Schule haben wir auch nichts gelernt. Dann war man selber so beschäftigt mit dem Aufbau. Und auch Fragen wurden ja nicht beantwortet. Die Väter waren Helden. [...] Was mich nicht so sehr stört ist, daß sie das damals nicht gewußt haben, wie mir ja immer alle bestätigen. [...] Aber daß die Generation jetzt noch nicht weiß, was damals passiert, das erfüllt mich mit großer Bestürzung.«[142] Sie wie die überwältigende Mehrheit der Befragten aus dieser Altergruppe haben die Ausstellung begrüßt als eine Chance, endlich das jahrzehntelange Schweigen zu brechen und Licht in das Dunkel der Andeutungen und Halbwahrheiten zu bringen.[143] Lediglich vier der Befragten sind dezidiert gegen die Ausstellung. Sie werfen ihr vor, nur die Verbrechen der Wehrmacht zu zeigen und nicht auch die Untaten der anderen.[144] Auch ihre Einstellung ist durch die Erlebnisse des Krieges und das Verhalten ihrer Familien geprägt.

Einer dieser Kritiker erzählt die etwas unwahrscheinliche Geschichte seines kriegsgefangenen Vaters, und die eigenartigen Floskeln, mit denen er das tut, erwecken erst recht den Verdacht, daß sich alles ganz anders zugetragen hat: der Vater, schon über 40 Jahre alt und ein einfacher Gefreiter, sei

»zum Großteil« in Italien eingesetzt gewesen und dann in amerikanische Gefangenschaft gekommen, aus der er erst »verhältnismäßig spät« zurückgekehrt sei; er sei aber »an sich« nicht in einem Lager inhaftiert gewesen, sondern eine amerikanische Generalsfamilie habe ihn »mehr oder minder« als Hausmädchen beschäftigt. Es scheint, als ob der Sohn die wirkliche Geschichte des Vaters zu verbergen hätte oder er ihn gegen mögliche Verleumdungen beschützen müsse und daß er dies im ausdrücklichen Auftrag des Vaters tut: »Er ist leider Gottes in verhältnismäßig hohem Alter, aber trotzdem für mich zu früh, 1991, verstorben, und er wäre möglicherweise mit dieser Ausstellung auch nicht ganz zufrieden. Soviel hat er mir möglicherweise mitgegeben.«[145] Ein anderer kritischer Besucher prüft intensiv alle Fotos der Ausstellung. Er handelt offensichtlich im phantasierten Auftrag seines toten Bruders: dieser wurde am Ende des Krieges, angeblich von Partisanen, an einem unbekannten Ort in der Tschechoslowakei erschossen, und der überlebende Bruder versucht sein Schicksal aufzuklären: »Ich suche noch, ich suche noch. [...] Daß ich vielleicht was sehe, nicht wahr? Aber da hat man keine Chance.« Und er will die Stimme erheben gegen die Mörder seines Bruder: »Partisanen, das waren ja keine guten.« Auch seine Frau protestiert gegen die Darstellung der Ereignisse in der Ausstellung: »Ich habe ihn noch miterlebt den Krieg – den Schluß. Die [Leute von der Ausstellung], die hätten müssen da sein und das mitmachen, was die Russen sich da erlauben. Wenn sich eine Frau gewehrt hat – war sie schon tot. Da hat sie nicht einmal einen Schuß bekommen, da hats mit dem Messer ...«[146] Es wird nicht klar, ob sie selber als junges Mädchen von sowjetischen Soldaten vergewaltigt wurde oder diese bedrohliche Situation als Augenzeugin erlebt hat. Sicher ist nur, daß sie sich immer noch als Opfer fühlt. Am deutlichsten wird dieser Zusammenhang der Identifizierung nur mit den eigenen Opfern bei einer Frau, die ihre Erregung vor der Kamera nicht verbergen kann: »Das kann ich nicht glauben, das kann ich nicht glauben. Und ich weiß von Erzählungen, daß ihnen gesagt worden ist: wir sind angeschossen worden, wir haben uns natürlich gewehrt. Und wir mußten uns wehren, und das glaube ich. Ich glaube nicht diese willkürlichen Erhängungen, Erschießungen, ich glaube es nicht. Ich glaube nicht, daß meine Onkel Mörder sind. Ich glaube auch nicht, daß mein Großvater ein Mörder ist. Das kann ich nicht glauben, denn sonst müßte ich mich selbst aufhängen.« Die erwähnten beiden Onkel sind 1942/43 in Stalingrad gefallen, und auch der Vater, von dessen Kriegseinsatz nichts mitgeteilt wird, ist – wenn auch zu Hause – im selben Jahr gestorben. »Ich habe Angst, daß ich jetzt glaube, meine Onkel wären Mörder – vor dem habe ich die meiste Angst.«[147] Offensichtlich ist die Identifikation des Kindes mit den Toten und ihrem Auftrag, deren Taten zu leugnen, noch so stark, daß die Erwachsene fürchtet, sie würde, wenn sie die Fakten der Ausstellung akzeptiert, den toten Angehörigen die Loyalität aufkündigen und die unsichtbaren Bande der Familie zerreißen. Gabriele Rosenthal hat bei der Auswertung von Interviews mit dieser Altersgruppe, die in Deutschland gemacht wurden, auch noch auf einen zweiten möglichen Auftrag der Elterngeneration aufmerksam gemacht – auch die eigenen Erfahrungen als Kind zu verleugnen. Dieser Akt der Verleugnung könnte durch den Schock der Ausstellung in Frage gestellt werden, mit der Folge, daß sich »erhebliche Unsicherheiten in der eigenen Wahrnehmungsfähigkeit entwickeln, bis zur Angst, paranoid zu sein«.[148] Genau in diesem Zustand der Angst befindet sich die Frau.

Die Nachgeborenen

Wer meint, das Fortwirken des Krieges und der Nazizeit sei auf die beschränkt, die noch mit dem eigenen Erleben darin verstrickt gewesen seien, täuscht sich. Erzählungen, Gefühle, Gesten und Bilder entfalten eine ebensolche Kraft.

Das zeigen die Berichte von zwei Besuchern, die zur sogenannten Zweiten Generation gehören, also nach dem Krieg geboren sind. Es sind die einzigen Interviews, die in der Ausstellung mit Söhnen und Töchtern der Nazigeneration durchgeführt wurden.

Der Mann ist 1945 geboren und von Beruf Lehrer.[149] Seine Informationen stammen von den Eltern, den Verwandten, von Nachbarn sowie aus der eigenen Beobachtung. Der Vater nahm 1939 am Überfall auf Polen teil, war dann im Erzbergbau in der Heimat dienstverpflichtet und wurde gegen Kriegsende 1944 noch in die annektierte jugoslawische Südsteiermark abkommandiert. Auch die Onkel waren alle an der Front – davon einer in der Sowjetunion – und trugen zum Teil so schwere Verletzungen davon, daß sie als »Kriegsversehrte« galten. Der Vater hat in Polen die Not der Zivilbevölkerung gesehen, ihre Angst vor der Wehrmacht und der SS, die ihr folgte, den Abtransport zur Zwangsarbeit, die angemaßte Überheblichkeit der Offiziere. Zurück in der Heimat, wurde er Zeuge der unmenschlichen Behandlung der meist sowjetischen Zwangsarbeiterinnen und der Kriegsgefangenen, mit denen er im Bergwerk zusammengearbeitet hatte. Aber er erlebte auch den Terror der Gestapo gegen die eigenen Leute – die nächtlichen Verhaftungen von ehemaligen Kommunisten, Sozialdemokraten oder Arbeitskollegen, die verdächtigt wurden, »Feindsender« abgehört oder defätistische Äußerungen gemacht zu haben. Der Vater, alter Sozialdemokrat, wußte vom KZ Mauthausen und dessen Außenlagern, auch von einem Ausbruchsversuch von 800 Häftlingen und deren schlimmem Ende: die einen wurden in gefüllte Wasserfässer gesteckt, die andern mußten sich auf die Deckel stellen und ihre Mithäftlinge auf diese Weise ertränken. Da eine öffentliche Straße mitten durch dies Lager führte, wußten alle Leute in dieser Gegend Bescheid. Über die Lage an der Ostfront erfuhr die Familie in einem Brief, den der dort eingesetzte Sohn einem Kameraden mitgegeben hatte: »Es hat geheißen, da sind schreckliche Dinge passiert.« Dieser Brief schien so gefährlich gewesen zu sein, daß er in einem Holzscheit auf dem Dachboden versteckt und das Holzscheit am Ende des Krieges verbrannt wurde – »vor lauter Angst, es könnte eben jemand dahinterkommen und dann die ganze Familie auslöschen«.

Angst ist das beherrschende Thema der Familie gewesen: die Angst des Vaters im Bergwerk, selber abgeholt zu werden, seine Angst, wenn er durch das KZ-Außenlager fahren mußte, nach rechts oder links zu schauen, die Angst der Großeltern, beim verbotenen Schlachten während des Krieges erwischt zu werden, die Angst vor dem Nachbarn, der Ortsgruppenleiter der NSDAP war, die Angst der Mutter am Ende des Krieges, man könne bei ihr das Zwangsgeschenk zur Hochzeit – Hitlers »Mein Kampf« – entdecken, ihre Angst vor der SS, auch heute noch – sei es, daß sie im Fernsehen ihren schwarzen Uniform wiederbegegnet oder die Breeches-Hosen und schwarzen Stiefel der österreichischen Polizei sie daran erinnern, die Angst der Bevölkerung nach dem Krieg vor der Rache der Russen, die jetzt Besatzungsmacht waren. Der Sohn ist mit dieser Angst aufgewachsen, er hat sie geerbt und aus eigenem Erleben noch gemehrt: »Ich bin '45 geboren, d. h. ich habe da als Kind noch sehr viel miterlebt. Und zwar auch zum Teil die Angst, die meine Eltern noch hatten. Oder ich erinnere mich noch an die letzten Rückkehrer aus den Gefangenenlagern, und dann so schön langsam wurde mir dann erzählt, oder ich habe das so auch mitbekommen, daß eben sehr viel Schreckliches passiert ist. Ich kann mich erinnern, es hat in meinem Heimatort einen Mann gegeben, dem man eben nachgesagt hat, er hat ... bei dieser ... bei dem Marsch der ungarischen Juden aus dem KZ nach Westen eben, da ist ein Zug durch unsern Ort gekommen, da habe er ebenfalls Juden erschossen. Das habe ich als Kind so erstmals erlebt. Ich habe mir einfach nicht vorstellen können, daß man mit dem Menschen überhaupt noch spricht. Aber ja ... Es war sogar so, daß die Leute sich noch vor dem gefürchtet haben. Obwohl der 10 oder wieviel Jahre eben eingesperrt war. [...] Man ist ihm nicht aus dem Weg gegangen, also man hat ihn irgendwie wieder aufgenommen und ... Der hat also dieses und jenes gemacht. Man hat also irgendwie das Gefühl gehabt, die Bevölkerung fürchtet, es könnte vielleicht wieder einmal ein Umschwung kommen und dann könnten ähnliche Dinge passieren ... Ich habe halt das Gefühl gehabt, dann könnte der wieder an der Macht ... oder irgendwie mitmischen.« Die Angst war also überall und allgegenwärtig, und sie bezog sich nicht nur auf die Vergangenheit. Ihre Namen: SS, Gestapo, Partei oder einfach – die Nazis.

Aber es gab auch noch eine andere Welt. Sie wurde repräsentiert durch die Wehrmacht. Der Sohn erfuhr davon durch die Erzählungen des Vaters und der Onkel, vor allem aber durch Männer aus der Nachbarschaft, die beim Afrikakorps und bei den Gebirgsjägern gewesen waren: »Es ist irgendwie doch glorifiziert worden, uns Kindern ... von jenen, die eben teilgenommen haben. Man hat irgendwo auf der einen Seite diese Greueltat, das eine, die mir in Erinnerung ist [...] und andererseits sind wiederum ... sind dann gewisse Heldentaten berichtet und besprochen worden.[...] Für uns als Kinder war das so ... diese Zweiteilung. Hier die SS, die alles gemacht hat, alles Schreckliche und andererseits eben die Wehrmacht, die eben Krieg geführt hat nach soldatischem Ehrenkodex.« Die Zweiteilung in eine Welt des Bösen und des Guten hat der Familie und den Bekannten geholfen, ihre Rolle in dieser Zeit als positiv und moralisch einwandfrei erscheinen zu lassen und es den Kindern ermöglicht, sich mit den Eltern zu identifizieren und – im vorliegenden Fall – deren Angst zu teilen. Die Eltern gehörten ja, das bewies ihre fortdauernde Angst, nicht zu den Tätern, sondern waren Opfer gewesen.

Irritierend ist nur, daß diese Konstruktion, die so eindeutig antinazistisch zu sein schien, ihre entlastende Funktion auch aus Elementen bezog, die reinster Nationalsozialismus waren. Zu dieser Welt des Bösen, wie sie dem Sohn vermittelt wurde, gehörten nämlich – nach dem Krieg – noch immer »die Russen« und, abgeschwächt, aber noch wahrnehmbar, »das jüdische Volk«. Eine Rechtfertigung des Krieges gegen die Sowjetunion, meint der Sohn zunächst, habe er zwar nie gehört, dann aber dämmert ihm: »Es ist auch, wie gesagt, vom Bolschewismus nicht die Rede gewesen, sondern, wie es damals in der Sprache war: gegen den Russen. [...] Aber es kann schon sein, wenn Sie mich so fragen, daß vielleicht ich das Gefühl gehabt habe, es war also notwendig, daß man versucht hat zu verhindern, daß er eben nach Österreich eindringt. Weil eben dann doch immer wieder erzählt worden ist, was in der russischen Besatzungszone passiert ist.« Die Nazi-Propaganda vom Präventivkrieg der deutschen Wehrmacht gegen die jüdisch-bolschewistische Gefahr vermischt sich hier auf deutliche Weise mit den Exzessen der Roten Armee bei der Besetzung. Auch ein Fortwirken der rassistischen Parolen vom slawischen Untermenschen kann der Sohn nicht ausschließen: »Ich bin überzeugt, daß meine Eltern das zwar nicht vertreten haben, aber doch irgendwie ist es in ihrem Bewußtsein gewesen. Diese siebenjährige Propaganda ... Na ja, und vorher ja auch in der Ersten Republik.«

Ähnlich hat es sich mit dem »jüdischen Volk« verhalten. So wie »die Russen« den deutschen Einmarsch selbst verschuldet haben, so tragen auch die Juden – in der Vorstellung des Kindes ein eigenes Volk in Österreich – für ihr Verschwinden quasi selber die Verantwortung: »In meiner Familie ist so der österreichische Antisemitismus gewesen, also kein aggressiver, sondern irgendwo eine Schuldzuweisung. Dieser übliche österreichische Antisemitismus ... Ja, das jüdische Volk ist eben irgendwo in der Zwischenkriegszeit und vorher sehr mächtig gewesen, hat teilweise die Industrie und die Hochfinanz beherrscht.« Das allgemeine Bild, das die Eltern und Verwandten so vermittelt haben, erfährt für das Kind eine sehr konkrete und zugespitzte Bestätigung: »Zum Teil war es so, daß eben eine Fabrik, die in meinem

Heimatort gestanden ist, die dann in der Zeit der Weltwirtschaftskrise Pleite gemacht hat, einen jüdischen Besitzer gehabt hat und dem die Schuld gegeben wurde an der Pleite dieses Betriebs und damit an … ich glaube 100 Leute, die damals arbeitslos geworden sind …« Erst sehr viel später hat der Sohn erfahren, warum die Juden »verschwunden« sind und was »Verschwinden« bedeutet hat. Das Interview ist ein singuläres Dokument – weil es dem Erzähler gelingt, die Geschichte seiner Familie ganz aus der Perspektive des Kindes darzustellen und nichts von seinem heutigen Wissen der Erzählung beizumengen und weil seine Darstellung bezeugt, mit welchen Emotionen alle Erinnerungen aus dieser Zeit kontaminiert sind und wie schwer es das Wissen haben muß, sich dagegen zu behaupten oder gar durchzusetzen.

Auch das zweite Interview ist außergewöhnlich. Die da Auskunft gibt, ist eine 1953 geborene Frau.[150] Sie bezieht ihre Informationen aus dem Netzwerk einer Großfamilie, die vier Generationen umfaßt, und wählt als Erzählerin nicht den Blick des Kindes, sondern den des Erwachsenen, ja sogar den des Spezialisten – sie ist Psychologin. Schließlich geht es nicht bloß um die Angst vor einem möglichen Tod, sondern um den Tod selbst – den von zwei im Krieg gefallenen Söhnen – und um die Folgen dieses Ereignisses bis in die Enkelgeneration. »… was ich sagen wollte, daß ich als Nichtbetroffene, weil ich Jahrgang '53 bin, in eine Familie durch Heirat gekommen bin, wo diese nicht klaren, nicht ausgesprochenen, nicht wirklich eruierbaren Verhältnisse, was mit den Kindern passiert ist und wo die hingekommen sind … daß das noch in der nächsten Generation weiterwirkt, daß die Familie darunter leidet, daß die Mutter dieser Söhne bis zu ihrem Tod noch 40 Jahre danach wissen will, wo die Kinder geblieben sind und aus den Feldpostbriefen, die vorliegen, hervorgeht, die haben Schreckliches gesehen und die konnten nicht damit fertig werden. Also ganz junge Männer, Anfang der 20. Wobei die sehr moralisch waren und sehr … auf Anstand erzogen und daß die offensichtlich zerbrochen sind daran, daß ihr Idealismus mißbraucht wurde. Das geht irgendwie aus diesen Briefen hervor und wo also dieser jüngere Bruder, der Historiker ist und sich sehr stark damit beschäftigt hat – mein geschiedener Mann –, immer wieder nur losheult, wenn er sich mit diesen Briefen beschäftigt.« Nicht erwähnt wird der zweite überlebende Bruder, der im Unterschied zu ihrem geschiedenen Mann, der zu jung war, auch als Soldat gedient hatte und deshalb möglicherweise eine wichtige Rolle bei der Heroisierung der toten Brüder gespielt hat. Ihr ehemaliger Mann jedenfalls, so glaubt sie, »hat irgendwie was vor oder möchte sogar, was ich ja auch spannend finde, wie es sich weiterpflanzt, das mit seinen Töchtern gemeinsam machen, also unsern gemeinsamen Töchtern. Die sind jetzt in einem Alter, wo sie das auch verarbeiten können, die sind erwachsen auch. Aber wie das Jahrzehnte in der Familie da ist, als etwas was nicht faßbar ist.«

Mit dem Begriff »nicht faßbar« ist nicht nur die durch den Verlust ausgelöste Trauer gemeint, sondern auch das nicht mehr aufzuklärende Geheimnis ihres Todes – beide wurden als vermißt, d. h. als »wahrscheinlich tot«, gemeldet. Der eine ist als Neunzehnjähriger 1943 an der Ostfront, der andere, gerade achtzehn Jahre alt, beim Rückzug in Ungarn 1944 ums Leben gekommen. Unklar geblieben ist, ob sie in Gefangenschaft gestorben oder im Kampf gefallen oder durch eine »Selbstverstümmelung« – um in ein Lazarett verlegt zu werden – umgekommen sind. Für die letzte Vermutung gibt es versteckte Hinweise in ihren Briefen. Die beiden jungen Soldaten sind – das ist die Deutung der Familie – an dem, was sie an der Front erlebt haben, »offensichtlich zerbrochen«, und ihre Familie – so die Wahrnehmung der geschulten Beobachterin – ist durch diesen ungeklärten doppelten Tod »psychisch zerstört« worden. Indizien dafür sind die Fragen der Mutter, die noch 40 Jahre danach wissen will, »wo die Kinder geblieben sind«, das quälende Wissen der Eltern, ihre Kinder »an ein verbrecherisches Regime verloren« zu haben, die bohrende Frage, warum man dieses System selbst unterstützt oder geduldet hat, die Fixierung des jüngeren überlebenden Bruders an das längst vergangene Geschehen – »und das ist wichtig zu sehen, wie das immer präsent ist, auch wenn man nicht darüber redet«. Das Irritierende ist, daß dieses Leiden über den Kreis der unmittelbar Betroffenen hinaus auch nach den Enkeln greift: »... auch meine Töchter beschäftigt das. Die sind jetzt erwachsen, es wird fort ... es trägt sich weiter durch die Generationen.«

Über alldem scheint die Besucherin die Geschichte ihrer eigenen Familie ganz vergessen zu haben. Sie wird erst durch die Frage der Interviewerin daran erinnert. Dieses »Vergessen« ist, wie sich zeigt, kein Zufall gewesen: sie hält sich so lange mit der »Opfergeschichte« aus der Familie ihres Mannes auf, weil es ihr wahrscheinlich schwerer fällt, über die eigene »Täterfamilie« zu sprechen. Ihre Eltern gehörten zur Altersgruppe der 1925–1929 Geborenen und waren durch HJ und BDM stark geprägt –»sehr infiziert«, wie die Tochter formuliert, »mit Dingen, die man dann schlecht wegbringt«. Sie hat das in ihrer eigenen Erziehung erfahren müssen, die unter der Maxime stand »Gelobt sei, was hart macht«. Der Mutter ging noch Jahre nach dem Krieg, zum Erschrecken der Tochter, das Wort »Vergasung« bedenkenlos über die Lippen. Der Vater war Schüler der Napola, einer NS-Eliteschule, und hatte das Schuljahr 1944/45 mit paramilitärischen Übungen und dem Ausheben von Panzergräben in Jugoslawien zugebracht. Seine Eltern waren begeisterte Nazis in der Steiermark und hatten viel mit ihm vor. Noch in den sechziger Jahren erlebte die Tochter, wie ihr Großvater sich ungebrochen für Euthanasie und Vergasung aussprach – »und alles wird weggeschafft und weggeräumt und gesäubert« –, und hat sich deswegen heftig mit ihm gestritten. Offensichtlich ist ihr dieser Nazi-Hintergrund ihrer Familie erst allmählich aufgegangen – vor allem durch ihren späteren Mann, der damals ihr Geschichtslehrer am Gymnasium war und ihr half, die Andeutungen und Anspielungen, die angefangenen und abgebrochenen Erzählungen zu Hause zu entziffern. Der Kern dieser halben Wahrheiten war die tiefe Enttäuschung des Vaters, mit dem Ende des Naziregimes auch seine Karriere verspielt zu haben. Ihre vorsichtige Formulierung – »Also das Trauma ist nicht gut besprechbar« – deutet darauf hin, daß dieser Bruch so etwas wie ein Familiengeheimnis war. Der Verdacht tut sich auf, daß die Entscheidung der Tochter für den Beruf der Psychologin, die beim Aufdecken, beim Besprechen, beim Bewußtmachen solcher Geheimnisse hilft, aus dieser Konstellation resultiert. Sie verbündet sich dazu mit einem anderen Spezialisten fürs Aufdecken, mit dem Geschichtslehrer, den sie heiratet. Auch seine Berufsentscheidung zum Historiker ist möglicherweise durch das eigene Familiendrama – »die nicht wirklich eruierbaren« Umstände des Todes seiner beiden Brüder – determiniert. Die »doppelten Botschaften«, die die Eltern versenden, sind nicht ungerichtet: Sie enthalten den Auftrag an die Kinder, die verschlüsselte Nachricht zu decodieren und auf diese Weise die in ihnen eingeschriebenen, negativen Gefühle mit ihnen zu teilen. Mindestens eines der Kinder in jeder der beiden Familien ist dem Auftrag nachgekommen.[151]

Schlimme Aussicht

Bilanziert man die Art und Weise, wie die Kinder der Nazigeneration – die im Krieg wie die danach geborenen – mit der Vergangenheit umgehen, so lassen sich drei Ergebnisse festhalten: 1. Sie sind – durch ihre Eltern – ein Teil dieser Zeit und, wie wenn sie als Geiseln genommen wären, gezwungen, die unerledigten Geschichten aufzuschultern und weiterzuschleppen. 2. Einem Teil der Söhne und Töchter scheint es gelungen zu sein, durch scharfe Abgrenzung von der Nazigeneration sich von dieser Erblast zu befreien, der andere Teil identifiziert sich ebenso lautstark mit ihr. 3. Die Ursache für beide Reaktionsweisen liegt in der Verleugnung der geschehenen Verbrechen und in der Stilisierung der Landser zu Opfern bzw. zu Helden. Diese Feststellungen gelten auch für die Enkel. Das beweist nicht nur das große Interesse, das die Töchter der Psychologin für das Schicksal der beiden vermißten Onkel bekunden, auch die Reaktionen von vier in der Ausstellung interviewten jungen Besuchern, die sich alle auf ihre Großväter beziehen, belegen das.[152] Während einer, der von seinem Großvater über seine Erlebnisse als Soldat nie etwas erfahren hat, von der Ausstellung erschüttert ist,[153] sind die drei andern – im Namen »unserer Großvätergeneration« – strikt dagegen. Einer hat das Fotoalbum des bereits verstorbenen Opas mit seinen Fotos aus der Kriegszeit intensiv studiert, die andern machen keine Angaben über ähnliche Kontakte. Aber alle drei begründen sie ihre Leugnung der Verbrechen und ihre Verteidigung der Wehrmacht mit den Mustersätzen der Landser-Großväter.[154]

Harald Welzer hat in einem Projekt über »Nationalsozialismus und Krieg im Gespräch zwischen den Generationen« anhand von mehr als 2500 Interviews gezeigt, wie sich neben dem offiziellen Bild, das Wissenschaft, Schule und Gedenkkultur von der Nazizeit vermitteln, in den Familien eine eigene Parallelgeschichte entwickelt hat: in ihr wird den »antisemitischen Großeltern und Eltern in den Augen ihrer Kinder und Enkel« eine Rolle entweder »als Opfer der NS-Vergangenheit und/oder [als] Helden des alltäglichen Widerstandes« eingeräumt.[155] Diese manipulative »Heroisierung« war nicht nur neben der offiziellen Verdammung des NS-Regimes und seiner Verbrechen, sondern geradezu wegen dieser mittlerweile Staatsdoktrin gewordenen Bewertung möglich. Sie erzwang geradezu – »als paradoxe Folge der gelungenen Aufklärung« über die NS-Zeit – das subjektive Bedürfnis, den eigenen Angehörigen »die Rolle der anderen, der guten Deutschen im nationalsozialistischen Alltag zuzuweisen«.[156] Es ist dieselbe Zweiteilung, die der Lehrer in seiner Erzählung so eindrücklich beschrieben hat: Da waren »auf der einen Seite diese Greueltat« vom Ertränken der Häftlinge im KZ und »andererseits [...] dann gewisse Heldentaten« vom Afrikakorps und den Gebirgsjägern. »Für uns als Kinder war das so ... diese Zweiteilung. Hier die SS, die alles gemacht hat, alles Schreckliche und andererseits eben die Wehrmacht, die eben Krieg geführt hat nach soldatischem Ehrenkodex.«[157] Die Wehrmachtsausstellung hatte diesen Fluchtweg für eine kurze Zeit verstellt, indem sie die simple Aufteilung in ein Reich der Bösen und eines der Guten zerstörte, indem sie »die Grenze zwischen der öffentlichen und der privaten Erinnerung an das ›Dritte Reich‹ niederriß«.[158] Ermöglicht wurde dieser produktive Kurzschluß dadurch, daß sie die »sauberen« Soldaten der Wehrmacht bei den Tätigkeiten zeigte, die bisher nur der »bösen« SS zugerechnet worden waren, und daß sie zum Beleg die Fotos der Landser aus ihren eigenen Brieftaschen präsentierte. Die Väter und Großväter waren als Täter und nicht als Opfer oder Helden zu besichtigen. Die neue Ausstellung des Hamburger Instituts hat diesen ungewohnten, aber idealen Aussichtspunkt, der es erlaubte, die Weltgeschichte als Familiengeschichte zu sehen, wie oben ausgeführt, zerstört: die Landserfotos sind als trügerische Quelle zurückgezogen, und statt des Jedermann aus dem Familienalbum ist die hohe Generalität als Vertreter der Haupt- und Staatsaktionen alleinverantwortlich. Die alte »Zweiteilung« ist wieder in ihr Recht gesetzt.

Dieses geschichtspolitische Rollback ist nur ein Zwischenhalt auf einem abschüssigen Weg. Es kommt noch schlimmer, wenn die letzten Zeugen von Krieg und Nazizeit nicht mehr am Leben sind und – wie in einem Teil der Interviews auf eindrückliche Weise geschehen – nicht mehr erzählen können, was war. Dann wird niemand mehr wagen, die Soldaten der Wehrmacht oder die Angehörigen der Polizeibataillone oder die Beamten der Reichsbahn oder die Arbeitsmänner des RAD als Täter zu bezeichnen. Man wird, so Welzers Prognose, zurückkehren zu den Vorstellungen der fünfziger

Jahre, wo es »die Nazis« und »die Deutschen« gab, und zu der Behauptung, »daß ›die Deutschen‹ als Verführte, Mißbrauchte, ihrer Jugend beraubte Gruppe zu betrachten sind, die selbst Opfer des Nationalsozialismus war«.[159] Das war, wie erinnerlich, auch der Schlüsselsatz der ehemaligen Landser vor Ruth Beckermanns Kamera.

7. Kapitel
Die Mitschuld der Juden
Bogdan Musials Arbeit am Mythos

Bisher bestand unter Historikern Übereinstimmung darin, daß die Ermordung der sechs Millionen europäischen Juden der Plan und das Werk des NS-Regimes war. Das Motiv für diese Tat hatte Hitler früh genannt: die Juden bedrohten aufgrund ihrer Rasse die Existenz des deutschen Volkes und seien eine Gefahr für die Menschheit.[1] Der polnische Historiker Bogdan Musial schert aus diesem Konsens aus. Zumindest für die unter dem Namen Galizien besser bekannte Westukraine macht er besondere Umstände geltend: Die Juden seien selber schuld daran gewesen, daß man beim Einmarsch der Wehrmacht im Juni/Juli 1941 fast 20000 von ihnen auf offener Straße erschlug und erschoß.[2] Musial stützt seine Behauptung darauf, daß die Juden »in ihrer Mehrheit« von der im Hitler-Stalin-Pakt vereinbarten und im September 1939 vollzogenen Annexion des polnischen Ostgaliziens durch die Ukraine profitierten.[3] Zwar hätten die alten jüdischen Eliten – Unternehmer und Großkaufleute, Aktivisten der zionistischen wie der sozialistischen Organisationen – ihre Privilegien verloren, aber für Kleinhändler, Handwerker, Freiberufler und insonderheit für die Jugend hätten die neuen sowjetischen Institutionen eine deutliche Verbesserung ihrer Lage und ihrer Perspektiven gebracht. Das hätte den Neid der nichtjüdischen Bevölkerung provoziert. Die Tatsache aber, daß zahlreiche Juden Verwendung im Staatsapparat und hier vor allem bei den Sicherheitsorganen des NKWD fanden, habe bewirkt, daß sie den Polen und Ukrainern nicht nur »als Nutznießer«, sondern auch als »Helfershelfer der Sowjets und sogar als Täter« erschienen.[4] Diese »antijüdische Haltung«[5] sei in der

Folge – durch die zunehmende Repression und das aufreizende Verhalten vieler Juden – zu offenem »Haß« eskaliert.[6] Als der NKWD nach dem Schock des deutschen Einmarsches im Juni 1941 einen Großteil der nicht mehr zu evakuierenden Insassen der Gefängnisse einfach abschlachtete, habe sich dieser Haß in »massenhaften Gewaltausbrüchen« Luft gemacht, die als »Vergeltung der nichtjüdischen Bevölkerung« für das von den Juden erlittene oder ihnen zugeschriebene »Unrecht« zu interpretieren seien.[7]

Die ursprüngliche Absicht des NKWD, nach dem deutschen Überfall auf die Sowjetunion alle Häftlinge der frontnahen Gefängnisse nach rückwärts zu evakuieren, gelang wegen des raschen Vormarsches der Wehrmacht und der fehlenden eigenen Transportmitteln nicht überall. In solchen Fällen, so entschied der zuständige Volkskommissar für Inneres, Berija, am 23. Juni, sollten diejenigen unter den Häftlingen, die wegen »konterrevolutionärer Verbrechen« verurteilt worden waren, erschossen werden. Der Mordbefehl versuchte zu verhindern, daß die in großer Zahl inhaftierten Aktivisten der ukrainischen Nationalbewegung freikamen und die zur Kollaboration mit den Deutschen bereiten Kräfte verstärkten. Die Erschießungen begannen am 24. Juni in 22 Orten und kosteten etwa 10000 Häftlinge das Leben.[8]

Die folgenden Ereignisse sind nur zu verstehen, wenn man die Rolle des ukrainischen Nationalismus und dessen langjährige Förderung durch das nationalsozialistische Deutschland kennt. Spätestens seit dem Frühjahr 1941 war diese Bewegung zu einer realen Gefahr für die Sowjetmacht geworden.

Der Beginn des Holocaust in Galizien

Bei allen Überlegungen und Planungen der politischen und militärischen Führung für einen künftigen Krieg im Osten nahm die Ukraine einen besonderen Platz ein – als Gegengewicht gegen die Sowjetunion und als »Kornkammer« des deutschen Reiches.[9] Ein solches Ziel war nur mit Unterstützung kollaborationswilliger Kräfte aus dem Lande selbst zu erreichen. In der »Organisation ukrainischer Nationalisten« (OUN), die sich in den dreißiger Jahren in Polen zu einer »semi-faschistischen« Bewegung mit stark antisemitischer Ausrichtung entwickelt hatte, fand sich ein solcher Partner.[10] Der Einfluß der deutschen Stellen – neben Rosenberg vor allem das Amt Abwehr der Wehrmacht [11] – wurde gegen Ende der dreißiger Jahre so stark, daß Joseph Roth in seinem Pariser Exil den ukrainischen Nationalismus als »deutsches Patent« bezeichnete und der amerikanische Gesandtschaftsrat in Prag, George F. Kennan, von den Ukrainern drastisch als »Marionetten in der Hand deutscher Agenten« sprach.[12] Nur aufgrund dieser Situation konnte Keitel, der Chef des Oberkommandos der Wehrmacht (OKW), nach dem Überfall auf Polen im September 1939 Szenarien für ein unabhängiges Galizien entwickeln: er wies das Amt Abwehr an, in diesem Fall dafür zu sorgen, daß dort – ausgelöst durch die OUN – »ein Aufstand [...] ausbricht, der sich die Vernichtung des Polentums und der Juden zum Ziel setzt«.[13]

Aus dem unabhängigen Galizien wurde zwar nichts, aber die Absicht, mit den ukrainischen Nationalisten weiter Politik zu machen, blieb unverändert. Unter dem Eindruck des deutschen Sieges über Polen und mit Blick auf die sich dadurch bietenden Möglichkeiten für die Zukunft spaltete sich die OUN 1940 in einen aktivistischen Flügel unter Stephan Bandera (OUN-B) und eine eher moderate Restgruppe unter dem bisherigen Führer Andrej Melnyk. Antisemitisch waren beide Fraktionen. Auf ihrem Kongreß in Krakau, im April 1941, einigten sich die Bandera-Leute darauf, »die Juden als Stütze des moskowitisch-bolschewistischen Regimes« zu bekämpfen, die Melnyk-Gruppe forderte Teile des Generalgouvernements und kündigte an, diese von »polnischen und jüdischen Elementen« zu säubern.[14] Die deutsche Abwehr hielt engen Kontakt zu beiden Gruppen und stellte, als die Entscheidung zum Angriff auf die Sowjetunion gefallen war, im Winter 1940/41 aus deren Reihen die beiden Bataillone »Nachtigall« und »Roland« auf: In deutschen Uniformen und unter dem Befehl deutscher Offiziere sollten sie mit der Wehrmacht in der Ukraine einmarschieren.[15] Zur gleichen Zeit hatten Parteigänger der OUN den Auftrag – so gestand der Abwehroffizier Stolze vor dem Nürnberger Tribunal –, in der Ukraine »mit Hilfe eines V-Mann-Netzes auf die Entfachung des Nationalhasses zwischen den Völkern der Sowjetunion hinzusteuern« und »durch provokatorische Putsche [...] die Sowjettruppen in ihrem unmittelbaren Hinterland zu schwächen«.[16] Das geschah wie geplant. Ab Frühjahr 1941 kam es zu Überfällen auf kommunistische Funktionäre und nach dem Einmarsch der deutschen Truppen zu regelrechten Aufständen.[17] Das Zentrum dieser Unruhen war Lemberg, wo die mit Maschinengewehren bewaffneten Nationalisten auch die Gefängnisse angriffen, was die »Räumung« der Haftanstalten, d. h. den Tod aller Gefangenen, bedeutete.[18] Nach dem Rückzug der Roten Armee und der Flucht des NKWD entstand kein Machtvakuum: Nationalisten, die im Land geblieben waren und nun durch diejenigen verstärkt wurden, die – als »Marschgruppen« getarnt – mit den Deutschen eingetroffen waren, übernahmen die lokale Verwaltung und bildeten bewaffnete Milizen.[19] Die Bandera-Leute hatten mittlerweile ihr Programm gegenüber den Juden noch einmal radikalisiert. In einem Flugblatt, das nach dem 22. Juni 1941 verteilt wurde, hieß es: »Werft die Waffen auch jetzt nicht weg. Nimm sie in Deine Hand. Vernichte den Feind [...] Volk! Wisse! – Moskau, Polen, die Ungarn, das Judentum – das sind Deine Feinde. Vernichte sie.« Und in einem Brief an Bandera berichtete dessen Vertreter am 25. Juni über die erzielten Fortschritte beim Aufbau: »Wir richten eine Miliz ein, die hilft, die Juden zu entfernen.«[20]

Gestützt auf diese politische Infrastruktur, kam es mit dem Einmarsch überall in Galizien zu Gewaltmaßnahmen gegen die Juden. Heydrich hatte deren Ablauf vorab – am 17. Juni 1941 – festgelegt, indem er den Führern der Einsatzgruppen befohlen hatte, statt selber Massenerschießungen vorzunehmen, in den ersten Tagen »Selbstreinigungsbestrebungen antikommunistischer oder antijüdischer Kreise« in Gang zu setzen. Solche Aktionen seien »allerdings spurenlos auszulösen, zu intensivieren wenn erforderlich und in die richtigen Bahnen zu lenken, ohne daß sich diese örtlichen ›Selbstschutzkreise‹ später auf Anordnungen oder auf gegebene politische Zusicherungen berufen könnten«. Um solche »örtlichen Pogrome [...] auszulösen«, komme es darauf an, als Leiter der Vorkommandos nur solche Personen auszusuchen, »die über das nötige politische Fingerspitzengefühl verfügen«.[21] Der Befehlshaber der in der Ukraine operierenden 17. Armee, Karl-Heinrich von Stülpnagel, hatte daraufhin angeregt, nicht nur die sympathisierenden Ukrainer dazu heranzuziehen, sondern auch »die in den neu besetzten Gebieten wohnhaften antijüdisch und antikommunistisch eingestellten Polen zu Selbstreinigungsaktionen zu benutzen«[22] – eine Anregung, die der Chef des Sicherheitsdienstes (SD) gerne aufgriff, allerdings nicht ohne darauf hinzuweisen, man könne mit derart eingestellten Polen auch noch später abrechnen.[23] Wehrmacht und Einsatzgruppe C teilten sich in der Folge die Auslösung und Steuerung solcher als »Pogrom« getarnter Aktionen. Dabei lag die Verantwortung bis Anfang Juli eher in Händen der Truppe – der Ortskommandanturen und durchziehender Einheiten –, danach bei den SD-Kommandos.[24] Bezeichnend dafür ist der Ablauf in der galizischen Hauptstadt Lemberg, wo mit der Ermordung von 4000 Juden das größte Massaker stattfand.

Am Morgen des 30. Juni hatten Einheiten der 1. Gebirgsdivision und der »Brandenburger«, einer Sondertruppe des OKW, der eines der beiden Ukrainer-Bataillone unter dem poetischen Namen »Nachtigall« unterstellt war, die Stadt Lemberg eingenommen.[25] Die OKW-Truppe hatte zusammen mit den Ukrainern die Gefängnisse besetzt und zum Teil die dort vorgefundenen NKWD-Opfer nachträglich verstümmelt. Dabei waren schon die ersten Juden exekutiert worden. Der Stadtkommandant, Oberst Wintergerst, hatte indessen durch Plakatanschlag die Juden für die Morde in den Gefängnissen verantwortlich gemacht und ließ durch die von ihm kontrollierte ukrainische Miliz die Juden in die Gefängnisse treiben, um dort die ermordeten Gefangenen zu bergen und in den Gefängnishöfen für die Bevölkerung auszulegen. Schon beim Zusammentreiben wurden Juden auf offener Straße erschlagen, den Rest besorgte das unter deutschem Befehl in den Gefängnishöfen operierende Ukrainer-Bataillon. Diese äußerlich nach dem Muster eines Pogroms verlaufende, aber gut organisierte Mordorgie, die durch Sonderbefehle der 17. Armee und deren 49. Armeekorps abgesichert wurde, endete am 2. Juli, als Kommandos der Einsatzgruppe C die Verantwortung für die Juden übernahmen und mit deren systematischer Ermordung begannen.

Auch in andern Städten lag die Initiative bei der Wehrmacht. In Luck erteilte die dortige Ortskommandantur der Wehrmacht dem erst später eingetroffenen SD-Kommando die »Auskunft«, daß für die Brände in der eroberten Stadt »nur Juden in Frage« kämen – 300 von ihnen wurden daraufhin mit Hilfe von ukrainischer Miliz zusammengetrieben und erschossen.[26] Und der Stab der 6. Armee veranlaßte, daß dasselbe Kommando zur Vergeltung der NKWD-Morde »angesetzt« wurde.[27] Nachdem die arbeitsfähigen Juden am 2. Juli durch ein Plakat aufgefordert worden waren, sich für einen Arbeitseinsatz zu sammeln, wurden sie – 1160 an der Zahl – von Wehrmachtsangehörigen zum Exekutionsort getrieben[28] und dort von SD, Ukrainern, deutscher Polizei und einem Zug Infanterie erschossen.[29] Ein Überlebender der Massaker in Tarnopol, die am 4. Juli begannen und 600 Juden das Leben kosteten, beschrieb die Ereignisse so: »diese Pogromwelle, zunächst unter der Führung der Wehrmacht und später des

SS-Kommandos und Mithilfe der Ukrainer dauerte etwa 10 Tage.«[30] Die beteiligte Wehrmacht, das waren möglicherweise Angehörige der 9. Panzerdivision, die am 2. Juli in Tarnopol einmarschiert war, nachweislich aber Teile der ihr unterstellten Waffen-SS-Division Wiking, die, wie schon in Zloczow, auch hier eine aktive Rolle spielte. Mit dem SS-Kommando war das SK 4b des SD gemeint, das außerhalb der Massaker eigene Erschießungen von jüdischen Intellektuellen vornahm und am 7. Juli vom EK 6 abgelöst wurde.[31] Und die Ukrainer waren keine anderen als die überall agierenden Parteigänger der OUN. Auch für Dubno ist eine Mordaktion dieser Art – im Zusammenhang mit der Entdeckung von ermordeten Häftlingen – nachgewiesen: Nachdem ukrainische Milizionäre 24 Juden zusammengetrieben und gezwungen hatten, ihr eigenes Grab auszuheben, wurden sie von Wehrmachtsoldaten erschossen. Zwei Wochen später kam es am selben Ort und mit denselben oder ähnlichen Akteuren zur Erschießung von weiteren 75 Juden.[32]

Die Ereignisse in Zloczow entsprachen den bisher geschilderten Abläufen – mit einer bemerkenswerten Ausnahme.[33] Auch hier begannen die Ausschreitungen mit dem Tag der Besetzung. Ukrainische Milizionäre und deutsche Soldaten plünderten jüdische Wohnungen, mißhandelten und erschlugen die Juden auf offener Straße. Die Ukrainer wurden von einem der Führer der OUN befehligt,[34] die Soldaten waren Angehörige der im Verbund der Wehrmacht operierenden Waffen-SS-Division Wiking. Der Stadtkommandant tolerierte nicht nur diese Gewaltaktionen, sondern unterstützte sie durch den Befehl, daß alle Juden sich mit Armbinde und Davidstern zu kennzeichnen hätten. Am 2. Juli klebten ukrainische Milizionäre ein Plakat, das die Juden für den folgenden Tag aufforderte, sich zu versammeln. Sie wurden am 3. Juli zur Burg getrieben, wo man inzwischen Massengräber des NKWD entdeckt hatte. Von Ukrainern und Deutschen bewacht, mußten die Juden die verscharrten Leichen ausgraben. Dann setzte das Massaker ein – mit Beilen und Spitzhacken, Handgranaten und MG-Feuer. Es wurde am folgenden Tag fortgesetzt, bis Stabsoffiziere der inzwischen in Zloczow angekommenen 295. Infanteriedivision intervenierten und dem Massaker, bei dem 2000 bis 3000 Juden ihr Leben verloren, ein Ende machten. Eine Beteiligung von Kommandos der Einsatzgruppe am Judenmord in Zloczow ist erst ab dem 6. Juli nachgewiesen.

Zu ähnlichen Gewaltmaßnahmen gegen Juden in der oben beschriebenen Art kam es Ende Juni/Anfang Juli in 35 Städten und Ortschaften Galiziens. Sie wurden, wie geschildert, durch Dienststellen der Wehrmacht und Kommandos der Einsatzgruppe, aber auch – vor allem in den Dörfern – durch die Milizen der OUN ausgelöst.[35] Ganz selten entsprangen sie der Initiative von fanatisierten Einzelpersonen.[36] Nur in diesen Fällen kann man von einer »Selbstorganisation« der Gewalt, also im strengen Sinn von einem Pogrom, sprechen.[37] Ein Teil dieser antijüdischen Aktionen erfolgte im Zusammenhang mit der Entdeckung von NKWD-Opfern, in der Mehrheit der Fälle aber fehlte dieser Anlaß.[38] Der von der 295. Infanteriedivision in Zloczow erzwungene Abbruch des Massakers ist die einzige belegte Aktion dieser Art durch eine Wehrmachtseinheit. Sie erfolgte auf persönliche Initiative eines Stabsoffiziers, des Oberstleutnants Helmuth Groscurth, der Nazigegner war und wenig später durch seinen Protest gegen die Erschießung jüdischer Kinder in Belaja Zerkow erneut auffallen sollte.[39]

Die Juden als Täter

Musial erzählt eine völlig andere Geschichte. Es beginnt damit, daß die ukrainische Nationalbewegung bei ihm nur wie ein Schemen auftaucht. Ihre von der Forschung genau rekonstruierte Entwicklung in den zwanziger Jahren zu einer antisemitisch-profaschistischen Organisation interessiert ihn ebensowenig wie die mit der Errichtung des NS-Regimes ab 1933 massiv einsetzende Förderung und Instrumentalisierung durch deutsche Dienststellen. Nach seiner Lesart – unter Mißachtung aller wissenschaftliche Analysen – ist die OUN, die Terror und Attentate ausdrücklich als Mittel zur Durchsetzung ihrer radikalen Linie proklamierte und praktizierte, nur eine »Untergrundbewegung [...], die für eine unabhängige Ukraine kämpfte«. Rabiat und nazifreundlich wird sie für ihn erst nach 1939 – als Reaktion auf den sowjetischen Terror nach der Okkupation Galiziens: »Der sowjetische Terror der Jahre 1939 bis 1941 [...] radikalisierte die ukrainische Nationalbewegung. [...] Jetzt setzten die ukrainischen Nationalisten auf die deutsche Karte.«[40] Was das allerdings konkret heißt – *auf die deutsche Karte setzen* – bleibt ebenso unerwähnt wie die Rolle dunkel bleibt, die von der OUN nach dem Einmarsch der Deutschen gespielt wurde. Meistens sind es »Ukrainer«, oft noch Jugendliche, die die Juden zusammentreiben und manchmal töten.[41] Wenn sie in organisierter Form als »ukrainische Milizionäre« auftreten, erfährt man nicht mehr, als daß diese Miliz »schnell formiert« wurde.[42] Wer sie formiert hat, wessen Befehl sie gehorchte, welchen Platz und welche Funktionen ihr im Rahmen der deutschen Militärverwaltung zugewiesen wurde, all das wird nicht ausgeführt. Das Wirken der beiden ukrainischen Bataillone bleibt völlig im dunkeln. Wichtiger für den Autor ist dagegen der Hinweis auf den aggressiven antipolnischen Kurs der ukrainischen Nationalisten: zu Beginn der Sowjetherrschaft hätten sie versucht, »polnische Gegner mit Hilfe der Sowjets zu verfolgen und zu vernichten«, nach dem Einmarsch der Deutschen aber sei ihre Linie gewesen, ungeachtet der Tatsache, daß die Polen »am meisten« gelitten hätten, »alle Opfer der Sowjets als Ukrainer auszugeben«.[43]

Noch unbekümmerter geht Musial mit den historischen Fakten um, wenn es um die Wehrmacht und ihre Rolle bei den Ereignissen geht. Während die deutschen Soldaten über viele Seiten und mit Angabe der Einheiten als Zeugen zitiert werden, wenn es um die Leichenfunde in den Gefängnissen und um die antijüdischen Beschuldigungen der Einheimischen geht, wird die Darstellung plötzlich knapp und eigenartig verschwommen, wenn von der Beteiligung der Wehrmacht am anschließenden Judenmord die Rede ist. Jetzt sind nur noch »Deutsche« bzw. »SS-Leute« beteiligt.[44] Einen Versuch, dieses Kollektivsubjekt näher auf konkrete Divisionen, Armeekorps, Waffen-SS-Verbände oder Truppenführer zu differenzieren, unternimmt der Autor nicht. Jedwede Beteiligung dieser Art wird als bloß individueller Akt registriert und zusätzlich mit einem Motiv versehen, das die Tat im nachhinein gerechtfertigt erscheinen läßt oder zumindest nachvollziehbar macht: Deutsche Soldaten beteiligten sich an den Ausschreitungen gegen die Juden »insbesondere dann, wenn unter den Opfern der Sowjets auch Leichen von deutschen Soldaten gefunden worden waren«.[45] In den seltenen Fällen, wo geschlossene Einheiten als Teilnehmer von Judenerschießungen von deutschen Quellen erwähnt werden und historische Untersuchungen eine institutionelle Verantwortung militärischer Dienstellen nachgewiesen haben – wie in Luck –, frisiert Musial die Tatsachen zu einer »›spontanen‹ Beteiligung« um.[46] Insgesamt ordnet er solche Akte der Beihilfe als »Randerscheinungen« ein.[47] In scharfem Gegensatz zu solchen individuellen Ausnahmefällen attestiert er der »Wehrmachtsführung«, daß sie sich »bemühte [...], in den unter ihrer Kontrolle stehenden Gebieten Pogrome zu verhindern«.[48] Die Begründung für diese Haltung ergibt sich für Musial aus dem vorrangigen Ziel der deutschen Invasoren, die besetzten Gebiete möglichst rasch zu befrieden: »Pogrome, bei denen wahllos Menschen zusammengetrieben, mißhandelt und getötet wurden, und Plünderungen brachten dagegen Unruhe und chaotische Zustände mit sich.« Zusätzlich wirkten, nach seiner Ansicht, oft auch »moralische Bedenken gegen die Verfolgung Unschuldiger« mit.[49] Es geht natürlich nicht um *Menschen* und erst recht nicht um *Unschuldige*, sondern es geht um Juden, die schon vor dem Überfall auf die Sowjetunion in Befehlen und Instruktionen der Wehrmacht als Feinde ausgemacht worden waren. Neben den allgemeinen, in der Wehrmachtspropaganda üblichen Parolen von der »Abwehr des jüdischen Bolschewismus« oder von der Beseitigung der »jüdisch-bolschewistischen Intelligenz«[50] gab es auch ganz konkrete Anweisungen und Instruktionen. In den am 15. Mai 1941 vorliegenden und später an die Truppe verteilten »Richtlinien für das Verhalten der Truppe in Rußland« wurde jeder Soldat zum rücksichtslosen Kampf gegen den Bolschewismus und dessen Träger – »bolschewistische Hetzer, Freischärler, Saboteure, Juden« – aufgefordert.[51] Die »allgemeine Propagandatendenz«, so erfuhren die Ic-Stabsoffiziere des Ostheeres am 5./6. Juni bei einem zentralen Lehrgang des OKW in Berlin, sei »Zerschlagung der feindlichen Kräfte, Judentum etc.«. Bei derselben Gelegenheit wurden sie auch instruiert, daß es zu den Aufgaben der mitmarschierenden Einsatzgruppen des SD gehörte, wie schon im Feldzug gegen Jugoslawien, »politisch gefährliche Persönlichkeiten« – neben Terroristen auch Juden – auszuschalten.[52] Die Wehrmachtsführung, die mit Heydrich die Zusammenarbeit mit den Einsatzgruppen ausgehandelt hatte, war auch über dessen sehr viel weiter gehenden Befehle vom 17. Juni an die Führer dieser Kommandos informiert – als ersten Schritt neben den Funktionären der kommunistischen Partei auch »alle Juden in Partei- und Staatsstellungen« zu exekutieren und zugleich sehr viel umfangreichere »Selbstreinigungsbestrebungen« kollaborierender ukrainischer, litauischer oder lettischer Organisationen gegen die jüdische Bevölkerung auszulösen oder zu unterstützen.[53] Musial unterschlägt diese klare rassenpolitische Orientierung der Wehrmacht, indem er als deren Gegner im besetzten Gebiet nur »kommunistische Aktivitäten, [...] Heckenschützen, Saboteure und Partisanen« benennt. Deren Abwehr sei auch »die ursprüngliche Aufgabe der Einsatzgruppen« gewesen, weshalb es im Interesse der Wehrmacht gelegen habe, Heydrichs Kommandos »bei ihrer Tätigkeit zu unterstützen«.[54] Fälschungen dieser Art, die entweder den Holocaust oder die Verantwortung der Täter leugnen, nennt man, weil sie die gesicherten und allgemein anerkannten Ergebnisse der Geschichtsforschung revidieren wollen, »revisionistisch«. Solche Revisionisten sind in der Regel selbst nicht Angehörige rechtsradikaler oder neonazistischer Gruppierungen, gehören aber zu deren Kronzeugen und liefern ihnen eine scheinwissenschaftliche Legitimation für ihr krudes Weltbild. Musials Konstruktion einer »ursprünglich« in der Partisanenabwehr bestehenden Aufgabenstellung der Einsatzgruppen, die erst nach dem Beginn des Ostfeldzuges und, wie er unterschwellig nahelegt, unter dem Eindruck der mit jüdischer Hilfe begangenen Verbrechen des NKWD um die Tötung der Juden erweitert wurde, ist eine solche revisionistische Fälschung.[55] Das Perfide ist, daß er zu ihrer Absicherung die Namen so renommierter Historiker wie Helmut Krausnicks und Ralf Ogorrecks mißbraucht.[56]

Die Tendenz, die Tatsachen auf den Kopf zu stellen, beschränkt sich im übrigen nicht auf solche grundsätzliche Fragen. Sie läßt sich auch bei der Darstellung und Deutung der konkreten Ereignisse feststellen: Während die aktive Rolle der militärischen Dienststellen und Verbände bei den Judenmassakern für Lemberg mit Sicherheit und für Zloczow bzw. Tarnopol einigermaßen sicher belegt werden kann, behauptet Musial, der Wehrmacht sei es, aufgrund ihrer prinzipiellen Ablehnung von Pogromen, in Lemberg gelungen, »die Ausschreitungen weitgehend zu beenden«, in Zloczow sogar, sie »endgültig zu stoppen«, und in Tarnopol sei durch ein Plakat »das Morden verboten« worden.[57] Das Gegenteil ist der Fall. In Lemberg erfolgte eine Zuführung neuer Einheiten nicht, um den Straßenterror gegen die Juden zu beenden, sondern weil eine von Goebbels arrangierte internationale Pressekonferenz und die eigenmächtige Proklamation eines unabhängigen ukrainischen Staates durch die OUN verstärkte Sicherheitsvorkehrungen erforderten.[58] In Tarnopol dürfte das Erscheinen und der einwöchige Aufenthalt des Einsatzkommandos 6 der Grund für die erwähnte Zäsur gewesen sein.[59] Und was Zloczow betrifft, so wurden die Erschießungen dort nach drei Tagen tatsächlich eingestellt – allerdings nicht auf Befehl der Militärs vor Ort, sondern ganz allein durch die singuläre Tat des 1. Stabsoffiziers der 295. Infanteriedivision, Oberstleutnant Helmut Groscurths.[60]

Der Freispruch der deutschen Dienststellen und der von ihnen abhängigen ukrainischen Kollaboration von der Verantwortung für die Ausschreitungen erfolgt, um die Bühne freizuräumen für ein Drama, das – entgegen den Tatsachen – nur noch drei Protagonisten kennt: die empörte ukrainische Bevölkerung, das verhaßte bolschewistische System und die als dessen Helfershelfer überführten Juden. Der Haß der nichtjüdischen Bevölkerung, das ist Musials Behauptung, entstand daraus, daß die Juden von der Annexion des vormals polnischen Ostgaliziens durch die Sowjetukraine profitiert hätten und zudem durch ihre Verwendung im Staatsapparat – vor allem bei den Sicherheitsorganen des NKWD – aktiv an der Repression gegen Polen und nationalgesinnte Ukrainer beteiligt gewesen wären.[61] Seine Beweise für die reale Basis dieses antisemitischen Feindbildes sind dürftig bis fragwürdig. Es beginnt damit, daß der Autor die Erfahrungen der galizischen Juden mit dem aggressiven Antisemitismus im Polen der Zwischenkriegszeit, aus der heraus erst die Sympathien für den neuen Staat verständlich werden, als Erfindung der Juden und »westlicher Historiker« deklariert oder zu simplen »Jugendstreichen« verharmlost.[62] Die Schieflage setzt sich fort, wenn Musial die Repräsentanz der Juden im Staatsapparat statt mit Zahlen durch vage Andeutungen belegt: »viele« oder »relativ viele Juden« seien im Staatsapparat oder beim NKWD tätig gewesen.[63] Da eine solche Behauptung brisant ist, schränkt er sie zunächst ein, um sie dann mit Verstärkung zu wiederholen: »Selbstverständlich beteiligten sich nicht alle Juden und nicht nur Juden an diesen Verbrechen. Viele von ihnen waren von diesen Verbrechen genau so betroffen wie Polen und Ukrainer, und die meisten Juden hatten mit ihnen nichts zu tun. Unbestreitbar aber ist, daß relativ viele Milizangehörige, NKWD-Informanten und Denunzianten, die sich aktiv und zumeist freiwillig an den sowjetischen Verbrechen beteiligten, jüdischer Herkunft waren.«[64] Der Autor kann für solche Behauptungen auch Zeugen präsentieren: eine Überlebende des Gefängnismassakers in Lemberg behauptet, daß »die NKWD-Leute, die uns mit besonderer Grausamkeit behandelten, zum größten Teil« Juden waren, und ein Priester, der in Dubno überlebte, berichtet, wie »ein Sowjetjude mit der Maschinenpistole sowie 2 Sowjetjüdinnen mit Nagan-Revolver« erschienen wären und das Feuer auf die Häftlinge eröffnet hätten.[65] Der Wert dieser Zeugenaussagen ist gering: Sie wurden 1941 gemacht, vor einer deutschen Dienststelle, der sogenannten *Wehrmacht-Untersuchungsstelle*, die solche Berichte im Auftrag des Propagandaministeriums sammelte. Musial ist das keiner Erwähnung wert. Das Material von damals ist für ihn so glaubwürdig wie die Interviews, die er heute mit ehemaligen Wehrmachtsoffizieren geführt hat – sie haben ihm gern die Täterschaft der Juden bestätigt.[66] Da ihm offensichtlich selbst gedämmert hat, daß nur »deutsche« Quellen für seine Beweisführung nicht ausreichen würden, hat er auch polnische Erhebungen aus der Nachkriegszeit hinzugezogen. Die Beweislage wird dadurch nicht stringenter: in Czortkow »sollen« zwei Juden an der Ermordung der Häftlinge beteiligt gewesen sein, in Dobromil »soll« ein Überlebender berichtet haben, unter den Mördern sei ein einheimischer Jude gewesen, in Dubno »soll« der NKWD-Chef ein Jude gewesen sein, und eine junge jüdische Kommunistin »soll« mitgeschossen haben.[67] Das Gewicht dieser Beweise, ungeachtet der Tatsache, daß die behauptete Täterschaft der Juden nur als Vermutung formuliert wird, ist für Musial gleichwohl so bedeutend, daß er seine frühere Vorsicht vergißt und jetzt sogar – statt vager Angaben zur Quote – davon spricht, daß die Juden in NKWD und Miliz »überrepräsentiert« gewesen seien.[68] Die Schlußfolgerungen aus dieser Feststellung sind weitreichend: »Wenn aber Juden in Miliz und NKWD tatsächlich überrepräsentiert waren, ist es schon aus statistischen Gründen wahrscheinlich, daß sie auch unter den unmittelbar an den Verbrechen Beteiligten überproportional vertreten waren.«[69]

Von Statistik zu reden, ohne eine einzige Zahl aufzuführen, ist schon ein dreistes Stück. Auch Dieter Pohl spricht von den Juden im Staatsapparat und erwähnt die Möglichkeit, sie seien im NKWD überrepräsentiert gewesen, aber, so fügt er hinzu, im einen wie im andern Falle »fehlen [...] genaue Daten«. Und Thomas Sandkühler stellt zu der Frage, ob vor allem jüdische Denunzianten für den NKWD gearbeitet hätten, fest, daß dies zwar »ukrainische Nationalisten stereotyp behaupteten«, aber diese Behauptungen »mangels Quellen nicht zu klären« seien.[70] Das, so ihre Bilanz, ist der unbefriedigende Stand der Forschung, der so lange andauert, bis seriöse Wissenschaftler neue und gesicherte Quellen vorlegen.

Musial erfüllt diese Erwartungen nicht. Er verhilft dem Nichtnachweisbaren zu einem Schein von Recht, indem er die Meinungen von Zeitzeugen in den Rang von Fakten erhebt, er jongliert mit Wenn-dann-Konstruktionen so, daß aus Hypothesen scheinbar logische Beweisketten entstehen. Er vollzieht den Tabubruch durch den permanent mitlaufenden Subtext »man muß doch auch über den Holocaust in aller Offenheit und ohne Selbstzensur reden dürfen!«. Die Folgen sind weitreichend: Der Autor will nicht nur die bisherigen Auffassungen vom Judenmord revidieren, indem er eine Mitschuld der Juden konstruiert, sondern er stellt auch die Anschauung vom Rassen- und Vernichtungskrieg als einem – wie die verbrecherischen Grundsatzbefehle oder Hitlers persönlicher Eingriff in die propagandistische Vorbereitung belegen[71] – vorab geplanten genozidalen Unternehmen in Frage. Der Krieg, so die im Untertitel seines

Buches eindeutig formulierte Gegenthese, wurde erst im Verlauf zum Vernichtungskrieg »brutalisiert« – durch die Gefängnismorde des von Juden dominierten bolschewistischen Terrorapparats und infolge der Verbrechen der Roten Armee, die sich mit einem Heckenschützenkrieg und mit der Ermordung von deutschen Gefangenen gewehrt hätte.[72] Das Ergebnis dieser doppelten Feinderfahrung – mit den Juden und den Bolschewiken – faßt Musial so zusammen: »In der Vorstellungswelt der NS-Führung und vieler deutscher Soldaten verschmolzen beide Feinde endgültig zu einem einzigen jüdisch-bolschewistischen Komplex, den es zu zerstören galt [...]. Vor diesem Hintergrund kann man meines Erachtens davon sprechen, daß die sowjetischen Verbrechen im Sommer 1941 die Brutalisierung des deutsch-sowjetischen Krieges nach sich zogen. Diese Entwicklung war von den Nazis allerdings von vornherein geplant und gewollt.«[73] Die Behauptung, die NS-Führung, die, wie die Oberkommandos von Wehrmacht und Heer, in den Monaten unmittelbar vor dem Überfall nicht müde wurde, den »jüdischen Bolschewismus« als künftigen Gegner zu propagieren, hätte erst nach dem 22. Juni 1941 und anhand der von der Gegenseite begangenen Verbrechen die Lektion vom Juden-Bolschewisten gelernt, ist absurd. Fast bedeutsamer ist, daß an dieser Stelle die Methode Musials deutlich wird: er inszeniert mit umfänglichem Material den Tabubruch – die Leugnung des vorab geplanten Genozids –, um mit einem einzigen, die Behauptung wieder aufhebenden Nachsatz – natürlich war alles schon geplant – die Grenzverletzung wieder zu relativieren. Auf ähnliche Weise hatte er oben die ungewöhnliche These, die Einsatzgruppen seien »ursprünglich« nur mit der Partisanenabwehr betraut gewesen und der »Judentötungsbefehl« sei erst nach dem Beginn des Feldzuges gegen die Sowjetunion erlassen worden, wenig später abgemildert oder genauer gesagt verschleiert: die Erschießung »jüdischer KP-Funktionäre« und »männlicher Juden« zur Vergeltung von Sabotageakten oder Heckenschützenattacken habe allerdings schon vorher zu den Aufgaben der Einsatzgruppen gehört.[74] Eine solche Rabulistik ist, soviel läßt sich festhalten, kein Verfahren der Wissenschaft, sondern eine Praxis der Politik. Man kann – bei derlei taktischen Sicherungsmanövern – dem Autor natürlich nicht vorwerfen, er sei ein Antisemit oder ein später Nazi. Einem Verdikt aber entgeht Musial nicht: Er macht revisionistische Auffassungen vom Holocaust und vom Vernichtungskrieg hoffähig, und er bahnt ihnen den Weg.[75]

Sein Buch ist nicht der erste Beitrag zum Thema sowjetischer Kriegsverbrechen. Alfred de Zayas hatte 1980 in einer Studie über die Tätigkeit der *Wehrmacht-Untersuchungsstelle* neben anderen alliierten Völkerrechtsverletzungen im Zweiten Weltkrieg auch die NKWD-Morde in Galizien umfassend dokumentiert.[76] Die Aufgabe der vom OKW am 4. September 1939 gegründeten und von dessen Rechtsabteilung geleiteten Dienststelle bestand darin, sowohl das Goebbels-Ministerium als auch das Auswärtige Amt mit Material über Kriegsverbrechen des Gegners zu versorgen. Mit Protestnoten und Propaganda-Aktionen sollte nicht nur der verbrecherische Charakter der eigenen Kriegshandlungen verschleiert, sondern im Gegenteil der von den Deutschen geführte Krieg als ein »gerechter Krieg« legitimiert werden.[77] Das Buch von de Zayas wurde, weil es die Funktion der *Untersuchungsstelle* im Rahmen der nationalsozialistischen Kriegsführung ebensowenig thematisierte wie den Charakter des Krieges selbst, zur Fundgrube all derjenigen, die Argumente zur Entlastung der Deutschen suchten. Seit seinem Erscheinen ist es die Bibel der Rechtskonservativen und Neonazis zum Thema Zweiter Weltkrieg.[78]

Musials Buch steht ganz in dieser Tradition. Aber es ist auch noch an einen zweiten Repräsentanten neokonservativer bzw. revisionistischer Geschichtsschreibung als Bezugspunkt und Materialquelle zu erinnern – Joachim Hoffmann. Dieser hatte bereits 1983, als Mitarbeiter des Militärgeschichtlichen Forschungsamtes, in einem Beitrag in Band 4 des wehrmachtskritischen Standardwerks *Das Deutsche Reich und der Zweite Weltkrieg* eine programmatische Gegenposition bezogen: An den Grausamkeiten des Ostkrieges seien »die beiden Kriegführenden praktisch vom ersten Tage an in gleicher Weise [...] beteiligt« gewesen; dabei hätten für »Völkerrechtsbrüche« auf deutscher Seite »vor allem die [...] Einsatzgruppen der Sicherheitspolizei und des SD« die Verantwortung getragen.[79] Als er nach seinem Ausscheiden aus dem Forschungsamt keine Rücksichten auf Dienstherrn und Kollegen mehr zu nehmen hatte,[80] hat er diese Position – wie der Titel seines Buches *Stalins Vernichtungskrieg 1941–1945* schon verrät – noch einmal deutlich verschärft.[81] Jetzt werden deutsche Vernichtungsaktionen entweder – wie in Babi Jar – als Reaktion auf sowjetische Greuel relativiert[82] oder als tatsächlich von den Sowjets begangene, aber den Deutschen nachträglich in die Schuhe geschobene Verbrechen – Beispiel Katyn – entlarvt.[83] Natürlich wird der Darstellung der Morde und der Verstümmelungen deutscher Gefangener durch Angehörige der Roten Armee breiter Raum gegeben.[84] »Will man den rechten Maßstab gewinnen«, so Hoffmann, seien alle an die deutsche Adresse gerichteten Beschuldigungen immer »vor dem Hintergrund überdimensionaler sowjetischer Menschheitsverbrechen zu sehen«.[85] Versehen mit diesem Maßstab, scheut sich Hoffmann auch nicht, die Tötungsmethoden und das Ausmaß des fabrikmäßigen Judenmords – »die Gasangelegenheit«, wie er formuliert – in Zweifel zu ziehen: Berichte darüber seien ebenso wie die Zahlen der Ermordeten ein Ergebnis der »Sowjetpropaganda«, die sich auf die Aussagen von Zeugen des NKWD oder die Produkte sowjetischer Schriftsteller gestützt habe.[86] Vor allem einen hebt der Autor als Hauptverantwortlichen für diese Art von Legendenbildung heraus – den Juden Ilja Ehrenburg, der in Stalins Auftrag am lautesten und wirkungsvollsten den Haß gegen den deutschen Aggressor gepredigt hätte.[87] Juden, diese Mitteilung ist für Hoffmann ein Anliegen, hätten in der Sowjetunion eine prominente Rolle gespielt. Dieser Tatbestand habe sowohl für die politische Führung gegolten – das »Zentralkomitee war 1918 im Volksmund geradezu ›Judenzentrale‹ genannt worden« – als auch für die Geheimpolizei, in der »der verhältnismäßig hohe Anteil von Juden« auffällig gewesen sei.[88] Die Beispiele dienen ihm als Beleg dafür, daß »Juden im Bolschewismus zum ersten Male in der Geschichte nicht nur als Opfer, sondern auch als Täter in Erscheinung getreten sind«.[89]

Spätestens hier ist die Handschrift Ernst Noltes zu erkennen, der als erster deutscher Historiker der Nachkriegszeit eine grundsätzliche Mitschuld der Juden an ihrem Schicksal formuliert hatte. Die Juden, so Nolte, seien nicht nur als Opfer zu betrachten, sondern sie hätten eine aktive Rolle in der Geschichte gespielt. »Die verbreitete Feindschaft« – im Klartext: der Antisemitismus – sei »eine unumgängliche Konsequenz« dieser Rolle als Täter.[90] Und es war Nolte, der als erster den Nationalsozialismus und seine Verbrechen nicht als Ergebnis deutscher Geschichte und als Versagen der Deutschen beschrieb, sondern dessen Ursprung im Erscheinen des Sowjetkommunismus auf der weltpolitischen Bühne und in den ihm wesenseigenen Verbrechen sehen wollte: »Vollbrachten die Nationalsozialisten, vollbrachte Hitler eine ›asiatische‹ Tat vielleicht nur deshalb, weil sie sich und ihresgleichen als potentielle oder wirkliche Opfer einer ›asiatischen‹ Tat betrachteten? War nicht der ›Archipel GULag‹ ursprünglicher als Auschwitz? War nicht der ›Klassenmord‹ der Bolschewiki das logische und faktische Prius [das Vorhergehende – H. H.] des ›Rassenmordes‹ der Nationalsozialisten?«[91] Nolte hat die Essenz dieser noch vorsichtig als Fragen formulierten Thesen, die seinerzeit den Historikerstreit auslösten,[92] später in affirmative und griffigere Formeln gefaßt: »Faschismus ist Antimarxismus«,[93] der Nationalsozialismus die Reaktion auf das »Schreck- und Vorbild« des Bolschewismus.[94] Auch den Umgang der Deutschen mit ihrer unmittelbaren Vergangenheit deutet Nolte völlig quer zum mittlerweile ereichten gesellschaftlichen Konsens einer kollektiven Verantwortung als anomal, da von Interessen gesteuert – »etwa die Interessen einer neuen Generation im uralten Kampf gegen ›die Väter‹ oder auch die Interessen der Verfolgten und ihrer Nachfahren an einem permanenten Status des Herausgehoben- und Priviligiertsein«. Jede kritische Äußerung zum Verhalten der Deutschen sei von daher ein moralischer Schuldvorwurf und zudem unaufrichtig, da die Ankläger, sich selber von jeder Schuld ausschließend, »im Grunde bloß den alten Gegnern einen entscheidenden Schlag versetzen wollen«.[95]

Von echten und unechten historischen Fragen

Musial hat keinen der genannten Autoren zitiert.[96] Aber sein Buch wäre ohne diese Vorlagen nicht entstanden. Bei Joachim Hoffmann fand er für seine Behauptung von den sowjetischen Verbrechen als Ursache der Brutalisierung der deutschen Kriegsführung ebensoviel Stoff wie für seine These, daß sich die Juden ihre Ermordung als Folge ihrer führenden Rolle im sowjetischen NKWD selber zuzuschreiben hätten. Ernst Nolte schließlich hat ihm das systematische Rüstzeug geliefert, die Ereignisse des 20. Jahrhunderts nicht in den Koordinaten des Zivilisationsbruchs Holocaust und eines dafür verantwortlichen deutschen Täterkollektivs zu interpretieren, sondern die »asiatische Tat« des Bolschewismus als Maßstab jeder Deutung zu nehmen und darauf die Mitschuld der Juden abzulesen. Ob man ihn deshalb als »Nolte aus Polen« oder sein Buch als »Volksausgabe« der Nolteschen Schriften apostrophieren kann,[97] mag dahingestellt bleiben. Vieles – nicht zuletzt auch ein aktueller persönlicher Kontakt – spricht dafür.[98] Es läßt sich auch nicht entscheiden, ob es gerechtfertigt ist, ihn einen »Antisemiten« zu nennen[99] oder ihn als »Großpolen und Russenhasser« zu bezeichnen, wofür seine Biographie wie die Tendenz, ständig in ethnischen statt politischen Kategorien zu denken, Gründe liefern könnten. Alle diese Klassifizierungen treffen nur bestimmte Aspekte seiner wissenschaftlichen Aktivitäten seit 1999 und können deren Antrieb nicht erklären. Er ist ein primär politischer: Wissenschaft wird dem untergeordnet, Geschichte dient ihm dazu, als politische Waffe eingesetzt zu werden.

Als Musial sich 1997 an die Ausstellungsmacher wandte und sie, ohne allerdings genaue Belege zu präsentieren, auf einige falsch zugeordnete Fotos aus den galizischen Städten Zloczow und Tarnopol hinwies, war dieser Zusammenhang noch nicht zu erkennen. Als er aber Anfang 1999 in verschiedenen Zeitungen seine Vorwürfe öffentlich machte und mit Fotos belegte, war auffällig, daß er auf ihnen nur die Opfer des NKWD sehen wollte und die anschließend ermordeten Juden mit keinem Wort erwähnte.[100] Im Herbst 1999 aber, als er die Ausstellung in einem Beitrag der *Vierteljahreshefte für Zeitgeschichte* frontal angriff und – unterstützt von den zeitgleich erschienenen fotokritischen Beiträgen von Krisztián Ungváry und Dieter Schmidt-Neuhaus – ihre Schließung erreichte, ließ er keinen Zweifel mehr über die wirkliche Zielrichtung seiner Intervention aufkommen. Im historischen Fachblatt beschränkte er sich noch darauf, die Glaubwürdigkeit der Fotos der Ausstellung wie der sowjetischen Archive, aus denen viele stammten, in Zweifel zu ziehen, machte aber auch schon statt der Wehrmacht die Ukrainer für den Judenmord verantwortlich und behauptete, die jüdischen Leichname seien anschließend verscharrt worden, so daß es gar keine Fotos von ihnen geben könnte.[101] Zeitgleich stellte er in einem Artikel in der *Frankfurter Allgemeinen Zeitung* unter dem Titel *Konterrevolutionäre sind zu erschießen* die drei zentralen Thesen seines Buches vor: Die Morde an den Juden seien »die Rache« gewesen für deren Beteiligung an den Verbrechen des NKWD; für eine Initiative der Deutschen an den Judenmassakern gebe es »kaum Anhaltspunkte»; die Untaten des NKWD in den Gefängnissen wie das Ermorden und Verstümmeln deutscher Gefangener durch die Rote Armee hätten »zur Radikalisierung und Brutalisierung des Krieges gegen die Sowjetunion« beigetragen und dazu geführt, daß die Soldaten »nun kein Mitleid mit den tatsächlichen und vermeintlichen Trägern des sowjetischen Systems« – nach damaligem Sprachgebrauch: Kommunisten und Juden – mehr gehabt hätten.[102] Damit war klar, daß es Musial nicht um ein paar falsch beschriftete Fotos, sondern um die Revision eines im Historikerstreit mit guten Argumenten verteidigten und bekräftigten Geschichtsbildes ging. Kein Historiker hat auf diese offene Kampfansage damals geantwortet oder sie in Beziehung gesetzt zu der gleichzeitig erfolgenden Demontage der Ausstellung: Seine berechtigte Bildkritik hatte die Wissenschaft blind gemacht gegen die von ihm betriebene Bildpolitik. Erst mit dem Erscheinen seines Buches hat sich das geändert – die wissenschaftliche Kritik war vernichtend.[103]

Für das Feuilleton blieb Musial, ungeachtet dieser Verrisse, der Held. Seine Qualifikation als Wissenschaftler hatte keinen der Redakteure von *FAZ*, *Welt*, *Frankfurter Rundschau* oder *Rheinischer Merkur* je interessiert, sie brauchten ihn wegen der Politik, die er als Wissenschaftler betrieb und die paßgenau mit ihrem eigenen Projekt übereinstimmte. Eckhard Fuhr, Feuilletonchef der *Welt*, feierte Musials Erscheinen auf der Bühne der Geschichtspolitik als Beleg für den »Eigensinn« der mittel- und osteuropäischen Völker und ihre »neu gewonnenen Freiheit«, auch über die Verbrechen zu reden, die sie selbst erlitten hatten, also die des Kommunismus. Dieses neue Selbstbewußtsein habe es ermöglicht, auch in den deutschen Geschichtsdiskurs einzugreifen und dessen »tote Rituale«, die in den Debatten um die erste Wehrmachtsausstellung alle noch einmal durchgespielt worden seien, zu durchbrechen. Dann wurde Fuhr konkret: Im Zentrum der deutschen »Vergangenheitsbewältigung« stehe der Holocaust, der, »aller realhistorischer Bezüge entkleidet, zur Chiffre für das absolut Böse« geworden sei und durch die Politik der Mahnmale und Gedenkstätten »die kollektive Erinnerung« auch noch »in kommenden Generationen« zu bestimmen drohe. Auf diese Weise in ein Abstraktum verwandelt, falle es leicht, den Holocaust zur »Mythologisierung« wie zur »schlichten politisch-ideologischen Instrumentalisierung« zu benutzen.[104] Musials Tat – die Arbeit am Mythos. Das sah aus wie ein Ritterschlag. Die *Frankfurter Rundschau* ergänzte dies Heldenepos noch um den Schauplatz – Zloczow, das galizische Städtchen, in dem Musial seine Beweis gegen die Wehrmachtsausstellung fand. »Orte wie diese«, schrieb Thomas Medicus, »zeigen eine schwindelerregende Komplexität von Vorgängen. Mehr denn je verlangen sie weiterführende, empirische Recherchen; weniger denn je eignen sie sich für geschichtsphilosophische Unsäglichkeiten vom Schlage Noltes oder für die bisher in der öffentlichen Diskussion geübten Schwarzweißmalereien.«[105] Schon in der Sprache der beiden Feuilletonredakteure ist die Nähe zum Lebensgefühl Martin Walsers zu spüren: die Last und Schwere der Vergangenheit, der Zwang und die Einengung durch eine deutsche Schuld, die Mechanik und Routine der öffentlichen Erinnerungsrituale. Einen Ausweg aus dieser selbstverschuldeten Lage scheint ein anderer Blick auf die Verbrechen des 20. Jahrhunderts zu bieten: die bisher auf den Holocaust und die Verantwortung der Deutschen »fixierte« Betrachtung soll von den Schlacken der »Mythologisierung« und »Schwarzweißmalerei« gereinigt und um die frische »Geschichtserfahrungen« der Völker Osteuropas mit den Massenmorden des Stalinismus ergänzt werden. Anstelle einer im »Ritual« erstarrten »Betroffenheitskultur«, die immer die Gefahr der »politisch-ideologischen Instrumentalisierung« in sich birgt, erhofft man sich als Folge dieser »neuen Geschichtspolitik« eine Kultur der »Distanz«, die frei ist von den Zwängen einer »kollektiven Erinnerung«. Diese Hoffnung ist nicht gleichzusetzen mit dem Verlangen nach Leugnung, aber formuliert den Wunsch nach Relativierung. Eine solche Position bestreitet nicht jede

Verantwortung, aber besteht zunächst einmal auf Abstand. Was Walser in der Bewegung des »Wegdenkens« und im »Lob des Verdrängens« als regressiven Rückzug empfahl,[106] das wurde von Fuhr und Medicus als expansive Erweiterung von bestehenden Denkräumen und als experimentelle Entwicklung von neuen Verhaltensweisen entworfen. Leute vom Schlage Musials schienen ihnen für solche Umbauarbeiten unverzichtbar zu sein.

Der nahm die von ihm erwartete Rolle gerne an. Unter dem Titel *Täter und Tabu* formulierte er in der *Frankfurter Rundschau* sein geschichtspolitisches Programm. Zunächst skizzierte er, in Anlehnung an Nolte, das Gefängnis, in dem sich die Deutschen befänden: ihr Umgang mit der nationalsozialistischen Vergangenheit sei »zum moralischen Glaubensbekenntnis, um nicht zu sagen zur Säkularreligion« entartet; aus dieser trüben Quelle, »aus einem Bündel von Anti-Gefühlen«, speise sich ihre nationale Identität; um dies Zwangssystem zu erhalten, habe man zahlreiche Tabus errichtet – »Vergleiche von nationalsozialistischen Verbrechen mit anderen« oder »die partielle Wechselwirkung der sowjetischen und nationalsozialistischen Verbrechen« und schließlich »die Darstellung von Juden als Tätern«.[107] Indem er die Gitter und die Mauern beschrieb, deutete er an, wie sie niederzureißen seien – durch den Tabubruch, alle diese Themen als berechtigte Fragen anzuerkennen und ohne Denkverbote nach Antworten zu suchen. Sogleich beeilte er sich aber, die möglicherweise schockierenden Antworten sofort wieder auszuschließen oder doch zu begrenzen: er wolle keinen Perspektivenwechsel, sondern eine »Perspektivenerweiterung«, Vergleiche müßten nicht zwangsläufig der »Apologie« dienen, sondern würden erst »Ausmaß und Dynamik der nationalsozialistischen Vernichtungspolitik« erkennen lassen, das Ergebnis, daß es nicht nur Opfer, sondern »auch Täter jüdischer Herkunft« gab, würde an der »Hauptopferrolle der Juden« nichts ändern. Es ist offensichtlich, daß es Musial nicht um seine Antworten geht – die streicht er, kaum daß Widerspruch auftaucht, oder verwischt sie, wenn ihm die Sympathie seines Gegenübers wichtig ist, bis zur Unkenntlichkeit.[108] Was bei all diesen chamäleonhaften Verwandlungen, die ihm den Zugang zu den Feuilletons von *FAZ* bis *taz* ermöglichte, übrigbleibt und worauf er mit Entschiedenheit beharrt, das sind seine Fragen. Hierbei scheint es sich um ein Verhalten zu handeln, das über eine individuelle Eigenart hinausgeht. Der amerikanische Historiker und Deutschlandkenner Charles S. Maier hat bei seiner Analyse des Historikerstreits und hier vor allem der Nolteschen Argumentationstechnik darauf aufmerksam gemacht, daß man zwischen einer echten und einer unechten historischen Frage unterscheiden müsse. Die eine, wenn sie unbeantwortet bleibe, beeinflusse die persönliche Meinung eines Lesers nicht, die andere wolle schon allein dadurch, daß sie gestellt werde, meinungsbildend sein. »Ihr geht es nicht um die Wahrheit einer Behauptung, sondern darum, ob eine als wahr unterstellte Behauptung geäußert werden darf. Sie gibt vor, die Tragfähigkeit einer Hypothese zu erproben, erprobt jedoch in Wirklichkeit die Grenzen eines akzeptablen Diskurses [...].«[109] Musials Methode ist in diesem Sinne typisch. Sie ist gefährlich, weil sie den Konsens über die Singularität des Holocaust und über die Verantwortung der Deutschen in Frage stellt. Der plötzliche Rückzug der Wehrmachtsausstellung durch den Leiter des Hamburger Instituts und dessen neue Konsensausstellung hat dem polnischen Historiker die Aureole des mutigen Kämpfers für geschichtliche Wahrheit beschert. Im Glanz dieser Auszeichnung und hofiert vom deutschen Feuilleton, fährt er fort, unechte historische Fragen zu stellen.[110]

8. Kapitel
Brandstifter

Jörg Friedrich als Täterforscher

1993 erschien im Münchener Piper Verlag mit dem schwergewichtigen Titel *Das Gesetz des Krieges. Das deutsche Heer in Rußland 1941 bis 1945. Der Prozeß gegen das Oberkommando der Wehrmacht* ein Buch, das wie ein Paukenschlag wirkte.[1] Der Autor Jörg Friedrich beabsichtigte nämlich nichts weniger, als – beginnend mit den »wüsten« Schlachten des späten Mittelalters und kulminierend im Unternehmen »Barbarossa« – die langsam sich entwickelnde Gestalt des entgrenzten, des »totalen« Krieges nachzuzeichnen und als dessen innersten Kern den Terror gegen die Zivilbevölkerung freizulegen. Diese These, ernsthaft verfolgt, hätte dazu führen können, die Militärgeschichte neu zu schreiben, als Antwort auf die Frage, wie und in welchem Ausmaß die »wegzivilisierte« Gewalt moderner Gesellschaften sich im Krieg immer wieder den Anlaß zur kollektiven Entladung schuf. Aber das Buch leistet keinen Beitrag zu einer solchen Gesellschaftsgeschichte des Krieges, sondern will nur die Geschichte des Vernichtungskrieges im Osten und der dabei verübten Verbrechen der deutschen Wehrmacht umschreiben.

Freispruch für die Täter

Das Deutschland Hitlers erscheint als Opfer. Das Jahr 1939, so der Autor, war nicht der Beginn einer »stufenmäßig expandierenden Verschwörung zur Weltherrschaft«, sondern die erste Schlacht in einem Krieg, der nach dem »Vergeltungsprinzip« geführt wurde – für die Niederlage von 1918, für die Schmach von Versailles, für die Abtrennung Oberschlesiens usw. usw.[2] Und der Überfall auf die Sowjetunion 1941 erfolgte nicht »auf Lebensraumsuche«, sondern weil man durch Englands Sturheit in die Klemme geraten war.[3] Um den »laufenden Krieg« doch noch zu gewinnen, »glitt man ausweglos, doch voller Zuversicht« in den »utopischen« Krieg gegen die Sowjetunion: das Deutsche Reich habe sich in diese Lage »selbst gebracht, wenn auch unabsichtlich«, bilanziert der Autor zweideutig Hitlers Außenpolitik der Jahre 1933–1938.[4]

Das Muster, Opfer der Umstände zu sein, wiederholt sich auf dem Kriegsschauplatz. Der »Blitzkrieg«, einmal als Strategie gewählt, verlangt, daß sein oberstes Gesetz – das Tempo – strikt befolgt wird, und also hatte die für ihn typische Waffengattung – der motorisierte Verband – keine andere Wahl, als überall zu erscheinen, »wo Not am Manne bestand«. So seien die Panzerarmeen notgedrungen in die Zone des Verbrechens geraten: »Das war das Schicksal der schnellen Truppe, das sie nebst so vielen Szenenwechseln auf den Pfad der Kriegsverbrechen führte. Mit den zahlreichen Mißhelligkeiten, Reibereien, Seitenhieben, Anschlägen aus der Sphäre des Zivils und der Partisanen machte sie kurzen Prozeß. In der Eile gab man sich keine Mühe, reale und scheinbare Gefährdungen nachzuprüfen. Wo sich ein irritierender Augenschein zeigte, wurde sicherheitshalber und vorbeugend blutige Vergeltung geübt.«[5] Eins zieht das andere nach sich: Je blitzartiger der Vorstoß ins feindliche Territorium gelingt, je siegreicher die Kesselschlachten geschlagen werden, »desto gefährlicher übersteigt der Raumgewinn die Kraft, ihn sicherzustellen«, und desto dringlicher ist die Not, mit der »Gefangenschaft kompletter Massenheere« umzugehen. Den Preis dafür bezahlten 2 Millionen gefangene Rotarmisten, die »zu entwaffnen, rückwärts zu geleiten, zu bewahren und zu verköstigen zuviel Kräfte von Gefecht und Sicherheit abzieht«.[6] Deshalb ließ man sie 1941/42 krepieren oder half nach. »Der Lebensunwert«, gibt der Autor zu bedenken, »rührte nicht aus Rassenhaß und Antibolschewismus, sondern aus purer Überzähligkeit.«[7] Das Gesetz des Krieges, mit dem ersten Schußwechsel und der ersten Panzerschlacht in Gang gesetzt, unterwirft sich alles, verwandelt alles zu einer Funktion seines unerbittlichen Regelwerkes: »Der Entschluß zum Kriegsverbrechen folgt aus der Dienstfunktion und der militärischen Lage. Das Naturell des Täters übt den geringsten Einfluß aus.«[8]

Nach dieser Formel rechnet Friedrich auch den Mord an den Juden noch einmal durch. Auch »der Rassenkrieg«, so ist er überzeugt, »reagiert auf den Kriegsverlauf« und ist bloßes »Derivat des totalen Krieges«.[9] Nur der Kampf gegen das »Pariavolk« der Juden habe Hitlers europäischen Kontinentalblock zusammengehalten: »Parias sind vonnöten, um an ihnen den Terror zu exemplifizieren, der das Publikum befriedigt oder schockiert, jedenfalls gefügig macht.«[10] In der besetzten Sowjetunion habe diese Strategie der Abschreckung zum ersten Mal ihre Brauchbarkeit erwiesen: »Der systematische, kaltblütige, wortlose Abtransport einer Volksgruppe in verriegeltes Waldgelände, aus dem niemand wiederkehrt, flößt einen unüberbietbaren Schrecken ein. Hier befriedigt sich nicht ein endlicher Blutdurst, hier waltet die Macht über Leben und Tod. Die Mehrheit der Russen bezog das Ende der Juden auf ihr eigenes Geschick. […] Wird dies verstanden, hat es der Okkupant schon weit gebracht.«[11] Um der Truppe aber den Mord an den Juden plausibel zu machen, reichte es nicht aus, sie als Blitzableiter zu charakterisieren, es bedurfte ihrer Kennzeichnung als Feinde: »Sie mußten nominelle Oberhäupter des Bolschewismus werden«, der Jude mußte als »imaginärer Übeltäter kreiert« werden.[12] Das aber heißt, so versichert uns der Autor, die Generäle glaubten selbst nicht an das, was sie von den Juden behaupteten, sondern sie verbreiteten, den taktischen Zwängen des Krieges folgend, eine »Legende«.[13] Während sie die Juden in ihren Befehlen und Lageeinschätzungen zum Monster erklärten – zu Hetzern, Spionen und

Partisanen –, wußten sie sehr wohl, daß diese in Wirklichkeit »die Ungefährlichsten von allen waren«.[14] Deshalb überließen sie die Durchführung gerne denen, die an den Judenfeind glaubten – Himmlers »Asphaltsoldateska«, den enthemmten »Horden« seiner Polizei- und Einsatzkommandos, diesem »abseitigen Mob [...], der [...] zügellos seiner Besessenheit frönte« und hinter der deutschen Front einen »scheußlichen Putsch der Vernichtungsinstinkte« inszenierte, ganz und gar durchdrungen vom »mörderischen Rassenwahn«, der »blutigen Paranoia« und dem »Irrsinn« Hitlers.[15] Allerdings waren die Generäle, als »des Rassismus unverdächtige Köpfe«, über die praktische Durchführung des als notwendig erkannten Judenmords durch Himmlers Helfer »kaum begeistert»: sie »duldeten« die Greuel bestenfalls, baten, wie der Befehlshaber der 6. Armee, Reichenau, die Truppe, »Verständnis dafür aufzubringen«, oder »schauten«, wie das Oberkommando im fernen Hauptquartier, angewidert »weg«.[16]

Friedrichs Analyse des Judenmords ist eine Konstruktion. Der behauptete Effekt der Abschreckung hätte nur Sinn gemacht, wenn man den Nichtjuden in der Zivilbevölkerung Zeit gelassen hätte, diese Lektion einer Pädagogik des Terrors zu beherzigen. Da man sie aber schon vom ersten Tag an als Zwangsarbeiter mißbrauchte, als »partisanenverdächtig« an die Wand stellte und durch die Mißhandlung ihrer Männer, Brüder, Söhne in den Kriegsgefangenenlagern demonstrierte, daß man zwischen dem »Judengeschmeiß« und den »russischen Untermenschen« wenig Unterschiede zu machen beabsichtige, entbehrt diese These jeder Logik. Nicht besser steht es um die zweite Behauptung, die Generäle hätten, von Hitlers diabolischem Ingenium ermuntert, das Feindbild vom Judenbolschewisten nur erfunden und sich dieser »Legende« bedient, wann immer es ihnen sinnvoll erschienen sei. Die einschlägige Literatur zeichnet ein völlig anderes Bild.[17] Messerschmidt sieht in puncto Judenfeindschaft schon lange vor 1933 »ältere Motivationen und Überzeugungen« am

Werk und spricht von einer »fixierten Grundhaltung im Offizierskorps«. Für die Zeit nach 1933 diagnostiziert er eine »Teilidentität der politischen Ziele von Wehrmacht und Nationalsozialismus«, zu der neben der Ablehnung von Parlamentarismus und Arbeiterbewegung, der Übereinstimmung hinsichtlich der Revision des Versailler Vertrages und einer Expansion gen Osten auch ein aggressiver Antisemitismus gehörte.[18] Friedrichs dritte Argumentationslinie, der SS alle Verbrechen zuzurechnen und sie zusätzlich als ein einziges Bestiarium vorzuführen, nimmt die Ergebnisse der Forschung nicht zur Kenntnis, daß das akademisch gebildete SS-Führerkorps sich bei der Ausrottung der Juden weniger von Instinkten und Perversionen, sondern von einer »wissenschaftlichen« Überzeugung und den präzisen Eckdaten der im »Generalplan Ost« fixierten Mordquoten leiten ließ. Auch das Gesamtbild nationalsozialistischer Politik sieht spätestens seit Hillgrubers bahnbrechender Studie von 1965 anders aus.[19] So richtig es ist, bei Analyse der nationalsozialistischen Politik das Element der Improvisation und die Bedeutung situativer Faktoren zu beachten, indem aber Friedrich die langfristig angelegte und konsequent verfolgte rassistische Programmatik Hitlers negiert und die Identifizierung eines Großteils der militärischen Führung wie der Truppe mit diesem Programm verleugnet, erhebt er die außenpolitischen Gegebenheiten der zwanziger Jahre – analog zu seiner Fixierung auf das »Gesetz des Krieges« – zum allmächtigen Fatum. Das Ergebnis ist hier wie dort ein glatter Freispruch.

Das Buch, von der liberalen wie der konservativen Presse als Meilenstein gefeiert,[20] war nicht die isolierte Tat eines Stubengelehrten. Friedrich wollte eingreifen in die laufenden Debatten, und er hatte einen klar definierten Gegner – »die kritische Wissenschaft«. Unter diesem Sammelbegriff verstand er alle diejenigen, die erstmals in Deutschland eine kritische Militärgeschichtsschreibung begründet hatten. Die Messerschmidt, Streit, Krausnick, Förster, Wette, Ueberschär sind für ihn nicht mehr als Ideologen und, noch schlimmer, späte Büttel der Siegerjustiz und ihrer These, daß die Generalität die militärischen wie politischen Zwecke von Hitlers Ostkrieg willig exekutiert hätte.[21] Aber sein Buch ist von der Fachwissenschaft – mit einer bemerkenswerten Ausnahme[22] – abgelehnt worden und fiel in der öffentlichen Wahrnehmung dem bald darauf einsetzenden Interesse an der Wehrmachtsausstellung zum Opfer.

Deutschland im Bombenkrieg

Zehn Jahre später hat sich Friedrich mit seinem Buch *Der Brand* erneut dem Thema Zweiter Weltkrieg zugewandt.[23] Diesmal hat er einen Bestseller produziert und einen Mediencoup gelandet. Der Autor schreibt blendend. Er scheint ein Bruce Chatwin der Katastrophen zu sein. Nach seiner Reise durch die Toten Zonen der Ostfront hat er sich diesmal in die Flammenhöllen des Bombenkrieges begeben. Er verdankt zwar die Früchte seiner Expeditionen, anders als der schreibende Nomade, nicht der eigenen Anschauung, aber stupenden Lesereisen und einer imaginativen Verdichtung, die den Verstand in Gang hält und die Empfindung auflädt. Das erinnert manchmal an Alexander Kluge, allerdings im Siedezustand. Wie Friedrich die Bomber und die Rezeptur ihrer Bomben beschreibt, wie er die Kurven der Brandsprenggeschosse sichtbar und die Tonfrequenzen der Flugleitsysteme hörbar macht, wie er die Armada der Bomberströme am Nachthimmel aufziehen und das Drama von Anflug, Markieren, Ausklinken, Rückflug samt dem jederzeit möglichen Zwischenakt Luftkampf/Absturz wiedererstehen läßt, wie er der Trias politischer Auftrag, wissenschaftliche Anstrengung, fliegerisches Können das Momentum des Zufalls hinzufügt, das ist perfekt. Wer hat die Grundrisse von Deutschlands alten Städten und die Stilkunde seiner steinernen Schätze je unter dem Gesichtpunkt von Brandzonen und Brennbarkeit gelesen – der Außenring des 19./20. Jahrhunderts, die Massenquartiere der Gründerzeit, die Stadt des 18. Jahrhunderts mit der meist mittelalterlichen Altstadt als Kern, das leicht entzündliche Holz-Lehm-Fachwerk der Renaissance bzw. das ebenso gefährliche Holz des Rokoko, das feuerresistentere Mauerwerk von Gotik und Barock? Und wann wurde die Geschichte der großen Siedlungen der Deutschen jemals so buchstabiert, als eine Abfolge von Mauernschleifen und Verbrannter Erde, aber auch Befestigen und Wiederaufbauen, bis der letzte große Brand dies Kontinuum endgültig zerriß? Eben noch in der Perspektive der Vertikalen, der fliegenden Verbände – der »Pfadfinder«, die den Bombern den Weg zeigen, der »Markierer«, die mit ihren rot-grünen Leuchtbomben die Abwurfflächen zeichnen, der fliegenden »Bomberfestungen«, die das Inferno auslösen –, ist man in die Horizontale geworfen, in die Perspektive der Gejagten am Boden: in die Glutöfen der Keller, in das verstopfte Labyrinth der Fluchtgänge, die Feuerhöllen der Straßen, die Massengräber der Verschütteten, vor die Leichen, die zerstückelten Gliedmaßen, die mumifizierten Körper, die Aschenreste. Die Deklination der Todesarten: Geschosse, Druck, Explosion, Trümmer, Hitze und als Hauptcasus: der Tod durch Gas. Die Fluchtburgen – der deutsche Keller, der öffentliche Luftschutzkeller, der Stollen, der Bunker, die Röhre, der Splittergraben – und die Schutzheiligen – der Luftschutzwart, die Löschzüge, die Bergungstrupps. Die Reaktionen des Körpers und der Sinne im Ausnahmezustand: Verlust des Zeitsinns, Emotionslähmung, Handeln ohne Selbstwahrnehmung. Die Sorge für die Überlebenden – Essen, Obdach, Wohnrat – und die Vorsorge für den Dauerangriff – Kinderlandverschickung und Evakuierung. Das alles Stadt für Stadt – von Norden nach Süden, von Westen nach Osten – mit den Zahlen der Toten und den Listen des zerstörten Kulturguts, anhand von Augenzeugenberichten und vergleichender Statistik, ein apokalyptisches Geschehen auf der Zeitachse von 1940 bis 1945. Ein »Epos«

hat Martin Walser das Ergebnis genannt.[24] Man wird sehen, ob diese Gattungsbezeichnung zutreffend ist. Der Autor selbst hat jedenfalls die Einordnung in ein literarisches Genre vorweggenommen, als er versicherte, keine neue wissenschaftliche Untersuchung zum Bombenkrieg vorzulegen – deren gäbe es genug und verdienstvolle –, sondern einen Text über dessen »Leideform«.[25] Kein Geschichtsbuch also, sondern eine Passionsgeschichte.

Sie ähnelt wenig der Urform aller Passionen, der des gekreuzigten Christus. Dort stand im Zentrum die Erfahrung einer abgrundtiefen Verlassenheit: vom Volk in Jerusalem verstoßen, von seinen Jüngern verleugnet, von Gottvater am Kreuz scheinbar aufgegeben. Die Täter – die Pharisäer, Pilatus, Judas, die Henkersknechte – kommen nur am Rande vor. In Friedrichs Passionsgeschichte sind die Täter – als könne er die Opfer ohne sie nicht porträtieren – immer anwesend: mit ihren Befehlen, mit ihren Angriffsoperationen, mit der Wirkung ihrer Waffen, mit ihren Verlautbarungen. Sie tragen die Namen Churchill, Harris, Bomber Command, Bomber Group Nr. 5, später auch Roosevelt, Spaatz, 8. US-Flotte, 1. oder 2. Combat Wing. Die Entwicklung der britischen Strategie zeichnet er als schrittweise Entfaltung eines nach der Niederlage in Frankreich und den verlustreichen Abwehrkämpfen gegen die deutschen Bombardements im August 1940 gefaßten Plans zum Strategischen Luftkrieg: mit der einzig verbleibenden Waffe den Gegner an seinem schwächsten Punkt zu treffen. »Kriegführen«, so übersetzt der Autor, »heißt vornehmlich Städte bombardieren.«[26] Durch die im September 1940 einsetzenden massiven deutschen Bombenangriffe auf London und andere englische Städte, darunter Coventry, sei Churchill in seinem Plan bestätigt worden. Ab 1941 hätten die britischen Bomber mit Angriffen auf klassische Rüstungsziele – Schiffbau und Ölversorgung – begonnen, aber ihren Radius schon im Juli um das Angriffsziel Transportsysteme erweitert und erstmals die Erlaubnis bekommen, »die Moral der Zivilbevölkerung insgesamt zu zerstören, sowie die der Industriearbeiter im besonderen«.[27] Ab 14. Februar 1942, mit der Berufung von Arthur Harris zum Chef von Bomber Command, sei dies das »Hauptziel« des britischen Luftkrieges geworden. Dank einer speziellen Mischung von Spreng- und Brandbomben habe man mittlerweile auch über die entsprechende Waffe verfügt – den »Brand«. Eine Liste habe eine Zusammenstellung der Zielorte – die Zentren des Ruhrgebiets und 14 weitere Großstädte – geliefert.[28]

Ein städtebauliches Kleinod machte den Anfang: »Harris, der ein starrsinniger und zugleich ganz dem Praktischen zugewandter Mann war, schlug eine Stadt zur Verbrennung vor, die den Erfolg garantierte: Lübeck. Erstens lag es neben dem einprägsamen Küstenprofil der Lübecker Bucht. Zweitens beheimatete es keine kriegswichtige Industrie und war darum schwach verteidigt. Drittens enthielt es einen in Fachwerk gehaltenen Altsstadtkern, der leicht brannte. Das waren die Gründe für Lübecks Zerstörung: seine Lage, seine Schwäche und seine Altersschönheit.«[29] Die Empathie für das wehrlosschöne Opfer stellt sich sofort ein. Nicht anders ergeht es dem Leser, wenn er den nächsten Ort des Anschlags erfährt – Köln – und was hier in Schutt und Asche sank: römische Reste, eine romanische Basilika, die Renaissancebauten des Alten Marktes.[30] Auf die allzu rasche Parteinahme fällt ein Schatten, wenn man 100 Seiten später erfährt, daß Lübeck mit den Dornier-Flugzeugwerken ein wichtiger Rüstungsstandort war.[31] Von Köln erfolgt über den dort stationierten militärisch-industriellen Komplex auch dann keine Mitteilung, wenn das Schicksal der Stadt detailliert verhandelt wird.[32] Nur wenn der Leser zufällig aus dem Rheinland stammt, addiert er, was er weiß: die Fordschen Autowerke, die Kabelfabrik Felten & Guillaume, die Traktorenfabrik KHD und das, zur Bewältigung all dieser und anderer Rüstungsaufgaben, in den Messehallen eingerichtete größte Außenlager des KZ Buchenwald. Das Mißtrauen wächst, wenn man dem Autor an die nächsten Stätten folgt, ohne informiert zu werden, daß Düsseldorf nicht nur Sitz zahlreicher Konzernverwaltungen, sondern – mit Rheinstahl und anderen Metallbetrieben – eine der wichtigsten Industriestädte Deutschlands war, daß Emden als Umschlaghafen für das Ruhrgebiet diente und ein Standort der Werftindustrie war, daß in Braunschweig die Schwertransporter von Büssing gebaut wurden, daß Krefeld ein Zentrum der deutschen Textil-, Nahrungsmittel- und Chemieindustrie war, daß es in Mannheim neben dem zweitgrößten deutschen Binnenhafen Produktionsstätten des Fahrzeugbaus, der Elektrotechnik, der Kabelherstellung gab, daß in München Lokomotiven und Waggons gebaut wurden und wichtige Betriebe der elektrischen, feinmechanischen und optischen Industrie existierten, daß Stuttgart mit Bosch und Daimler-Benz einen industriellen Schwerpunkt darstellte.[33] Für Friedrich ist in all diesen Orten die Zeit lange vorher stehengeblieben, sie versammeln die Bildwerke und Kunstdenkmäler aus Deutschlands großer Vergangenheit, sie sind die Geburtstätten seiner berühmten Denker und Dichter und die Wohnstätten der jetzt lebenden Deutschen. Mehr nicht. In der Kartographie des Vernichtungskrieges haben sie anscheinend keinen Platz – als Standorte von Kasernen und Nachschubsystemen, als Fertigungsstätten für Waffen und Munition, als Zentren der nationalsozialistischen Machtausübung.

Auch für die Alliierten zählten, so glaubt der Autor, solche Gesichtpunkte längst nicht mehr als Auswahlkriterium für Bomben: »Im Jahr 1943 hatte sich die Unterscheidung von Industrie- und Stadtziel überholt.«[34] Und die Brandlegung in den Städten war für ihn endgültig an dem Punkt angekommen, auf den Churchills Strategie des »moral bombing« von Beginn an hingewollt hatte: zu einer schwarzen Pädagogik durch Vernichtung. England »führte Krieg gegen den Ungeist«, und »die Bombe war Erzieher«.[35] Alles andere folgte daraus. »Der Weisung zufolge sollte der Feind nicht militärisch getroffen, es sollte ihm etwas ›gezeigt‹ werden. Hat er die Überlegenheit der Bomber gesehen, [...] unterläßt er, was er sonst täte.«[36] Der Schüler, dem diese Lektion im Herbst 1944 demonstriert wird, ist die Stadt Duisburg. Paderborn, Minden, Osnabrück, Herford, Braunschweig, Hildesheim und Münster haben einen anderen Stoff zu wiederholen: Wie Karl der Große das »unstete Volk« der Sachsen mit Gewalt den Glauben gelehrt hatte, so stand ein Jahrtausend später »dessen Bekehrung erneut auf dem Panier der westlichen Mächte« – die alten Bischofsstädte hatten das nationalsozialistische »Neuheidentum nicht aufhalten können und wurden zusammen mit ihm erbarmungslos geschleift«.[37] Düsseldorf, das begeistert von den Segnungen der Französischen Revolution unter Napoleon gekostet hatte, erlebt den »Zivilisationsgedanken« diesmal »als grauschwarze Wolke aus Staub, Rauch und Ruß«.[38] Köln, Berlin und Dresden wird die Identifizierung mit den Hunnen ausgetrieben und 11000 Berliner, 20000 Kölner und 40000 Dresdener bei der Gelegenheit »als Hunnen beseitigt«.[39] Hannover wird »Buße« auferlegt, weil es angeblich Hitler vor 1933 zur Staatsbürgerschaft verholfen haben soll, Emmerich und Kleve »büßten«, weil die Einnahme der Brücke von Arnheim mißglückt war, und Mainz erfährt den Sinn des alttestamentarischen Spruchs »Sein ist die Rache« am eigenen Leib.[40] Schließlich, als die Abwehr des Gegners zerschlagen und zerfallen war, blieb er wenigstens noch »Züchtigungsobjekt«.[41]

Mit Krieg im herkömmlichen Sinne, so der Autor, habe das alles nichts mehr zu tun gehabt. Wie schon in den beiden ersten Jahren des »Strategischen Bombenkrieges« – nur unterbrochen durch die Atempause der Invasion und des Vormarsches an die Reichsgrenzen im Sommer und Herbst 1944 – sah Friedrich in den letzten Monaten vor der Kapitulation »eine von militärischen Zwecken fast entbundene, von jedem Gefechtsrisiko befreite Vernichtungswalze [...] noch einmal« über Deutschlands Städte toben.[42] So habe Pforzheim seine Auslöschung am 24. Februar 1945 lediglich dem Umstand zuzuschreiben, daß sein »militärischer Wert [...] ausschließlich aus seiner völligen militärischen Wertlosigkeit« bestand, bei Freiburgs Zerstörung am 27. November 1944 »ging es um gar nichts«, die »Liquidierung« Hildesheims zwei Monate später sei nicht mehr als eine von 235 Lancaster-Bombern geflogene »Ehrenrunde« gewesen, und das Ende von Würzburg, dessen architektonische Herrlichkeit am 16. März 1945 in 17 Minuten pulverisiert wurde, habe »eine Fingerübung« dargestellt und sei von der verantwortlichen Bomber Group Nr. 5 »als Bravourstück in sich verstanden« worden.[43] Auch in den Fällen, in denen noch ein militärisches Objekt angeflogen wurde, sei das eher ein lustlos angegangenes »Nebenziel« gewesen,[44] das zudem oft nur als »Codename« für die wichtigere zivile Zerstörung gedient habe.[45] Dabei aufgetretene Schäden hätten zudem den Ausstoß der Rüstungsproduktion nie ernsthaft behindert[46] und seien insgesamt – wie die erstaunlich intakten deutschen Produktionsstätten nach dem Krieg beweisen würden – eher geringfügig gewesen.[47] Schließlich sei der naive Versuch, die Moral der deutschen Zivilbevölkerung zu zermürben oder gar zum Aufstand gegen das NS-Regime zu bewegen, ein völliges Fiasko geworden.[48]

Friedrich hat mit seiner Darstellung der Ereignisse wie mit deren Bewertung natürlich längst das Genre der schönen Literatur verlassen und bewegt sich im Feld der Geschichtsschreibung. Die Spezialisten dieses Fachs, also die Luftkriegskenner, haben ihn bei seiner Ankunft wohl begrüßt, aber ihm ihre Zustimmung glatt verweigert. Horst Boog, der Verfasser des deutschen Standardwerks über den Luftkrieg,[49] unterstreicht die »teilweise Unhaltbarkeit« von Friedrichs Thesen: das Bombardieren auch von zivilen Zielen sei »keinesfalls von Anfang an« intendiert gewesen, sondern habe sich »aufgrund militärisch-taktisch-technischer Sachzwänge und mit wachsender Dauer und ideologischer Verbitterung des Krieges« entwickelt.[50] Zwar setzt auch er deutliche Fragezeichen hinter viele Aktionen in der letzten Kriegsphase, beharrt aber auf der Wirksamkeit der alliierten Luftschläge auf Verkehrsweg und Rüstungsproduktion.[51]

Sehr viel härter noch fällt das Urteil seines britischen Kollegen Richard Overy aus, der als Autor der entsprechenden Spezialuntersuchungen sich einen Namen im angloamerikanischen Raum gemacht hat.[52] Auch er entwirft ein völlig anderes Bild des Geschehens in der Luft und am Boden, als Friedrichs Buch glauben macht. Unter Hinweis darauf, daß die Doktrin vom Totalen Krieg aus der Luft in den dreißiger Jahren Gemeingut aller Militärtheoretiker gewesen sei, habe man in Großbritannien wie in den USA die Frage nach der völkerrechtlichen Grundlage solcher Angriffe auf die Zivilbevölkerung »ausgeklammert«[53] und sich einen fragwürdigen »moralischen Relativismus« zu eigen gemacht.[54] Dennoch seien Friedrichs Behauptungen, der alliierte Bombenkrieg sei militärisch sinnlos gewesen und habe als einziges Ziel die Zerstörung der Städte sowie die Vernichtung der Zivilbevölkerung herbeiführen wollen, »schlicht falsch«.[55] Er nennt als Beleg für dieses Urteil fünf Gründe: 1. Die Ausweitung und Fortsetzung des Bombenkrieges sei stark durch die Situation des Bündnisses mit der Sowjetunion bestimmt gewesen: Man habe die Sowjetunion, die ja bekanntlich ständig und immer nachdrücklicher auf die Eröffnung einer zweiten Front im Westen gedrängt hat, im Krieg halten wollen. 2. Die Präsenz der alliierten Luftflotten über dem Reich habe 2/3 der deutschen Luftwaffe von der Front abgezogen und in Deutschland gebunden. 3. Aus den gleichen Gründen sei 1/3 der Artillerie und die Hälfte der elektrotechnischen Produktion für die Luftverteidigung aufgebraucht und also den Operationen im besetzten Europa entzogen worden. 4. Die Luftangriffe hätten zu enormen Verluste in der Produktion von Flugzeugen, Panzern und Lastwagen geführt, so 1944 etwa 30 %; die Steigerungen der Produktion sei eine statistische Illusion, da sie aufgrund der Plünderung von Lagerbeständen sowie der forcierten Ausbeutung von Zwangsarbeitern und KZ-Häftlingen erfolgt sei. 5. Ohne Bombenkrieg hätte Nazi-Deutschland länger Widerstand leisten können und möglicherweise eine Pattsituation mit der Wiederholung des

Stellungskriegs von 1915 bis 1918 herbeigeführt. Overy erinnert daran, daß die Alliierten ihr Ziel nie aus den Augen verloren hätten, »einen Sieg ihrer Landstreitkräfte innerhalb einer Zeit und mit Verlusten zu ermöglichen, die die Bevölkerung ihrer Länder akzeptieren konnte«. Die Bombardements hätten »eine barbarische Strategie« verfolgt, »aber es war weder vorsätzlicher Massenmord«, noch ging es »um Terror als Selbstzweck«.[56]

Die Deutschen als Opfer

Solche Kritiken werden Friedrich nicht anfechten. Er hat mehr im Sinn, als die Flugbahnen der Bomberströme über dem Ruhrgebiet und die Ausbreitung der Flächenbrände in Duisburg, Essen oder Dortmund mit den diplomatischen Manövern der Anti-Hitlerkoalition und den komplizierten Rochaden auf dem Schachbrett eines weltweiten Frontensystems zu verschränken, um dadurch zu einer adäquaten Deutung zu gelangen. Er will eine Tragödie reinszenieren, die von der Einheit des Ortes, der Zeit und der Handlung bestimmt ist, auf Erschütterung setzt und Reinigung will: Deutschland, 1941–1945, Bombenkrieg. Die Protagonisten seiner Inszenierung sind zwei dramatische und inhaltschwere Worte – Vernichtung und Massaker.

Der Begriff *Vernichtung* erscheint in vielen Varianten: als »Vernichtungskapazität«, »Vernichtungsangriff«, »Vernichtungswalze«, »Vernichtungsserie«, »Vernichtungsexzesse«, »Vernichtungstrunkenheit«, »Vernichtungsfläche«, »Vernichtungszustände« oder als »Universum der Vernichtung«.[57] Die Vermutung, der Begriff fungiere nur als Metapher für Gewalt oder Zerstörung, führt in die Irre. Vernichtung ist der Abdruck einer »Vernichtungspolitik«,[58] deren Kern ein »Vernichtungs-« oder »Untergangsprinzip«: »Anstelle der ehrlichen Kugel, mit der man sich von Feind zu Feind niederstreckte, trat das Untergangsprinzip.«[59] Ehrlich war der

Feuerwechsel von Mann zu Mann, ehrlich war das Gegeneinanderanrennen der Panzer, ehrlich war der Luftkampf in Angriffshöhe 4000. Diese Bewegungen, gewalttätig und tödlich, beruhten auf dem Prinzip der Symmetrie – der Gleichheit der Waffen und Chancen –, folgten bestimmten Regeln, innerhalb derer der Handlungsspielraum – mit Technik, Masse, Können – zwar erweitert werden, nie aber der Boden der Regeln, der Respekt füreinander, zerstört werden konnte, und sie waren immer – durch Sieg oder Niederlage – begrenzt. Insofern konnte man sie zu Teilen berechnen, nur der Rest blieb Risiko. Das Vernichtungs- oder Untergangsprinzip gehört einer anderen Welt an und gehorcht anderen Gesetzen. Wer über Vernichtungskapazität verfügt, wer Vernichtungsräume festlegt und Vernichtungszustände herzustellen in der Lage ist, der hat als Gegenüber keine Gegner und keine Kriegspartei mehr, sondern nur noch Vernichtungsmasse. Ihr ist die Wahl des Raums und der Zugriff auf die Zeit entzogen, sie vermag keine Regeln und kein System mehr zu erkennen, auf das sie, zur Mehrung ihrer Chancen, reagieren könnte, ihr bleibt nur der vorbestimmte Tod. Warum wurden Freiburg, Würzburg, Pforzheim, Hamburg oder Dresden bombardiert? Wem oder welchem Zweck diente ihr Untergang? »Danach fragt das Vernichtungsprinzip nicht. Erst wenn keiner eine solche Rechnung mehr anstellen kann, weiß jeder, daß er an jeder Stelle auf Abruf steht. Der Terror will nichts erreichen, sein Regime ist absolut, er kommt aus dem Nichts, braucht keinen Grund, sühnt keine Schuld. Sein Erfolg mag die bedingungslose Unterwerfung sein, auch das nutzt nichts. Er schließt keine Geschäfte, sein Ratschluß ist unergründlich, sein Ziel absurd. Könnte man einen Sinn darin finden, Absichten berechnen, wäre sein Gesetz gebrochen. Er ist keiner Regel unterworfen, er ist die Regel. Alles Zerstörbare weiß sich gemeint. Das reicht.«[60] Die Ausgeburt dieses Prinzips jenseits von Kampf und Krieg ist das Massaker. Es ist Vernichtung als Punkt, als flammende Ausdehnung in Raum und Zeit – 16 Mittagsminuten oder 28 in der Nacht, 5 Quadratkilometer oder 40. Als Punkte dieser Art nennt Friedrich Swinemünde, Stralsund, Köln, Kaiserslautern, Worms, Augsburg, Heilbronn, Dresden.[61] Aber er meint alle Städte, über denen die Bomberflotten der Royal Air Force und der US-Air Force, »die Herren des uneingeschränkten Massakers«[62] – ihre tödliche Last abluden.

Elias Canetti hatte der begrifflichen Klärung dieses Begriffs anhand der Beschreibung von Kriegsmeuten und ihrer sich abwechselnden Überfälle vorgearbeitet. Die Aktion einer Gruppe mit Keulen bewaffneter südamerikanischer Indios bilanzierte er so: »Es kommt hier nicht auf Kampf, sondern auf absolute Vernichtung an. [...] Alles geht im Feuer ganz zugrunde.«[63] Der Soziologe Wolfgang Sofsky hat diesen Gedanken aufgegriffen und daraus eine Typologie des Massakers entwickelt: »Sein Ziel ist restlose Zerstörung. Das Massaker ist kollektive Gewalt an Wehrlosen. Sie können weder fliehen noch Widerstand leisten. Die Gewalt genießt absolute Freiheit. Keine Gegenwehr muß sie überwinden. Von äußeren Zwecken ist sie entbunden. Denn der Sinn der Zerstörung ist die Zerstörung selbst [...]. Nichts soll übrigbleiben, nichts soll mehr an die Menschen und ihre Behausungen erinnern. Alles wird dem Erdboden gleichgemacht, alles soll aus dem Gedächtnis getilgt werden.«[64] Sofsky hat auch die archaischen Formen der Messer- und Keulenmassaker in die Jetztzeit fortgeschrieben. Zwar schwinde die durch den Gebrauch dieser Waffen gegebene sinnliche Genugtuung, »je mehr das Massaker mechanisiert ist«, die Waffen ihre Wirkung jetzt nur noch auf Distanz entfalten. »Ihre Gewalt ist technisch vermittelt und gleicht den Operationen des Arbeiters. Das Artefakt wird bedient, Ziele sind kaum erkennbar und Gebäude sind nur winzige Zielpunkte auf dem Bildschirm.« Aber auch die Form des technisierten Massakers, so Sofsky, biete den Genuß des Exzesses: »Die summarische flächendeckende Wirkungskraft der Waffe entschädigt für den Mangel an sensorischer Evidenz. [...] Sein

Triumph bemißt sich nicht an der Qualität der Grausamkeit, sondern an der Quantität der Zerstörung, an der Ästhetik der Destruktion, am Ausmaß der Verheerung, an der Masse der Toten.«[65]

Es dürfte anhand dieser wenigen Sätze deutlich geworden sein, woher Friedrich, ohne daß er den Spender zitiert, die Vorlage für sein Porträt der Täter genommen hat. Er folgt ihr auch, wenn er das Opfer – die deutsche Zivilbevölkerung – zeichnet. »Das Massaker«, so hatte Sofsky definiert, »ist kollektive Gewalt an Wehrlosen.« Friedrichs Blaupause hält sich daran. Die Wehrmacht, die ganz Europa im Würgegriff hält und, wie ihr Führer es auf seine volkstümliche Weise empfohlen hatte, jeden erschießt, »der uns schief anschaut« – weggeblendet, die zur »Endlösung der Judenfrage« auf Hochtouren arbeitenden Vernichtungslager – Leerstelle, die 12 Millionen »Fremdarbeiter« – nur als Bombenopfer kurz in der Optik. Alles, was dem Bild vom wehrlosen Zivilkörper widersprechen könnte, hat er wegretouschiert: die Artillerie- und Flakbesatzungen, die Offiziere und »Blitzmädel« der Luftüberwachung, die Bewachungsmannschaften der Kriegsgefangenen- und Zwangsarbeiterlager, die Truppenkontingente der Garnisonen, die Rekruten in den Kasernen, die Landser in der Genesendenkompanie oder im verdienten Urlaub, alle diese Angehörige des bewaffneten Teils der deutschen Volksgemeinschaft kommen ebensowenig vor wie die in den Städten stationierten Polizeikräfte, die Dienststellen der Gestapo, der nationalsozialistische Parteiapparat, der während des Krieges in Gestalt der Gau- und Kreisleitungen weitgehende staatliche Funktionen ausübte, die deutschen Facharbeiter, die statt an der Front das Riesenheer der ausländischen Arbeitssklaven in den Rüstungsfabriken und an den Kriegsbaustellen dirigierten. Nach Friedrich sah eine deutsche Stadt – z. B. Düsseldorf – damals aus wie ein Altersheim mit angeschlossener Kinderkrippe plus ein paar Saisonarbeitern mit ihren Chefs: »In der Stadt lebten vorwiegend die Alten, die Fremdarbeiter, Frauen mit

Kleinkindern und die Führungskräfte der deutschen Wirtschaft.«[66] Entsprechend sehen die Totenlisten der deutschen Städte im Bombenkrieg aus, die uns der Autor Stadt für Stadt, von Angriff zu Angriff liefert: die abstrakte Gesamtzahl und dann, konkret werdend – die Zahl der abgeschlachteten Kinder und Jugendlichen,[67] die Zahl der in ihren Unterkünften oder beim Arbeitseinsatz getöteten KZ-Häftlinge, Kriegsgefangenen und »Fremdarbeiter«,[68] die Zahl der in Krankenhäusern und Altersheimen umgekommenen Insassen,[69] schließlich, weil sie die Unschuld schon als Uniform tragen, die Diakonissen und Ordensschwestern, die bei Ausübung ihres Dienstes ihr Leben verloren haben.[70] Angesichts dieser Ansammlung von Unmündigen und Krüppeln, von Heiligen und Ausländern wird keiner die Frage wagen, wo denn die geblieben sind, die Hitlers Machtantritt begrüßten, seinen Erfolgen zujubelten, sich an seinen Siegen berauschten, immer noch an den Endsieg glaubten und von Tag zu Tag mehr nach Vergeltung dürsteten.

Das deutsche Stadtvolk als mitleidheischende Pietà, das ist ein starkes Bild. Ihm stellt der Autor ein anderes zur Seite, das an den heiligen Sebastianus erinnert, den Offizier des römischen Kaisers Diokletian und späteren Schutzpatron der Schützen, der an den Pfahl gefesselt und von tausend Pfeilen durchbohrt wird. Sie kommen von vorne und hinten oder, genauer, von oben und von seitwärts: »Die Bomberflotten vergalten den Städtern die Reichszugehörigkeit von oben, und die Gestapo vergalt den Städtern ihre Kriegsmüdigkeit von der Seite.« Oder: »Die Zerstörung der Städte wiederum diente der Entmachtung Himmlers und der Seinen, welche [...] ganz Deutschland und Europa als Geiseln genommen hatten.« Oder: »Nach bürgerlichem Verständnis handelte es sich [bei den Bombenopfern – H. H.] um ohnmächtig Erschlagene. Der Feind war ruchlos genug, es zu wagen, und die Regierung schwach genug, es zuzulassen.«[71] Das ist die schon bekannte Bammsche Formel von den guten Deutschen und den bösen Nazis – wir und »die

Anderen« –, nur aus aktuellem Anlaß erweitert um das Personal des angloamerikanischen Vernichtungskrieges. Als Beleg für seine These vom unschuldigen Volk in der Schraubzwinge seiner Feinden, zitiert Friedrich Stimmen aus dem Lager der damaligen Kriegsgegner: einen anglikanischen Bischof, der im Londoner Oberhaus die eigene Regierung wegen ihrer Bombenpolitik angegriffen und ihr vorgeworfen hat, »die Nazimörder in die gleiche Reihe mit dem deutschen Volk zu stellen«,[72] und das *US Bombing Survey*, das unmittelbar nach dem Krieg feststellte, der alliierte Luftkrieg habe zu einer »Denazification of Germany« geführt.[73] Schmerzensmutter und Schmerzensmann, das in seinem Überlebenswillen ungebrochene, aber politisch lernfähige Kollektiv – das sind Konstruktionen, die mit der Wirklichkeit jener Zeit wenig gemein haben. Wer nur ein wenig in den Tagebüchern Victor Klemperers über die Kriegszeit in Dresden nachliest, gewinnt eine höchst reale Vorstellung davon, wer alles damals in einer deutschen Stadt wohnte und welch rabiater Geist die Bewohner beseelte.[74] Und hinsichtlich Friedrichs Beobachtung einer im Bombenregen selbstvollzogenen Entnazifizierung konstatiert der britische Historiker Nicholas Stargardt das genaue Gegenteil: »Erst im Schlamm der Ostfront und in den Trümmern der deutschen Städte wurde die deutsche Gesellschaft mehr als je zuvor in ihren moralischen Werten nazifiziert und brutalisiert. [...] Gerade als das Naziregime an Popularität einbüßte, sickerten Elemente seiner moralischen und rassistischen Grundstruktur in das allgemeine Bewußtsein der Leute, die auf die Sirenen und auf Nachrichten von Verwundeten an der Front warteten.«[75]

Der deutsche Keller als KZ

Die von äußeren Zwecken entbundene und daher unberechenbare Struktur und die Flucht wie Widerstand ausschließende Wehrlosigkeit der Opfer waren zwei Hauptmerkmale des Gewalttyps Massaker. Ein drittes und notwendiges Moment fehlt noch. Sofsky definiert es so: »Das Massaker verwirklicht absolute Freiheit im Kollektiv. Für die Schergen ist es ein Akt demonstrativer Barbarei. [...] Die Verbindlichkeit sozialer Normen ist außer Kraft gesetzt, die Gesetze der Ordnung sind aufgehoben. Das Massaker ist die soziale Antistruktur par excellence, eine emotionale Gemeinschaft jenseits aller Moral.«[76] Dies ist das Stichwort für Friedrichs gewagtestes Manöver. So wie der Holocaust der Juden, in der Sprache des Psalmisten »das vollkommene Brandopfer«, als Akt jenseits aller Moral verurteilt wird, so will er die Flächenbrände und Feuerstürme des alliierten Bombenkrieges geächtet sehen. Er entwickelt dieses Manöver einer argumentativen Gleichschaltung dort, wo er sich am besten auskennt – im suggestiven Feld der Sprache. »Keller«, heißt es lakonisch, »arbeiten wie Krematorien«, die Einwohner von Stuttgart sitzen »im Gaskeller« fest, die Opfer von Kassel wurden in der Mehrzahl »im Keller vergast«, Heilbronn endet im »geschlossenen Brandraum«, die Hamburger werden vom Feuersturm »in den Schmelzofen gerissen«, Osnabrücks Altsstadt war »der Scheiterhaufen, auf den der Rest der Stadt geworfen wird«, in Würzburg garantierte der Hitzetod »den Gastod«, und für alle unter den Bomben galt: sie starben nicht ihren individuellen Tod, sondern befanden sich »in einem Abschnitt, wo das Leben aufhört«. Danach bleibt nicht mehr als »der Qualm«, der von der Erde aufsteigt, liegt ein »brandiger Hauch der Vernichtung« über den skelettierten Städten.[77] Auch die Täter verweisen auf bekannte, nur in andern Gegenden und unter anderen Abzeichen operierende Vorbilder: die britische Bomber Group Nr. 5 ist eine »Einsatzgruppe«, und da sie ihre blutige Spur in vielen Städten – so in Leipzig, Dresden, Nürnberg, Kassel, Gießen, Darmstadt, Braunschweig, Nordhausen, Heilbronn, Würzburg, Augsburg, Stuttgart, München – hinterlassen hat, verdient sie zu Recht die genauere Bezeichnung einer »Massenvernichtungsgruppe«.[78] Alle diese Bomber

Groups und Combat Wings operieren nach demselben Szenario: sie begeben sich »zur Rampe«, und dann wird »liquidiert«.[79]

Die deutschen Rezensenten, alle mit großen Namen oder Vertreter wichtiger Blätter, haben diesen Tabubruch wohl bemerkt, behandeln ihn aber mit der Milde von Deutschlehrern, die von der originellen Thesenbildung eines ziemlich umfangreichen Besinnungsaufsatzes mal mehr, mal weniger angetan sind und nur zum Rotstift greifen, um den Wildwuchs des Stils zu stutzen: Hans-Ulrich Wehler moniert die »undisziplinierte Sprache« und die »semantischen Entgleisungen« des jungen Wilden,[80] Volker Ullrich von der *Zeit* bemerkt schon, daß der Autor den alliierten Luftkrieg »semantisch in die Nähe des Holocaust [rückt]«, aber beläßt es bei der Ermahnung, es wäre wünschenswert gewesen, er hätte sich »in seiner Wortwahl größerer Trennschärfe befleißigt«,[81] auch der *Mittelweg 36*, die Zeitschrift des Hamburger Instituts für Sozialforschung, stößt sich nur an der »gelegentlich leichtfertigen Verwendung von einschlägig konnotierten Begriffen«,[82] und Hans Mommsen zieht die Stirn in Falten und grummelt nachsichtig, »es hätte ein Hinweis darauf nicht geschadet«, daß der Bombenkrieg weder »neben« den Holocaust noch »neben« die Verbrechen der Wehrmacht in den besetzten Gebieten des Ostens »gestellt werden kann«, um den Autor dann aber sofort gegen jeden Verdacht, sein Buch könne »Anlaß zu revisionistischen Tendenzen geben«, in Schutz zu nehmen.[83] Daß Friedrich selbst solchen Tendenzen anhängt, daß er es also ernst meint mit seinen Analogien, das wagt keiner aus der Kritikerschar auch nur zu denken.[84] Solches bleibt jenen überlassen, die aufgrund ihrer Geschichte gewissermaßen »Außenstehende« sind: Ralph Giordano zeigt sich beunruhigt, daß der Autor mit seinen sprachlichen Analogien »eine Linie [überschreitet]«,[85] und der in Oxford lehrende britische Historiker Nicholas Stargardt erkennt im Vergleich jüdischen und deutschen Leids »die Gefahr, den Holocaust zu trivialisieren und zu relativieren«.[86] Es gibt deutliche Belege für die Berechtigung dieser Warnungen.

Sofsky hat in seinem *Traktat über die Gewalt* das Massaker als »Aktionsexzeß« definiert, also eine spontan erfolgende Gewaltentladung, die meist eine Aktion – einen Kampf oder eine Menschenjagd – »beendet«.[87] Aber er hat dessen Merkmale auch an einem Ort ausgemacht, wo sie zur Dauer verstetigt und in eine Ordnung gebracht worden sind – im deutschen KZ: »Terror löst die Verknüpfung von Vergehen und Sanktion auf. Er braucht weder Anlässe noch Begründungen«, heißt es in seiner bahnbrechenden Studie *Die Ordnung des Terrors. Das Konzentrationslager*.[88] Friedrich konnte auch auf diesen Modellbaustein zurückgreifen, um die »als Fingerübung« oder »Bravourstück«, wegen »der völligen militärischen Wertlosigkeit« oder weil »es um gar nichts ging«, erfolgten Bombenangriffe auf Würzburg, Pforzheim, Freiburg usw. quasisoziologisch einzuordnen. Er konnte sich, wenn er seine Bomberflotten »Vernichtungsflächen«, »Vernichtungszustände« oder ein »Universum der Vernichtung« herstellen ließ, auf Sofskys Beschreibung des sozialen Zwangsortes KZ beziehen: »Absolute Macht zerstört den Raum als Handlungs- und Lebensraum. Sie pfercht die Menschen hautnah zusammen, stellt sie ab, hetzt sie hin und her. Der Mensch ist nicht mehr Mittelpunkt seiner Welt, sondern nur mehr ein Objekt im Raum.«[89] Und das Außerkraftsetzen der Moral, die Friedrich am Massenmord von normalerweise geschützten wehrlosen Frauen und Kindern, Alten und Kranken abliest, fand in der in den KZs stattfindenden Zerstörung aller menschlichen Grundkontrakte von gegenseitiger Wahrnehmung und Schonung seine Entsprechung: »Der Terror zerrüttet die universalen Strukturen, in denen der Mensch sich bewegt: seinen Sach- und Weltbezug, seine Beziehungen zu anderen und zu sich selbst. [...] Organisierter Terror drückt das soziale Leben, diese Grundlage jedes menschlichen Selbstbilds, unter das animalische Minimum der Kreatur.«[90]

Der Autor des Bestsellers *Der Brand* kennt die Literatur des Holocaust und zum Holocaust. Er weiß, was er tut, wenn er den alliierten Bombenkrieg als »Massenvernichtung« und als »Zivilisationsbruch« bezeichnet.[91] Diese Begriffe galten bisher zur Kennzeichnung und Charakterisierung eines bestimmten historischen Vorgangs: Sie bezeichneten den vorgefaßten Plan zur Ermordung von Millionen Juden, dessen systematische, mit Einsatz aller staatlichen und technischen Mittel betriebene Umsetzung, die bewußt vorgenommene Aufkündigung aller universellen moralischen Konventionen und die Setzung eines neuen, nur dem Interesse des deutschen Volkes verpflichteten Rechts. Die Flächenbombardements auf Hamburg, Dresden und andere Städte hätten es verdient, als Verstöße gegen das Völkerrecht untersucht zu werden, und wären wahrscheinlich als solche geahndet worden. Sie waren indes kein Völkermord am deutschen Volk. Das aber behauptet Friedrich. Er tut es verdeckt, er verwischt all zu deutliche Spuren, er bedient sich der Tarnung und kommt doch aus der Deckung. Viermal.

Der Holocaust an den Deutschen

Es beginnt damit, daß Friedrich den Briten einen Plan zum Strategischen Luftkrieg gegen Deutschland unterstellt. Er wird gefaßt als Reaktion auf eine militärische Pattsituation 1940, geht aber zurück auf eine schon 1928 vom Schöpfer der Royal Air Force ausformulierte Doktrin.[92] Wichtig für Friedrich ist es, darauf hinzuweisen, daß dieser »Mordplan« existierte, bevor die Luftwaffe englische Städte angriff,[93] und daß er, im Unterschied zu den deutschen Bombardements auf Warschau, Rotterdam und London, die militärische Aktionen, aber keine »Zivilmassaker« waren, solche ausdrücklich einschloß.[94] Bei später auftretenden militärischen Krisensituationen wurde dieses Ursprungsszenario um Pläne erweitert, den Krieg statt mit Bomben durch Abwurf von

Milzbrandbakterien bzw. durch großangelegten Gasangriffe zu entscheiden.[95] Solche Vorstellungen entsprangen, nach Friedrich, nicht mehr einem professionell-militärischen Denken, sondern waren rassistisch. Zygmunt Baumann hat bei der Analyse des Holocaust auf dessen Modernität aufmerksam gemacht: Die Ausrottung der Juden war keine Explosion dumpfer Ressentiments, sondern Teil eines umfassenden Projekts »zur Aufrechterhaltung der rassischen Gesundheit«, das alles daransetzte, die gesunden Elemente zu »fördern« und die krankhaften zu »beseitigen«.[96] Baumann hat den Holocaust daher mit dem Begriff des »Social Engineering« bedacht und für dessen Exekutoren, weil sie die Vision »einer perfekten Gesellschaft« realisieren wollten, das Bild des Gärtners bzw. des Arztes verwandt.[97] »Der Massenmord war kein Werk der Zerstörung, sondern ein schöpferisches Werk. [...] Niemand, dessen Geschichte oder Herkunft befleckt war, konnte in dieser blitzblanken, gesunden neuen Welt geduldet werden. Von Natur Unkraut, mußten sie ausgerottet werden.« Dieses Aussondern des »Kranken« und des »Unkrauts« geschah, so Baumann, nicht nur in Hitlers blitzblanker arischer Welt, das versuchte auch Stalin in seiner kommunistischen Hemisphäre zu besorgen.[98] Friedrich fügt diesen beiden Demiurgen einer neuen Welt einen weiteren Prominenten hinzu – den Bombardierer Churchill: »Die Bombe unternimmt nichts gegen den Menschen, sondern gegen seine verkehrten Ansichten. Sie ist ein Gesellschaftschirurg, der krankhaftes Denken operiert. Sowie der Patient gesunde Anschauungen kundgibt, ist er von dem Operateur erlöst. Churchill hat diesen Beruf im April 1941 pointiert beschrieben: ›Es gibt knapp 70 Millionen bösartige Hunnen, die einen sind heilbar und die anderen zum Schlachten.‹«[99] So wie Churchill die deutschen »Hunnen« zu kurieren versuchte, versuchte es Hitler mit dem »minderwertigen« Rest der Welt. »Beide behaupteten, daß es die Physiognomie des Gegners sei, der man die passende Antwort gebe.«[100] Dabei, darauf weist Friedrich als geschichtskundiger Diagnostiker ausdrücklich hin, war das »ältere, geübtere Herrenvolk« im Vorteil: »Der Bombenkrieg, in dem das Reich unterging, war ein im Kolonialkrieg entwickeltes Verfahren. Harris hatte das Zivilbombardement als junger Pilot auf rebellische Inder angewandt. Auch seine Schockpsychologie war ursprünglich erprobt worden als Kulturschock. Primitive Stämme in Schilfhütten, mit dem Waffenarsenal des Industrieimperiums konfrontiert, werfen sich geblendet auf ihr Antlitz.«[101] Daß die Briten außer dem Zivilbombardement in Indien auch das KZ im südafrikanischen Burenland erfanden, weiß der aufgeklärte Zeitgenosse. Deshalb kann Friedrich sich diesen Hinweis ersparen.

Nicht die Durchsetzung universeller Rechtsnormen und moralischer Konventionen, nicht die Rettung von 6 Millionen Juden, sondern die Vernichtung der Deutschen war, so Friedrichs zweite These, das Ziel der alliierten Kriegführung. Als Beleg reicht ihm eine halbe Seite. Auf ihr teilt er – ohne sich um die komplexen Ergebnisse der seit zwei Jahrzehnten geführten wissenschaftlichen Debatte zu kümmern[102] – die Entscheidung der Angloamerikaner mit, statt im Frühsommer 1944 die Bahntrassen nach Auschwitz und 20 an der Strecke gelegene Bahnstationen systematisch zu bombardieren, mit den Angriffen auf Nachschublinien der Wehrmacht in Deutschland fortzufahren: die Royal Air Force habe das Leben ihrer Flieger »ohne einen Zweck« nicht riskieren wollen, und das Pentagon habe die dringliche und mehrmals wiederholte Aufforderung einfach zu den Akten gelegt.[103] Der *Zweck* trug Namen wie Düren und Jülich, nicht aber Auschwitz.

Daraus schlußfolgert Friedrich zum dritten, daß es »einen inneren Zusammenhang von Judenvernichtung und Bombenvernichtung« nicht gegeben habe: Die Annahme, die Vernichtung der Deutschen durch alliierte Bomben sei eine »Sühne« für die Vernichtung der Juden durch deutsche Gaskammern hält er für eine Erfindung des schlechten Gewissens – der geplagten Deutschen im Krieg wie der linken

Moralapostel danach.[104] Diese Entkoppelung von Bomben und Gaskammern erweitert sein Manövrierfeld. Nachdem er nach 340 Seiten ingeniös gehandhabter Analogiebildung ein wenig dreist behauptet hat, zwischen beiden bestehe auch nicht der Schimmer einer Analogie,[105] führt er eine neue Variante dieses Verfahrens vor, diesmal nicht im luftigen Material der Sprache, sondern in den schwereren Erdschichten der Ereignisgeschichte. Ort der Handlung ist Stuttgart. 1938 raubt der NS-Staat den 3600 Stuttgarter Juden ihr Vermögen im Wert von 124 Millionen Reichsmark. 1941 läßt er tausend von ihnen ins Vernichtungsghetto Riga und andere nach Auschwitz bzw. Theresienstadt deportieren. Nach diesem Prolog stellt der Geschichtsmonteur Friedrich die erste Parallelschaltung her: Am 26. März 1942 fand in einem Wald außerhalb Rigas eine Massenerschießung statt, bei der auch ein Teil der Stuttgarter Juden ermordet wurde, am 5. Mai desselben Jahres erfolgte mit 3500 Brandbomben der erste Luftangriff auf Stuttgart.[106] Dann ein Zeitsprung und die zweite Parallelaktion. Am 12. September 1944 wurde durch einen Angriff von Bomber Group Nr. 5 in der Stadt das Inferno eines Feuersturms ausgelöst, »im Gaskeller« kamen Tausende ums Leben. »An anderem Ort«, plaudert der Autor, »will die Anhänglichkeit an das Zuhause nicht weichen. ›Die schwäbischen Häftlinge‹, berichtet Martha Haarburger aus dem KZ Theresienstadt, ›verbindet die gemeinsame Heimat. Wir betonen unsere Herkunft aus Württemberg und reden kräftig schwäbisch, wenn wir einander begegnen. Ein Stuttgarter Rechtsanwalt, Emil Dessauer, der in der Gaskammer von Auschwitz endete, grüßt sogar einmal Hie gut Württemberg allewege.‹« Schnitt und nächster Satz: »Die Stuttgarter Innenstadt wurde in 53 Angriffen zu 68 Prozent zerstört, 4477 Bürger fielen den Bomben zum Opfer.«[107] Wir erinnern uns: 3500 jüdische Einwohner zählte Stuttgart 1938, die meisten davon, ahnt der Leser, dürften nicht überlebt haben.[108] Für Düsseldorf kommt der Autor mit seiner Geschichte schneller ans Ende, es reicht ihm eine halbe Seite:

»3500 Juden waren ermordet worden. [...] Insgesamt warfen Briten und Amerikaner 18000 Tonnen Bomben auf Düsseldorf und töteten 5863 Zivilisten.«[109]

Der vierte Strang seiner Beweisführung für den Genocidversuch der Alliierten ist der Schlag ihrer Bomber ins Gesicht der deutschen Geschichte. Die sei, so Friedrich, eine »Ohnmachtsgeschichte« gewesen: 300 Jahre Objekt und Schlachtfeld der europäischen Großmächte, dann der zweimalige Versuch eines Ausbruchs durch Krieg, bestraft mit dem »Ohnmachtserleben« des Versailler Vertrags und der alliierten Bomben.[110] Er läßt sie von Stadt zu Stadt, Heerzug für Heerzug wieder aufmarschieren – die Dänen, die Schweden, die Polen, die Russen, die Franzosen –, wieder und wieder, alle in wechselnden Koalitionen, aber immer auf Kosten des Reichs. Aber dann auch die Selbstzerstörung: nach dem Ende des mittelalterlichen Großreiches nach außen »ein unförmiges Reich loser Titel für die Besitzwahrung einer Dynastie« namens Habsburg geworden, im Innern »eine absurde Kolonie von Klein- und Kleinststaaten«, die »zwangsläufig in den Sog und Sold der absolutistischen Nationalstaaten um sie herum« gerieten.[111] »Mit Deutschland«, trauert der Autor, »hatte dies wenig zu tun.«[112]

Aber es blieben die Stein gewordenen Zeugnisse dieser Geschichte. »Sind nicht diese Städte die großen Darsteller?« fragt er feierlich und antwortet sich selbst: »Sie stellen dem Volk der Deutschen seine Herkunft dar.«[113] Und dann die Klage – all das zerstört von »vandalischer Tobsucht«, untergegangen im »mongolischen Luftvernichtungsorkan«, pulverisiert im apokalyptischen Schlag einer neuen, der zweiten »Hunnenschlacht«.[114] Friedrich sieht bei dieser finalen Zerstörung, die er mit deutlichen Anleihen an der Rhetorik des Unternehmens »Barbarossa« beschreibt, nicht Zufall und Tollheit, sondern »Verstand am Werk«.[115] Wie die Nazis den Juden nicht nur das Leben nahmen, sondern auch die Geschichte nehmen und sie in ausgewählten Exponaten zum musealen Schauobjekt des siegreichen arischen Herrenvolkes machen wollten, so unterstellt Friedrich den Alliierten den diabolischen Plan, Deutschland nicht nur zu besiegen, sondern ihm auch seine Vergangenheit auszutreiben. Zum Beweis dient ihm Danzig. Die Stadt, an dem Nazideutschland am 1. September 1939 die Tür zum Vernichtungskrieg aufgestoßen hatte, stirbt am 25. März 1945, obwohl »der Krieg gegen die deutsche Gegenwart« längst gewonnen war – »der Krieg gegen das Wurzelreich der Vergangenheit, die das Unheil geboren hatte, blieb noch zu vollenden«. Die Militanz richtete sich »gegen den Artushof, die Ordensmühle, das Rechtsstädtische Rathaus, das Heiliggeist-Tor und das städtische Wahrzeichen, das 1444 begonnene Krantor«. Ebenso wurden »die Speicherbauten auf der Speicherinsel [...] sowie das reiche Spalier der straßenweise niedergeworfenen Patrizierhäuser [besiegt]«.[116] Wie dem Kleinod der Hanse und Vorposten deutscher Kultur im Nordosten ging es den architektonischen Perlen im Zentrum des Reiches: »Die intakt gebliebenen, militärisch nun irrelevanten geschichtlichen Schreine wie Hildesheim, Magdeburg, Dresden, Würzburg, Nürnberg werden im letzten Kriegsvierteljahr seriell zerstört.«[117] Die Luftflotten, so liest der Autor den Nerobefehl von Bomber-Harris' Lippen ab, »sollten so lange Städte in den Grund versenken, bis keine mehr übrig war«.[118] Es war »kein Anschlag auf den Kunstsinn« damit beabsichtig, sondern so wurde »der Geschichte ihr Abbild genommen«.[119]

Friedrichs Klage ist Ausdruck einer regressiven Sehnsucht nach dem Ursprung – dem Großreich des Mittelalters – und zugleich einer ressentimentgeladenen Abrechnung mit denen, die er dafür verantwortlich macht, den stein- und stadtgewordenen Traum vom Reich in den Tag- und Nachtangriffen des Zweiten Weltkrieges absichtsvoll zerstört zu haben. Durch Auszüge aus dem von Ricarda Huch 1927 veröffentlichten Buch *Im alten Reich. Lebensbilder deutscher Städte* läßt er das untergegangene Traumbild noch einmal erstehen. »Wie Ahnen und Wächter« erscheinen der kundigen

Botin die Türme der Braunschweiger Hauptkirchen, mit jedem einzelnen Bürger »durch ein unzerreißbares Band verbunden«. Im Schatten der Hildesheimer Domfreiheit, so erinnert sie, »erwuchs in der Stille das deutsche Volk«. Die 300 Fachwerkhäuser, die die Zerstörungswut der Zeit überlebt haben, wollen es »mütterlich [...] beherbergen und beschützen und wärmen«. In Paderborn stößt sie auf tiefere Schichten, älter als die Kunde der Dome und der spitzgiebligen Patrizierhäuser: »Neben der Idee des allumfassenden heiligen Reiches, die sich hier Denkmale setzte, weht noch der Geist der schweigsamen Wilden, die als Herren auf ihren Höfen saßen, die ihre Götter im Sturm und im Rauschen hundertjähriger Bäume ehrten und ihr blondes Haupt nur dem selbstgewählten Herzog beugten.«[120] Dieser Epitaph ist völkischer Kitsch.[121] Er kündigt aber das Heraufkommen der neuen Barbaren an, die die Brandfackel in die Länder Europas schleuderten und den späteren Untergang von Deutschlands Städten zu verantworten haben – der um ihren selbstgewählten Führer gescharten deutschen Volks- und Wehrgemeinschaft.

Bombenandacht mit Geläut

Fügt man die Thesen der beiden Bücher Jörg Friedrichs zusammen, so ergibt sich ein überraschendes Diptychon: Während in *Gesetz des Krieges* die Beteiligung der Wehrmacht am Genozid der Juden wie an der versuchten Teilausrottung der übrigen slawischen Bevölkerung zu militärisch begründeten Operationen umgedeutet wurden, werden in *Brand* die einem militärischen Zweck folgenden Luftoperationen der Alliierten in einen Holocaust an den Deutschen verwandelt. Der Absolution für die Wehrmacht entspricht die Verdammung der Alliierten. In der Öffentlichkeit ist dieser zweiflügelige, kunstvoll und mit langem Atem hergestellte Gedenkaltar bisher nicht wahrgenommen worden.[122] Man hat weder sein erstes Buch noch einmal zur Hand genommen, noch ist man im zweiten der Analogiebildung bis zum Ende gefolgt. *Der Brand* ist mit 200 000 verkauften Exemplaren ein Bestseller geworden, nicht, weil man der Gleichsetzung von Holocaust und Bombenkrieg zustimmen würde, sondern weil man die naheliegendere, schon in der Verpakkung mitgelieferte Botschaft, die Deutschen seien millionenfach zum Opfer geworden, begrüßt. Nach den Zumutungen der Goldhagen-Debatte und der Ungeheuerlichkeit der ersten Wehrmachtsausstellung war das endlich einmal eine gute Nachricht.

Es gab davon in der letzten Zeit mehrere: Nicht nur dürfen die rastlosen Helfer der Kriegsgräberfürsorge endlich auch in der ehemaligen Sowjetunion Heldenfriedhöfe für die deutschen Gefallenen errichten, auch die Vertriebenen sind nach Jahrzehnten der Absenz wieder – mit dem machtvollen Anspruch auf eine zentrale Gedenkstätte – in den Schlagzeilen zu finden. Diese Opfergruppen hatten in der öffentlichen Wahrnehmung der frühen Bundesrepublik einen breiten Raum eingenommen.[123] Auch der Luftkrieg hatte sein Medium in der Literatur und später in den Museen gefunden.[124] Wie Wiedergänger sind diese Debatten jetzt zurückgekehrt – oft wie in einem Akt nachgeholter Trauer von den Söhnen und Töchtern der Nazigeneration unterstützt, die sich damals die Ohren zugehalten haben, weil die Eltern nur Raum für das eigene Leid beanspruchten.[125] Solche Korrekturen können ebenso sinnvoll sein wie die nachholenden Debatten, die in den neuen Bundesländern zur jüngeren deutschen Geschichte geführt werden. Alarmierend allerdings ist es, wenn solche deutschen Opferdiskurse platzheischend sich dort breitmachen, wo es um deutsche Täter und deren Verbrechen geht. Das deutet auf Verdrängungswettbewerbe und eine seit dem Kriegsende arbeitende Motorik der Rechtfertigung hin. Friedrichs Buch ist zum Vorreiter einer solchen Bewegung geworden und hat tiefe Einbrüche in Erinnerungsräume erzielt, die bisher durch die Forschung und einen gesellschaftlichen Konsens abgesichert zu sein schienen. Die beruhigend klingenden Versicherungen mancher Rezensenten, man könne, »gerade weil kein ernst zu nehmender Zeitgenosse mehr Auschwitz leugnet oder deutsche Schuld bestreitet«, den provokanten Thesen Friedrichs folgen, bieten den Rauchvorhang, hinter dem sich solche geschichtspolitischen Wenden relativ unbemerkt entwikkeln.[126] So macht sich bei den Gedenkstätten zunehmende Unsicherheit breit, ob man weiter wie bisher nur an die Naziopfer erinnern soll oder – »Auf dem Weg zur Überwindung des ›Nebeneinander-her-Erinnerns‹« – nicht gleichzeitig auch »am Marineehrenmal die gefallenen Soldaten, in ehemals von Bombenangriffen zerstörten Städten die Opfer der Zivilbevölkerung, an weiteren Orten noch andere Personengruppen« zu ehren habe.[127] Besonders signifikant für diesen Erosionsprozeß sind allerdings die Vorgänge im Zusammenhang mit der neuen Wehrmachtsausstellung des Hamburger Instituts.

Mit dem Erscheinen von Friedrichs Buch ist dessen Gegenstand in der Ausstellung präsent. In Chemnitz hatte ihm nicht nur das Begleitprogramm einen von vier Themenblökken reserviert, sondern eine Sonderausstellung *Target Chemnitz. Eine Stadt und ihre Bewohner als strategisches Ziel der Alliierten im Zweiten Weltkrieg* war integrierter Teil der Hauptausstellung. Friedrich war zu einer Lesung geladen, und der Opfer der Bomben wurde in einer Gedenkmatinee gedacht.[128] In Neumünster hielt der Autor unter dem Titel *Das Vergessen – Deutsche Kriegsopfer im Zwielicht* einen Vortrag.[129] In Dortmund wurde als Teil des Rahmenprogramms eine Sonderausstellung gezeigt, in der man der Kinder – *Opfer des Bombenkrieges im Ruhrgebiet 1940 bis 1945* – gedachte.[130] Einen Höhepunkt dieser eigenartigen Opfer-Täter-Fusion konnte der Besucher in Peenemünde erleben. Dort, auf dem Gelände der ehemaligen Heeresversuchsanstalt, wo unter Leitung Wernher von Brauns seit 1942 das größte und, so hoffte die Wehrmacht, das kriegsentscheidende Rüstungsprojekt Nazideutschlands – die Entwicklung der »Wunderwaffen« V1 und V2 – durchgeführt wurde, hatte die Ausstellung vom 25. Juli bis zum 7. September 2003 Station gemacht. Auf dem Gelände befindet sich heute ein Dokumentationszentrum zur Geschichte der ehemaligen Rüstungsschmiede, das wegen seiner Darstellung der NS-Zeit nicht überall auf Zustimmung stößt.[131] In drei Veranstaltungen im Begleitprogramm der Ausstellung zur Wehrmacht standen die Bombenangriffe auf Peenemünde und Orte der Umgebung im Zentrum. In einem Gedenkgottesdienst und in einer *Andacht zum Bombenangriff* mit präzis zum Zeitpunkt des Angriffs einsetzendem *Glockengeläut* wurde an den 18. August 1943 erinnert.[132] Zwei zu einer Podiumsdiskussion eingeladene prominente Gäste – der Hamburger Publizist Günther Jacob und der israelische Soziologe Natan Sznaider – sagten, als sie von dieser thematischen Nachbarschaft erfuhren, ihre Teilnahme ab. Sie kritisierten nicht nur das vom Hamburger Institut und dem örtlichen Veranstalter eingerichtete »Kombiticket«, das den verbilligten Besuch beider Ausstellungen ermöglichte, als »absichtsvolle Ignoranz«, sondern vor allem die im Begleitprogramm manifestierte »Verwischung des Unterschieds zwischen Tätern und Opfern«. Sie wiesen in ihrer Erklärung darauf hin, daß mehr als 20000 Zwangsarbeiter bzw. KZ-Häftlinge bei der V2-Produktion ums Leben gekommen seien und die Raketenangriffe auf Antwerpen, Brüssel und London mehr als 8000 Menschen das Leben gekostet hatten. Dieser Opfer, so merkten sie an, würde vermutlich bei der Bombenandacht mit Glockengeläut nicht gedacht werden.[133] Jacob und Sznaider hatten über die 1971 veröffentlichten Thesen Vladimir Jankélévitchs referieren wollen. Der französische Philosoph hatte seine radikale Verweigerung jeder Versöhnung zwischen Juden und Deutschen mit der Unfähigkeit der Täter zur Reue begründet: »Wenn Deutschland eine andere Miene aufgesetzt zu haben scheint, dann, weil es in Stalingrad zu Tode geprügelt worden ist, weil die Russen Berlin eingenommen haben und weil die Alliierten in der Normandie [...] gelandet sind. [...] Die deutsche Reue heißt Stalingrad [...], sie heißt *Niederlage*.«[134] Jörg Friedrichs Buch und der Flächenbrand, den es ausgelöst hat, sind der neueste Beweis dafür, daß diese Sätze immer noch nicht überholt sind.

ANHANG

Anmerkungen

Einleitung

1 Victor Klemperer, Ich will Zeugnis ablegen bis zum letzten. Tagebücher 1933–1941, Berlin 1995, S. 525, 544.

2 Die antibolschewistische Orientierung belegen die Reden der Kommandeure bei Bekanntgabe des Angriffs auf die Sowjetunion im Juni 1941, die breite Akzeptanz der Judenvernichtung ist bei der Truppe spätestens im Herbst 1941 nachweisbar, vgl. meine Studie »Wehrmacht und Holocaust im Bereich der Heeresgruppe Mitte« (erscheint 2005).

3 A. J. P. Taylor, The course of German History, London 1945, S. 270 f.

4 Zur »Volksgemeinschaft als latenter Komplizengemeinschaft« vgl. Jan Philipp Reemtsma, Was man plant, und was daraus wird. Gedanken über ein prognostisches Versagen, in: Michael Th. Greven, Oliver von Wrochem (Hg.), Der Krieg in der Nachkriegszeit. Der Zweite Weltkrieg in Politik und Gesellschaft der Bundesrepublik, Opladen 2000, S. 278.

5 Vladimir Jankélévitch, Das Verzeihen. Essays zur Moral und Kulturphilosophie, Frankfurt/Main (1971) 2003, S. 269 ff.; Hannah Arendt, Besuch in Deutschland 1950. Die Nachwirkungen des Naziregimes, in: dies., Zur Zeit. Politische Essays, Berlin 1986, S. 58.

6 Golo Mann, dessen »Deutsche Geschichte des 19. und 20. Jahrhunderts« das erste umfassende und ungeheuer populäre Entlastungsmanöver darstellte, erwähnte Hitler nie beim Namen, sondern verkürzte ihn, als ob schon die Nennung des Verruchten ein Sakrileg sei, auf den Anfangsbuchstaben »H.«, vgl. Golo Mann, Deutsche Geschichte des 19. und 20. Jahrhunderts, Frankfurt/Main 1958.

7 Vgl. Hans Mommsen, Die Realisierung des Utopischen. Die »Endlösung der Judenfrage« im »Dritten Reich«, in: Lutz Niethammer, Bernd Weisbrod (Hg.), Hans Mommsen – Der Nationalsozialismus und die deutsche Gesellschaft. Ausgewählte Aufsätze, Reinbek bei Hamburg 1991, S. 207 f., 213 ff.

1. Kapitel

1 Frankfurter Allgemeine Zeitung, 28. 11. 2001; Volker Ullrich, Die Zeit, 6. 12. 2001; Dana Micke, Mathias Hoenig, Stuttgarter Nachrichten, 27. 11. 2001; Eckhard Fuhr, Die Welt, 29. 11. 2001; Hans Hinrich Timm, Ruhr-Nachrichten, 6. 12. 2001; Jochen Thron, Südwestpresse, 29. 11. 2001; Heribert Seifert, Neue Zürcher Zeitung, 29. 11. 2001.

2 Eckhard Fuhr, Die Welt, 29. 11. 2001; Christian Semler, die tageszeitung, 28. 11. 2001.

3 Ekkehard Böhm, Hannoversche Allgemeine Zeitung, 30. 11. 2001; Matthias Gretzschel, Hamburger Abendblatt, 28. 11. 2001; Rainer Jung, Frankfurter Rundschau, 28. 11. 2001.

4 Franziska Augstein, Wiederholungen gefallen, Süddeutsche Zeitung, 28. 11. 2001.

5 Werner Röhr, Junge Welt, 19. 12. 2001.

6 Wolfgang Wippermann, »Unentschuldbare Versäumnisse«, Die Woche, 7. 12. 2001; ähnlich: Konstantin Lukas, Fragen, die bleiben, Die Tagespost, 11. 12. 2001.

7 Christa Zöchling, Verstörung auf den zweiten Blick, Profil 14, 30. 3. 2002

8 Vgl. Anm. 5.

9 Heinrich Senfft, Verbrechen Wehrmacht. Medienbilder zweier Ausstellungen, in: 1999, Zeitschrift für Sozialgeschichte des 20. und 21. Jahrhunderts, 17. Jg., September 2002, Heft 2, S. 172–191, hier S. 187; wie sehr die neue Ausstellung auf die alte fixiert war, zeigte die Tatsache, daß sie, trotz der mittlerweile vorliegenden Forschungsergebnisse, keines der Defizite behob, die man der alten vorwarf: das Fehlen des Vernichtungskriegs in Polen, des Genozids an den Sinti und Roma, der Rolle der einheimischen Hilfstruppen usw., dazu Hannes Heer, Vom Verschwinden der Täter. Die Auseinandersetzungen um die Ausstellung »Vernichtungskrieg. Verbrechen der Wehrmacht 1941 bis 1944«, in: Zeitschrift für Geschichtswissenschaft, 50. Jg., Heft 10, 2002, S. 869–898, hier S. 881.

10 Klaus Hesse, »Verbrechen der Wehrmacht – Dimensionen des Vernichtungskrieges 1941-1944«, Anmerkungen zur Neufassung der »Wehrmachtsausstellung«, in: Geschichte in Wissenschaft und Unterricht, Jg. 53, Heft 10, Oktober 2002, S. 602.

11 Klaus Theweleit, Deutschlandfilme. Godard. Hitchcock. Pasolini, Frankfurt/Main, Basel 2003, S. 222 f.

12 Michael Jeismann, Das Ende der Wiedergänger, Frankfurter Allgemeine Zeitung, 29. 11. 2001.

13 Die Verweigerung von Konfrontation, Interview mit Ulrike Jureit, Der Standard, 15. 4. 2002.

14 Zur Ausstellung erschien ein umfangreicher Begleitband, der auch das Wirken der Wehrmacht an andern europäischen Kriegsschauplätzen zeigte: Hannes Heer, Klaus Naumann (Hg.), Vernichtungskrieg. Verbrechen der Wehrmacht 1941 bis 1944, Hamburg 1995; als die Ausstellung wanderte, wurde ein Katalog publiziert: Hamburger Institut für Sozialforschung (Hg.), Vernichtungskrieg. Verbrechen der Wehrmacht 1941 bis 1944. Ausstellungskatalog, Hamburg 1996; zur ersten Präsentation der Ausstellung in Österreich erschien ein weiterer Sammelband: Walter Manoschek (Hg.), Die Wehrmacht im Rassenkrieg. Der Vernichtungskrieg hinter der Front, Wien 1996.

15 Die Ausstellungsorte waren in der zeitlichen Reihenfolge Berlin, Potsdam, Stuttgart, Wien, Innsbruck, Freiburg, Mönchengladbach, Essen, Erfurt, Regensburg, Klagenfurt, Nürnberg, Linz, Karlsruhe, München, Frankfurt/Main, Bremen, Marburg, Konstanz, Graz, Dresden, Salzburg, Aachen, Kassel, Koblenz, Münster, Bonn, Hannover, Kiel, Saarbrücken, Köln, erneut Hamburg und Osnabrück.

16 Anfragen aus dem Ausland lagen u. a. vor aus Frankreich, Luxemburg, Holland, Italien, Griechenland, Tschechien, Rußland, England, Israel, Japan, China und Australien; eine englischsprachige Version und der Katalog für eine Ausstellung in den USA wurden 1999 produziert, vgl. Hamburg Institute for Social Research (ed.), The German Army and Genocide. Crimes Against War Prisoners, Jews, and Other Civileans in the East, 1939–1944, New York 1999 (New Press); der Begleitband: Hannes Heer, Klaus Naumann (ed.), War of Extermination. The German Military in World War II, 1941– 1944, New York-Oxford 2000 (Berghahn Books).

17 Karl-Heinz Janssen, Als Soldaten Mörder wurden, Die Zeit, 17. 3. 1995.

18 Die Welt, 2. 3. 1995; die tageszeitung, 8. 3. 1995; Frankfurter Rundschau, 9. 3. 1995; Die Zeit, 17. 3. 1995; Frankfurter Allgemeine Zeitung, 6. 4. 1995; Allgemeine Jüdische Wochenzeitung, 23. 3. 1995; Leipziger Volkszeitung, 3. 5. 1995.

19 Janssen, Als Soldaten Mörder wurden, Die Zeit, 17. 3. 1995.

20 So ein von ihnen bestelltes »Gutachten« Hartmut Schustereits, 26. 9. 1995, S. 44; ein Arbeitskreis »Wahrheit für die Soldaten der Wehrmacht« legte wenig später ein Buch vor: Joachim F. Weber (Hg.), Armee im Kreuzfeuer, München 1997; vgl. auch Klaus Latzel, Soldatenverbände gegen die Ausstellung »Vernichtungskrieg« – der lange Schatten des letzten Wehrmachtsberichts, in: Michael Th. Greven, Oliver von Wrochem (Hg.), Der Krieg in der Nachkriegszeit. Der Zweite Weltkrieg in Politik und Gesellschaft der Bundesrepublik, Opladen 2000, S. 325–336.

21 Bernd Greiner, Bruch-Stücke, in: Hamburger Institut für Sozialforschung (Hg.), Eine Ausstellung und ihre Folgen. Zur Rezeption der Ausstellung »Vernichtungskrieg. Verbrechen der Wehrmacht 1941 bis 1944«, Hamburg 1999, S. 15–86; Gerd Wiegel, Die Zukunft der Vergangenheit. Konservativer Geschichtsdiskurs und kulturelle Hegemonie – Vom Historikerstreit zur Walser-Bubis-Debatte, Köln 2001, S. 192–207; Johannes Klotz: Die Ausstellung »Vernichtungskrieg. Verbrechen der Wehrmacht 1941 bis 1944«. Zwischen Geschichtswissenschaft und Geschichtspolitik, in: Detlef Bald, Johannes Klotz, Wolfram Wette, Mythos Wehrmacht. Nachkriegsdebatten und Traditionspflege, Berlin 2001, S. 116–176.

22 Günther Gillessen, Zeugnisse eines vagabundierenden Schuldempfindens, Frankfurter Allgemeine Zeitung, 6. 2. 1996.

23 Rüdiger Proske, Wider den Mißbrauch der Geschichte deutscher Soldaten zu politischen Zwecken, Mainz 1996; Proske wandte sich in einer Briefkampagne – vom Bundeskanzler an abwärts – an alle wichtigen politischen Funktionsträger der Bundesrepublik Deutschland (vgl. eine Auswahl von Antworten in seiner Schrift, S. 95–99), aber auch an die Bürgermeister und Mandatsträger in den geplanten Ausstellungsorten: er bat sie, zu überprüfen, »ob die Überlassung kommunaler Einrichtungen für eine, wegen ihrer uneingeschränkten Pauschalurteile an Goebbels erinnernde infame Desinformations-Ausstellung gerechtfertigt erscheint«. (Brief an den Freiburger Oberbürgermeister Dr. Rolf Böhme vom 15. 12. 1995.)

24 Berthold Neff, CSU, attackiert das Rathaus, Süddeutsche Zeitung, 15. 2. 1997.

25 Florian Stumfall, Wie Deutsche diffamiert werden, Bayernkurier, 22. 2. 1997.

26 Helmut Dubiel, Niemand ist frei von der Geschichte. Die nationalsozialistische Herrschaft in den Debatten des deutschen Bundestages, München 1999.

27 Frankfurt: Hans Eichel, Hessischer Ministerpräsident; Marburg: Hans-Jochen Vogel, Bundesminister a. D.; Graz: Heinz Fischer, Präsident des österreichischen Nationalrats; Salzburg: Franz Vranitzky, Bundeskanzler a. D.; Aachen: Avi Primor, israelischer Botschafter; Bonn: Johannes Rau, Ministerpräsident a. D.; Hannover: Rolf Wernstedt, Präsident des Landtages von Niedersachsen; Kiel: Ludwig von Friedeburg, Hessischer Kultusminister a. D.; Saarbrücken: Reinhard Klimmt, Ministerpräsident des Saarlandes.

28 Ulrich Raulff, Schockwellen, Frankfurter Allgemeine Zeitung, 1. 9. 1999.

29 Das Foto zeigte eine Gruppe nackter Juden und war vom Landeskriminalamt Baden-Württemberg als Exekutionsfoto untertitelt worden; *Focus* präsentierte dasselbe Foto mit der harmlos-zynischen Bildlegende einer Badeszene und wies als Quelle eine von einem Onkel Peter Gauweilers edierte Nazibroschüre nach; da der Vorgang, auch nach Umfragen in internationalen Archiven, nicht geklärt werden konnte, wurde das Foto aus der Ausstellung entfernt, vgl. Markus Krischer, Robert Vernier, Warnung vor ›Bild 26‹, Focus 16/1997; Focus 17/1997, 24/1997, 6/1998, 11/1998, 42/1998.

30 Bogdan Musial, Bilder einer Ausstellung. Kritische Anmerkungen zur Wanderausstellung »Vernichtungskrieg. Verbrechen der Wehrmacht 1941 bis 1944«, in: Vierteljahreshefte für Zeitgeschichte, 47, Oktober 1999, S. 563–591; Krisztián Ungváry, Echte Bilder – problematische Aussagen. Eine quantitative und qualitative Fotoanalyse der Ausstellung »Vernichtungskrieg. Verbrechen der Wehrmacht 1941–1944«, in: Geschichte in Wissenschaft und Unterricht, 10, 1999, S. 584–595, und Dieter Schmidt-Neuhaus, Die Tarnopol-Stellwand der Wanderausstellung »Vernichtungskrieg–Verbrechen der Wehrmacht 1941–1944«. Eine Falluntersuchung zur Verwendung von Bildquellen, ebenda, S. 596–603.

31 Dominik Wichman, Süddeutsche Zeitung, 16. 10. 1999; Susanne Leinemann, Die Welt, 21. 10. 1999; Andreas Krause, Berliner Zeitung, 21. 10. 1999; Kai Müller, Der Tagesspiegel, 22. 10. 1999; Welt am Sonntag, 24. 10. 1999; zur Debatte um die »falschen Bilder« vgl. Klotz, Mythos Wehrmacht, a. a. O., S.163 –172.

32 Rolf-Dieter Müller hatte der Ausstellung »die Dämonisierung der gesamten Wehrmacht«, die Absicht »suggestiver Wirkung« und »fragwürdige Schlußfolgerungen« vorgeworfen, vgl. »Vernichtungskrieg. Verbrechen der Wehrmacht 1941–1944«, in: Militärgeschichtliche Mitteilungen, 54, 1995, S. 324; Horst Möller hatte sie als »ganz einseitig« kritisiert, vgl. Die schwierige Frage nach der Schuld, Gespräch mit Horst Möller u. a., Süddeutsche Zeitung, 6. 3. 1997.

33 »Eine Blamage«, Interview mit Rolf-Dieter Müller, Die Woche, 12. 11. 1999.

34 Johannes Wilms, Die Fahne hoch, Süddeutsche Zeitung, 22. 5. 2000.

35 »Es geht nicht um die Wahrheit«, Interview mit Horst Möller, Focus 43/1999.

36 Peter Sloterdijk, Die Grauen an die Macht. Notizen aus der Affären-Zeit, Süddeutsche Zeitung, 4./5. 3. 2000.

37 So Omer Bartov, The Wehrmacht Exhibition Controversy. The Politics of Evidence, in: Omer Bartov, Atina Grossmann, Mary

Nolan (ed.),Crimes of War. Guilt and Denial in the Twentieth Century, New York 2002, S. 47.

38 Norbert Frei, Faktor 100 – Wehrmacht und Wahrheit in Zeiten der Krawallkommunikation, Frankfurter Allgemeine Zeitung, 2. 11. 1999; Wolfgang Benz, »Geschrei ist unangebracht«. Wolfgang Benz zum Streit um die Wehrmachtsausstellung, Süddeutsche Zeitung, 8. 11. 1999; Christian Gerlach, In der Steppe versickert. Es geht nicht bloß um Fotos, es geht um die Wehrmacht, Frankfurter Rundschau, 30. 11. 1999; Christian Streit, Der Pest Herr werden. Wehrmachtsausstellung: die Kritik an der Kritik geht weiter, Frankfurter Rundschau, 17. 12. 1999.

39 Frei, Faktor 100, Frankfurter Allgemeine Zeitung, 2. 11. 1999.

40 Musial hatte sich Ende 1997 brieflich an mich gewandt, um mich darauf hinzuweisen, daß er bei einigen Fotos der Ausstellung, die Vorgänge in Zloczow und Tarnopol zeigten, Zweifel an den Zuschreibungen als Wehrmachtsverbrechen habe; Bernd Boll, einer der Autoren der Ausstellung und für das Kapitel Ukraine zuständig, untersuchte die Fälle und teilte Musial mit, daß sich unter den Toten auch mit Billigung bzw. Unterstützung der Wehrmacht erschlagene Juden befänden und daher eine Entfernung der Fotos nicht notwendig sei; daraufhin hörten wir von Musial nichts mehr; als er dann ein Jahr später in Interviews die »falschen Fotos« präsentierte und behauptete, er habe mir »mehrmals angeboten«, seine Beweise vorzulegen, ich hätte mich aber »bis heute nicht [gerührt]« (vgl. Konrad Jahr-Weidauer, Die falschen Fotos zum richtigen Thema, Berliner Morgenpost, 25. 1. 1999; Klaus Wiegrefe, Leichen im Obstgarten, Der Spiegel, 25. 1. 1999; Ralf Loock, Wesentliche Beweise sind verfälscht, Märkische Oderzeitung, 15. 2. 1999), schritt das Hamburger Institut gegen diese falsche Tatsachenbehauptung ein (vgl. Ein Gespräch mit Jan Philipp Reemtsma, Frankfurter Allgemeine Zeitung, 6. 11. 1999); zu diesem Zeitpunkt hatte Musial auch erstmals nachweisbar Kontakt zu der laufenden Kampagne rechtskonservativer Kreise gegen die Wehrmachtsausstellung aufgenommen: am 10. 2. 1999 wurde in einer Mitteilung des Ludwigsfelder Verlagshauses sein Erscheinen auf einer Pressekonferenz in Kiel, wo gerade die Ausstellung im Landesparlament gezeigt wurde, angekündigt; als weitere Teilnehmer bei der Veranstaltung im Hotel Kieler Yacht-Club wurden vorgestellt: Rüdiger Proske, Dr. Walter Post, Karl-Heinz Schmick; Proske hatte seit 1996 versucht, die Ausstellung zu verhindern (vgl. S. 18), Post war der prominenteste Vertreter der These, Deutschland habe gegen die Sowjetunion keinen Überfall, sondern einen »Präventivkrieg« geführt, Schmick wurde bald darauf wegen rechtsradikaler Aktivitäten aus dem Schuldienst entfernt;

gleichwohl war es eine Torheit, gegen Musial zu klagen; gleiches gilt auch für die wenig später gegen Rolf-Dieter Müller angestrengte Klage; der Leiter des Hamburger Instituts und ich haben unser Verhalten als Ausdruck einer durch die permanenten Angriffe entstandenen »Bunkermentalität« erklärt und uns bei den Betroffenen öffentlich entschuldigt.

41 Johannes Klotz, Feudale Abstrafung. Der späte Sieg einer Hetzkampagne, Freitag, 12. 11. 1999.

42 Uwe Schmitt, Vorwürfe und Mutmaßungen, Die Welt, 10. 12. 1999; Walter Manoschek, Format, Nr. 47, 2000, S. 64.

43 Es gab nur wenige kritische Stimmen: Fritz Göttler, Bilder einer Einstellung, Süddeutsche Zeitung, 9. 11. 1999; Johannes Klotz, Kurzer Atem. Resignierten die Macher zu schnell? – Eine Kritik der Kritiker der Wehrmachtsaustellung, Frankfurter Rundschau, 26. 11. 1999; mit Verzug: Peter Steinbach, Schuld und Verbrechen. Beim nicht enden wollenden Streit um die Wehrmachtsausstellung geht es nicht nur um falsch zugeordnete Bilder, sondern um Geschichtsschreibung als Sinnstiftung, die tageszeitung, 17. 8. 2000.

44 Nachdem der Leiter des Hamburger Instituts 1997 nach den heftigen Kontroversen in München, Bremen und Frankfurt erklärt hatte, daß er die Präsentation der Ausstellung in naher Zukunft zu beenden gedenke, hatte sich ein Förderverein aus prominenten Personen des öffentlichen Lebens konstituiert – darunter Ignaz Bubis, Burkhardt Hirsch, Hans-Jochen Vogel, Franz Vranitzky, Hans Koschnik, Michel Friedman und Otto Schily. Diesem Verein war die Ausstellung 1998 übertragen worden; die Präsentation der Ausstellung in Osnabrück im September/Oktober 1999 war die erste Station in freier Trägerschaft.

45 Omer Bartov, Cornelia Brink, Gerhard Hirschfeld, Friedrich P. Kahlenberg, Manfred Messerschmidt, Reinhard Rürup, Christian Streit, Hans-Ulrich Thamer, Bericht der Kommission zur Überprüfung der Ausstellung »Vernichtungskrieg. Verbrechen der Wehrmacht 1941 bis 1944«, November 2000, S. 29, 79, 85, 79, 25.

46 Auch im Inferno kann man die Teufel unterscheiden. Warum die Wehrmachtsausstellung dringend überarbeitet werden muß und warum sie trotzdem weiter dringlich ist. Ein Gespräch mit Jan Philipp Reemtsma, Frankfurter Allgemeine Zeitung, 6. 11. 1999.

47 Volker Ullrich, Sie waren Mörder. Die Wehrmachtsausstellung ist rehabilitiert, Die Zeit, 17. 11. 2000; der Leiter des Hamburger Instituts hatte im November bzw. Dezember 1999 zwei Papiere mit einem Vorschlag zu einer »Neufassung« bzw. »Transformation« der zurückgezogenen Ausstellung formuliert, darauf hatte ich mit einem Thesenpapier geantwortet: Hannes Heer, Korrektur oder Transformation? Zum Schicksal der Ausstellung

»Vernichtungskrieg. Verbrechen der Wehrmacht 1941–1944«, 5. 5. 2000 (unv. Manuskript).

48 Staatsarchiv Nürnberg, PS-3798; vgl. Manfred Messerschmidt, Vorwärtsverteidigung. Die »Denkschrift der Generäle« für den Nürnberger Gerichtshof, in: Heer/Naumann, Vernichtungskrieg, a. a. O., S. 531–550.

49 Telford Taylor, Die Nürnberger Prozesse. Hintergründe, Analysen und Erkenntnisse aus heutiger Sicht, München 1994, S. 613.

50 Maurice Halbwachs, Das kollektive Gedächtnis, Stuttgart 1967, S. 55, 31, 74.

51 Vgl. Kapitel 5, S. 191 ff.

52 Norbert Frei, Vergangenheitspolitik. Die Anfänge der Bundesrepublik und die NS-Vergangenheit, München 1996; zum Problem der Kontinuität Wehrmacht – Bundeswehr vgl. Wolfram Wette, Die Bundeswehr im Banne des Vorbildes Wehrmacht, in: Bald/ Klotz/ Wette, Mythos Wehrmacht, a. a. O., S. 66–115, und Ralph Giordano, Die Traditionslüge. Vom Kriegskult in der Bundeswehr, Köln 2000.

53 Jörn Rüsen, Zerbrechende Zeit. Über den Sinn der Geschichte, Köln 2001, S. 293.

54 Edgar Wolfrum, Geschichtspolitik in der Bundesrepublik Deutschland 1949–1989. Phasen und Kontroversen, in: Petra Bock, Edgar Wolfrum (Hg.), Umkämpfte Vergangenheit. Geschichtsbilder, Erinnerung und Vergangenheitspolitik im internationalen Vergleich, Göttingen 1999, S. 68 f.

55 Hans-Adolf Jacobsen, Kommissarbefehl und Massenexekution sowjetischer Kriegsgefangener, in: Martin Broszat, Hans-Adolf Jacobsen, Helmut Krausnik: Anatomie des SS-Staates, Bd. 2, München 1967, S. 137–234; Klaus-Jürgen Müller, Das Heer und Hitler. Armee und nationalsozialistisches Regime 1933–1940, Stuttgart 1969; Manfred Messerschmidt, Die Wehrmacht im NS-Staat. Zeit der Indoktrination, Hamburg 1969.

56 Christian Streit, Keine Kameraden. Die Wehrmacht und die sowjetischen Kriegsgefangenen 1941–1945, Stuttgart 1978; Helmut Krausnick, Hans-Heinrich Wilhelm, Die Truppe des Weltanschauungskrieges. Die Einsatzgruppen der Sicherheitspolizei und des SD 1938–1942, Stuttgart 1981; Militärgeschichtliches Forschungsamt (Hg.), Das Deutsche Reich und der Zweite Weltkrieg, Bd. 4, Stuttgart 1983; Gerd R. Ueberschär, Wolfram Wette (Hg.), Der deutsche Überfall auf die Sowjetunion. »Unternehmen Barbarossa« 1941, Frankfurt/Main (1984) 1991; in der DDR hatten Dietrich Eichholtz, Klaus Geßner, Norbert Müller, Kurt Pätzold u. a. fundierte wehrmachtskritische Studien vorgelegt, die aber in der Bundesrepublik nicht wahrgenommen wurden.

57 Die Ausstellung wurde von Reinhard Rürup und Peter Jahn konzipiert, vgl. Der Krieg gegen die Sowjetunion 1941–1945. Eine Dokumentation, hg. von Reinhard Rürup, Berlin 1991.

58 Ernst Klee, Willi Dreßen, »Gott mit uns«. Der deutsche Vernichtungskrieg im Osten 1939–1945, Frankfurt/Main 1989; Paul Kohl, »Ich wundere mich, daß ich noch lebe.« Sowjetische Augenzeugen berichten, Gütersloh 1990.

59 Aleida Assmann, Ute Frevert, Geschichtsvergessenheit – Geschichtsversessenheit. Vom Umgang mit deutschen Vergangenheiten nach 1945, Stuttgart 1999, S. 281; mit einem ähnlichen Bild hat Bernard-Henri Lévy die Auswirkungen der Ausstellung in einer großen Reportage in *Le Monde* beschrieben: »Ein stilles Erdbeben, das die Landschaft umgewandelt hat, den Wust weggeräumt hat an Mythen, Ungesagtem, mannigfachen Lügen, die das Gedächtnis Deutschlands verstopften«, Bernard-Henri Lévy, Les damnés et les autres, Le Monde, 7./8. 2. 1999.

60 Die folgenden Zitate stammen aus den Gästebüchern der Ausstellung; die Originale sind im Archiv des Hamburger Instituts für Sozialforschung einzusehen.

61 Ich habe eine erste Auswertung der bis Ende 1998 vorliegenden Gästebücher der Ausstellung vorgenommen, vgl. Hannes Heer, Das letzte Band. Kriegsverbrechen und Nachkriegserinnerung, in: ders., Tote Zonen. Die deutsche Wehrmacht an der Ostfront, Hamburg 1999, S.180 –221.

62 Assmann/Frevert, Geschichtsvergessenheit, a. a. O., S. 279 f.

63 Rüsen, Zerbrechende Zeit, a. a. O., S. 295.

64 Vgl. Wiegel, Die Zukunft der Vergangenheit, a. a. O., S. 207–228.

65 Daniel J. Goldhagen, Hitlers willige Vollstrecker. Ganz gewöhnliche Deutsche und der Holocaust, Berlin 1996; vgl. Johannes Heil, Rainer Erb (Hg.), Geschichtswissenschaft und Öffentlichkeit. Der Streit um Daniel J. Goldhagen, Frankfurt/Main 1998.

66 Birgit Rommelspacher, Anklage und Entlastung. Sozialpsychologische Aspekte der Goldhagen-Debatte, in: Jürgen Elsässer, Andrei S. Markovits (Hg.), »Die Fratze der eigenen Geschichte«. Von der Goldhagen-Debatte zum Jugoslawien-Krieg, Berlin 1999, S. 32.

67 Victor Klemperer, Ich will Zeugnis ablegen bis zum letzten. Tagebücher 1933–1945, Berlin 1995; vgl. Hannes Heer (Hg.), Im Herzen der Finsternis. Victor Klemperer als Chronist der NS-Zeit, Berlin 1997.

68 Jutta Limbach, Rede zur Eröffnung der Ausstellung in Karlsruhe am 11. 1. 1997, und Erhard Eppler, Rede zur Eröffnung der Ausstellung in Stuttgart am 10. 9. 1995, in: Krieg ist ein Gesellschaftszustand. Reden zur Eröffnung der Ausstellung »Vernichtungs-

krieg. Verbrechen der Wehrmacht 1941 bis 1944, hg. vom Hamburger Institut für Sozialforschung, Hamburg 1998, S. 118, 30.

69 Der Leiter des Instituts hielt Reden zur Eröffnung der Ausstellung in: Hamburg, Berlin, Stuttgart, Wien, Linz, München, Frankfurt/Main, Bremen, Bonn, Kiel, Hamburg.

70 Senfft, Verbrechen Wehrmacht, a. a. O., S. 191.

71 Hans W. Schmuhl aus Anlaß der Präsentation der neuen Ausstellung in Bielefeld, vgl. Statt »kalter Wut« jetzt »klinisch steril«. Podiumsdiskussion: Wissenschaftler zur alten und neuen Wehrmachts-Ausstellung, Neue Westfälische, 23. 2. 2002.

72 Der Leiter des Hamburger Instituts hatte während der Laufzeit der ersten Wehrmachtsausstellung diesen Prozeß von Symptombildung und Heilung präzise beschrieben. Das überraschende Interesse an der Ausstellung analysierte er als Reaktion auf eine in der Folge der NS-Zeit bewirkte »Erschütterung im Wahrheitsgefüge«. Der Drang der Besucher, die meist schmerzvolle Wahrheit zu erfahren, sei der Versuch gewesen, dieses Wahrheitsgefüge wiederherzustellen: »Weil Sicherheit in der Gewißheit eben auf die Dauer doch erträglicher ist als die Unsicherheit des Verdachts«, Reemtsma, Was man plant, und was daraus wird, in: Greven/von Wrochem, Der Krieg in der Nachkriegszeit, a. a. O., S. 284.

73 So der wissenschaftliche Direktor des Militärgeschichtlichen Forschungsamtes Potsdam, Professor Dr. Hans-Erich Volksmann, bei seiner Rede zur Eröffnung der neuen Ausstellung am 27. 11. 2001 in Berlin, vgl. ders., Der öffentliche Umgang mit den Verbrechen der Wehrmacht: »Vergessen prägt unser Dasein«, in: Militärgeschichte, 2, 2002, S. 11.

74 Schmuhl, vgl. Anm. 71.

75 Diese Einschränkungen bezogen sich auf die im Titel vollzogene Zuschreibung der Verbrechen an die Gesamtorganisation Wehrmacht, und die »Verbesserungsvorschläge« zielten auf die Ersetzung der Formulierung »Verbrechen *der* Wehrmacht« durch »Verbrechen *in der* Wehrmacht« oder *»von Teilen* der Wehrmacht«, vgl. Hans-Adolf Jacobsen, Die Rolle der Wehrmacht im Dritten Reich (1933-1945) in: Hans-Jürgen Thiele (Hg.), Die Wehrmachtsausstellung. Dokumentation einer Kontroverse, Bremen 1997, S. 26, und die dort abgedruckte Plenardiskussion, S. 153–169.

76 Zum Vergleich der beiden Ausstellungen vgl. Heidemarie Uhl, Lesarten des »Vernichtungskrieges«, in: Hannes Heer, Walter Manoschek, Alexander Pollak, Ruth Wodak (Hg.), Wie Geschichte gemacht wird. Zur Konstruktion von Erinnerung an

Wehrmacht und Zweiten Weltkrieg, Weien 2003, S. 269–284; Alexander Pollak, Die Historisierung eines Tabubruchs. Von der umstrittenen Entmythologisierung des Bilds der »sauberen Wehrmacht« zur versachlichten Dokumentation des Vernichtungskrieges: ein Vergleich der beiden Wehrmachtsausstellungen, in: zeitgeschichte, 29, 2002, Heft 2, S. 56–63, und Stefan Reinecke, Ende eines deutschen Dramas. Der Angriff der Gegenwart auf die Vergangenheitsbewältigung – die neue Wehrmachtsausstellung zeigt, wieweit die NS-Historisierung vorangeschritten ist, die tageszeitung, 3. 12. 2001.

77 Dirk Rupnow, Das unsichtbare Verbrechen. Beobachtungen zur Darstellung des NS-Massenmordes, in: zeitgeschichte, 29, 2002, Heft 2, S. 89.

78 Ulrich Herbert, Vernichtungspolitik. Neue Antworten und Fragen zur Geschichte des »Holocaust«, in: ders. (Hg.), Nationalsozialistische Vernichtungspolitik 1939–1945, Neue Forschungen und Kontroversen, Frankfurt/Main 1998, S. 57.

79 Jan Philipp Reemtsma, Was man plant, und was daraus wird, a. a. O., S. 276.

80 Omer Bartov, Wem gehört die Geschichte? Wehrmacht und Geschichtswissenschaft, in: Heer/Naumann, Vernichtungskrieg, a. a. O., S. 601–619; mit neueren Beispielen: Walter Manoschek, »Vernichtungskrieg. Verbrechen der Wehrmacht 1941 bis 1944«. Innenansichten einer Ausstellung, in: zeitgeschichte, 29, 2002, Heft 2, S. 65.

81 Raulff, Schockwellen, Frankfurter Allgemeine Zeitung, 1. 9. 1999.

82 Vgl. die Kritik des *Focus* am sogenannten Badefoto (Anm. 29); an anderer Stelle versuchte das Blatt, die Verantwortung für den Judenmord in Neswicz statt der Wehrmacht einem Polizeibataillon zuzuschieben, vgl. »Die Texte sind die Dokumente«, Focus, 17/1997; die Darstellung des Gefreiten Richard Heidenreich über den Judenmord seines Bataillons in Minsk und Krupka wurden von Wolf Stoecker, weil statt des Originaltagebuchs nur ein Abdruck in einem in England erschienenen Buch existierte, als »sowjetische Fälschung« bezeichnet, vgl. Wolf Stoecker, Fälschung und Agitation, in: Weber, Armee im Kreuzfeuer, a. a. O., S. 81 ff.; auch die Bild-Kritik von Bogdan Musial und Dieter Schmidt-Neuhaus richtete sich gegen Fotos, auf denen sich, statt toter Juden, nur Opfer des NKWD befinden sollten, vgl. Anm. 30; Musial und Ungváry übernahmen später auch die Polemik Stoeckers gegen Heidenreichs Glaubwürdigkeit, vgl. Bogdan Musial, Die Rechten und die Selbstgerechten, Süddeutsche Zeitung, 25. 11. 1999, und Krisztián Ungváry, Die unwissenschaftliche Ausstellung, Manuskript, 11. 9. 1999, S. 7.

83 Bernd Boll, Hans Safrian, Auf dem Weg nach Stalingrad. Die 6. Armee 1941/42, in: Heer/Naumann, Vernichtungskrieg, a. a. O., S. 260–296; vgl. auch Kapitel 2, S. 93 ff.

84 Vgl. Hannes Heer, Extreme Normalität. Generalmajor Gustav Freiherr von Mauchenheim gen. Bechtolsheim. Umfeld, Motive und Entschlußbildung eines Holocaust-Täters, in: Zeitschrift für Geschichtswissenschaft, 51. Jg., 8, 2003, S. 729–753; das planvolle »Säubern des flachen Landes« von Juden war auch schon in früheren Arbeiten herausgearbeitet worden, vgl. Hannes Heer, Killing fields. Die Wehrmacht und der Holocaust, in: Mittelweg, 36, 3, 1994, S. 7–29, und Christian Gerlach, Kalkulierte Morde, Die deutsche Wirtschafts- und Vernichtungspolitik in Weißrußland 1941 bis 1944, Hamburg 1999, S. 609–628; Margers Vestermanis, Ortskommandantur Libau. Zwei Monate deutscher Besatzung im Sommer 1941, in: Heer/Naumann, Vernichtungskrieg, a. a. O., S. 241–259; Theo Schulte, Korück 582, ebenda, S. 323–342.

85 Verbrechen der Wehrmacht. Dimensionen des Vernichtungskrieges 1941 bis 1944, Ausstellungskatalog, hg. vom Hamburger Institut für Sozialforschung, Hamburg 2002, S. 77–185; unterschlagen wird dabei sowohl die mit der Sommeroffensive 1942 einsetzende zweite Welle der Judenvernichtung im Süden der Sowjetunion (vgl. Andrej Angrick, Besatzungspolitik und Massenmord. Die Einsatzgruppe D in der südlichen Sowjetunion 1941–1943, Hamburg 2003) als auch die bei den Partisanenaktionen 1942/43 in Weißrußland praktizierte »Auflösung der Restghettos« (vgl. Hannes Heer, Die Logik des Vernichtungskrieges. Wehrmacht und Partisanenkampf, in: ders./ Naumann, Vernichtungskrieg, a. a. O., S. 104-138, und Gerlach, Kalkulierte Morde, a. a. O., S. 733-742).

86 Hamburger Institut, Verbrechen der Wehrmacht. Ausstellungskatalog, a. a. O., S. 75, ähnlich S. 10.

87 Richtlinien für das Verhalten der Truppe in Rußland (19. 5. 1941), abgedruckt in: Gerd R. Ueberschär, Wolfram Wette (Hg.), Der deutsche Überfall auf die Sowjetunion. »Unternehmen Barbarossa« 1941, Frankfurt/Main 1991, S. 258.

88 Vgl. Militärgeographische Angaben aus dem Raum Lida–Wilna–Kowno–Suwalke, BA-MA RH 21-3/424; Bekanntmachung, (unterzeichnet) Der Befehlshaber der deutschen Armee, BA-MA RH 27-4/120; Gen.Kdo. VII.AK/ Abt.Ic, Betr.: Maueranschläge, 23. 6. 1941, BA-MA RH 26-23/47.

89 Hamburger Institut, Verbrechen der Wehrmacht. Ausstellungskatalog, a. a. O., S. 75, ähnlich S. 10.

90 Jochen Thron, Mehr Verbrechen, weniger Polemik, Südwest Presse, 29. 11. 2001; Interview mit Jan Philipp Reemtsma, Süddeutsche Zeitung, 26. 11. 2001.

91 Klaus Naumann, Wehrmacht und NS-Verbrechen. Wirklichkeit und Wirkungen einer kollektiven Gewalterfahrung. Überlegungen zu einem Ausstellungsvorhaben des Projekts 1995, in: Mittelweg, 36, 5, 1992, S. 132; diese Thesenbildung samt Beschluß zu einer Ausstellung waren unter anderem durch die heftigen öffentlichen Reaktionen auf einen Beitrag in der »Zeit«, in der die Wehrmacht als »die größte Mord- und Terrororganisation der deutschen Geschichte« bezeichnet worden war, ausgelöst worden, vgl. Manoschek, Innenansichten einer Ausstellung, a. a. O., S. 65.

92 Jan Philipp Reemtsma, Rede zur Eröffnung der Ausstellung in Hamburg am 5. 3. 1995, in: Krieg ist ein Gesellschaftszustand, a. a. O., S. 10; 1997 bezeichnete er es als Ziel der Ausstellung zu zeigen, »wie weit verbreitet die freudige und freiwillige Beteiligung am Massenmord [war]«, ebenda, S. 150.

93 Thomas Kühne, Die Victimisierungsfalle. Wehrmachtsverbrechen, Geschichtswissenschaft und symbolische Ordnung des Militärs, in: Greven/von Wrochem, Der Krieg in der Nachkriegszeit, a. a. O., S. 184.

94 Ebenda, S. 184 f.

95 Hans-Adolf Jacobsen, Im historischen Sinne Mittäter, Bonner Generalanzeiger, 28. 2. 1997; ähnlich Jürgen Förster, Das Unternehmen »Barbarossa« – eine historische Ortsbestimmung, in: Militärgeschichtliches Forschungsamt, Das Deutsche Reich und der Zweite Weltkrieg, a. a. O., S. 1080.

96 Kühne, Die Victimisierungsfalle, a. a. O., S. 184.

97 Ebenda, S. 189.

98 Boll/Safrian, Die 6. Armee 1941/42, a. a. O., S. 260.

99 Der General a. D. Wolfgang Altenburg behauptete 1997, ich hätte »allen Mannschaftsteilen [der Wehrmacht] Sadismus, Mordlust und Gefühlskälte« unterstellt, in: Thiele, Die Wehrmachtsausstellung, a. a. O., S. 163, und Horst Möller vom Münchner Institut für Zeitgeschichte unterstellte mir, ich hätte behauptet, »daß die deutschen Soldaten gegen die Sowjetunion gekämpft hätten, um sadistische Triebe zu befriedigen«, vgl. Interview mit Horst Möller, Focus, 43/1999.

100 Hans-Adolf Jacobsen, Im historischen Sinne Mittäter, Bonner Generalanzeiger, 28. 2. 1997; Eberhard Jäckel, Interview, Deutschlandfunk, 4. 3. 1997; Lothar Gall, Interview, Frankfurter Allgemeine Zeitung, 18. 5. 1997; Gespräch mit Horst Möller u. a., Süddeutsche Zeitung, 6. 3. 1997; Hans-Ulrich Thamer, Wehrmacht und Vernichtungskrieg, Frankfurter Allgemeine Zeitung, 27. 4. 1997.

101 Jörg Friedrich, Die 6. Armee im Kessel der Denunziation. Ende der Legende von der sauberen Wehrmachtsausstellung, Berliner Zeitung, 30. 10. 1999.

102 Ungváry, Echte Bilder – problematische Aussagen, a. a. O., S. 590.
103 Gegen Kritik immun, Interview mit Rolf-Dieter Müller, Der Spiegel, 23, 1999.
104 Gespräch mit Horst Möller u. a., Süddeutsche Zeitung, 6. 3. 1997; Möller, Eine Blamage, wirklich keine Pionierleistung, Frankfurter Allgemeine Zeitung, 3. 1. 2000.
105 Manoschek, Innenansichten einer Ausstellung, a. a. O., S. 66.
106 Werner Röhr, Die Macht der Bilder, Junge Welt, 19. 12. 2001.
107 So wurde die Tötung von 36 Zivilisten im jugoslawischen Pancevo, eine Ikone der ersten Ausstellung, zwar auch in die neue Ausstellung aufgenommen, der Name des verantwortlichen Wehrmachtsregiments »Großdeutschland« aber verschwiegen; da die Ausstellung zudem dem Standgerichtsverfahren unter einem SS-Richter ungewöhnlich viel Raum einräumte, kam eine Wiener Journalistin, obwohl Historikerin und mit dem Stoff seit langem vertraut, zu dem Ergebnis, daß das Foto des Schützen »einen SS-Offizier [zeigt]«, vgl. Christa Zöchling, Verstörung auf den zweiten Blick, Profil, 14, 30. 3. 2002.
108 Klaus Wiegrefe, Abrechnung mit Hitlers Generälen, Der Spiegel, 48, 2001; diese Obsession, die Truppe zu entlasten, nahm teilweise bizarre Züge an: so wurde der für die Straßenmorde an 4000 Juden 1941 in Lemberg verantwortliche Stadtkommandant, Oberst Wintergerst, von den Ausstellungsmachern zum General befördert, vgl. Hamburger Institut, Verbrechen der Wehrmacht, Ausstellungskatalog, a. a. O., S. 94.
109 Gespräch mit Jan Philipp Reemtsma und Ulrike Jureit, Frankfurter Allgemeine Zeitung, 27. 11. 2001.
110 Hans Mommsen, Interview, Profil, 14, 30. 3. 2002; ähnlich in: Darmstädter Echo, 28. 11. 2001.
111 Hans Mommsen, Dünne Patina, in: Die Goldhagen-Kontroverse. Zeit-Dokument, 1, 1996, S.40–46; Der Tagesspiegel, 5. 9. 1996.
112 Hans Mommsen, Täter, Opfer, Zuschauer – und der Chronist. Rede auf Raul Hilberg anläßlich der Verleihung des Geschwister-Scholl-Preises (gekürzte Version), Süddeutsche Zeitung, 3. 12. 2002.
113 Vgl. dazu Kapitel 3, S. 105–138.
114 Goldhagen war Gast des Instituts in Hamburg im September 1996; dessen Leiter war bei der Verleihung des »Demokratiepreises« an Goldhagen im März 1997 neben Jürgen Habermas einer der Laudatoren, vgl. Jan Philipp Reemtsma, Abkehr vom Wunsch nach Verleugnung. Über »Hitlers willige Vollstrecker« als Gegenstück zur »historischen Erklärung«, in: Blätter für deutsche und internationale Politik, 4, 1997, S.417–423; ders., Die Mörder waren unter uns, Süddeutsche Zeitung, 24. 8. 1996.

115 Omer Bartov, Hitler's Army. Soldiers, Nazis, and War in the Third Reich, New York, Oxford 1992; deutsche Fassung: Hitlers Wehrmacht. Soldaten, Fanatismus und die Brutalisierung des Krieges, Reinbek bei Hamburg 1995.

116 Walter Manoschek (Hg.), »Es gibt nur eines für das Judentum: Vernichtung.« Das Judentum in deutschen Soldatenbriefen 1939–1944, Hamburg 1995; Hannes Heer (Hg.), »Stets zu erschießen sind Frauen, die in der Roten Armee dienen.« Geständnisse deutscher Kriegsgefangener über ihren Einsatz an der Ostfront, Hamburg 1995.

117 Mark Mazower, Militärische Gewalt und nationalsozialistische Werte. Die Wehrmacht in Griechenland 1941 bis 1944, in: Heer/Naumann, Vernichtungskrieg, a. a. O., S. 157–190; Michael Geyer, »Es muß daher mit schnellen und drakonischen Maßnahmen durchgegriffen werden.« Civitella in Val di Chiana am 29. Juni 1944, in: ebenda, S. 208–238; Hannes Heer, Die Logik des Vernichtungskrieges. Wehrmacht und Partisanenkampf, in: ebenda, S. 104–138.

118 Martin Humburg, Das Gesicht des Krieges. Feldpostbriefe von Wehrmachtssoldaten aus der Sowjetunion 1941–1944, Opladen, Wiesbaden 1998, und Klaus Latzel, Deutsche Soldaten – nationalsozialistischer Krieg? Kriegserlebnis – Kriegserfahrung 1939 bis 1945, Paderborn 1998.

119 Thomas Kühne, Kameradschaft – »das Beste im Leben des Mannes«. Die deutschen Soldaten des Zweiten Weltkriegs in erfahrungs- und geschlechtergeschichtlicher Perspektive, in: Geschichte und Gesellschaft, 22, 1996, S. 504–529; ders., Gruppenkohäsion und Kameradschaftsmythos in der Wehrmacht, in: Rolf-Dieter Müller, Hans-Erich Volkmann (Hg.), Die Wehrmacht. Mythos und Realität, München 1999, S. 534–549.

120 Benjamin Ziemann, Fluchten aus dem Konsens zum Durchhalten. Ergebnisse, Probleme und Perspektiven der Erforschung soldatischer Verweigerungsformen in der Wehrmacht 1939–1945, in: Müller/Volkmann, Die Wehrmacht, a. a. O., S. 589–613.

121 Hannes Heer, Bittere Pflicht. Der Rassenkrieg der Wehrmacht und seine Voraussetzungen, in: Manoschek, Die Wehrmacht im Rassenkrieg, a. a. O., S.116–141; ders., Disposition und Situation. Überlegungen zur Mentalität des deutschen Landsers im Rassenkrieg, in: Brigitte Kepplinger, Reinhard Kannonier (Hg.), Irritationen. Die Wehrmachtsausstellung in Linz, Grünbach 1997, S. 129–151; ders., »Am Anfang haben wir es aus Überzeugung, später dann aus Pflicht getan.« Kollektive und individuelle Formen der Legitimation, in: BIOS, Heft 1, 1998, S.42–68; Birgitta Nedelmann, Kommentar zu Hannes Heer »Am Anfang haben wir es aus

Überzeugung, später dann aus Pflicht getan«, ebenda, S. 69–75; vgl. auch Uta Gerhardt, Charismatische Herrschaft und Massenmord im Nationalsozialismus. Eine soziologische These zum Thema der freiwilligen Verbrechen an Juden, in: Geschichte und Gesellschaft, 24, 1998, Heft 4, S. 503–538.

122 Hamburger Institut für Sozialforschung (Hg.), Besucher einer Ausstellung. Die Ausstellung »Vernichtungskrieg. Verbrechen der Wehrmacht 1941 bis 1944« in Interview und Gespräch, Hamburg 1998.

123 Zu den Fortschritten in der Täterforschung vgl. Oliver von Wersch, Vom Mythos zur Mikrologie? Zur öffentlichen Differenzierung von Täterbildern infolge der Ausstellung »Vernichtungskrieg«, in: Greven/von Wrochem, Der Krieg in der Nachkriegszeit, a. a. O., S. 355–364.

124 Hamburger Institut, Verbrechen der Wehrmacht, Ausstellungskatalog, a. a. O., S. 9.

125 Ebenda, S. 15–32.

126 Die zitierten sogenannten »verbrecherischen Befehle« sind abgedruckt bei Ueberschär/Wette, Der deutsche Überfall auf die Sowjetunion, a. a. O., S. 259 f., 252 f., 261 f., 249 f. und 258.

127 Ausführlich dazu Kapitel 3, S. 111–115.

128 Vgl. Messerschmidt, Die Wehrmacht im NS-Staat.

129 Vgl. Streit, Keine Kameraden; Bartov, Hitlers Wehrmacht; Walter Manoschek, »Serbien ist judenfrei«. Militärische Besatzungspolitik und Judenvernichtung in Serbien, München 1993; Heer, Tote Zonen; Gerlach, Kalkulierte Morde.

130 Reemtsma, Was man plant, und was daraus wird, a. a. O., S. 280.

131 Statt »kalter Wut« jetzt »klinisch steril«. Podiumsdiskussion: Wissenschaftler zur alten und neuen Wehrmachtsausstellung, Neue Westfälische, 23. 2. 2002.

132 Hamburger Institut, Verbrechen der Wehrmacht, Ausstellungskatalog, a. a. O., S. 507; Gespräch mit Jan Philipp Reemtsma und Ulrike Jureit, Frankfurter Allgemeine Zeitung, 27. 11. 2001; die verwunderte Frage eines Fotohistorikers, warum im Kapitel Partisanenkrieg, »bei dem die Wehrmacht viel stärker beteiligt war [...] als beim Völkermord an den Juden, wesentlich weniger Fotos benutzt werden als in andern Kapiteln« (Hesse, Verbrechen der Wehrmacht, a. a. O., S. 603 f.), hätte man mit einem Hinweis auf diese »legalistische Falle« beantworten können: Die Ausstellungsmacher wußten eigentlich bei keinem Foto, das die Erhängung oder Exekution von Zivilisten darstellte, ob diese »rechtmäßig« oder »völkerrechtswidrig« waren, und verzichteten daher in diesem Kapitel weitgehend auf Fotos.

133 Werner Röhr, Die Macht der Bilder, Junge Welt, 19. 12. 2001.

134 Klaus Wiegrefe, Abrechnung mit Hitlers Generälen, Der Spiegel, 48, 2001; das war schon der Kern der Argumentation der ersten und grundsätzlichen Polemik der FAZ gegen die alte Ausstellung gewesen, vgl. Günther Gillessen, Zeugnisse eines vagabundierenden Schuldempfindens, Frankfurter Allgemeine Zeitung, 6. 2. 1996.

135 »Das hat mit Relativierung nichts zu tun«, Gespräch mit Jan Philipp Reemtsma und Bogdan Musial, Die Welt, 16. 9. 2000.

136 Hamburger Institut, Verbrechen der Wehrmacht, Ausstellungskatalog, a. a. O., S. 629.

137 In einer Kontroverse mit Ulrich Herbert auf einer Tagung der VHS in Osnabrück zur Rolle von Funktionseliten im Nationalsozialismus beharrte er darauf, daß Mentalitätsforschung doch nur einen »ideengeschichtlichen Ansatz« verfolge, vgl. Franziska Augstein, Schluß mit der Affinität, Süddeutsche Zeitung, 17./18. 11. 2001.

138 Die Angaben der drei ehemaligen Angehörigen des 691. Infanterieregiments wurden aus den Gerichtsprotokollen einfach übernommen, ohne ihren Aussagewert als mögliche Schutzbehauptung zu überprüfen.

139 Hamburger Institut, Verbrechen der Wehrmacht, Ausstellungskatalog, a. a. O., S. 579.

140 Zöchling, Verstörung auf den zweiten Blick, Profil, 14, 30. 3. 2002; ähnlich kritisch: Konstantin Lukas, Fragen, die bleiben, Die Tagespost, 11. 12. 2001; Peter Steinbach, Der Mensch im Zentrum, Rheinischer Merkur, 5, 2000; Hesse, Verbrechen der Wehrmacht, a. a. O., S. 598 f.

141 Kühne, Die Victimisierungsfalle, a. a. O., S. 188; Horst Möller hatte das, als Kritik an die erste Ausstellung adressiert, noch knapper formuliert: »Da gibt es Teile, die machen mit, und andere Teile, die machen nicht mit.« Vgl. Gespräch mit Horst Möller u. a., Süddeutsche Zeitung, 6. 3. 1997.

142 Hamburger Institut, Verbrechen der Wehrmacht, Ausstellungskatalog, a. a. O., S. 579–627.

143 Senfft, Verbrechen Wehrmacht, a. a. O., S. 188.

144 Ulrich Speck, Lesarten einer These. Irritation ist an die Stelle moralischer Eindeutigkeit getreten: Ein Rundgang durch die neue Wehrmachtsausstellung, Frankfurter Rundschau, 29. 11. 2001.

145 Bericht der Kommission zur Überprüfung der Ausstellung, a. a. O., S. 15 f.

146 Rupnow, Das unsichtbare Verbrechen, a. a. O., S. 89.

147 Dan Diner, Zwischen Aporie und Apologie. Über Grenzen der Historisierbarkeit des Nationalsozialismus, in: ders. (Hg.), Ist der

Nationalsozialismus Geschichte? Zu Historisierung und Historikerstreit, Frankfurt/Main 1987, S. 62–73.

148 Rupnow, Das unsichtbare Verbrechen, a. a. O., S. 90.

149 Habbo Knoch, Die Tat als Bild. Fotografie des Holocaust in der deutschen Erinnerungskultur, Hamburg 2001, S. 28.

150 Helmut Lethen, Der Text der Historiografie und der Wunsch nach einer physikalischen Spur. Das Problem der Fotografie in den beiden Wehrmachtsausstellungen, in: zeitgeschichte, 29, 2002, Heft 2, S. 77 f.

151 Jan Philipp Reemtsma, Grußwort, in: Internationale Liga für Menschenrechte (Hg.), Die Menschenrechte. Verleihung der Carl-von-Ossietzky-Medaille an Hannes Heer, Berlin 1998, S. 26.

152 Um die Problematik der Deutung von Fotos zu zeigen, enthielt der Begleitband zwei unterschiedliche Sichtweisen zu den verwendeten privaten Kriegsfotos, vgl. Dieter Reifahrt, Viktoria Schmidt-Linsenhoff, Die Kamera der Täter, in: Heer/Naumann, Vernichtungskrieg, a. a. O., S. 475–503, und Bernd Hüppauf, Der entleerte Blick hinter der Kamera, in: ebenda, S. 504–527.

153 Senfft, Verbrechen Wehrmacht, a. a. O., S. 191.

154 Die Presse hat daraus »die Wucht der Bilder« gemacht und den Eindruck erweckt, als ob es sich um eine »Fotoausstellung« gehandelt habe, vgl. Levy, Le Monde, 7./8. 2. 1999, und Jerusalem Post, 28. 3. 1995; typisch für diese Phantasieleistung ist eine Meldung der dpa, die zeigt, daß man oft sieht, was man sehen will; obwohl die Fotos der ersten Ausstellung meist im Format 9 x 13 bzw. 10 x 15 aufgezogen waren, hat die Agentur etwas ganz anderes gesehen: »Großformatige Fotos von Erschießungskommandos und Leichenbergen beherrschen die Schau«; in der neuen Ausstellung, die durchgängig das Format 10 x 15 benutzt, hat der dpa-Schreiber als »entscheidenden Gegensatz« zur ersten nur »kleine Bilder« entdeckt, vgl. dpa, 27. 11. 2001; diesen Hinweis verdanke ich Petra Bopp, Für eine Philologie des Auges, in: Politik der Bilder. Visuelle Kompetenz und Kriegsbildrhetorik. Eine Dokumentation, hg. von Wolfgang Ernst und Anselm Franke, Berlin 2002, S. 54.

155 Markus Schwering, Die alte These ohne Dramatisierungen, Kölner Stadt-Anzeiger, 29. 11. 2001; Hesse, Verbrechen der Wehrmacht, a. a. O., S. 601.

156 Peter Steinbach, Der Mensch im Zentrum, Rheinischer Merkur, Nr. 5, 2002.

157 Fragwürdiger Augenzeuge. Gespräch mit Ulrike Jureit, Die Zeit, 29. 11. 2001.

158 Stefanie Flamm, Die neue Wehrmachtsausstellung will gelesen werden, Frankfurter Allgemeine Zeitung, 28. 11. 2001.

159 Gespräch mit Jan Philipp Reemtsma und Bogdan Musial, Die Welt, 16. 9. 2000; Interview mit Jan Philipp Reemtsma, Süddeutsche Zeitung, 26. 11. 2001.

160 Miriam Y. Arani hat diesen Tatbestand schon im Titel ihrer Untersuchung über die Verwendung der Fotos in den beiden Ausstellungen ausgedrückt: Miriam Y. Arani, »Und an den Fotos entzündete sich die Kritik«. Die »Wehrmachtsausstellung«, deren Kritiker und die Neukonzeption. Ein Beitrag aus fotohistorisch-quellenkritischer Sicht, in: Fotogeschichte. Beiträge zur Geschichte und Ästhetik der Fotografie, 22. Jg., 2002, Heft 85/86, S. 97–124, hier S. 114.

161 Ebenda, S. 117.

162 Ebenda, S. 114.

163 Ebenda, S. 115.

164 Ebenda, S. 116.

165 Ebenda, S. 115.

166 Ebenda, S. 118; auch Habbo Knoch sieht im Verzicht auf die Fotos »das weitgehendste Zugeständnis [...] an die Kritiker der ersten Ausstellung«, vgl. ders., Grenzen des Zeigbaren. Fotografie und die Ausstellungen über die Wehrmachtsverbrechen, in: Ernst/Franke, Politik der Bilder, a. a. O., S. 21–43, hier: S. 40.

167 Lethen, Der Text der Historiographie, a. a. O., S. 84.

168 Mehr Informationen – und mehr Schmerz, Interview mit Jan Philipp Reemtsma, Süddeutsche Zeitung, 26. 11. 2001.

169 Hamburger Institut, Vernichtungskrieg, Ausstellungskatalog, S. 177–218.

170 Lübecker Nachrichten, 28. 11. 2001, Hessisch-Niedersächsische Allgemeine, 28. 11. 2001.

171 Vgl. Bernd Boll, Das Adlerauge des Soldaten. Zur Fotopraxis deutscher Amateure im Zweiten Weltkrieg, in: Fotogeschichte, 2002, Heft 85/86, S. 75–87; ders., Vom Album ins Archiv. Zur Überlieferung privater Fotografien aus dem Zweiten Weltkrieg, in: Anton Holzer (Hg.), Mit der Kamera bewaffnet. Krieg und Fotografie, Marburg 2003, S. 167–178.

172 Knoch, Grenzen des Zeigbaren, a. a. O., S. 32 f.

173 So charakterisiert Knoch den Gegenstand der neuen Ausstellung, ebenda, S. 41.

174 Lethen, Der Text der Historiographie, a. a. O., S. 84.

175 Klaus Theweleit, Schulddiskussion und Wehrmachtsausstellung, Badische Zeitung, 11. 11. 2000.

176 So groß war die Furcht vor einer Rückkehr der Installation, daß der Leiter des Hamburger Instituts den Auftrag erteilte, die erste Wehrmachtsausstellung, die ihm vom Trägerverein zur »Überarbeitung« überlassen worden war, zu zerstören; das Schreddern

konnte nur – auf Antrag des Vereins – durch eine einstweilige Verfügung des Landgerichts Itzehoe am 8. 3. 2001 verhindert werden (Aktenzeichen 2 O 77/01), vgl. Franziska Augstein, Wiederholungen gefallen, Süddeutsche Zeitung, 28. 11. 2001; die Schreiberin irrte nur in einem Punkt: das Deutsche Historische Museum in Berlin mit dem der Trägerverein einen, auch vom Leiter des Hamburger Instituts zu unterzeichnenden, Übernahmevertrag ausgearbeitet hatte, zog wenige Tage vor der Überführung der Ausstellung in sein Depot sein Angebot zurück; heute weiß man, warum: Reemtsmas Ausstellung wird dort ab April 2004 eingelagert werden, vgl. die tageszeitung, 30. 9. 2003; die erste Ausstellung, dazu hat sich der Leiter des Hamburger Instituts verpflichtet, ist für Wissenschaftler zugänglich – Modalitäten regelt sein Institut.

177 Knoch, Grenzen des Zeigbaren, a. a. O., S. 39.

178 Ebenda.

179 Miriam Gebhardt, Schmerzhafte Lernprozesse. Eine Podiumsdiskussion sollte klären, ob die Wehrmachtsausstellung München verändert hat, Süddeutsche Zeitung, 25. 11. 2002.

180 »Kritiker mundtot gemacht«. Peter Gauweiler über seine Rolle vor fünf Jahren, Süddeutsche Zeitung, 8. 10. 2002.

181 »Wehrmachtsausstellung hat der Kritik Rechnung getragen«, Interview mit Horst Möller, Oberhessische Presse, 19. 12. 2001. Der Erzfeind der alten Ausstellung kann sich freuen: Reemtsma hat ihn zu einer gemeinsamen »nicht-öffentlichen« Tagung der beiden Institute vom 16. bis 18. 3. 2004 nach Hamburg eingeladen.

182 »Eine Blamage«, Die Woche, 12. 11.199.

183 Interview mit Jan Philipp Reemtsma und Ulrike Jureit, Frankfurter Allgemeine Zeitung, 27. 11. 2001.

184 Antonia Grunenberg, Antifaschismus – ein deutscher Mythos, Reinbek bei Hamburg 1993.

185 Hans-Helmuth Knütter, Die Faschismus-Keule: das letzte Aufgebot der deutschen Linken, Frankfurt/Main 1993; Manfred Kittel, Die Legende von der »zweiten Schuld«. Vergangenheitsbewältigung in der Ära Adenauer, Frankfurt/Main 1993; vgl. dazu: Wiegel, Die Zukunft der Vergangenheit, a. a. O., S. 179 ff.

186 Thomas Medicus, Hannes Heer muß gehen, Frankfurter Rundschau, 15. 8. 2000; der Rauswurf des Autors war nicht die erste und einzige politische Häutung des Hamburger Instituts und seines Leiters: 1989 erfolgte die Trennung von Karl-Heinz Roth, einem der innovativsten und radikalsten Erforscher des nationalsozialistischen Herrschafts- und Terrorapparats; 1994 wurde die auf 20 Bände angelegte Trotzki-Werkausgabe nach dem Er-

scheinen von nur sieben Bänden abgebrochen und die Zahlungen an die mit der Edition beauftragten Wissenschaftler eingestellt, vgl. »Ohne Geld keine Revolution. Und auch keine Edition ...«, Interview mit Helmut Dahmer, in: Utopie kreativ, Heft 97/98, November/Dezember 1998, S. 92.

187 Eckhard Fuhr, Gezeitenwechsel, Die Welt, 16. 9. 2000.

188 Heribert Seifert, Lernprozeß mit Ausgang, Neue Zürcher Zeitung, 25. 11. 2000.

189 Ders., Rückkehr der Texte. Die neue »Wehrmachtsausstellung in Berlin«, Neue Zürcher Zeitung, 29. 11. 2001.

190 Klaus Wiegrefe, Abrechnung mit Hitlers Generälen, Der Spiegel, 48, 2001.

191 Im Endergebnis, so hat ein hoher Beamter aus dem Kanzleramt verlauten lassen, würde das die Bundesrepublik einige Milliarden teurer zu stehen kommen. Diese Information verdanke ich Peter Steinbach.

192 Diese nationalistische »Normalisierung« ist von einem zunehmenden wissenschaftlichen »Konformismus« begleitet: »[...] and forces some of the brighter and more original minds either to toe the line or to transplant themselves into more open-minded and liberal scholarly environnements«, vgl. Omer Bartov, The Wehrmacht Exhibition Controversy, a. a. O., S. 47 f.

193 Michael Jeismann, 15 Tage Ausschlußfrist: Wann darf die Geschichte beginnen?, Frankfurter Allgemeine Zeitung, 16. 11. 2001.

194 So Reemtsma in deutlicher Distanzierung von der »geschichtspolitischen Spitze« der ersten Ausstellung, vgl. »Es geht nicht um Vergangenheitspolitik«. Jan Philipp Reemtsma und Peter Klein über das Konzept der neuen Wehrmachtsausstellung, Die Welt, 26. 11. 2001; der Leiter des Hamburger Instituts hatte sich schon vorher in einem Gespräch mit Musial, bei dem es, nach Meinung der das Gespräch moderierenden Zeitung, um »einen neuen Zugang zur NS-Zeit« ging, für »eine historische Anthropologie« ausgesprochen und deutlich gemacht, wie sehr ihm eine »geschichtspolitisch aufgeheizte Situation« und die Einordnung seines Projekts »unter ein spezifisch vergangenheitspolitisches Vorzeichen« mißfielen, vgl. Interview mit Jan Philipp Reemtsma und Bogdan Musial, Die Welt, 16. 9. 2000; Willi Jasper, Professor an der Universität Potsdam und Mitarbeiter am Moses-Mendelssohn-Zentrum, erkannte darin eine programmatische Absichtserklärung und kommentierte, »daß der Leiter des Hamburger Instituts für Sozialforschung kräftig zurückrudert, um den aktuellen Mainstream der offiziellen Geschichtspolitik zu erreichen«, vgl. Willi Jasper, Ein Geschichtspolitiker rudert zurück, Die Welt, 28. 9. 2000; Edgar Wolfrum hatte die in dem Gespräch deutlich gewor-

dene negative Vorstellung Reemtsmas von Geschichtspolitik grundsätzlich kritisiert: »Geschichtspolitik gehört zur politischen Kultur eines Landes. […] Es ist absurd, in der Geschichtspolitik nur einen negativen Vorgang zu sehen und sie gleichsam als Degeneration der historischen Erkenntnis […] zu verwerfen«, vgl. Edgar Wolfrum, Von der Nützlichkeit der Geschichtspolitik, Die Welt, 21. 9. 2000.

195 Benedikt Erenz, Im Bauch des Wahns, Die Zeit, 8. 11. 2001.

196 Benedikt Erenz, Schnelle Siege, Die Zeit, 10. 2. 2000.

197 Andreas Krüger, Eine Ausstellung, die allen Fragen ausweicht, die tageszeitung, 29. 1. 2002.

198 Ebenda.

199 Friedrich Nietzsche, Zur Genealogie der Moral, Werke in drei Bänden, München 1956 , Bd.1, S. 212, S. 214.

200 Wolfgang Eichwede, Verantwortung und Geschichte, in: Thiele, Die Wehrmachtsausstellung, a. a. O., S. 77.

Eine frühere Fassung dieses Textes erschien in: *Zeitschrift für Geschichtswissenschaft*, Jg. 50, Heft 10, 2002.

2. Kapitel

1 Gedächtnis-Skizze für den Marsch durch den Balkan, Polen und Rußland (15. 3.–19. 10. 1941); das mit der Schreibmaschine geschriebene Dokument wurde mir von Eberhard Fiedler, dem Sohn des Verfassers, freundlicherweise zur Verfügung gestellt, zusammen mit vier offiziellen Kriegstagebüchern des Divisions-Nachschubführers (vom 23. 2. 1940 bis 31.1. 1943), die Friedrich Fiedler als Schreiber geführt hatte; der Text der »Gedächtnis-Skizze« wird im folgenden buchstaben- und zeichengetreu wiedergegeben, Hervorhebungen kursiv.

2 Friedrich Fiedler wurde am 4. 10. 1898 in Altenburg/Thüringen geboren, diente im Ersten Weltkrieg und arbeitete danach in Büros und als Handelsvertreter; schon als junger Mann politisch orientiert, neigte er, nach Angaben seines Sohnes, »zu den Linken« und bekannte sich 1933 »zu den Kommunisten«; 1940 eingezogen, war er als Gefreiter, ab 1941 als Unteroffizier der Nachschubtruppen in Frankreich, Jugoslawien, in der Sowjetunion, in Rumänien, Ungarn und Österreich eingesetzt; nach kurzer amerikanischer Gefangenschaft heimgekehrt, wurde er SED-Mitglied und arbeitete als Treuhänder einer Zuckerwarenfabrik; weil er seinen in Widerstand zum SED-Regime geratenen Sohn nicht fallenließ, wurde er 1950 aus der SED »rausgeworfen, wurde arbeitslos und

überwacht«; Friedrich Fiedler übersiedelte 1980 in die Bundesrepublik und starb dort 1981.

3 Kom ist die Abkürzung für »Kraftomnibus«, der den Stäben zur Verfügung stand.

4 So die Weisungen Hitlers ans Oberkommando der Wehrmacht (OKW) am 3. 3. 1941, in: Kriegstagebuch (KTB) des OKW 1940 bis 1945, hg. von P. E. Schramm, Bd. 1, Frankfurt/Main 1965, S. 341.

5 Hitlers Rede am 30. 3. 1941 nach den Aufzeichnungen von Generaloberst Halder, im Auszug zit. in: Gerd R. Ueberschär, Wolfram Wette (Hg.), Der deutsche Überfall auf die Sowjetunion. »Unternehmen Barbarossa« 1941, Frankfurt/Main 1991, S. 248 f.; in populären Darstellungen wurde der plakativere Begriff »Vernichtungskrieg« propagiert, vgl. Kurt Fervers, Vernichtungskrieg, 3. Aufl., Völkischer Verlag Düsseldorf 1942.

6 Die »verbrecherischen Befehle« sind abgedruckt im Dokumentenanhang von Ueberschär/Wette, Der deutsche Überfall auf die Sowjetunion, a. a. O., S. 259 f. (der Kommissarbefehl), S. 262 und 297 (Behandlung der Kriegsgefangenen), S. 252 f. (Kriegsgerichtsbarkeitserlaß).

7 Richtlinien für das Verhalten der Truppe in Rußland, abgedruckt in Ueberschär/Wette, Der deutsche Überfall auf die Sowjetunion, a. a. O., S. 258.

8 Bestimmungen für die Führung von Kriegstagebüchern, 27. 8. 1938, zit. bei Gerd R. Ueberschär, Geschichte der Kriegstage-buchführung in Heer und Luftwaffe (1850 bis 1945), in: Wehrwissenschaftliche Rundschau, 28. Jg., 1979, Heft 3, S. 83–93, hier S. 86.

9 Das KTB des Divisionsnachschubführers enthielt immerhin den Hinweis, daß 900 von ca. 4000 Überläufern im Lager Grigorowka eingetroffen seien und ein Kommando der leichten Fahrkolonne 12/294 die Bewachung der Gefangenen übernommen habe, vgl. Kriegstagebuch Nr. 3, Div. Nachschub-Führer 294, Begonnen: 1. Juni 1941 – Abgeschlossen: 31. Dezember 1941, Eintrag 22. 9. bis 23. 9. 1941, (unterzeichnet) 31. 12. 1941, Boy, Rittmeister u. Div. Nachschub-Führer, Archiv Hannes Heer, zukünftig: Privatarchiv.

10 294. Infanteriedivision (ID)/Abt. Ib, Besondere Anordnungen für die Versorgungstruppen, 13. 9. 1941; dies., Besondere Anordnungen für die Versorgung, 21. 9. 1941; dies., Besondere Anordnungen für die Versorgungstruppen, 23. 9. 1941; dies., Besondere Anordnungen für die Versorgung, 26. 9. 1941, alle: Bundesarchiv-Militärarchiv Freiburg (BA-MA) RH 26-294/89.

11 294. ID, KTB der Abt. Ib, Eintrag 14. 8. 1941, BA-MA RH 26-294/88; 294. ID/ Abt. Ib, Besondere Anordnungen für die Ver-

sorgungstruppen, 15. 8. 1941, und dies., Besondere Anordnungen für die Versorgung, 21. 8. 1941, BA-MA RH 26-294/89.

12 Werkstattkompanie 294, Bericht über Marsch, Tätigkeit und Einsatz der Werkstatt-Kp.294 seit 13. Juli 1941, Eintrag Grigorowka (Anlage zum KTB des Div. Nachschub-Führers der 294. ID), Privatarchiv.

13 Armeeoberkommando (AOK) 6, Führungsanordnungen Nr. 13, 10. 7. 1941, BA-MA RH 26-299/118;75. ID/Ic, Feindnachrichtenblatt Nr. 12, 18. 7. 1941, BA-MA RH 26-75/111; vgl. dazu: Bernd Boll, Hans Safrian, Auf dem Weg nach Stalingrad. Die 6. Armee 1941/42, in: Heer/Naumann, Vernichtungskrieg, a. a. O., S. 281 ff.

14 AOK 6,/Ic/AO Abw.III, 14. 8. 1941, BA-MA RH 20-6/491.

15 Armee-Oberkommando 6/OQu/Qu 2, Betr.: Zivilgefangene, 17. 8. 1941 (Abschrift), BA-MA RH 26-294/89; verdächtige Zivilisten hatte die Division bereits in Shitomir dem SD überstellt, vgl. 294. ID/Ic, Tätigkeitsbericht der Abt. Ic vom 9. 7.–9. 8. 1941, 12. 9. 1941, BA-MA RH 26-294/89.

16 294. ID, KTB, Einträge 10. 8., 23./24. 8. 1941 und Tätigkeitsbericht der Abteilung Ic vom 10. 8. bis 28. 9. 1941, 28. 9. 1941, BA-MA RH 26-294/10.

17 Dafür spricht die Verlegung der Gefangenen aus dem Getreidesilo Ende August, es war möglicherweise zu klein geworden, vgl. Werkstattkompanie 294, Bericht über Marsch, Tätigkeit und Einsatz der Werkstatt-Kp.294 seit 13. Juli 1941, Eintrag Grigorowka, Privatarchiv.

18 294. ID/Abt. Ib, Besondere Anordnungen für die Versorgung, 28. 8. 1941, BA-MA RH 26-294/89.

19 294. ID/Abt. Ib, Besondere Anordnungen für die Versorgungstruppen, 1. 9. und 9. 9. 1941, BA-MA RH 26-294/ 89.

20 294. ID/Abt. Ib, Besondere Anordnungen für die Versorgungstruppen, 23. 9. 1941, BA-MA RH 26-294/89.

21 294. ID/ Ic, Tätigkeitsbericht der Abt. Ic vom 10. 8. bis 28. 9. 1941 (13. 8.–26. 8. 1941), BA-MA RH 26-294/10.

22 Ebenda (27. 8.–13. 9. 1941).

23 Ebenda (29. 9.–22. 9. 1941).

24 294. ID, KTB, Einträge 7. 8., 23./24. 8. und 16., 22., 24. 9. 1941, BA-MA RH 26-294/10.

25 Ebenda, Einträge 2. 8. und 6. 8. 1941.

26 Zit. Ueberschär, Geschichte der Kriegstagebuchführung, a. a. O., S. 86.

27 Zit. ebenda, S. 88.

28 Zit. ebenda, S. 87.

29 Ereignismeldung UdSSR (EM) Nr. 25, Der Chef der Sicherheitspolizei, und des SD, 17. 7. 1941; in einem Befehl des Befehls-

habers des rückwärtigen Heeresgebietes/Abt.Ic vom 14. 7. 1941 wurde mitgeteilt, daß solche Kommandos u. a. eingesetzt waren im »Gebiet 213 = Kowel, Rowne, Luck«, Bundesarchiv (BA) R 70 Sowjetunion/18.

30 EM Nr. 24, 16. 7. 1941; Boll/Safrian, Die 6. Armee, a. a. O., S. 270; zu den Morden des NKWD: Bogdan Musial, »Konterrevolutionäre Elemente sind zu erschießen«. Die Brutalisierung des deutsch-sowjetischen Krieges im Sommer 1941, Berlin 2000, S. 114 ff.; bei einer weiteren Aktion wurden »50 polnische Agenten« und 240 »bolschewistische Funktionäre« – in der Mehrheit Juden – erschossen, vgl. Zentrale Stelle Ludwigsburg (ZStL), Abschlußbericht zum Ermittlungsverfahren gegen Angehörige des SK 4a, 204 AR-Z 269/60, S. 158 ff. (Strafsache Callsen).

31 Zit. Hamburger Institut, Verbrechen der Wehrmacht, Ausstellungskatalog, a. a. O., S. 167; EM Nr.132, 12. 11. 1941.

32 ZStL, Abschlußbericht SK 4a S. 161 ff.; Vernehmung B. 29. 10. 1963, W. K. 1. 11. 1963, G. K. 23. 7. 1965, Strafsache Callsen; vgl. auch Ralf Ogorreck, Die Einsatzgruppen und die »Genesis der Endlösung«, Berlin 1996, S. 132.

33 EM Nr. 38, 30. 7. 1941; Vern. G. K. 23. 7. 1965 und J. B. 29. 1. 1962, Strafsache Callsen.

34 EM Nr. 30 und Nr. 38, 22. 7. und 30. 7. 1941; Shitomir war ab 19. 7. 1941 bis Mitte September das Hauptquartier des SK 4a, vgl. Krausnick, Hitlers Einsatzgruppen, a. a. O., S. 162 ff.

35 EM Nr. 58, 20. 8. 1941; Boll/Safrian, Die 6. Armee, a. a. O., S. 272f.; Vern. August Häfner, 19. 8. 1966, Strafsache Callsen.

36 In Skwira operierte ab Anfang August das EK 5 (EM Nr. 47, 9. 8. 1941), in Wassilkow (möglicherweise erst nach Durchzug von Fiedlers Einheit) das SK 4a, vgl. EM Nr. 60, 22. 8. 1941; XXIX. AK/ Tätigkeitsbericht der Abt. Ic, Eintrag 20. 8. 1941, zit. in Vern. Häfner 20. 10. 1966 und 6. 7. 1965, Strafsache Callsen.

37 Der Versuch des Stabsoffiziers der 295. ID, Oberstleutnant Groscurths, ihr Leben zu retten, scheiterte am Oberbefehlshaber der 6. Armee, Generalfeldmarschall von Reichenau, der Vollzug anordnete, vgl. Boll/Safrian, Die 6. Armee, a. a. O., S. 275 ff.; Urteil gegen Callsen, ZStL 204 AR-Z 269/1960, S. 374 ff.

38 EM Nr. 97, 106 und 128, 28. 9., 7. 10. und 3. 11. 1941; Boll/Safrian, Die 6. Armee, a. a. O., S. 278 f.

39 EM Nr. 132, 12. 11. 1941.

40 Diese Zahl nannte der Rüstungsinspekteur Ukraine, Generalleutnant Leykauf, am 2. 12. 1941 in einem Schreiben an den Chef des Wehrwirtschafts- und Rüstungsamtes beim OKW, General Thomas, Nürnb. Dok. 3257-PS, zit. bei Ueberschär/Wette, Der deutsche Überfall auf die Sowjetunion, a. a. O., S. 339.

41 Kdt. rückw. Armeegebiet 585/Qu, Kommandanturbefehl Nr. 35, 22. 7. 1941, BA-MA RH 26 -294/89.

42 Gen. Kdo. LV.AK/Abt.Qu, Besondere Anordnungen für die Versorgung Nr. 28, 12. 8. 1941, Anl.1: Betr.: Exekutionen durch den SD, BA-MA RH 26 -294/89.

43 Luck: hier hatten sich die Angehörigen »eines Zuges Infanterie« (EM Nr.24, 16. 7. 1941, ähnlich: Vern. K. H. 20. 10. 1966 und F. H. 30. 6. 1965, Strafsache Callsen) und Soldaten der Luftnachrichtentruppe zbV 13 (Vern. F. W. L. 14. 6. 1965, Strafsache Callsen) an der Erschießung beteiligt; Shitomir: zuschauende Soldaten trieben die 400 zur Exekution bestimmten Juden mit Stöcken auf die LKWs (Vern. Häfner 19. 8. 1966, Strafsache Callsen); Berditschew: hier unterstützten Angehörige der Fernsprechkompanie 643 das SK 4a bei einer Exekution von Hunderten von Juden (Aussage P. M., ZStL Js 4/65, Beiakten-Ordner 3).

44 Die Hilfestellung konnte, wie im vorliegenden Befehl, Absperrmaßnahmen betreffen, vgl. Gen.Kdo. LV.AK/Abt.Qu, Besondere Anordnungen für die Versorgung Nr. 28, 12. 8. 1941, Anl.1: Betr.: Exekutionen durch den SD, BA-MA RH 26-294/89; sie bestand aber auch, wie Lubny und Babi Jar zeigen, in der Täuschung der Juden durch irreführende Plakate oder, wie in Belaja Zerkow, in der Gestellung von Exekutionskommandos.

45 299. ID/Ic, Tagesmeldung an XXIX.AK/Ic, 24. 6. 1941, BA-MA RH 26-299/118; ähnlich: IR 530/ Ia, An 299. ID, 25. 6. 1941, ebenda.

46 Gen.Kdo. XXX. AK/Abt.Ic, Abwehrverfügung Nr. 4 , 2. 8. 1941, Nürnberger Dokumente NOKW- 2963, zit. in: Fall 12, Das Urteil gegen das Oberkommando der Wehrmacht, gefällt am 28. Oktober 1948 in Nürnberg vom Militärgerichtshof V der Vereinigten Staaten von Amerika, Berlin 1960, S. 208; entsprechend veranlaßte Salmuth die Erschießung von 400 Juden in Kodyma durch das EK 10a am 2. 8. 1941 und stellte eigene Kräfte dafür zur Verfügung, vgl. ebenda, S. 206 ff.

47 AOK 17/ Gruppe Ic/AO, 30. 7. 1941, Alliierte Prozesse 9, BA-MA NOKW-1693.

48 Oberkommando der Heeresgruppe Süd, 24. 9. 1941, Betr: Bekämpfung reichsfeindlicher Elemente, 24. 9. 1941, BA-MA RH 26-44/33; EM Nr. 28, 20. 7. 1941; zu Rundstedts ausgeprägtem Antisemitismus vgl. Detlef Vogel, Generalfeldmarschall Gerd von Rundstedt, in: Gerd R. Ueberschär (Hg.), Hitlers militärische Elite, Bd.1, Darmstadt 1998, S. 229.

49 Im Kriegstagebuch der Division lautete die Marschorientierung am 29. 7. 1941: »Richtung Korostyschew Shitomir erreichen«; bei der Verlegung des Divisionsgefechtsstandes von Shitomir nach Brussilow am 5./6. 8. passierte der Divisionsstab Korostyschew;

das IR 513 war schon seit 2. 8. in der Umgebung von Shitomir gegen »Banden« eingesetzt, am 6. 8. war das der Kampfauftrag für die gesamte Division, vgl. 294. ID, KTB, Einträge 29. 7.–6. 8. 1941, BA-MA RH 26-294/10.

50 Das zeigen Auszüge aus Tagebüchern von Soldaten der Heeresgruppe Süd, so der Gefreite Werner Bergholz: »Als wir am 29. Juni durch Rowno kamen, wurden die Geschäfte geplündert, jeder schleppte mit, was ihm unter die Finger kam [...] 2. 7. Nachts wurden zwei unserer Wachen erschossen. Hundert Menschen wurden dafür an die Wand gestellt. Es dürften alles Juden gewesen sein«; ähnlich ein Major Reich: »2. 7. 1941: Juden erschossen. 3. 7. Wir brechen auf. 22 russische Soldaten, einige von ihnen verwundet, werden in dem Hof eines Bauern erschossen. [...] 13. 7. Ein deutscher Luftwaffensoldat getötet, 50 Juden erschossen«, in: True to type. A Selection from Letters and Diaries of German Soldiers and Civileans, Collected on the Soviet-German Front, London, New York, Melbourne, Sydney (1944) 1983, S. 22, S. 19.

51 294. ID, KTB, Eintrag 11. 7. 1941, BA-MA RH 26-294/10.

52 Ebenda, Einträge 29. 7. und 4. 8. 1941.

53 Ebenda, Einträge 23./24. 8. und 16. 9. 1941.

54 294. ID, Tätigkeitsbericht der Abt. IVa, 1. 7.–13. 7. 1941, BA-MA RH 26-294/90.

55 294. ID, KTB, Einträge 4. 8., 7. 8., 16. 8. 1941, BM-MA RH 26-294/10; IR 413, An 294. ID, 4. 8. 1941, BA-MA RH 26-294/11; 294. ID/Abt.IV d, D. Dr.Beyer, Ev. Divisionspfarrer, Tätigkeitsbericht für die Zeit vom 1. Juli bis 31. Oktober 1941, BA-MA RH 26-294/90.

56 294. ID/Abt. Ia, An IR 513, 2. 8. 1941, BA-MA RH 26-294/11.

57 294. ID/ Abt.IV d, D. Dr. Beyer, Ev. Divisionspfarrer, Tätigkeitsbericht für die Zeit vom 1. Juli bis 31. Oktober 1941, BA-MA RH 26-294/ 90; in dem Bericht erwähnt der Pfarrer auch die Themen einiger seiner Vorträge, so »Bolschewismus und Gottesglaube« oder »Tausend Jahre Kampf um Volk und Glaube im Osten«; an den insgesamt 12 solcher »Vortragsstunden« hätten 2930 Soldaten teilgenommen.

58 Jochen Klepper, Überwindung, Tagebücher und Aufzeichnungen aus dem Krieg, hg. von Hildegard Klepper, Stuttgart 1958, S. 206, 213; am 27. 9. 1941 wurde Klepper, trotz zahlreicher Eingaben seiner Vorgesetzten, aus dem Heer entlassen, weil er mit einer Jüdin verheiratet war; am 11. 12. 1942 ging er zusammen mit seiner Ehefrau und deren Tochter, die deportiert werden sollte, in den Tod, vgl. Jochen Klepper, Unter dem Schatten deiner Flügel. Aus den Tagebüchern der Jahre 1932–1942, hg. von Hildegard Klepper, Stuttgart 1956.

59 Vern. Karl Otto Kleikamp 29. 7. 1965, Strafsache Callsen.

60 Dem Aufdecken der zur Verschleierung der Verbrechen üblichen Sprachregelungen und Codierungen war in der ersten Wehrmachtsausstellung eines von insgesamt vier Kapiteln gewidmet, vgl. Hannes Heer, Verwischen der Spuren. Vernichtung der Erinnerung, in: Hamburger Institut, Vernichtungskrieg. Ausstellungskatalog, a. a. O., S. 160 –176, hier S. 167 ff.

61 Ebenda, S. 164.

62 Ebenda, S. 168 f.

63 Ebenda, S. 171, 173.

64 So auch Wolfram Wette, Die Wehrmacht. Feindbilder, Vernichtungskrieg, Legenden, Frankfurt/Main 2002, S. 200.

65 Karl Ruppert, Heeresarchiv Potsdam 1936–1945, in: Der Archivar, 3. Jg., 1950, Sp. 179 f.

66 Gerhard Enders, Die ehemaligen deutschen Militärarchive und das Schicksal der deutschen Militärakten nach 1945, in: Zeitschrift für Militärgeschichte, 1969, 8, S. 604.

67 Bestandsbeschreibung zum Vorspann »Reichsheer und Heer«, Stand 28. 5. 2001, BA-MA Freiburg.

68 Bei den Fehlakten der Panzergruppen und Armeen handelt es sich um die Abt. Ic, die Abt. VII der Militärverwaltung und die GFP, bei den Divisionen um die Abt. Ic. Fehlvermerke für 1941 gibt es bei der 31., 35., 45., 134., 137. und 258. Infanteriedivision.

69 Weisung des ehemaligen Generalfeldmarschalls Georg von Küchler an seine Mitarbeiter im Historical-Division-Lager Garmisch vom 7. 3 1947, zit. bei Bernd Wegner, Erschriebene Siege. Franz Halder, die »Historical Division« und die Rekonstruktion des Zweiten Weltkrieges im Geiste des deutschen Generalstabes, in: Politischer Wandel, organisierte Gewalt und nationale Sicherheit. Beiträge zur neueren Geschichte Deutschlands und Frankreichs. Festschrift für Klaus-Jürgen Müller, hg. von Ernst Willi Hansen und Bernd Wegner, München 1995, S. 287–302, hier S. 294 f.

70 Ebenda, S. 287.

71 Leo Geyr von Schweppenburg, Harte Tatsachen. Ein militärpolitisches Zeitbarometer. III. Fragebogen G. Westphal, in: Nachlaß Geyr von Schweppenburg, Bd. 43, Institut für Zeitgeschichte München Ed 91; ähnlich: ders., Erinnerungen, Nachlaß, Bd. 46, S. 6; die Berufung von Schweppenburgs war schon am 25. 5. 1945 durch das Hauptquartier der 7. US-Armee erfolgt, vgl. Nachlaß, Bd. 42; auf diesen Vorgang hat zum ersten Mal hingewiesen: Gerd Ueberschär, Generaloberst Halder. Generalstabschef, Gegner und Gefangener Hitlers, Göttingen-Zürich 1991, S. 95.

72 Christopher Simpson, Der amerikanische Bumerang. NS-Kriegsverbrecher im Sold der USA, Wien 1988.

73 Ueberschär, Generaloberst Halder, a. a. O., S. 93 f.
74 Charles Burdick, Vom Schwert zur Feder. Deutsche Kriegsgefangene im Dienst der Vorbereitung der amerikanischen Geschichtsschreibung über den Zweiten Weltkrieg, in: Militärgeschichtliche Mitteilungen, 1971, 2, S. 75.

3. Kapitel

1 Peter Hartl, Der Mutwilligen Zähmung. Kriegserlebnis und Vorstellungswelt von deutschen Soldaten an der Ostfront, in: Ruthard Stäblein (Hg.), Mut. Wiederentdeckung einer persönlichen Kategorie, Bühl/Moos 1993, S. 126.
2 Walter Luhan, Tagebuch (hs. Manus., Kopie), Privatarchiv; die Wiedergabe dieses Textes wie die aller folgenden Tagebuch- und Brieftexte erfolgt buchstaben- und zeichengetreu.
3 Hartl, Zähmung, a. a. O., S.113.
4 Carl von Clausewitz, Vom Kriege, Berlin, Leipzig 1915, S. 3 ff.
5 Luhan, 29. 6. 1941.
6 Siegbert Stehmann, Die Bitternis verschweigen wir. Feldpostbriefe 1940–1945, hg. von Gerhard Sprenger, Hannover 1992, S. 117 (29. 7. 1941).
7 Heinrich Böll, Briefe aus dem Krieg 1939–1945, hg. von Jochen Schubert, 2 Bände, Köln 2001, S. 954 (26. 11. 1943).
8 Lothar Hochschulz , ? 000 Kilometer durch die U. d. S. S. R. (ms. Manus., Kopie), Privatarchiv, S. 2 f.
9 Ebenda, S. 3 f.
10 Ebenda, S. 4 f.
11 Elias Canetti, Masse und Macht, Frankfurt/Main 1980, S. 249.
12 Hochschulz, S. 8.
13 Zeitzeugen-Dokument »Hättet Ihr nicht geschwiegen ...«. Nach authentischen, im Schützengraben tagtäglich minutiös geführten Tagebuchaufzeichnungen des damals 17- bis 23jährigen Dirk Bielefeld (ms. Manus., Kopie), Privatarchiv, S. 85.
14 Hochschulz, S. 3.
15 Haager Abkommen, betreffend die Gesetze und Gebräuche des Landkriegs vom 18. 10. 1907, zit. in: Hamburger Institut, Verbrechen der Wehrmacht. Ausstellungskatalog, a. a. O., S. 17.
16 Haager Landkriegsordnung, Artikel 22, zit. ebenda, S. 19.
17 Ebenda, S. 20 ff.
18 Hitler benutzte dabei als Vorwand, daß die Sowjetunion der Genfer Kriegsgefangenenkonvention von 1929 nicht beigetreten war und jede Erklärung unterlassen hatte, ob sie die 1907 noch vom Zaren unterzeichnete Haager Landkriegsordnung als rechts-

verbindlich betrachtete; unmittelbar nach dem Überfall der deutschen Wehrmacht erklärte die sowjetische Regierung ihre Bereitschaft, beiden Abkommen beizutreten, und unternahm entsprechende diplomatische Schritte; die deutsche Seite aber sabotierte, um »sich im Osten in jeder Hinsicht die Hände frei zu halten«, alle diese Initiativen, vgl. Streit, Keine Kameraden, a. a. O., S. 224–237, hier S. 228.

19 Richtlinien für die Behandlung politischer Kommissare, 6. 6. 1941, zit. Ueberschär/Wette, Der deutsche Überfall auf die Sowjetunion, a. a. O., S. 259 f.

20 Ebenda.

21 Anordnungen über die Behandlung sowjetischer Kriegsgefangener in allen Kriegsgefangenenlagern, 8. 9. 1941, zit. ebenda, S. 297; im Sinne dieser später fixierten Anordnung wurde schon von Beginn an verfahren, vgl. Der Chef der Sicherheitspolizei und des SD, Einsatzbefehl Nr. 8, 13. 7. 1941, zit. ebenda, S. 292 f.; OKH/Gen. z.b.V. beim ObdH, Betr.: Behandlung feindlicher Zivilpersonen und russischer Kriegsgefangener, 30. 7. 1941, zit. ebenda, S. 295 f.

22 Erlaß über die Ausübung der Kriegsgerichtsbarkeit im Gebiet »Barbarossa« und über besondere Maßnahmen der Truppe, 13. 5. 1941, ebenda, S. 252, und Richtlinien für das Verhalten der Truppe in Rußland, 19. 5. 1941, ebenda, S. 258.

23 Adolf Hitler, Mein Kampf, 613.–617. Aufl., München 1941, S. 199.

24 ObdH/1. Gen St Offz Nr. 165/41 g. Kdos., BA-MA, H 3/1.

25 Kennt ihr den Feind? BA-MA RH 26-102/7.

26 AOK 4/Ic, Merkblatt über Sowjetkriegführung (bis Komp.), 18. 6. 1941, BA-MA RH 24- 47/215.

27 VIII. AK/Ic, Tätigkeitsbericht 22. 6. 1941 – 31. 1. 1942, BA-MA RH 24-8/123; ähnlich: 10. ID (mot)/Ic, Feindnachrichtenblatt Nr. 5, 14. 7. 1941, BA-MA RH 26-10/69 b.

28 Ic-Ausbildung, Lehrgang B 1. 4. – 5. 4. 1941, Filmsaal OKW Berlin. Bendlerstr. 11–13, 3. Stock, BA-MA RH 27-19/15.

29 18. ID (mot)/Ic Tätigkeitsbericht, Eintrag 27./28. 6. 1941, BA-MA RH 26-18/55; Vernehmung eines russischen Gefangenen (24. 6. 1941), BA-MA RH 21-3/437; 293 ID/Ia, Zusammenfassender Bericht über den Einsatz der Division in der Zeit vom 27. bis 29. 6. 1941, 3. 7. 1941, BA-MA RH 26- 293/8; Schtz. Rgt. 25/ Ia , Betr: Gefangenenvernehmung 28. 7. 1941, BA-MA RH 27-12/49; IX. AK/ Ic Tätigkeitsbericht, Eintrag 28./29. 6. 1941, BA-MA RH 24-9/154; IR 20 (mot)/Ic, Abendmeldung an Division, 30. 6. 1941, BA-MA RH 26-10/69a

30 LIII. AK, Unser weiter Weg, (1941), S. 32; Bestätigung durch sowjetische Gefangene: 1. Kav.Div./Abt. Ic, An Gen. Kdo. XXIV.

AK-Ic, 16. 7. 1941, BA-MA RH 24-24/331; 3. Schtz. Brig., An 3. Pz. Div./Ic, 24. 7. 1941, BA-MA RH 27-3/175; Div. A.A. 23/Abt. II b, Betr.: Spähtrupp Knaack, Der 292. Division /über 23. Division, Vernehmung (über Vorfall 4. 8. 1941), 21. 8. 1941, BA-MA RH 26-292/54.

31 OKH, GenSt d H O.Qu IV. Abt. Fremde Heere Ost (II), Vortragsnotiz Sowjetunion, 29. 5. 1941, BA-MA RH 26–45/91, diese Einschätzung kursierte bei den Divisionen und wurde in deren Instruktionen z. T. wortgleich übernommen, vgl. 129. ID/Ic Feindnachrichtenblatt Nr. 1, 13. 6. 1941, BA-MA RH 26–129/29; Peter Bamm hat zudem auf die Möglichkeit hingewiesen, daß die »Verstümmelungen« von deutscher Seite inszeniert wurden, vgl. Peter Bamm, Die unsichtbare Flagge, München (1952), 1989, S. 116 f.

32 Der Befehlshaber der Pz.Gr. 3 , 28. 6. 1941, BA-MA RH 27-7/64; Gerke: Der Rußlandfeldzug der 23. Infanterie-Division (Bialystok–Minsk–Mogilew–Roslawl. Aufzeichnungen des Div. Nachschubführers, 5 Teile) Juli–Oktober 1941, S. 13, BA-MA RH 26-23/91.

33 Zit. in: Bernd Boll, Zloczow, Juli 1941: Die Wehrmacht und der Beginn des Holocaust in Galizien, in: Zeitschrift für Geschichtswissenschaft, Jg. 50, Heft 10, Oktober 2002, S. 899–917, hier S. 915; zu Lemberg: Hannes Heer, Einübung in den Holocaust: Lemberg Juni/Juli 1941, in: ZfG, Jg. 49, Heft 5, Mai 2001, S. 409-427.

34 [Johannes Schröder], Osnabrück 29. 8. 1939 Kriegstagebuch von 1939 bis ... (hs. Manus., Kopie), das Original befindet sich, zusammen mit 300 Fotos, im Besitz der Stadtverwaltung Georgsmarienhütte.

35 Martin Crusius (Feldpostbriefe vom 15. 6. bis 30. 9. 1941, hs. Manus., Kopie), Privatarchiv.

36 Ebenda, 30. 6. (1941).

37 Wolfgang Holzapfel, Und kam zurück ... damals im Osten (ms. Manus., Kopie), Privatarchiv, S. 17.

38 Ebenda, S. 26.

39 Heinz Wilhelmy, Aus meinem Leben, Speyer 1996, S.18.

40 Siegfried Knappe and Ted Brushaw, Soldat. Reflections of a German Soldier, 1936–1949, New York 1992, S. 193.

41 Jürgen Leonhardt, Hineingeboren in ein historisches Umfeld. Das Jahr 1941, (ms. Manus., Kopie), Schotten 1996, Privatarchiv, S. 21.

42 Hartl, Zähmung, a. a. O., S. 124 f.

43 Schröder, 7. und 10. 7. 1941.

44 Vgl. Kapitel 7, S. 249–273.

45 Holzapfel, S. 18.

46 Hamburger Institut, Verbrechen der Wehrmacht. Ausstellungskatalog, a. a. O., S. 123–127.
47 Vgl. Kapitel 2, S. 93.
48 Crusius, 21. 8. (1941); für ein Verbrechen von Deutschen spricht die 1998 erfolgte schriftliche Anfrage der Adressatin beim Autor.
49 Leonhardt, S. 23.
50 Ebenda, S. 20.
51 Ebenda, S. 23.
52 Hochschulz, S. 5 f.
53 Ebenda, S. 6.
54 Ebenda.
55 Ebenda, S. 6 f.; in dem Städtchen waren 16 vom NKWD Ermordete aufgefunden worden, was am 2. 7. 1941 Anlaß war für »ein Blutbad unter der jüdischen Bevölkerung in Bobrka durch die Ukrainer«, so der Bericht der 257. ID, vgl. 257. ID, Tätigkeitsbericht Ic, 3. 7. 1941, BA-MA RH 26-257/35.
56 Hochschulz, S. 11.
57 Ebenda, S. 6 f.
58 Hartl, Zähmung, a. a. O., S. 124 f., und Knappe, Soldat, a. a. O., S. 193.
59 Carl Schüddekopf, Krieg. Erzählungen aus dem Schweigen. Deutsche Soldaten über den Zweiten Weltkrieg, Hamburg 1997, S. 184.
60 Joachim Dollwet, Menschen im Krieg, Bejahung – und Widerstand? Eindrücke und Auszüge aus der Sammlung von Feldpostbriefen des Zweiten Weltkrieges im Landeshauptarchiv Koblenz, in: Jahrbuch für westdeutsche Landesgeschichte, 13. Jg., Koblenz 1987, S. 298 f.; von dem unbekannten Soldaten sind 40 Briefe und Karten aus dem Jahre 1941 erhalten.
61 Crusius, 30. 8. 41.
62 Birke Mersmann, »Was bleibt vom Heldentum?« Weiterleben nach dem Krieg, Berlin 1995, S. 34.
63 Canetti, Masse und Macht, a. a. O., S. 79.
64 Leonhardt, S. 41.
65 Mersmann, Heldentum, a. a. O., S. 273.
66 Ebenda, S. 252.
67 Ebenda, S. 276, 216.
68 Birke Mersmann, Interview mit Dieter Barth, unveröffentlicht.
69 Crusius, 30. 6. (1941).
70 Heinz Fiedler, Ein Stückchen Leben, 1998 (ms. Manus., Kopie), Privatarchiv, S. 29.
71 Mersmann, Heldentum, a. a. O., S. 218.
72 Hartl, Zähmung, a. a. O., S.114.

73 Mersmann, Heldentum, a. a. O., S. 249.
74 Ebenda, S. 215.
75 Vgl. Christopher Browning, Ganz normale Männer. Das Reserve-Polizeibataillon 101 und die »Endlösung« in Polen, Reinbek bei Hamburg 1993, S. 211.
76 Klepper, S. 206 (23. 8. 1941).
77 Ebenda, S. 213 (16. 9. 1941).
78 Stehmann, S. 49 f. (22. 9. 1940).
79 Ebenda, S. 123, 136 (28. 4., 23. 10. 1941).
80 Böll, S. 948 (15. 11. 1943).
81 Claus Hansmann, Vorüber – nicht vorbei. Russische Impressionen 1941–1943, Frankfurt/Main, Berlin 1989, S. 21.
82 Ebenda, S. 45, 81.
83 Wilhelmy, S. 29.
84 Ebenda, S. 30.
85 Ebenda, S. 35, 31.
86 Aufzeichnungen des Technischen Kriegsverwaltungsinspektors Edwin Grützner vom Rüstungskommando Kiew, 1941–1943, in: Die deutsche Wirtschaftspolitik in den besetzten sowjetischen Gebieten 1941–1941. Der Abschlußbericht des Wirtschaftsstabes Ost und Aufzeichnungen eines Angehörigen des Wirtschaftskommandos Kiew, hg. von Rolf-Dieter Müller, Boppard/Rhein 1991, S. 590 f. (19. 7. 1941).
87 Ebenda, S. 397 (21. 8. 1941).
88 Luhan, 17. 2. 1942.
89 Ebenda, 25. 2. 1941.
90 Holzapfel, S. 37.
91 Ebenda, S. 60.
92 Lothar Lothholz, Auf Spurensuche: Eintauchen in eine unvergessene Vergangenheit. Kriegstagebuch. Briefe – Dokumente – Erinnerungen vom 1. Februar 1943 bis 22. Mai 1945 (ms. Manus., Kopie), Archiv Hamburger Institut für Sozialforschung, S. 21 (20. 6. 1943).
93 Ebenda, S. 61 (13. 1. 1943).
94 Mersmann, Interview Barth, S. 30.
95 Ebenda, S. 6.
96 Ebenda, S. 29.
97 Wilhelmy, S. 41.
98 Ebenda, S. 13.
99 Grützner, S. 598 (21. 8. 1941).
100 Ebenda, S. 615 (13. 11. 1941).
101 Luhan, 25. 2. 1941.
102 Hansmann, S. 169 f.
103 Holzapfel, S. 58.

104 Mersmann, Interview Barth, S. 27.
105 Stehmann, S. 118 (9. 8. 1941).
106 Ebenda, S. 219 (29. 7. 1942).
107 Böll, S. 509 (18. 10. 1942).
108 Lothholz, S. 86 (21. 5. 1944).
109 Ebenda, S. 73 (16. 2. 1944).
110 Stehmann, S. 171 (21. 2. 1942).
111 Ebenda, S. 152, 157 (17. 12. 1941, 6. 1. 1942).
112 Böll, S. 714, 1023 (22. 4. 1943, 25. 4. 1944); ähnlich: S. 541, 741, 752 (28. 11. 1942, 2. 5. 1943, 8. 5. 1943).
113 Mersmann, Interview Barth, S. 31.
114 Hansmann, Vorüber – nicht vorbei, a. a. O., Autorennotiz.
115 Auskunft Luhan am 13. 6. 2003.
116 Mersmann, Interview Barth, S. 7.
117 Auskunft Grützners in einem Brief an Rolf-Dieter Müller vom 17. 10. 1986; für den gewerkschaftlichen Zusammenhang spricht die Tatsache, daß Grützner 1930/31 die Akademie der Arbeit in Frankfurt/Main besuchte; ich danke Rolf-Dieter Müller für die Einsicht in seine Korrespondenz mit Edwin Grützner.
118 Vgl. Kapitel 4, S. 171–181.
119 Wilhelmy, Aus meinem Leben, a. a. O., Nachwort von Klaus Enders, S. 297 ff.; Stehmann, Feldpostbriefe 1940–1945, a. a. O., Nachwort Gerhard Sprenger, S. 359 ff.
120 Fiedler und Klepper, vgl. Kapitel 2, Anm. 2 und 58.
121 Holzapfel, S. 5; Lothholz, letzte unpaginierte Seite.
122 Brief J. S. vom 8. 6. 1995.
123 Martin Schröter, Held oder Mörder. Bilanz eines Soldaten Adolf Hitlers, Wuppertal 1991, S. 76.

4. Kapitel

1 Die Bücher von Klepper, Stehmann und Wilhelmy entsprechen dem ersten Typ, die Publikation von Grützner und Bölls Niederschriften dürften auf ein Fachpublikum gezielt haben, nur Hansmanns Erinnerungen (mit Zeichnungen und Fotos des Autors) richteten sich an ein breiteres Publikum.
2 Ernst Jünger, Strahlungen, Kirchhorster Blätter, Tübingen 1949, S. 602; künftig wird nur das jeweilige Kapitel mit Datum vermerkt; für die vier Kapitel werden die folgenden Abkürzungen verwandt: PT 1 – Das Erste Pariser Tagebuch, KA – Kaukasische Aufzeichnungen, PT 2 – Das Zweite Pariser Tagebuch, KB – Kirchhorster Blätter.
3 Strahlungen, Vorwort, S. 16, 14, 11, 17.

4 Hans Speidel, Briefe aus Paris und aus dem Kaukasus, in: Freundschaftliche Begegnungen. Festschrift für Ernst Jünger zum 60. Geburtstag, hg. von Armin Mohler, Frankfurt/Main 1955, S. 182.
5 Ebenda.
6 PT 1, 8. 10. 1941.
7 PT 1, 2. 1.,18. 1., 20. 1. und 25. 1. 1942.
8 PT 1, 18. 2. und 2. 3. 1942.
9 PT 1, 2. 3. und 6. 3. 1942.
10 PT 1, 6. 3. , 12. 3., 30. 3. und 6. 4. 1942; schon am 5. 11. 1941 hatte Jünger von Genickschußanlagen berichtet, mit denen sowjetische Kriegsgefangene erschossen wurden.
11 PT 1, 2. 3. 1942.
12 PT 1, 6. 3. und 18. 2. 1942; zum Begriff und zur Form des Capriccios bei Jünger vgl. Helmuth Lethen, Die Grenzen der »Capriccios«. Kein neuer Goya (unv. Manus.). S. 10 ff.
13 PT 1, 30. 3. 1942.
14 PT 1, 8. 2. 1942; Speidel informierte ihn anhand der »Akten-Notizen«, die er aus dem OKW in Berlin mitgebracht hatte, und der Ausführungen, die Jodl dort über Hitlers »Absichten« gemacht hatte; an dieser Stelle spricht Jünger dezidiert von »Ausrottungsbestrebungen«, an anderer von der »Dezimierung der Juden« (12. 3. 1942).
15 PT 1, 18. 7. und 28. 7. 1942.
16 PT 1, 7. 6. und 18. 7. 1942.
17 PT 1, 18. 7. 1942.
18 Ulrich Herbert, Best. Biographische Studien über Radikalismus, Weltanschauung und Vernunft, 1903–1989, Bonn 1996, S. 262 ff.
19 Commandant Militaire en France, Obj. Prises d'otages, 23. 8. 1941 (Kopie und Übersetzung in französisch), BA-MA RW 35/32.
20 Der Militärbefehlshaber in Frankreich (MBfhFr)/Kommandostab (KdoSt) Abt. Ic, Anlage zum Lagebericht August 1941, Stimmung und innere Sicherheit, 25. 8. 1941, BA-MA RW 35/238.
21 Der MBfh Fr/KdoSt Abt. Ic, Anlage zum Lagebericht September 1941, 25. 9. 1941, BA-MA RW 35/238.
22 Der MBfhFr/KdoSt Abt.Ic, Anlage zum politischen Lagebericht Oktober 1941, 30. 10. 1941, BA-MA RW 35/238.
23 Robert O. Paxton, La France de Vichy 1940 – 1944, Paris 1973, S. 216.
24 Der MBfh Fr/KdoSt Abt. Ic, Anlage zum politischen Lagebericht Dezember 1941, 25. 12. 1941, BA-MA RW 35/238.
25 Herbert, Best, a. a. O., S. 312, 305.
26 Zu dem sich verschärfenden Konflikt zwischen dem Befehlshaber und dem Führerhauptquartier vgl. Herbert, Best, a. a. O., S. 298 ff.

27 Hans Speidel, Aus unserer Zeit. Erinnerungen, Berlin 1977, S. 110; die Denkschrift Jüngers, die als im Krieg vernichtet galt, ist jetzt im Literaturarchiv Marbach wiederentdeckt und veröffentlicht worden, vgl. Sven Olaf Berggötz, Eine Denkschrift von Ernst Jünger über die Geiselerschießungen in Frankreich 1941/42, in: Vierteljahreshefte für Zeitgeschichte, 51. Jg., 2003, Heft 3, S. 405–417.

28 Die unendlich ferne Würde. Debakel der Amtsprache: Ein Gespräch mit Helmut Lethen, in: Süddeutsche Zeitung, 14. 7. 2003; ähnlich: Christian Jostmann, Ausweg ins Verderben. Repression und Judenmord: Hintergründe eines Berichts, ebenda.

29 Vgl. Bekanntmachung! Paris, den 21. August 1941, (gez.) Der Militärbefehlshaber in Frankreich, Abdruck aus »Pariser Zeitung«, 22. 8. 1941, und MBfh Fr/KdoSt Abt. Ic, Anlage zum Lagebericht August 1941, 25. 8. 1941, BA-MA RW 35/ 238.

30 PT 1, 29. 11. und 8. 12. 1941.

31 PT 1, 10. 12. 1941.

32 PT 1, 7. 12. 1941.

33 PT 1, 13. 11. 1941.

34 PT 1, 18. 10. 1941.

35 PT 1, 3. 12. 1941.

36 PT 1, 18. 11. 1941.

37 Herbert, Best, a. a. O., S. 304 f.; MBfh Fr/Verwaltungs Stab Abt.Verwaltung, Erlaß, Betreff: Deportationen nach dem Osten als Sühnemaßnahme, 10. 4. 1942, BA-MA RW 35/32.

38 PT 1, 8. 2. 1942.

39 PT 1, 23. 2. 1942; in den späteren Editionen steht statt »unterbrechen« das moderatere Verb »drosseln«.

40 Am 23. 3. 1942 erfolgte der erste Transport von Compiègne nach Auschwitz, vgl. Herbert, Best, a. a. O., S. 305.

41 Briefe von Clemens Graf Podewils an Jünger vom 8. 4., 15. 4. und 27. 4. 1942, Nachlaß Ernst Jünger, Literaturarchiv Marbach.

42 Brief Graf Podewils vom 20. 6. 1942, ebenda.

43 Brief Grüninger vom 15. 4. 1942, ebenda.

44 Brief Grüninger vom 8. 5. 1942, ebenda.

45 Brief Hans Speidel vom 28. 4. 1942, ebenda.

46 Für die letztere Version macht sich Lethen stark: Grenzen der »Capriccios«, a. a. O., S. 1.

47 Helmuth Kiesel (Hg.), Briefwechsel Ernst Jünger – Carl Schmitt. Briefe 1930 bis 1983, Stuttgart 1999, S. 148 (Brief vom 10. 10. 1942).

48 Zit. bei Heimo Schwilk (Hg.), Ernst Jünger. Leben und Werk in Bildern und Texten, Stuttgart 1988, S. 190 (Brief vom 9. 10. 1942).

49 Bernd Wegner, Der Krieg gegen die Sowjetunion 1942/43, in: Militärgeschichtliches Forschungsamt (Hg.), Das Deutsche Reich und der Zweite Weltkrieg, Bd. 6, Stuttgart 1990, S. 761 ff., 927 ff.
50 KA, 26. 11. 1942.
51 Andrej Angrick, Besatzungsspolitik und Massenmord. Die Einsatzgruppe D in der südlichen Sowjetunion 1941–1943, Hamburg 2003, S. 574f., 577f.
52 Ebenda, S. 578–625.
53 AOK 17, Tätigkeitsbericht Ic/AO, Einträge 19. 7., 23. 7., 25. 7., 29. 7., 7. 8. 1942, BA-MA RH 20-17/353; AOK 17, Tätigkeitsbericht Ic/AO, Einträge 26.–28. 8., 9. 9., 17. 9., 24. 10., 12. 11., 23. 11. 1942, BA-MA RH 20-17/367.
54 Angrick, Einsatzgruppe D, a. a. O., S. 583–618; Wassili Grossmann, Ilja Ehrenburg (Hg.), Das Schwarzbuch. Der Genocid an den sowjetischen Juden, Reinbek bei Hamburg 1994, S. 410–428.
55 Angrick, Einsatzgruppe D, a. a. O., S. 587f.
56 Ebenda, S. 574, 589f.
57 Ebenda, S. 618.
58 OKH, General z. b. V. b. OKH/Heerwes. Abt. 8. 6. 1942, BA-MA RH 28-1/162.
59 Mit dem Befehlshaber von Kleist hatte Jünger, wie er erst später miteilte, auch über Hitler gesprochen, vgl. KB, 15. 12. 1944.
60 KA, 31. 12. 1942; dieser verräterische Passus fehlt in den späteren Editionen.
61 KA, 7. 1. 1943; Jünger hat den Abwehroffizier rückblickend als einen »der wenigen humanen Typen in seinem Metier« bezeichnet. Diese Passage wurde in den späteren Editionen gestrichen.
62 PT 2, 22. 1. 1944.
63 Jan Philipp Reemtsma will in den komplizierten Montagen mit ihren verborgenen Subtexten keine Technik sehen, sondern nur Ausdruck einer »Unfähigkeit« der Beschreibung: »ungeheuer geschwätzige« Passagen und »leeres Gerede«, vergleichbar dem Stil von Karl Mays religiösen Exkursen, vgl. Jan Philipp Reemtsma, »Es schneit der Wind das Ärgste zu«. Ernst Jünger im Kaukasus, in: ders., Mord am Strand. Allianzen von Zivilisation und Barbarei. Aufsätze und Reden, Hamburg 1998, S. 321.
64 KA, 30. 11. 1942.
65 PT 1, 18. 5. 1942.
66 PT 1, 16. 7. 1942.
67 Im Herbst 1944 aus der Armee entlassen und konfrontiert mit den besiegten Deutschen, die, nach Jünger, jetzt den Juden glichen, begann er mit der Niederschrift der Erzählung, vgl. KB, Einträge 28. 8. bis 23. 11. 1942.
68 KA, 29. 11. 1942.

69 Ernst Jünger, Über Nationalsozialismus und Judenfrage, in: Süddeutsche Hefte, 27, 1930, S. 844 ff.

70 Arminius 1927, zit. in: Gilbert Merlie, Jünger und Spengler, in: Peter Koslowski (Hg.), Die großen Jagden des Mythos. Ernst Jünger in Frankreich, München 1996, S. 45.

71 Ernst Jünger, Schlußwort zu einem Aufsatz, in: Die Kommenden, 5, 1930, 8. Folge, S. 90.

72 PT 1, 23. 7. 1942, 15. 5. 1943, 9. 12. 1943.

73 Louis Dupeux, der »Neue Nationalismus« Ernst Jüngers 1925 bis 1932. Vom heroischen Soldaten zur politisch-metaphysischen Totalität, in: Koslowski, Die großen Jagden des Mythos, a. a. O., S. 35.

74 PT 1, 12. 3.1942; in den späteren Ausgaben ist diese Formulierung durch einen hinzugefügten Satz abgeschwächt worden.

75 KA, 29. 11. 1942.

76 Angrick, Einsatzgruppe D, a. a. O., S. 645 f.; die in Stawropol, dem damaligen Woroschilowsk, erscheinende Zeitung »Wetscherny Stawropol« machte in ihrer Nr. 99 vom 24. 5. 1997, gestützt auf das Tagebuch eines Überlebenden, genauere Angaben: danach hätten schon deutsche Soldaten am 3. 8. 1942, also unmittelbar nach der Besetzung, aus dem Krankenhaus geflüchtete, nervenkranke Rotarmisten erschossen, ab dem 5. August seien dann 660 psychisch Kranke aus den städtischen Krankenhäusern bzw. vom Gut Molotschnyj vergast worden.

77 KA, 1. 12. 1942.

78 KA, 16. 12. 1942.

79 AOK 17/Ic Tätigkeitsbericht, Einträge 23. 7., 29. 7., 7. 8. 1942, BA-MA RH 20-17/353.

80 AOK 17/Ic/AO, Betr.: Geschäftsführung des Stabes, 5. 12. 1942, BA-MA RH 20-17/380.

81 AOK 17/Tätigkeitsberichte Ic/AO, Eintrag 28. 8. 1942, BA-MA RH 20-117/367.

82 Der kommandierende General der Sicherungstruppen und Befehlshaber im Heeresgebiet A/Ia, Diensteinteilung (Stand 20. 11. 1942), BA-MA WF 03/13351, Bl. 410–420.

83 Feldkommandantur 538/Abt. VII, An Korück 550, Monatsmeldungen über die politische und wirtschaftliche Lage sowie Stand der Propaganda, Monat November 1942, 1. 12. 1942, BA-MA RH 20-17/709.

84 Korück 550/ Abt. Qu., Befehl Nr. 61 für Einsatz der Ordnungsdienste, 2. 10. 1942, BA-MA RH 23/42.

85 Korück 550/Abt. Qu., Befehl Nr. 64 für Einsatz der Ordnungsdienste, 5. 10. 1942, BA-MA RH 23/42.

86 1. Gebirgs-Division/Ic, Vernehmungsniederschrift, 2. 9. 1942, BA-MA RH 28-1/161.

87 KA, 10. 12. 1942.

88 Bei K. handelt es sich um den zum »Bandenbevollmächtigten« der Armee ernannten Major Weiner, vgl. AOK 17/Ic-Tätigkeitsbericht, Eintrag 13. 10. 1942, BA-MA RH 20-17/366.

89 KA, 11. 12. 1942.

90 AOK 17/Abt Ic, Tagesmeldungen XXXXIX. AK 22. 8. 1942, V. AK 23. 8. und 29. 8. 1942, BA-MA RH 20-17/372; FK 538 (V) Abt. VII., Lagebericht für die Zeit vom 16. 8. bis 15. 9. 1942, 16. 9. 1942, BA-MA RH 20-17/709; XXXXIV. AK/Abt. Ic, Ic- Morgenmeldung, An AOK 17, 27. 8. 1942, BA-MA RH 24-44/204.

91 XXXXIX. AK/Tätigkeitsbericht Ic 7. 8.–17. 12. 1942, S. 59 ff., BA-MA RH 24- 49/186.

92 Korück 550, Betr: Bandenbekämpfung, 5. 9. 1942, BA-MA RH 23/41.

93 AOK 17/Abt. Ic, Tagesmeldung V. AK 28. 11. 1942, BA-MA RH 20-7/374.

94 AOK 17/Ic-Tätigkeitsbericht, Eintrag 12. 11. 1942, BA-MA RH 20-7/366.

95 AOK 17 OQu/VII, FK 538 (V) Lagebericht 16. 11.–15. 12. 1942, 16. 12. 1942, BA-MA RH 20-17/709.

96 97. Jäger-Division/Ia, Führungsanordnung Nr. 3, 22. 9. 1942, BA-MA RH 20-97/53.

97 AOK 17/Abt. Ic, Ic-Morgenmeldung 5. 11. 1942 und Ic-Tagesmeldung 19. 11. 1942 des XXXXIV. AK, BA-MA RH 20-17/374; XXXXIV. AK/Abt. Ic, Ic-Morgenmeldung an AOK 17, 28. 8. 1942, BA-MA RH 24-44/204; der Gegenbefehl der Armee wird zitiert bei Angrick, Die Einsatzgruppe D, a. a. O., S. 666.

98 PT 1, 28. 7. 1942.

99 KA, 11. 12. 1942.

100 KA, 12. 12. 1942.

101 KA, 11. 12. 1942.

102 Ebenda.

103 KA, 12. 12. 1942.

104 Ebenda.

105 PT 1, 6. 3. 1942.

106 KA , 6. 12. 1942.

107 KA, 12. 12. 1942.

108 Ernst Jünger, Das abenteuerliche Herz. Figuren und Capriccios, Hamburg 1938/40, S. 134.

109 Ebenda, S. 136, 135.

110 Ebenda, S. 116f.

111 Ebenda, S. 129, 131.

112 Ebenda, S. 116.

113 PT 1, 7. und 14. 6. 1942.

114 PT 1, 9. 7. 1942.
115 KA, 19. 12. 1942.
116 Ebenda.
117 KA, 21. und 22. 12. 1942
118 KA, 1. 1. 1943.
119 KA, 18. 12. 1942.
120 Briefwechsel Jünger – Schmidt, a. a. O., S. 152.
121 KA, 19. , 21. und 22. 12. 1942.
122 KA, 31. 12. 1942; Reemtsma führt die »moralische Verstörung« Jüngers auf dessen »Unfähigkeit zur Adaption« an die abstumpfende Maschinenwelt des Vernichtungskrieges zurück, vgl. Reemtsma, Jünger im Kaukasus, a. a. O., S. 321, 348; für Lethen ist der Zustand von »Schock und Depression«, den Jünger im Kaukasus erlebt, nur eine dramaturgisch notwendige Sequenz in den nach dem Muster des »deutschen Entwicklungsromans« konstruierten Tagebüchern, vgl. Lethen, Grenzen der »Capriccios«, a. a. O., S. 31.
123 KA, 31. 12. 1942.
124 KA, 3. 1. 1943.
125 KA, 4. 1. 1943.
126 XXXXIX. AK/Abt. OQu, Funkspruch an Armeegruppe Ruoff, 10. 9. 1942; AOK 17/Abt. OQu, Funkspruch an OK I/920 Tscherkessk, 11. 9. 1942, BA-MA RH 20-17/593.
127 Korück 550/Abt. Qu/IVa, An AOK 17/OQu, Betr.: Teberda, 22. 9. 1942, BA-MA RH 23/41.
128 Nach dem Bericht eines Zeitzeugen in der Zeitung »Lerzinskoje Snama«, Nr. 241, 3. 12. 1982.
129 Ebenda, 22. 6. 1982.
130 Bericht der Außerordentlichen Staatlichen Kommission über die Verbrechen im Gebiet Stawropol, zit. bei Angrick, Einsatzgruppe D, a. a. O., S. 651.
131 Originalmanuskript im Literaturarchiv Marbach.
132 Bernd Hüppauf sieht in den beschriebenen Defiziten gerade die Stärken des Textes und sieht darin den Beleg für ein »Gegenmodell« zu Jüngers »Stahlgewittern«; er warnt davor, das Tagebuch als »Zeitdokument« zu lesen, vgl. Bernd Hüppauf, Unzeitgemäßes über den Krieg. Ernst Jünger: Strahlungen (1938–48), in: Hans Wagner (Hg.), Von Böll bis Buchheim: Deutsche Kriegsprosa nach 1945, Amsterdam, Atlanta, GA 1997, S. 29, 25.
133 Alfred Andersch, 80 und Jünger, in: Alfred Andersch, Öffentlicher Brief an einen sowjetischen Schriftsteller, das Überholte betreffend. Reportagen und Aufsätze, Zürich 1977, S. 101 ff.
134 Strahlungen (1949), Einleitung, S. 9.
135 PT 2, 8. 7., 10. 7. ,13. 7. 1943.

136 PT 2, 30. 7. 1943.
137 PT 2, 21. 4., 24. 4., 13. 5. 1943.
138 PT 2, 1. 9. 1943.
139 PT 2, 16. 10. 1943.
140 PT 2, 3. 7. 1944.
141 PT 2, 26. 7., 27. 7. 1943.
142 PT 2, 6. 8., 7. 8. 1943.
143 PT 2, 22. 4. 1944; ähnlich 30. 7. 1944.
144 KB, 28. 3. 1945; ähnlich 18. 10. 1944.
145 PT 2, 4. 9. 1943; ähnlich 22. 6. 1943.
146 PT 2, 4. 9., 24. 9. 1943; KB, 14. 2. 1945.
147 PT 2, 13. 2.1943.
148 KA, 23. 12. 1942.
149 PT 2, 16. 4. 1943.
150 PT 2, 3. 4. 1944; ähnlich PT 2, 28. 10. 1943, 15. 3. 1944, und KB, 4. 1., 5. 1. 1945.
151 Ernst Jünger, Der Waldgang, in: Sämtliche Werke, Bd. 7, Stuttgart 1980, S. 302 f.
152 Ebenda, S. 360.
153 Ebenda, S. 334.
154 Ebenda, S. 337.
155 KB, 29. 3. 1945.
156 Ernst Jünger, Über die Linie, in: Sämtliche Werke, Bd. 7, Stuttgart 1980, S. 266.
157 Ebenda, S. 268.
158 KB, 14. 1. 1945.
159 Anders Bernd Hüppauf, der in den Kesselschlachten und Gefangenenlagern auch Synonyme für die Vernichtungslager sehen will, vgl. Bernd Hüppauf, Wherof Ernst Jünger cannot speak, thereof he can also not be silent: an early example of ›forgetting‹ the Holocaust, in: Andrew Bonell et al. (ed.), Power, Conscience and Opposition. Essays in German History in Honour of John A. Moses, New York 1996, p. 353.
160 Über die Linie, S. 269; es spricht vieles dafür, das Motiv und den Beginn der Idealisierung der deutschen Jugend, die er vorher immer wieder scharf kritisiert hatte, auf den Tod seines Sohnes zurückzuführen.
161 Der Waldgang, S. 345.
162 Ebenda, S. 370 f.
163 Ebenda, S. 371.
164 Ebenda, S. 372.
165 Strahlungen (Vorwort), S. 9.
166 PT 2, 7. 3.1944.
167 PT 2, 6. 8.1943.

168 PT 2, 22. 7. 1944 und PT 1, 10. 12. 1941.
169 PT 2, 6. 8. 1943.
170 KB, 26. 1. 1945; ähnlich PT 1, 6. 3. 1942, KA, 11. 12. 1942, und PT 2, 17. 8. 1943.
171 PT 1, 8. 2. 1942.
172 Über die Linie, S. 243 ff., 248 ff., 252, 243.
173 PT 2, 11. 9. 1943.
174 Vgl. Hüppauf, Wherof Ernst Jünger cannot speak, a. a. O., S. 358.
175 Lethen, Die Grenzen der »Capriccios«, a. a. O., S.32.
176 Peter de Mendelsohn, Gegenstrahlungen. Ein Tagebuch zu Ernst Jüngers Tagebuch, in: Der Monat, 2. Jg., 1949, Nr. 14, S. 159.

5. Kapitel

1 Vgl. S. 159f.
2 Böll, Briefe aus dem Krieg, a. a. O., künftig zitiert als: KB I und KB II; hier: KB II, S. 984 (26. 1. 1944).
3 KB II, S. 1056 f. (5. 6. 1944).
4 KB II, S.1062 f. (10. 6. 1944).
5 Zur Geschichte dieser ersten schriftstellerischen Arbeiten vgl. Heinrich Böll, Werke, Kölner Ausgabe, Bd. 2, 1946–1947, hg. von James H. Reid, Köln 2002, S. 427 ff.
6 Brief Heinrich Böll vom Oktober 1948, in: Die Hoffnung ist wie ein wildes Tier. Der Briefwechsel zwischen Heinrich Böll und Ernst-Adolf Kunz 1945–1953, hg. von Herbert Hoven, Köln 1994, S. 143.
7 Heinrich Böll, Kreuz ohne Liebe, in: Böll, Werke, Bd. 2, S. 162; künftig zit. KOL
8 KOL, S. 342.
9 KOL, S. 423.
10 Zur widersprüchlichen Datierung der Entstehung des Romans vgl. Böll, Werke, Bd. 2, S. 478 ff.
11 Zit. in Axel Schildt, Die Rettung des christlichen Abendlandes – »Neues Abendland« und »Abendländische Akademie«, in: ders., Zwischen Abendland und Amerika. Studien zur westdeutschen Ideenlandschaft der 50er Jahre, München 1999, S. 39.
12 Zit. in Böll, Werke, Bd. 2, S. 479.
13 Brief Heinrich Böll vom 4. 6. 1947, in: Briefwechsel Böll – Kunz, a. a. O., S. 30.
14 Zit. Böll, Werke, Bd. 2, S. 480.
15 Ebenda, S. 481; KOL, S. 409, 411 f.
16 In den Entwürfen des Romans finden sich z. T. präzisere Benennungen der nationalsozialistischen Verbrechen als in der Druck-

fassung, so z. B. zur Ausrottung der Juden und Zigeuner, aber auch zur täglichen Angst vor Denunziation und Verhaftung, vgl. Böll, Werke, Bd. 2, S. 490, 492; auf solche Stellen hätte man bei einer gewünschten Korrektur sofort zurückgreifen können.

17 KOL, S. 158, 258, 158.

18 KOL, S. 169, 161.

19 KOL, S.161, 163.

20 KOL, S. 424, 170.

21 KOL, S. 160.

22 KOL, S. 170, 423.

23 KOL, S. 304, 345.

24 KOL, S. 242, 293.

25 KOL, S. 409.

26 KOL, S.423 f.

27 Vgl. Hannes Heer, »Die große Maskerade des Bösen«. Dietrich Bonhoeffers Bild und Bewertung des Nationalsozialismus, in: Zeitschrift für Geschichtswissenschaft, 49. Jg., 2001, 12, S. 1074 bis 1096, hier S. 1090 ff.

28 Schildt, Die Rettung des christlichen Abendlandes, a. a. O., S. 33.

29 Ebenda, S. 32, 43.

30 Brief Ernst-Adolf Kunz vom 20. 7. 1947, in: Briefwechsel Böll–Kunz, a. a. O., S. 34.

31 Brief Heinrich Böll (undatiert), zit. Böll, Werke, Bd. 2, S. 480.

32 Chronik 1917–1945, in: KB II, S. 1500 ff.

33 Gemeint ist die Stationierung in Saint-Valéry-sur-Somme vom 25. 11. 1942 bis 13. 1. 1943, vgl. KB I, S. 545 ff., 1. 12. 1941.

34 KOL, S. 230, 238.

35 KOL, S. 240.

36 KOL, S. 257.

37 KOL, S. 343; den Terror der SS in Polen hatte Böll während seiner Stationierung in Bromberg selbst erlebt bzw. von polnischen Bekannten erzählt bekommen, vgl. Heinrich Böll, Eine deutsche Erinnerung. Interview mit René Wintzen, Köln 1978, S. 127.

38 KOL, S. 366 f.

39 KOL, S. 375.

40 KOL, S. 375, 370.

41 Über die Verbrechen der Wehrmacht in der Sowjetunion, die den Hintergrund für die dramatische und folgenreiche Begegnung der beiden Brüder bilden, war Böll durch Erzählungen von Kameraden der 106. Infanteriedivision informiert, die 1941/42 an der Ostfront eingesetzt war und wegen der hohen Verluste in Frankreich im Sommer 1942 neu aufgestellt wurde; Bölls Regiment wurde der Division unterstellt; mit dem Kompaniechef, einem jungen Leut-

nant, verstand er sich ausgezeichnet, vgl. KB I, S. 321 ff., 9. 5. 1942 und Kommentar des Herausgebers in: KB II, S. 1278.

42 KOL, S. 375, 369.

43 KOL, S. 386 f.

44 KOL, S. 415.

45 Diese Lesart wurde in einem zweiten erklärenden Brief an Böll verdeutlicht, in dem der Verlag gegen die Darstellung des militärischen Personals »nur nach der Schattenseite« einwandte, daß es doch »sicherlich viele Soldaten gegeben hat, die sehr anständig gegenüber ihren Untergebenen gehandelt haben und die sich insbesondere persönlich selbst in der Uniform nicht wohlgefühlt haben«, vgl. Brief des Verlages Johann Wilhelm Naumann vom 16. 6. 1948, zit. in: Böll, Werke, Bd. 2, S. 480 f.

46 Maxim Billers Vorwurf an die frühe deutsche Nachkriegsliteratur, sie habe die Opfer von Hitlers Wehrmacht »vergessen« gemacht und die Soldaten zu den »einzigen Opfern« stilisiert, ist für Bölls ersten, unveröffentlichten Roman unzutreffend, trifft aber für seine folgenden Bücher zum Thema Krieg zu, vgl. Maxim Biller, Unschuld mit Grünspan. Wie die Lüge in die deutsche Literatur kam, Frankfurter Allgemeine Zeitung, 13. 2. 1998.

47 Jörg Echternkamp, Wut auf die Wehrmacht? Vom Bild der deutschen Soldaten in der unmittelbaren Nachkriegszeit, in: Müller/Volkmann, Die Wehrmacht, a. a. O., S. 1059–1080; Norbert Frei, Karrieren im Zwielicht. Hitlers Eliten nach 1945, Frankfurt/Main 2001.

48 Schildt, Die Rettung des christlichen Abendlandes, a. a. O., S. 42.

49 Ebenda.

50 Ebenda, S. 43.

51 So führte die Zeitschrift 1951 eine heftige Polemik gegen den von ihr lange als Aushängeschild benutzten prominenten katholischen Schriftsteller Reinhold Schneider, als dieser sich gegen die Wiederbewaffnung aussprach, vgl. Schildt, Die Rettung des christlichen Abendlandes, a. a. O., S. 51.

52 Brief Heinrich Böll (undatiert), zit. Böll, Werke, Bd. 2, S. 480.

53 Ebenda.

54 Der Schweizer Verleger Scherz hatte einen bereits geschlossenen Vertrag aufgekündigt, auch der deutsche Verleger Desch schreckte zurück, vgl. Tagebucheintrag, 22. 3. 1952, in: Erich Maria Remarque, Das unbekannte Werk, hg. von Thomas F. Schneider und Tilman Westphalen, Bd. 5, Köln 1998, S. 469.

55 Der Autor führte zahlreiche Interviews mit Überlebenden und benutzte Eugen Kogons »Der SS-Staat«, einen Bericht über das KZ Buchenwald, als Quelle, vgl. Wilhelm von Sternburg, »Als wäre alles das letzte Mal«. Erich Maria Remarque. Eine Biographie,

Köln 1998, S. 356; vgl. die Rechnung für die Recherchen in einem Brief an den amerikanischen Verleger, in: Remarque, Das unbekannte Werk, a. a. O., S. 158 f.

56 Von Sternburg, »Als wäre alles das letzte Mal«, a. a. O., S. 375.

57 Erich Maria Remarque, Zeit zu leben und Zeit zu sterben, Köln 1998, S. 18, künftig zit. als ZL.

58 ZL, S. 17.

59 ZL, S. 372.

60 ZL, S. 58

61 ZL, S. 372.

62 ZL, S.44 f.

63 ZL, S. 177f.

64 ZL, S. 37f.

65 ZL, S.12.

66 ZL, S. 138.

67 ZL, S. 188.

68 ZL, S. 398.

69 Auf welche Quellen sich der genau recherchierende Autor diesmal gestützt hat, ist nicht zu rekonstruieren; wie seine Tagebücher und Briefe zeigen, war er ein unersättlicher Zeitungsleser; neben Gesprächen mit Zeitzeugen dürfte die Hauptquelle das Tribunal in Nürnberg mit den zwei Wehrmachtsprozessen gewesen sein.

70 Erich Maria Remarque, Zeit zu leben und Zeit zu sterben, Köln 1954.

71 ZL, S. 389.

72 Thomas F. Schneider, »Und Befehl ist Befehl. Oder nicht?«. Erich Maria Remarque: Zeit zu leben und Zeit zu sterben (1954), in: Wagener, Von Böll bis Buchheim, a. a. O., S. 238.

73 Ebenda, S. 245 f.

74 Ebenda, S. 246, 241.

75 Klaus Körner, »SBZ von A–Z«. Die sieben Verlage des Berend von Nottbek, in: Börsenblatt für den deutschen Buchhandel, Nr. 34, 30. April 1999, S. 188–213; Leserbrief Werner Schroeder, Ergänzung zu Berend von Nottbek, in: Börsenblatt für den deutschen Buchhandel, Nr. 60, 30. Juli 1999, S. 439.

76 Remarque, Das unbekannte Werk, a. a. O., S. 495.

77 Auf diese weist mit guten Argumenten Schneider hin, vgl. Befehl ist Befehl, a. a. O., S. 240.

78 Remarque, Das unbekannte Werk, a. a. O., S. 495.

79 Vgl. Angelika Howind und Thomas F. Schneider, »Weiterschweigen heißt seine Schuld eingestehen«. Zeit zu leben und Zeit zu sterben: Die Zensur eines Antikriegsromans in der BRD und ihre Revision, in: Krieg und Literatur/War and Literature 1 (1989), Heft 2, S. 79–142.

80 F. C. Weiskopf, Die politischen Valenzen des Dr. Witsch oder Der kastrierte Remarque, in: Neue Deutsche Literatur, 1955, Heft 2, S. 99–107.

81 Brief von Joseph Caspar Witsch, abgedruckt in der Rhein-Neckar-Zeitung vom 19. 10. 1954, zit. in: Weiskopf, Die politischen Valenzen des Dr. Witsch, a. a. O., S. 100 f.; die *Neue Deutsche Literatur* druckte später parallel zu der im Aufbau-Verlag erschienenen zensierten Lizenzausgabe des Romans die eliminierten Stellen ab, vgl. Neue Deutsche Literatur, 1957, Heft 4, S. 108–126.

82 Weiskopf, Die politischen Valenzen des Dr. Witsch, a. a. O., S. 107.

83 Bamm, Die unsichtbare Flagge, a. a. O., S. 307; künftig zit. UF.

84 UF, S. 370.

85 UF, S. 17, 19.

86 UF, S. 19.

87 UF, S. 55, 39, 30, 31.

88 UF, S. 57, 187.

89 UF, S. 27, 151, 207.

90 UF, S. 58.

91 UF, S. 59.

92 UF, S. 198.

93 UF, S. 70.

94 UF, S. 63, 140f.

95 UF, S. 230 ff., 202 f.

96 UF, S. 140, 171.

97 Kav. Regiment Fürst von Urach, Verkürzter Tätigkeitsbericht vom 18. 6. bis 24. 8. 1942, 24. 8. 1941, BA-MA RH 23/14.

98 Der Kommandant des rückwärtigen Armeegebietes 531 sprach dem Regimentskommandeur dafür eine Rüge aus und verbot die weitere Beteiligung an »Sondermaßnahmen gegen Juden«, vgl. Korück 531/Abt. Qu, An Kav. Regt. Kdr. Fürst von Urach, Betr.: Erschießungen, 20. 8. 1942, BA-MA RH 23/14; vgl. Kap.4, S. 150.

99 UF, S. 171.

100 UF, S. 170.

101 UF, S. 58, 76.

102 UF, S. 58 f.

103 UF, S. 124.

104 UF, S. 74, 78, 59.

105 UF, S. 125 ff., 172 ff., 215, 242, 268, 300, 303, 365 und S.125 f. und S. 188, 190, 199.

106 UF, S. 268.

107 UF, S. 369.

108 UF, S. 106, 116 f.

109 UF, S. 76.

110 UF, S. 74

111 UF, S. 76.
112 UF, S. 150.
113 UF, S. 173, 183.
114 UF, S. 76.
115 Bamm hatte in einem vom Propagandaministerium lancierten und vom Reichspressechef eingeleiteten Sammelband die Kontinuität des Ersten und Zweiten Weltkriegs gefeiert, vgl. ders., Chemin des Dames 1940, in: Das heldische Jahr. Front und Heimat berichten den Krieg, hg. von Wilfrid Baade und Wilmont Haacke, Berlin 1941, S. 24–27.
116 UF, S. 74.
117 UF, S. 152 f.
118 Hannah Arendt, Eichmann in Jerusalem. Ein Bericht von der Banalität des Bösen, München 2000 (Erstauflage 1964), S. 346.

6. Kapitel

1 Vgl. Maxim Biller, Unschuld mit Grünspan. Wie die Lüge in die deutsche Literatur kam, Süddeutsche Zeitung, 13. 2. 1998; Billers These, daß die Nachkriegsautoren als ehemalige Soldaten nie von sich als Tätern, sondern immer nur von sich als Opfer gesprochen hätten, fand auf einer Tagung in Tutzing weitgehende Bestätigung durch die Literaturwissenschaft: Harald Staun, Heinrich in der Hölle. Leidet deutsche Literatur an einer Lüge? Süddeutsche Zeitung, 9. 2. 1999.
2 Schon die Titel verraten, unabhängig vom Erscheinungsdatum, diese Linie: Adolf Heusinger, Befehl im Widerstreit, Tübingen 1950; Lothar Rendulic, Gekämpft, gesiegt, geschlagen, Wels 1952; Hermann Foertsch, Schuld und Verhängnis, München 1954; Erich von Manstein, Verlorene Siege, Bonn 1955; Hans Frießner, Verratene Schlachten, Hamburg 1956; Edgar Röhricht, Pflicht und Gewissen, Stuttgart 1965; Curt Siewert, Schuldig?, Bad Mergentheim 1968; Alexander Stahlberg, Die verdammte Pflicht, Frankfurt/Main, Berlin 1987; Jochen Löser, Bittere Pflicht, Osnabrück 1988; Ulrich de Maizière, In der Pflicht, Herford, Bonn 1989; Hans von Luck, Gefangener meiner Zeit, Herford, Bonn 1991; zur Memoirenliteratur der Soldatengeneration vgl. Friedrich Gerstenberg, Strategische Erinnerungen. Die Memoiren deutscher Offiziere, in: Heer/Naumann, Vernichtungskrieg, a. a. O., S. 620–629, und Rolf Düsterberg, Soldat und Kriegserlebnis. Deutsche militärische Erinnerungsliteratur (1945–1961) zum Zweiten Weltkrieg. Motive. Begriffe. Wertungen, Tübingen 2000.

3 Michael Schornstheimer, Die leuchtenden Augen der Frontsoldaten. Nationalsozialismus und Krieg in den Illustriertenromanen der fünfziger Jahre, Berlin 1995; Walter Nutz, Der Krieg als Abenteuer und Idylle. Landser-Hefte und triviale Kriegsromane, in: Hans Wagener (Hg.), Gegenwartsliteratur und Drittes Reich. Deutsche Autoren in der Auseinandersetzung mit der Vergangenheit, Stuttgart 1977, S. 265–283; Hannes Heer, Vom Sieg der Geschichte über die Erinnerung. Das Bild der Wehrmacht im kollektiven Bewußtsein der Bundesrepublik, in: ders., Tote Zonen, a. a. O., S. 257–286; Bernd Hey, Zwischen Vergangenheitsbewältigung und heiler Welt. Nachkriegsdeutsche Befindlichkeiten im Spielfilm, in: Geschichte in Wissenschaft und Unterricht, 52, 2001, S. 229–237; Wolfgang Schmidt, »Wehrzersetzung« oder »Förderung der Wehrbereitschaft«. Die Bundeswehr und der westdeutsche Kriegs- und Militärfilm in den fünfziger und sechziger Jahren, in: Militärgeschichtliche Zeitschrift, 59, 2000, S. 387 bis 405; Philipp von Hugo, Beobachten, bürgen und zensieren – Filmpolitik mit dem Zweiten Weltkrieg in der Bundesrepublik der fünfziger Jahre, in: Medien–Politik–Geschichte, Tel Aviver Jahrbuch für deutsche Geschichte, XXXI, 2003, hg. von Moshe Zuckermann, Göttingen 2003, S. 62–91.

4 Von 12 Generälen, die im sogenannten Geiselmordprozeß (Fall 7) wegen ihrer Verbrechen in Südosteuropa angeklagt worden waren, wurden acht verurteilt und zwei freigesprochen, gegen einen Angeklagten wurde das Verfahren aus gesundheitlichen Gründen eingestellt, ein anderer Beschuldigter hatte während der Verhandlungen Selbstmord begangen; im OKW-Prozeß (Fall 12) wurden elf Angeklagte verurteilt und zwei freigesprochen; vgl. Bernd Boll, Wehrmacht vor Gericht. Kriegsverbrecherprozesse der Vier Mächte nach 1945, in: Geschichte und Gesellschaft, 24, 1998, Heft 4, S. 570–594.

5 1954 verurteilte das Landgericht in Darmstadt zwei Angehörige der 339. Infanteriedivision, den Kompaniechef Karl Friedrich Nöll und seinen Hauptfeldwebel Emil Zimber, wegen der Erschießung von 60 bis 250 jüdischen Männern, Frauen und Kindern in einem weißrussischen Dorf im Oktober 1941 zu vier bzw. drei Jahren Gefängnis; vgl. Hauptstaatsarchiv Darmstadt, H 13 DA, Nr. 979.

6 Alfred Streim, Saubere Wehrmacht? Die Verfolgung von Kriegs- und NS-Verbrechen in der Bundesrepublik und in der DDR, in: Heer/Naumann, Vernichtungskrieg, a. a. O., S. 569–597.

7 Frei, Vergangenheitspolitik, a. a. O.; ders., Karrieren im Zwielicht, a. a. O., S. 143 ff.

8 Klaus Naumann, Die »saubere« Wehrmacht. Gesellschaftsgeschichte einer Legende, in: Mittelweg, 36, 7, 1998, S. 8–18.

9 Heidemarie Uhl, Das »erste Opfer«. Der österreichische Opfermythos und seine Transformation in der Zweiten Republik, in: Österreichische Zeitschrift für Politikwissenschaft, 2001, Heft 1, S. 19–34.

10 Präambel zur Unabhängigkeitserklärung der Republik Österreich vom 27. 4. 1945, zit. in Walter Manoschek, Österreichische Opfer oder großdeutsche Krieger, in: Hamburger Institut, Eine Ausstellung und ihre Folgen, a. a. O., S. 87–111, hier S. 92.

11 1948 sprachen sich von den Befragten 44 % in Wien und 50 % in Linz sowie Salzburg in diesem Sinne aus, zit. ebenda, S. 89.

12 Alexander Pollak, Die Wehrmachtslegende in Österreich, Wien 2002, S. 64.

13 Zit. bei Manoschek, Österreichische Opfer, a. a. O., S. 94.

14 Giordano, Die Traditionslüge, a. a. O.; Bald/Klotz/Wette, Nachkriegsdebatten und Traditionspflege, a. a. O.

15 Kleine Zeitung, 5. 6. 1951, zit. bei Heidemarie Uhl, Erinnerung als Versöhnung. Zur Denkmalkultur und Geschichtspolitik in der Zweiten Republik, in: zeitgeschichte, 1996, Heft 5/6, S. 152.

16 Erklärung von Bundeskanzler Franz Vranitzky 1991 und Rede in Jerusalem 1993, zit. bei Manoschek, Österreichische Opfer, a. a. O., S. 96; vgl. auch zum Vorlauf und zu den Nachwirkungen Pollak, Die Wehrmachtslegende, a. a. O., S. 103 ff.

17 Rüsen, Zerbrechende Zeit, a. a. O., S. 279 ff., und Assmann/Frevert, Geschichtsvergessenheit, a. a. O., S. 140 ff.

18 Vgl. Harald Welzer u. a., »Opa war kein Nazi«. Nationalsozialismus und Holocaust im Familiengedächtnis, Frankfurt/Main 2002.

19 Hamburger Institut, Besucher einer Ausstellung, a. a. O.

20 Jenseits des Krieges. Ein Film von Ruth Beckermann, Kamera und Mitarbeit Peter Roehsler, Wien 1996.

21 Hannes Heer, Landschaft mit Kratern. Ehemalige Wehrmachtssoldaten erzählen, in: Hamburger Institut, Besucher einer Ausstellung, a. a. O., S. 75–116, und ders., Das letzte Band. Kriegsverbrechen und Nachkriegserinnerung, in: Hamburger Institut, Eine Ausstellung und ihre Folgen, a. a. O., S. 123–163; beide Aufsätze wiederabgedruckt in: ders., Tote Zonen, a. a. O., S. 180–256.

22 Ruth Beckermann, Jenseits des Krieges. Ehemalige Wehrmachtssoldaten erinnern sich, Wien 1998, S. 19; das Buch enthält auch Ausschnitte aus 20 Interviews.

23 Ebenda, S. 21.

24 Anders Gabriele Rosenthal, die mit einem Generationenmodell arbeitet, das zu grob und zudem auf die österreichischen Gegebenheiten nicht zu übertragen ist, vgl. Gabriele Rosenthal, Zur Konstitution von Generationen in familienbiographischen Prozessen. Krieg, Nationalsozialismus und Genozid in Familienge-

schichte und Biographie, in: Österreichische Zeitschrift für Geschichtswissenschaft, 5 (4), 1994, S. 489–516; dies., Zur interaktionellen Konstitution von Generationen. Generationenabfolgen in Familien von 1890–1970 in Deutschland, in: dies., Jürgen Mansel, Angelika Tölke (Hg.), Generationen – Beziehungen – Austausch und Tradierung, Opladen 1997, S. 57–73.

25 Transkription der Film-Interviews, Privatarchiv, Nr. 7, 69, 75, 96; im folgenden werden die Interviews nur durch die Ziffer wiedergegeben.

26 66, 78, 92, 96, 135; 75, 92, 96, 135; 4, 66, 78, 85, 135.

27 66, 91; 66, 70; 66, 78, 135.

28 66, 104, 119, 121, 130.

29 7, 38, 70, 79.

30 8, 9, 85, 106.

31 75, 106; 66, 85, 96, 106, 137; 4, 85; 4, 14; 79, 85, 135; 7, 66, 69, 77, 85, 91, 92, 96, 130, 135.

32 69.

33 114.

34 119.

35 26.

36 66; 137; 137; 66, 85.

37 97.

38 3, 8, 15, 95a, 98, 100, 108, 133, 134.

39 106.

40 7.

41 66.

42 135.

43 69.

44 85.

45 4, 66, 85, 135.

46 38, 92; der Sanitäter erzählt von drei Fluchtversuchen, die Kameraden unternommen haben, nur einer davon ist wahrscheinlich erfolgreich gewesen.

47 77, 91.

48 36.

49 38.

50 104.

51 92.

52 114.

53 26.

54 96.

55 100.

56 3, 8, 15, 38, 40, 75, 78, 79, 96, 98, 100, 108, 130, 133.

57 3, 78, 95a, 96, 100, 104, 130, 134.

58 15, 70, 79, 96, 100, 104, 114, 130.
59 7, 40, 75, 96, 98, 114, 130, 140.
60 40, 75, 95a, 100, 108, 140.
61 66, 75, 96, 98, 100, 133.
62 79, 96, 108, 140.
63 78, 95a, 97, 100, 108.
64 Theodor W. Adorno, Erziehung zur Mündigkeit, Frankfurt/Main 1971, S. 14.
65 78.
66 75.
67 119.
68 108.
69 100.
70 15.
71 Vgl. Heer, Landschaft mit Kratern, a. a. O., S. 242 ff.
72 98.
73 Vgl. Hinderk M. Emrich, Identität, Überwertigkeit und vergegenwärtigendes Vergessen, in: Jörn Rüsen und Jürgen Straub (Hg.), Die dunkle Spur der Vergangenheit. Psychoanalytische Zugänge zum Geschichtsbewußtsein, Frankfurt/Main, 1998, S. 211–241, hier S. 237f.
74 Primo Levi, Ist das ein Mensch?, München, Wien 1988, S. 12.
75 Ebenda, S. 11.
76 95; ähnlich: 14, 19, 110.
77 110, 95; ähnlich: 19.
78 19; ähnlich: 95.
79 110; ähnlich: 14.
80 14.
81 110.
82 Ebenda.
83 14.
84 23, 73, 83a; einer war im letzten Kriegsmonat noch in Österreich einberufen worden.
85 73, 87, 93a, 101, 105, 115, 125, 136.
86 5, 23, 37, 50 , 68a, 68b, 83a, 103, 112, 117, 120, 129, 141.
87 125; 37,120 141; 5; 93a, 23.
88 39a, 46, 68a, 73, 87, 93b, 101, 103, 105, 117, 125, 129, 141.
89 73, 115; 73; 115.
90 20, 68a, 68b, 112, 136.
91 33, 39a , 46; 107, 131.
92 50; 123,132.
93 89; 83b; 128; 93b, 49.
94 50, 65, 83a, 87, 103, 105, 120, 125, 129, 141.
95 33, 83a, 103, 129; 33, 65, 112.

96 120; 50.
97 49; auch ein damals in einer katholischen Jugendgruppe organisierter Schüler berichtet davon: 114.
98 112, 125.
99 112, 101, 105, 37, 120, 101.
100 23.
101 83a.
102 87.
103 49.
104 93b.
105 93a.
106 136.
107 115, 89;
108 68a, 69b,73, 93a.
109 132, 123; ähnlich: 93a.
110 37, 73, 97.
111 65, 93a.
112 23, 33, 68b, 93a, 123.
113 33, 103, 105, 112, 123, 132.
114 Vier nennen ein sozialdemokratisches Elternhaus (49, 87, 103, 136), zwei bezeichnen sich als einem linken Milieu entstammend (112, 39a), vier weitere beschreiben die Haltung ihrer Elternhäuser als antinazistisch (83a, 83b, 129) bzw. humanistisch (120).
115 Einer der Befragten hatte als Flakhelfer eine Gruppe Gleichgesinnter um sich aufgebaut und war deswegen verurteilt worden (83a), ein anderer war als Mitglied einer katholischen Jugendgruppe stark beeinflußt von einem Jesuitenpater, der zwei Jahre im KZ Dachau verbracht hatte (87).
116 101, 105.
117 49; 37,123, 132.
118 136.
119 33,136.
120 Gabriele Rosenthal nennt diese Jahrgänge »Kinder des ›Dritten Reiches‹«, vgl. dies., Die Kinder des »Dritten Reiches«. Sozialisiert im familialen Rechtfertigungsdialog, in: Hamburger Institut, Besucher einer Ausstellung, a. a. O., S. 116–140.
121 72, 84; 76, 90b, 99.
122 22, 90a, 6, 76, 90b.
123 74a; 90a; 74b, 82.
124 74a, 74b, 82, 99.
125 76, 90a, 90b.
126 20, 76, 82, 90a, 90b.
127 6, 39b, 82, 84, 90a.
128 22, 28, 34a, 72, 76, 82, 99; 28, 72, 99.

129 11, 29a, 29b,126.
130 6.
131 90b.
132 90a; ähnlich 82.
133 74a, 76, 90a; 6, 90a.
134 84, 39b.
135 90b.
136 74b.
137 90b.
138 74b.
139 90a, 90b, 99.
140 74b.
141 74a; ähnlich 74b.
142 6.
143 11, 25, 28, 29a, 72, 74a, 74b, 82, 84, 90a, 90b, 99, 126.
144 20, 34a, 34b, 49.
145 49.
146 34a, 34b.
147 20.
148 Rosenthal, Die Kinder des »Dritten Reiches», a. a. O., S. 137.
149 47.
150 48.
151 Vgl. Heer, Landschaft mit Kratern, a. a. O., S. 251 ff.
152 Insgesamt wurden sechs »Enkel« interviewt, zwei davon waren allerdings Spezialfälle: der eine stammte aus einer jugoslawischen Familie und identifizierte sich mit den Opfern der deutschen Besatzung; der andere hatte als Großväter einen überzeugten SS-Mann und einen anderen, der Kommunist war, emigrierte und in der französischen Résistance kämpfte; er identifizierte sich mit dem KP-Opa, ohne den Kontakt mit dem SS-Opa ganz aufzugeben.
153 31.
154 24a, 24b, 39.
155 Harald Welzer, Kumulative Heroisierung. Nationalsozialismus und Krieg im Gespräch zwischen den Generationen, in: Mittelweg, 36, 10. Jg., April/Mai 2001, S. 57–73, hier S. 57.
156 Ebenda, S. 63.
157 Interview 47, vgl. S. 240.
158 Assmann/Frevert, Geschichtsvergessenheit, a. a. O., S. 279.
159 Welzer, Kumulative Heroisierung, a. a. O., S. 72.

Eine frühere Fassung des Textes erschien in: Hannes Heer, Walter Manoschek, Alexander Pollak, Ruth Wodak (Hg.), *Wie Geschichte gemacht wird. Zur Konstruktion von Erinnerungen an Wehrmacht und Zweiten Weltkrieg*, Czernin Verlag, Wien 2003.

7. KAPITEL

1 Hitler, Mein Kampf, a. a. O., 334ff., 358ff., 372.
2 Bogdan Musial, »Konterrevolutionäre Elemente sind zu erschießen.« Die Brutalisierung des deutsch-sowjetischen Krieges im Sommer 1941, Berlin, München 2000.
3 Ebenda, S. 65.
4 Ebenda, S. 66.
5 Ebenda, S. 71.
6 Ebenda, S. 71, 73, 75.
7 Ebenda, S. 172ff.
8 Dieter Pohl, Nationalsozialistische Judenverfolgung in Ostgalizien 1941 bis 1944. Organisation und Durchführung eines staatlichen Massenverbrechens, München 1997, S. 55; Musial nennt eine Zahl von 20000 bis 30000 Opfern; ders., Konterrevolutionäre, a. a. O., S. 138.
9 Otto Bräutigam, Aufzeichnung, 25. 10. 1942, Nürnberger Dokumente 294-PS XXV, S. 340, und Alfred Rosenberg, Instruktionen für den Reichskommissar in der Ukraine, 7. 5. 1941, Nbg. Dok. 1028-PS XXVI.
10 John A. Armstrong, Ukrainian Nationalism 1939–1945, New York, London 1963, S. 28; Alexander J. Motyl, The Turn to the Right. The Ideological Origins and Development of Ukrainian Nationalism 1919–1929, Boulder Co. 1980, S. 73.
11 Wolodymyr Kosyk, L'Allemagne national-socialiste et L'Ukraine, Paris 1968, S. 63 ff., 94 ff., und Alexander Dallin, Deutsche Herrschaft in Rußland 1941–1945, Düsseldorf 1958, S. 117 ff.
12 Zit. bei Philipp-Christian Wachs, Der Fall Theodor Oberländer (1905–1998). Ein Lehrstück deutscher Geschichte, Frankfurt/Main,New York 2000, S. 56, und George F. Kennan, Diplomat in Prag, Frankfurt/Main 1972, S. 81.
13 Vermerk Erwin Lahousen, 14. 9. 1939, in: Helmuth Groscurth, Tagebücher eines Abwehroffiziers, Stuttgart 1970, S. 357; vgl. auch Lahousens Aussagen im Nürnberger Prozeß, Internationaler Militärgerichtshof, Bd. 2, S. 485 ff., Bd. 3, S. 9 ff.
14 Zit. bei Frank Golczewski, Ukrainische Reaktionen auf die deutsche Besetzung, 1939/1941, in: Wolfgang Benz u. a. (Hg.), Anpassung, Kollaboration, Widerstand. Kollektive Reaktionen auf die Okkupation, Berlin 1996, S. 203, und zit. bei Pohl, Judenverfolgung, a. a. O., S. 41.
15 Kosyk, L' Allemagne, a. a. O., S. 143 ff.; Wachs, Oberländer, a. a. O., S. 63 ff.
16 Aussage Stolze am 11. 2. 1946, in: Internationaler Militärgerichtshof, Bd. 7, S. 303.

17 Musial, Konterrevolutionäre, a. a. O., S. 49 ff., und Pohl, Judenverfolgung, a. a. O., S. 57.

18 Stefan Szende, Der letzte Jude aus Polen, Zürich, New York 1945, S. 172; Jakob Gerstenfeld-Maltiel, My private war. One man's struggle to survive the Soviets and the Nazis, London, Portland, Or. 1993, S. 49; Leon Weliczker Wells, The death Brigade, New York 1978, S. 34; Eliyahu Yones, Die Straße nach Lemberg. Zwangsarbeit und Widerstand in Ostgalizien 1941–1944, Frankfurt/Main 1999, S.15 f.; Aussage von M. G. vor der StA Bonn, zit. bei Hermann Raschhofer, Der Fall Oberländer. Eine vergleichende Rechtsanalyse der Verfahren in Pankow und Bonn, Tübingen 1962, S. 39; Aussage Bogdan Kazaniewskyj durch Armeerichter Möller am 7. 7. 1941, BA-MA RW 2/149, S. 350 ff.; Musial, Konterrevolutionäre, a. a. O., S. 104.

19 Pohl, Judenverfolgung, a. a. O., S. 47.

20 Ebenda, S. 57 f.

21 Amtschef IV, Fernschreiben 29. 6. 1941 an die Einsatzgruppenchefs, gez. Heydrich (Abschrift), ZStL, UdSSR, Ordner, Nr. 399, S. 270 f.; in dem Schreiben bezog sich Heydrich auf seine »bereits am 17. 6. in Berlin gemachten mündlichen Ausführungen« und brachte diese »in Erinnerung«.

22 BA Berlin, Ereignismeldung UdSSR, Nr. 10, 2. 7. 1941; zur Rolle Stülpnagels, der kein Anhänger der Nazis war, aber schon 1935 durch antisemitische Äußerungen auffiel und die Maßnahmen gegen die Juden 1941 unterstützte, vgl. Christian Streit, Angehörige des militärischen Widerstands und der Genozid an den Juden im Südabschnitt der Ostfront, in: Gerd R. Ueberschär (Hg.), NS-Verbrechen und der militärische Widerstand gegen Hitler, Darmstadt 2000, S. 90–103.

23 Der Chef der Sicherheitspolizei und des SD, Befehl Nr. 1, 1. 7. 1941, zit. in: Peter Klein (Hg.), Die Einsatzgruppen in der besetzten Sowjetunion 1941/42. Die Tätigkeits- und Lageberichte des Chefs der Sicherheitspolizei und des SD, Berlin 1987, S. 318.

24 Pohl, Judenverfolgung, a. a. O., S. 53 f.

25 Die folgende Darstellung stützt sich auf Heer, Einübung in den Holocaust, a. a. O., S. 409–427.

26 EM Nr. 24, 16. 7. 1941; vgl. Boll/Safrian, Die 6. Armee, a. a. O., S. 270.

27 AOK 6/Ic, Abendmeldung 1. 7. 1941, BA-MA RH 20-6/515.

28 Vern. Kurt Hans 20. 10. 1966, Strafsache Callsen.

29 EM Nr. 24, 16. 7. 1941; die maßgebliche Beteiligung von Wehrmacht bestätigen neben dem oben zitierten Zeugen auch andere ehemalige Angehörige des SD-Kommandos, so August Häfner,

Vern. 19. 6. 1965 und 23. 5. 1966, Vern. F. K. H., 30. 6. 1965, Strafsache Callsen.

30 Vern. Aaron O., 5. 3. 1974, ZStL 208 AR-Z 13/73, zit. in: Hamburger Institut, Verbrechen der Wehrmacht, Ausstellungskatalog, a. a. O., S. 105; zum Ablauf vgl. ebenda, S.100–106, und Boll/Safrian, Die 6. Armee, a. a. O., S. 271 f.

31 EM Nr. 19, 11. 7. 1941; Ogorreck, Einsatzgruppen, a. a. O., S. 149.

32 Hamburger Institut, Verbrechen der Wehrmacht, Ausstellungskatalog, a. a. O., S.123–127.

33 Die Darstellung folgt Boll, Zloczow, a. a. O., S. 899–917.

34 Pohl, Judenverfolgung, a. a. O., S. 62.

35 Ebenda, S. 60; Thomas Sandkühler, »Endlösung« in Galizien. Der Judenmord in Ostpolen und die Rettungsinitiativen von Berthold Beitz, 1941–1944, Bonn 1996, S. 114.

36 Pohl, Judenverfolgung, a. a. O., S. 60.

37 Ebenda, S. 56.

38 Ebenda, S. 55.

39 Vgl. Boll/Safrian, Die 6. Armee, a. a. O., S. 275 ff.

40 Musial, Konterrevolutionäre, a. a. O., S. 257; ähnlich auf S. 230: »Zuerst gab es den sowjetischen Terror und die Massaker und erst danach die Kollaboration mit den Deutschen, und nicht umgekehrt.«

41 Ebenda, S. 161, 162, 186, 190, 191.

42 Ebenda, S.154, 166.

43 Ebenda, S. 258, 260.

44 Ebenda, S. 172, 185 f., 188 f., 190 und 180 ff.

45 Ebenda, S. 239.

46 Ebenda, S. 242.

47 Ebenda, S. 244.

48 Ebenda, S. 248, ähnlich S. 245.

49 Ebenda, S. 246.

50 [Generaloberst Hoepner, Befehlshaber der Panzergruppe 4] Kampfführung, 2. 5. 1941, BA-MA, LVI. AK, 17956/7a, und Hitler am 3. 3. 1941 in einer grundlegenden Weisung ans OKW, zit. in Percy Ernst Schramm (Hg.), Kriegstagebuch des OKW (Wehrmachtsführungsstab) 1940–1945, Bd. 1, Frankfurt/Main 1963, S. 341.

51 Oberkommando der Wehrmacht/WFSt/Abt L (IV/Qu), Besondere Anordnungen Nr. 1 zur Weisung Nr. 21 (Fall »Barbarossa«), 19. 5. 1941, Anlage 3, BA-MA RW 4/524.

52 AOK Norwegen, Ic, Aktennotiz Ic-Besprechung beim OKW v. 5. 6.–6. 6. 1941, BA-MA RW 39/9a, und Niederschrift des Ic/AO-III der HGr Nord über die Bespr. bei OKW/Abw u. OKH/OQu u. GenQu vom 5. bis 6. 6. 1941, BA-MA RH 19/III/722.

53 Chef der Sicherheitspolizei und des SD, Brief an die Höheren SS- und Polizeiführer, 2. 7. 1941, gez. Heydrich, BA R 70 SU/ 15, S. 6–10, und das Fernschreiben Heydrichs an die Chefs der Einsatzgruppen vom 29. 6. 1941, ZStL, UdSSR Ordner Nr. 399, S. 270 f.

54 Musial, Konterrevolutionäre, a. a. O., S. 245, ähnlich S. 249.

55 Es gehört zur Arbeitsweise des Autors, eine Tabuverletzung, um mögliche Vorwürfe zu entkräften, wenig später abzumildern und zu verschleiern: so erwähnt er, daß die Erschießung »jüdischer KP-Funktionäre« und männlicher Juden »zur Vergeltung von Sabotageakten oder Heckenschützenangriffen« in den Rahmen »des ursprünglichen Auftrags« der Partisanenabwehr gehört hätten, vgl. Musial, Konterrevolutionäre, a. a. O., S. 251.

56 Zum Beweis einer »ursprünglichen Aufgabe« der Einsatzgruppen zitiert er die Seiten 129–150 in Helmut Krausnicks Standardwerk zu den Einsatzgruppen, obwohl dort genau das Gegenteil ausgeführt wird: daß die Erschießung der Juden wegen »rassenideologischer Gesichtspunkte« beschlossen worden sei und ein entsprechender »Befehl zur Tötung aller Juden« den Führern der Einsatzgruppen bereits vor Beginn des Feldzuges erteilt worden sei, vgl. Krausnick, Hitlers Einsatzgruppen, a. a. O., S. 138; Ralf Ogorrecks Untersuchung zur »Genesis der Endlösung« wird als Beleg dafür herangezogen, »daß der ›Judentötungsbefehl‹ nach und nicht vor dem Überfall auf die UdSSR erteilt wurde«, vgl. Musial, Konterrevolutionäre, a. a. O., S. 250; Ogorreck geht es aber um etwas ganz anderes: in Übereinstimmung mit der These von Krausnick, daß die Ermordung aller sowjetischen Juden zum festen Bestandteil von Hitlers Planungen gehörte, will er zeigen, daß über die bereits vorab befohlene Ermordung begrenzter jüdischer Personengruppen – der jüdischen Intelligenz und jüdischer KP-Funktionäre – der Befehl, »unterschiedslos« alle Juden zu erschießen, gleich, ob Frau, Mann oder Kind, aus taktischen Gründen erst Mitte Juli 1941 erteilt wurde; damals erschien Hitler aufgrund der militärischen Erfolge in der Sowjetunion und der Gesamtlage in Europa »alles machbar, was bislang nur als Vorstellung gedacht werden konnte«, vgl. Ogorreck, Einsatzgruppen, a. a. O., S. 218; Ogorrecks Datierung ist inzwischen, im Sinne einer Rückkehr zu Krausnicks Annahme, bestritten worden, vgl. Peter Klein, Die Erlaubnis zum grenzenlosen Massenmord – Das Schicksal der Berliner Juden und die Rolle der Einsatzgruppen bei dem Versuch, Juden als Partisanen »auszurotten«, in: Müller/ Volkmann, Wehrmacht, a. a. O., S. 923–947; Musial erwähnt den Aufsatz mit keinem Wort.

57 Musial, Konterrevolutionäre, a. a. O., S. 247 f.

58 Heer, Einübung in den Holocaust, a. a. O., S. 422.
59 Ogorreck, Die Einsatzgruppen, a. a. O., S. 149.
60 Boll, Zloczow, a. a. O., S. 906 ff.
61 Siehe S. 249 f.
62 Musial, Konterrevolutionäre, a. a. O., S. 30; zum Forschungsstand vgl. Pohl, Judenverfolgung, a. a. O., S. 25 ff.
63 Ebenda, S. 270, 69, 76, 232.
64 Ebenda, S. 66.
65 Ebenda, S. 233.
66 Interviews mit Meinrad von Ow und Walter Jung, ebenda, S. 235 f.
67 Ebenda, S. 271 f.
68 Ebenda, S. 270.
69 Ebenda, S. 272.
70 Pohl, Judenverfolgung, a. a. O., S. 32, und Sandkühler, »Endlösung«, a. a. O., S. 59.
71 Vgl. Kapitel 3, S. 122 ff.
72 Musial, Konterrevolutionäre, a. a. O., S. 222–230.
73 Ebenda, S. 291.
74 Ebenda, S. 251.
75 Zur gegenwärtigen Konjunktur solch revisionistischer Positionen nicht mehr nur an den Rändern, sondern in der Mitte der Gesellschaft vgl. Bernd Boll, Paradigmenwechsel in der Erinnerungskultur? Die Relativierung der NS-Verbrechen in der aktuellen Debatte, in: Weiter erinnern? Neu erinnern? Überlegungen zur Gegenwart und Zukunft des Umgangs mit der NS-Zeit, hg. vom Arbeitskreis Erinnerungskultur in der Marburger Geschichtswerkstatt, Münster 2003, S. 13–41.
76 Alfred de Zayas: Die Wehrmacht-Untersuchungsstelle. Deutsche Ermittlungen über alliierte Völkerrechtsverletzungen im Zweiten Weltkrieg, München 1980.
77 Durch die »Grundsätze für die Führung der Propaganda im Kriege« war 1938 die Zusammenarbeit von OKW/OKH und Goebbels-Ministerium, aber auch dessen Zuständigkeit festgelegt worden, vgl. Ortwin Buchbender, Das tönende Erz. Deutsche Propaganda gegen die Rote Armee im Zweiten Weltkrieg, Stuttgart 1978, S. 17 f.; Jürgen Förster: Das Unternehmen »Barbarossa« als Eroberungs- und Vernichtungskrieg, in: Militärgeschichtliches Forschungsamt (Hg.), Das Deutsche Reich und der Zweite Weltkrieg, Bd. 4, Stuttgart 1983, S. 442 ff.
78 Das Buch des damals an der Bundeswehrhochschule in München Geschichte lehrenden Franz W. Seidler, Verbrechen an der Wehrmacht. Kriegsgreuel der Roten Armee 1941/42, Selent 1997, verstand sich, nach den Worten des Autors, als Antwort auf die erste Wehrmachtsausstellung und war nicht mehr als eine Reprise der

Publikation von de Zayas: es benutzte als einzige Quelle das Material der »Wehrmacht-Untersuchungsstelle«.

79 Joachim Hoffmann, Die Kriegführung aus der Sicht der Sowjetunion, in: Das Deutsche Reich und der Zweite Weltkrieg, Bd. 4, a. a. O., S. 713–809, hier S. 780.

80 Im Jahre 1984 war es zwischen MGFA und Hoffmann wegen dessen erwähnten Beitrags in Bd. 4 der Weltkriegsreihe zu einer juristischen Auseinandersetzung gekommen.

81 Joachim Hoffmann, Stalins Vernichtungskrieg 1941–1945, München 1995; der Leiter des zum Bundesarchiv gehörenden Militärarchivs Freiburg, Manfred Kehrig, hatte ein Geleitwort beigesteuert, in dem er hervorhob, daß das Buch »Aspekte beleuchtet und in den Vordergrund stellt, die bisher noch keine Beachtung gefunden haben«, und den Autor als jemanden gewürdigt, der in der Vergangenheit »allen ›antifaschistischen‹ Indoktrinationsversuchen ruhig, überlegt und sicher argumentierend« entgegengetreten sei, ebenda, S. 10 f.

82 Hoffmann, Stalins Vernichtungskrieg, a. a. O., S. 183 f.

83 Ebenda, S. 178 ff.

84 Ebenda, S. 215–249.

85 Ebenda, S. 150.

86 Ebenda, S. 155.

87 Ebenda, S. 133 ff.; die Wendungen, mit denen Hoffman das Leben und Wirken Ehrenburgs beschreibt, kann man nur als antisemitisch bezeichnen.

88 Ebenda, S. 164 f.

89 Ebenda, S. 164; natürlich beeilt sich auch Hoffmann, sofort zu versichern, daß daraus »niemals Rückschlüsse auf eine Verantwortung des jüdischen Volkes als solchem« zu ziehen seien, ebenda, S. 166.

90 Ernst Nolte, Streitpunkte. Heutige und künftige Kontroversen um den Nationalsozialismus, Frankfurt/Main, Berlin 1993, S. 396; ders., Historische Existenz. Zwischen Anfang und Ende der Geschichte?, München 1998, S. 100.

91 Ernst Nolte, Vergangenheit, die nicht vergehen will, Frankfurter Allgemeine Zeitung, 6. 6. 1986.

92 Zu Noltes Denken und zu seiner Rolle im Historikerstreit vgl. Wiegel, Die Zukunft der Vergangenheit, a. a. O., S. 71–150, und Édouard Housson, Comprendre Hitler et la Shoah, Les historiens de la République fédérale d'Allemagne et l'identité allemande depuis 1949, Paris 2000, S.179–201; die Kontroverse ist nachzulesen in: »Historikerstreit«. Die Dokumentation der Kontroverse um die Einzigartigkeit der nationalsozialistischen Judenvernichtung, München 1987.

93 Ernst Nolte, Der Faschismus in seiner Epoche. Action française, italienischer Faschismus, Nationalsozialismus, München, Zürich 1990 (1963), S. 51.

94 Ernst Nolte, Der europäische Bürgerkrieg 1917–1945. Nationalsozialismus und Bolschewismus, Frankfurt/Main, Berlin 1987, S. 40.

95 Nolte, Vergangenheit, a. a. O., S. 41.

96 Das scheint zu den »unkollegialen« Eigenheiten des Autors zu gehören, wie Götz Aly in einer Rezension von Musials Dissertation vermerkt, vgl. Götz Aly, Stückwerk zum Holocaust. Bogdan Musial über deutsche Beamte im besetzten Polen, Berliner Zeitung, 8. 4. 2000; möglicherweise ging es dem Autor aber auch nur darum, seine Filiation zu verdecken.

97 Wolfgang Wippermann, Allgemeine Jüdische Wochenzeitung, 31. 8. 2000, und Boll, Paradigmenwechsel in der Erinnerungskultur?, a. a. O., S. 17; in die Nähe Noltes rückt ihn auch Klaus Wiegrefe, Aus dem Hinterhalt, Der Spiegel, 32, 2000, S. 41 f.

98 Als Musial für sein Buch den Preis der Erich und Erna Kronauer-Stiftung erhielt, war es Ernst Nolte, der beim Festakt am 27. 10. 2001 im Rathaus der Stadt Schweinfurt die Tischrede hielt, vgl. http/www.Kronauer-Stiftung.de, 12. 7. 2002; Musials eifrigster Förderer Horst Möller, der Leiter des renommierten Instituts für Zeitgeschichte in München, hielt seinerseits am 4. 6. 2000 bei der Verleihung des obskuren »Konrad-Adenauer-Preises« an Ernst Nolte für diesen die Laudatio, vgl. Jochen Wilms, Die Fahne hoch, Süddeutsche Zeitung, 22. 5. 2000; Möller, einer der schrillsten Gegner der Wehrmachtsausstellung, bezog das Material für seine Attacken aus dem Arsenal der Nolteschen Welterklärung, leicht abgemildert zur Totalitarismuskritik an den »fanatischen Ideologien von Nationalsozialismus und Bolschewismus«, deren »Dialektik« er »für die extreme Barbarisierung des Kriegs im 20. Jahrhundert« verantwortlich machte; während Möller den Focus auf Stalins »völkerrechtswidrig« ausgelösten und mit »zum Teil barbarischen Kampfmethoden« geführten Partisanenkrieg richtet, erklärt er, daß die Wehrmacht in ihrer Masse »selbst Opfer war und mißbraucht worden ist«, vgl. Horst Möller, Eine Blamage, wahrlich keine Pionierleistung, Frankfurter Allgemeine Zeitung, 3. 1. 2000; dazu der kritische Leserbrief von Hans Mommsen, für den Möllers Argumente »in deutlichem Anklang an Ernst Nolte« stehen, Frankfurter Allgemeine Zeitung, 20. 1. 2000; zum »nationalkonservativen Salto« des Instituts für Zeitgeschichte unter seinem »von Deutschlands Chefhistoriker, Kanzler Kohl, ins Amt gepuschten« Leiter Möller vgl. Elisabeth Bauschmidt, Im schwarzen Loch, Süddeutsche Zeitung, 3./4. 6. 2000; für eine Patronage Musials durch Möller gibt

es keine Beweise, allerdings läßt sich dessen rabiater Postenschacher an einem andern Beispiel gut studieren, vgl. Klaus-Dietmar Henke, Interesse und Erkenntnis. Ein Lehrstück konzertierter Krisenregulierung in den Geisteswissenschaften am Beispiel des Dresdner Hannah-Arendt-Instituts 1999–2002, in: Zeitschrift für Geschichtswissenschaft, 51. Jg., 2003, Heft 3, S. 205–236.

99 So Viola Roggenkamp, So schlimm war es gar nicht, die tageszeitung, 22. 11. 2000, und die Antwort des Beschuldigten: Bogdan Musial, Die Frage nach dem Warum, die tageszeitung, 22. 12. 2000; Musials 1999 veröffentlichte Dissertation »Deutsche Zivilverwaltung und Judenverfolgung im Generalgouvernement. Eine Fallstudie zum Distrikt Lublin 1939-1941«, Wiesbaden 1999, wurde von der Wissenschaft zu Recht als seriöser Beitrag zum Thema Holocaust aufgenommen.

100 Konrad Jahr-Weidauer, Die falschen Fotos zum richtigen Thema. Mindestens neun Bilder der Wehrmachtsausstellung zeigen Opfer, die nicht von deutschen Soldaten ermordet wurden, Berliner Morgenpost, 25. 1. 1999; Klaus Wiegrefe, Leichen im Obstgarten, Der Spiegel, 25. 1. 1999; Ralf Loock, Wesentliche Beweise sind verfälscht, Märkische Oderzeitung, 15. 2. 1999; im letzten Beitrag nannte er die Zloczow-Fotos »die zentrale Stütze« für die Generalthese der Ausstellung: Wenn sie einbräche, könne die Ausstellung fortan nur noch den Titel tragen »Die Verbrechen von SS und NKWD«.

101 Musial, Bilder einer Ausstellung, a. a. O., S. 577 f.

102 Bogdan Musial, »Konterrevolutionäre Elemente sind zu erschießen«, Frankfurter Allgemeine Zeitung, 30. 10. 1999.

103 Peter Longerich, Inspirierte Gewalt, Frankfurter Rundschau, 11. 8. 2000; Johannes Hürter, Verscharrt und aufgestapelt, Frankfurter Allgemeine Zeitung, 16. 8. 2000; Daniel Brössler, Der Enthüller stellt sich bloß, Süddeutsche Zeitung, 26./27. 8. 2000; Wolfram Wette, Opfer zu Tätern gemacht, Die Zeit, 31. 8. 2000; Wolfgang Wippermann, Ein Nolte aus Polen, Allgemeine Jüdische Wochenzeitung, 31. 8. 2000; etwas verspätet: Dieter Pohl, 19. 4. 2001, H-SOZ-U-KULT@H-NET-MSU.EDU.

104 Eckard Fuhr, Gezeitenwechsel, Die Welt, 16. 9. 2000.

105 Thomas Medicus, Schatten. Hannes Heer muß gehen, Frankfurter Rundschau, 15. 8. 2000.

106 Martin Walser, Erfahrungen beim Verfassen einer Sonntagsrede, in: Frank Schirrmacher (Hg.), Die Walser-Bubis-Debatte. Eine Dokumentation, Frankfurt/Main 1999, S. 8.

107 Bogdan Musial, Täter und Tabu. Kein Perspektivenwechsel, sondern eine Perspektivenerweiterung – eine Antwort auf die Kritiker meines neuesten Buches, Frankfurter Rundschau, 15. 10. 2000; in

einem später veröffentlichten Beitrag warf er vor allem den deutschen Historikern vor, sich durch eine »moralisierende Geschichtsschreibung« an der Aufrechterhaltung des vom herrschenden »Zeitgeist« geforderten »politisch korrekten Geschichtsbildes« zu beteiligen, Bogdan Musial, Die Manipulation war überflüssig, Frankfurter Allgemeine Zeitung, 1. 12. 2001; ähnlich ders., Qualitätskontrolle für Zeitgeschichte, Bayernkurier, 13. 12. 2001.

108 In dem Beitrag »Täter und Tabu«, mit dem er auf die Kritik an seinem Buch reagiert, entschuldigt er das Ausblenden der ukrainischen Nationalisten und der deutschen Einsatzgruppen damit, daß er nur »eine Fallstudie« vorgelegt habe, bei der es doch »möglich sein müßte, einen einzelnen Aspekt herauszugreifen«, und als Erklärung für die oft widersprüchlichen oder mißverständlichen Formulierungen führt er die eigene »Nachlässigkeit« und »die Schwierigkeit« bei der Darstellung solch »komplexer Prozesse« an, vgl. Frankfurter Rundschau, 15. 10. 2000. Gegenüber dem Leiter des Hamburger Instituts verwandelten sich seine Thesen in Hypothesen, vgl. »Das hat nichts mit Relativierung zu tun«, Gespräch mit Jan Philipp Reemtsma, Die Welt, 16. 9. 2000; von Gleichgesinnten interviewt, referiert er seine Positionen in gewohnter Schärfe, vgl. Stalins willige Helfer, Gespräch mit Adelbert Reif, Rheinischer Merkur, 25. 8. 2000.

109 Charles S. Maier, Die Gegenwart der Vergangenheit. Geschichte und die nationale Identität der Deutschen, Frankfurt/Main, New York 1992, S. 99. Wie erfolgreich Musial dies Eindringen in den Diskurs beherrscht, zeigt die Einladung des Hamburger Instituts, am 11. 3. 2004 seine Thesen dort vorzutragen.

110 Im Fall der Ermordung der Juden im polnischen Dorf Jedwabne unternimmt er alle Anstrengungen, die als Täter beschuldigten Polen auch als »Opfer« gewürdigt zu sehen: die deutsche und sowjetische Besatzung habe zu einem »Bruch der moralischer Konventionen« und in Folge zur »gezielten Förderung niederer Instinkte« geführt, Bogdan Musial, Auch das Ungeheuerliche muß sich erklären lassen, Frankfurter Allgemeine Zeitung, 15. 3. 2001; in der konservativen polnischen Tageszeitung *Rzeczpospolita* wird Musial noch deutlicher: dort greift er die »Amerikanisierung der Holocaust-Historiographie« mit ihrem »Stereotyp vom polnischen Antisemitismus« an, vgl. Stefanie Peter, Bergmann im Stollen der Geschichte, Frankfurter Allgemeine Zeitung, 26. 2. 2001. Die Äußerung des CDU-Politikers Martin Hohmann, der in bezug auf die Beteiligung von Juden an der russischen Oktoberrevolution vom »Tätervolk« sprach, und der Beifall seiner Freunde in der Bundeswehr zeigen die Folgen eines solchen Diskurses.

8. Kapitel

1 Jörg Friedrich, Das Gesetz des Krieges. Das deutsche Heer in Rußland 1941 bis 1945. Der Prozeß gegen das Oberkommando der Wehrmacht, München 1993; künftig: GK und Seite; eine ausführliche Kritik des Buches bei: Hannes Heer, Der Freispruch. Zu Jörg Friedrichs *Das Gesetz des Krieges*, in: Mittelweg, 36, Heft 3, 1994, S. 51–64.
2 GK, S. 244, 202.
3 GK, S. 236.
4 GK, S. 236, 243.
5 GK, S. 517.
6 GK, S. 468.
7 GK, S. 367.
8 GK, S. 248.
9 GK, S. 171, 188.
10 GK, S. 188.
11 GK, S. 480.
12 GK, S. 478, 655.
13 GK, S. 252.
14 GK, S. 482.
15 GK, S. 791, 782, 749, 775, 175.
16 GK, S. 250, 421, 480, 430, 791.
17 Messerschmidt, Die Wehrmacht im NS-Staat, a. a. O.; Streit, Keine Kameraden, a. a. O.; Krausnick/Wilhelm, Die Truppe des Weltanschauungskrieges, a. a. O.; Andreas Hillgruber, Der Ostkrieg und die Judenvernichtung, in: Ueberschär/Wette, Der deutsche Überfall auf die Sowjetunion, a. a. O., S. 185–205; Wette, Die Wehrmacht, a. a. O., S. 36–90.
18 Manfred Messerschmidt, Die Wehrmacht als tragende Säule des NS-Staates (1933–1939), in: Manoschek, Die Wehrmacht im Rassenkrieg, a. a. O., S. 44, 40.
19 Andreas Hillgruber, Hitlers Strategie. Politik und Kriegführung 1940–1941, Frankfurt/Main 1965.
20 Enrico Syring, Das deutsche Heer in Rußland, Süddeutsche Zeitung, 14. 12. 1993; Thomas Karlauf, »Kampf in einer Wildnis von Raum und Schnee«, Der Tagesspiegel, 19. 6. 1994; mit Einwänden: Wolfram Wette, Ins Kriminelle abgedriftet, Die Zeit, 12. 11. 1993, und Kurt Pätzold, Ordnung und Vernichtung, Konkret, 2, 1994.
21 GK, S. 445.
22 Rolf-Dieter Müller, Die Wehrmacht – Historische Last und Verantwortung. Die Historiographie im Spannungsfeld von Wissenschaft und Vergangenheitsbewältigung, in: Müller/Volkmann, Die Wehrmacht, a. a. O., S. 3–35; kritisch dazu: Ulrich Herbert, Die

Wehrmacht: Mythos – Geschichte – Tradition, in: Truppenpraxis, 1999, Nr. 9, S. 642–648; Bernd Boll, Die Wehrmacht. Mythos und Realität, in: Mittelweg, 2001, Heft 1, S. 50–55.
23 Jörg Friedrich, Der Brand. Deutschland im Bombenkrieg 1940 bis 1945, Berlin 2002; künftig zit.: DB und Seite.
24 Martin Walser, Bombenkrieg als Epos, Focus, 9. 12. 2002; abgedruckt in: Lothar Kettenacker (Hg.), Ein Volk von Opfern? Die neue Debatte um den Bombenkrieg 1940–45, Berlin 2003, S. 127.
25 DB, Editorial, S. 543.
26 DB, S. 68.
27 Zit. DB, S. 81.
28 Zit. DB, S. 85.
29 DB, S. 86.
30 DB, S. 88 f.
31 DB, S. 182 f.
32 DB, S. 255 ff.
33 Der Neue Brockhaus, Leipzig 1938, Bd.1, S. 370, 684 und 629; Bd. 2, S. 731; Bd. 3, S.167 und 299; Bd. 4, S. 356.
34 DB, S. 188.
35 DB, S. 524.
36 DB, S. 243.
37 DB, S. 200.
38 DB, S. 253.
39 DB, S. 258.
40 DB, S. 233, 154, 273.
41 DB, S.107.
42 DB, S.108.
43 DB, S.112, 307, 213 und 215, 92, 316.
44 DB, S. 183; ähnlich S. 283, 287, 340.
45 DB, S. 149.
46 DB, S. 90, 95, 119, 322, 323.
47 DB, S. 296 f.
48 DB, S. 442, 460, 475, 480 ff.
49 Horst Boog (Hg.), Luftkriegführung im Zweiten Weltkrieg. Ein internationaler Vergleich, Herford, Bonn 1993; ders., Der angloamerikanische Luftkrieg über Europa und die deutsche Luftrüstung, in: Militärgeschichtliches Forschungsamt (Hg.), Das Deutsche Reich und der Zweite Weltkrieg, Bd. 6, Stuttgart 1990, S.506–518; ders., Strategischer Luftkrieg in Europa und Reichsluftverteidigung 1943–1944, in: Militärgeschichtliches Forschungsamt (Hg.), Das Deutsche Reich und der Zweite Weltkrieg, Bd. 7, Stuttgart 2001, S. 3–415; es charakterisiert Friedrichs Umgang mit den Quellen, daß er die Titel der beiden Studien Boogs falsch zitiert.

50 Horst Boog, Ein Kolossalgemälde des Schreckens, in: Kettenacker, Ein Volk von Opfern, a. a. O., S. 133 f.

51 Ebenda, S. 135.

52 Richard Overy, The Airwar 1939–1945, Chelsea 1980; ders., Why the Allies won, New York, London 1995.

53 Richard Overy, Die alliierte Bombenstrategie als Ausdruck des ›totalen Krieges‹, in: Kettenacker, Ein Volk von Opfern, a. a. O., S. 30.

54 Richard Overy, Barbarisch aber sinnvoll, in: ebenda, S. 184.

55 Ebenda.

56 Ebenda, S. 186; den ersten Punkt, das Bündnis mit Stalin, unterstreicht vor allem Lothar Kettenacker, Churchills Dilemma, in: ders., Ein Volk von Opfern, a. a. O., S. 51 ff. Er nennt den Luftkrieg über Deutschland »eine Art Kompensation für die über Jahre ausgebliebene Zweite Front«.

57 DB, S. 147, 296, 108, 279, 323, 189, 96, 101, 282.

58 DB, S. 93.

59 DB, S. 101.

60 DB, S. 342.

61 DB, S. 176, 187, 259, 293, 277, 325, 340, 358.

62 DB, S. 293.

63 Canetti, Masse und Macht, a. a. O., S. 113.

64 Wolfgang Sofsky, Traktat über die Gewalt, Frankfurt/Main 1996, S. 176 f.

65 Ebenda, S. 182 f.

66 DB, S. 255.

67 DB, S. 113, 117, 175, 197, 206, 220, 241, 269, 285, 300, 331, 334, 340, 342, 462, 470.

68 DB, S. 104, 198, 202, 205, 208, 220, 219, 226, 237, 275, 290, 325, 326, 353, 354, 450; Friedrich scheut den korrekten Begriff des Zwangsarbeiters – von zwei Ausnahmen abgesehen, bevorzugt er den die Freiwilligkeit des Arbeitseinsatzes unterstellenden Begriff des »Fremdarbeiters«.

69 DB, S. 196,197, 202, 227, 241, 255, 275, 331, 351f., 363.

70 DB, S. 90, 117, 195, 197, 202, 273, 275, 288.

71 DB, S. 293, 217, 408 f.; ähnlich S. 150, 449.

72 DB, S. 99; Friedrich unterschlägt, daß Bischof Bell über Dietrich Bonhoeffer in engem Kontakt zu Kreisen des deutschen Widerstandes stand und die britische Regierung zu bewegen versuchte, mit diesen in Verhandlungen über Deutschlands Zukunft zu treten; seine Entgegensetzung von Nazis und deutschem Volk ist vor diesem Hintergrund zu verstehen, vgl. Hannes Heer, »Die große Maskerade des Bösen«. Dietrich Bonhoeffers Bild und Bewertung des Nationalsozialismus, in: Zeitschrift für Geschichtswissen-

schaft, 49. Jg., 2001, Heft 12, S. 1083, und Eberhard Bethge, Dietrich Bonhoeffer. Theologe. Christ. Zeitgenosse, München 1967, S. 811 ff.

73 DB, S. 403.

74 Klemperer, Tagebücher 1933–1945, a. a. O.; vgl. Hannes Heer, Vox populi. Zur Mentalität der Volksgemeinschaft, in: ders. (Hg.), Im Herzen der Finsternis, a. a. O., S. 122–143.

75 Nicholas Stargardt, Opfer der Bomben und der Vergeltung, in: Kettenacker, Ein Volk von Opfern, a. a. O. S. 56–71, hier S. 69 f.; natürlich erwähnt auch Friedrich Szenen von Juden- und Ausländerhaß im Bombenkrieg (402 ff., 443 f.), aber er tut es außerhalb seines Opfergemäldes in einem gesonderten Kapitel und mit ausdrücklicher Wiederholung seiner These vom Volk zwischen den Feinden (S. 449); entsprechend wird auch die »totalitäre Gesellschaft«, die er als »Zivilform des totalen Krieges« konstatiert, von den Organen und Formationen des NS-Staates und der Nazi-Partei hergestellt (S. 442).

76 Sofsky, Traktat, a. a. O., S. 187 f.

77 DB, S. 110, 338, 378, 341, 114, 204, 315, 84, 113, 164.

78 DB, S. 311, 354.

79 DB, S. 34 , 213, 259.

80 Hans-Ulrich Wehler, Wer Wind sät, wird Sturm ernten, in: Kettenacker, Ein Volk von Opfern, a. a. O., S. 140–144, hier S. 143; Wehler verbindet in seinem erstmals in der *Süddeutschen Zeitung* vom 14. 12. 2002 abgedruckten Beitrag die Sprachkritik mit der Frage, ob angesichts eines »reflektierten Autors wie Friedrich« solche »semantischen Entgleisungen« dem Schreiber »zufällig unterlaufen sind«; er verschweigt auch nicht seine Befürchtung, die Thesen des Autors könnten »Ressentiments, wenn nicht gar neue Haßgefühle« bekräftigen und einen »modischen Opferkult unterstützen« (S. 143).

81 Volker Ullrich, Weltuntergang kann nicht schlimmer sein, Die Zeit, 28. 1. 2002, abgedruckt in: ebenda, S. 110–115, hier S. 115; Ullrich merkt an, daß Friedrich »den alliierten Luftkrieg semantisch in die Nähe des Holocaust [rückt]«, und der Rezensent verhehlt im übrigen nicht seine Vorbehalte, die darin bestehen, daß der Autor »den politischen-militärischen Kontext« nicht verdeutlicht und sich bei der historisch-moralischen Bewertung des Geschehens »merkwürdig bedeckt« hält (S.114).

82 Klaus Naumann, Bombenkrieg – Totaler Krieg – Massaker. Jörg Friedrichs Buch »Der Brand« in der Diskussion, in: Mittelweg, 36, 12. Jg., 2003, Heft 4, S.49–60, hier S. 55; Naumann geht in seiner Rezension zwar als einziger Rezensent auf das Phänomen des Massakers ein, unterschlägt aber gerade dessen transmoralischen

Charakter: er verliert kein Wort über die entscheidende These des Autors: die Gleichsetzung von Holocaust und Bombenkrieg.

83 Hans Mommsen, Moralisch, strategisch, zerstörerisch, Frankfurter Rundschau, 23. 12. 2002, abgedruckt ebenda, S.145–151, hier S. 147, 145; Mommsen bescheinigt dem Autor, die Forschungslage »sachkundig zusammen[gefaßt]« zu haben, und sieht in seinem Buch einen wichtigen Beitrag, die Einsicht zu verbreitern, daß der Strategische Bombenkrieg »aus militärischen und aus humanitären Gründen gleichermaßen verfehlt war« (S. 147, 151).

84 Nur Willi Winkler, Nun singen sie wieder, Süddeutsche Zeitung, 27. 11. 2002, sieht bei dem von *Focus*, *FAZ*, *Welt*, *Bild* bis zur *Jungen Freiheit* begeistert gefeierten Buch einen Gestus am Werk, der »aus dem Aufrechungsbedürfnis der ersten Nachkriegszeit [stammt]«, abgedruckt ebenda, S. 103–109, hier S. 106.

85 Ralph Giordano, Ein Volk von Opfer? Allgemeine Jüdische Wochenzeitung, 15. 1. 2003, abgedruckt ebenda, S. 166–168, hier S. 168.

86 Stargardt, Opfer der Bomben, a. a. O., S. 62.

87 Sofsky, Traktat, a. a. O., S. 176.

88 Wolfgang Sofsky, Die Ordnung des Terrors. Das Konzentrationslager, Frankfurt/Main 1993, S. 29.

89 Ebenda, S. 61.

90 Ebenda, S. 319, 321.

91 DB, S. 361, 169.

92 DB, S. 67 f.

93 DB, S. 73.

94 DB, S. 64, 73.

95 DB, S. 105, 132.

96 So der Leiter der Abteilung für Volksgesundheit im Reichsinnenministerium, Dr. Arthur Gütt, zit. bei Zygmunt Baumann, Dialektik der Ordnung. Die Moderne und der Holocaust, Hamburg 1992, S. 81.

97 Ebenda, S. 106, 86.

98 Ebenda, S. 107 f.

99 DB, S. 81 f.

100 DB, S. 327.

101 DB, S. 326 f.

102 Gesicherte Informationen über die Vernichtung der Juden erreichten die anglo-amerikanischen Verbündeten erstmals im Sommer 1942 und wurden durch den Bericht Jan Karskis 1943 bestätigt; die Entscheidung, die Zufahrten zu Auschwitz bzw. die Gaskammern 1944 nicht zu bombardieren, erfolgte aus einem ganzen Bündel von Motiven: Man wollte nicht Operationen zum Nutzen einer bestimmten Opfergruppe durchführen, Hitlers Hetze von

den Juden als den eigentlichen Kriegstreibern sollte keine zusätzliche Legitimation verliehen werden, man befürchtete eine Beschleunigung des Vernichtungsprogramms der Nazis als Reaktion auf die Luftangriffe, man bezweifelte einen durchschlagenden Erfolg, den Massenmord zu stoppen, weil die Deportationen umgeleitet werden konnten bzw. weil Auschwitz nur eines von vielen Vernichtungslagern war, und schließlich glaubte man den Botenberichten bis zum Schluß nicht wirklich, vgl. Heiner Lichtenstein, Warum Auschwitz nicht bombardiert wurde, Köln 1980; Walter Laqueur, Was niemand wissen wollte: Die Unterdrückung der Nachrichten über Hitlers »Endlösung«, Frankfurt/Main, Berlin, Wien 1982; Karl-Heinz Janßen, Was wußten die Alliierten vom Holocaust? Warten auf die Retter: Von der Hilflosigkeit der Verfolgten und der Ohnmacht des Westens, Die Zeit, 24. 1. 1997; Michael Berenbaum, Michael J. Neufeld (ed.), The Bombing of Auschwitz: Should the Allies have attempted it?, New York 2000; Gerd R. Ueberschär, Warum wurde das KZ nicht bombardiert?, in: Damals, 2002, Heft 6, S. 68–70.

103 DB, S. 130.
104 DB, S. 342.
105 Ebenda.
106 DB, S. 335.
107 Ebenda.
108 Nach Maria Zelser, Weg und Schicksal der Stuttgarter Juden, hg. von der Stadt Stuttgart, Stuttgart 1964, lebten 1933 4876 Juden in der Stadt: 2160 gelang es zu emigrieren, die übrigen wurden ermordet.
109 DB, S. 255.
110 DB, S. 325 f.
111 DB, S. 325.
112 DB, S. 324.
113 DB, S. 321.
114 DB, S. 321, 138, 259.
115 DB, S. 321.
116 DB, S. 190.
117 DB, S. 321.
118 DB, S. 108.
119 DB, S. 286.
120 Ricarda Huch, Im alten Reich. Lebensbilder deutscher Städte, Bremen 1927, zit. DB, S. 235, 212, 201.
121 Wie Cora Stephan, die als Frankfurter Street-Fighterin ebensolche Meriten hat wie als scharfsinnige Gesellschaftskritikerin, darin ein »aufwühlendes Kapitel« und eine »Liebeserklärung« vor der Geschichte erkennen kann, erstaunt, vgl. Cora Stephan, Wie man eine

Stadt anzündet, Die Welt, 23. 11. 2002, abgedruckt in Kettenacker, Ein Volk von Opfern, a. a. O., S. 95–102, hier S. 98.

122 Wie das Editorial ankündigt, ist das Ende von Jörg Friedrichs Abriß- und Umbauarbeiten an der deutschen Erinnerungskultur noch lange nicht erreicht: ein »öffentliches Projekt« soll den Bestand der lokalen Archive sichten und die Bombardierung Stadt für Stadt rekonstruieren (DB, S. 543); auch eine Initiative des Bundestages unter Leitung Peter Gauweilers und unterstützt von Jörg Friedrich ist im Gespräch.

123 Frei, Vergangenheitspolitik, a. a. O.; Robert G. Moeller, War stories. The search for a usable past in the Federal Republic of Germany, Berkeley, Los Angeles, London 2001; zum Stand der Wahrnehmung 1995: Klaus Naumann, Der Krieg als Text. Das Jahr 1945 im kulturellen Gedächtnis der Presse, Hamburg 1998, S. 33–71.

124 Volker Hage, Zeugen der Zerstörung. Die Literaten und der Luftkrieg, Frankfurt /Main 2003; jedes Stadtmuseum verfügt seit langem über eine entsprechende Darstellung dieses Kapitels der Lokalgeschichte.

125 Zu solchen »Korrekturen« vgl. Naumann, Bombenkrieg, a. a. O., S. 51 f.; Cora Stephan (vgl. Anm.121) zeigt die Gefahren, Peter Schneider die Berechtigung einer solchen Ausbalancierung, vgl. ders., Deutsche als Opfer? Über ein Tabu der Nachkriegsgeneration, in: Kettenacker, Ein Volk von Opfern, a. a. O., S. 158–165; Jörg Friedrichs Buch könnte man, einem Vorschlag Naumanns folgend, ebenfalls unter diesem Blickwinkel lesen, allerdings dann nicht mehr als Korrektur, sondern als Beispiel einer Konversion; es gab in den letzten Jahren mehrere prominente und noch radikalere Fälle dieser Art.

126 Heribert Seifert, Rekonstruktion statt Richterspruch, Neue Zürcher Zeitung, 5. 1. 2003, abgedruckt in: Kettenacker, Ein Volk von Opfern, a. a. O., S. 153; ähnlich argumentieren Wolfgang Sofsky, Die halbierte Erinnerung, Süddeutsche Zeitung, 5. 12. 2002, abgedruckt in: ebenda, S. 126, Andreas Kilb, Das Zeugnis. Jörg Friedrichs Buch hat nur einen Feind: den Bombenkrieg, Frankfurter Allgemeine Zeitung, 30. 11. 2002, und Martin Altmeyer, Deutsche Täter – deutsche Opfer: Neben der Lust am eigenen Leid kann auch die Lust an der nationalen Scham zur Obsession werden, die tageszeitung, 18. 8. 2003.

127 Titel und Einleitungstext zur 3. Gedenkstättentagung in Schleswig-Holstein, 31. 10.–2. 11. 2003; versehen mit dem selbstkritischen Hinweis, daß Titel und Einladungstext den Veränderungsprozeß »ungenügend« reflektiert haben, wurde später eine neue, sehr genau und problembewußt formulierte Einladung verschickt;

der Titel lautete jetzt: »Wem wie gedenken? Und mit welchem Ziel? Zum Diskurs über die Veränderung des Gedenkens an die Opfer des Nationalsozialismus«; zu den Auswirkungen der neuen deutschen »Opferdiskurse« auf die Gedenkstättenarbeit vgl. auch Günther Jacob, demnächst in: konkret.

128 Verbrechen der Wehrmacht. Dimensionen des Vernichtungskrieges 1941–1944, Begleitprogramm, Chemnitz 7. 2.–3. 3. 2003.

129 Begleitprogramm zur Ausstellung Neumünster, 4. 4.–18. 5. 2003.

130 Verbrechen der Wehrmacht. Dimensionen des Vernichtungskrieges 1941–1944, Begleitprogramm zur Ausstellung in Dortmund, 19. 9. – 2. 11. 2003.

131 Arne Boecker, Wehrmachtsausstellung am Ort der Rakete, Süddeutsche Zeitung, 5. 8. 2003.

132 Verbrechen der Wehrmacht. Dimensionen des Vernichtungskrieges 1941–1944, Programm zur Ausstellung, 25. 7.–7. 9. 2003.

133 Brief von Günther Jacob (Hamburg), Natan Sznaider (Tel Aviv) an die Leitung des Historisch-Technischen Informationszentrums in Peenemünde, 1. 8. 2003; der Bericht in der örtlichen Presse belegte die Richtigkeit dieser Vermutung, vgl. Karlshagener gedachten gestern Bombenabwurf, Ostsee-Zeitung, 18. 8. 2003; zur Pressereaktion auf die Absage: Uwe Reißenweber, Absage nach massiver Insel-Kritik, Nordkurier, 5. 8. 2003; Eklat in Peenemünde, Schweriner Volkszeitung, 6. 8. 2003; Heide Oestreich, Absage einer schwierigen Debatte, die tageszeitung, 5. 8. 2003; Udo Wolter, Platz da, die Opfer kommen, Jungle World, 27. 8. 2003.

134 Vladimir Jankélévitch, Das Verzeihen. Essays zur Moral und Kulturphilosophie, Frankfurt/Main (1971) 2003, S. 269 f.

Auswahlbibliographie

Alfred Andersch, 80 und Jünger, in: Alfred Andersch, Öffentlicher Brief an einen sowjetischen Schriftsteller, das Überholte betreffend. Reportagen und Aufsätze, Zürich 1977

Andrej Angrick, Besatzungspolitik und Massenmord. Die Einsatzgruppe D in der südlichen Sowjetunion 1941–1943, Hamburg 2003

Miriam Y. Arani, »Und an den Fotos entzündete sich die Kritik«. Die »Wehrmachtsausstellung«, deren Kritiker und die Neukonzeption. Ein Beitrag aus fotohistorisch-quellenkritischer Sicht, in: Fotogeschichte. Beiträge zur Geschichte und Ästhetik der Fotografie, 22. Jg., 2002, Heft 85/86, S. 97–124

Hannah Arendt, Besuch in Deutschland 1950. Die Nachwirkungen des Naziregimes, in: dies., Zur Zeit. Politische Essays, Berlin 1999

Hannah Arendt, Eichmann in Jerusalem. Ein Bericht von der Banalität des Bösen, München (1964) 2000

John A. Armstrong, Ukrainian Nationalism 1939–1945, New York, London 1963

Aleida Assmann, Ute Frevert, Geschichtsvergessenheit – Geschichtsversessenheit. Vom Umgang mit deutschen Vergangenheiten nach 1945, Stuttgart 1999

Detlef Bald, Johannes Klotz, Wolfram Wette, Mythos Wehrmacht. Nachkriegsdebatten und Traditionspflege, Berlin 2001

Peter Bamm, Die unsichtbare Flagge, München (1952) 1989

Omer Bartov, Hitler's Army. Soldiers, Nazis, and War in the Third Reich, New York, Oxford 1992; deutsch: Hitlers Wehrmacht. Soldaten, Fanatismus und die Brutalisierung des Krieges, Reinbek bei Hamburg 1995

Omer Bartov, The Wehrmacht Exhibition Controversy. The Politics of Evidence, in: Omer Bartov, Atina Grossmann, Mary Nolan (ed.), Crimes of War. Guilt and Denial in the Twentieth Century, New York 2002, S. 41–60

Omer Bartov, Cornelia Brink, Gerhard Hirschfeld, Friedrich P. Kahlenberg, Manfred Messerschmidt, Reinhard Rürup, Christian Streit, Hans-Ulrich Thamer, Bericht der Kommission zur Überprüfung der Ausstellung »Vernichtungskrieg. Verbrechen der Wehrmacht 1941 bis 1944«, November 2000

Zygmunt Baumann, Dialektik der Ordnung. Die Moderne und der Holocaust, Hamburg 1992

Ruth Beckermann, Jenseits des Krieges. Ehemalige Wehrmachtssoldaten erinnern sich, Wien 1998

Michael Berenbaum, Michael J. Neufeld (ed.), The Bombing of Auschwitz: Should the Allies have attempted it?, New York 2000

Sven Olaf Berggötz, Eine Denkschrift von Ernst Jünger über die Geiselerschießungen in Frankreich 1941/42, in: Vierteljahreshefte für Zeitgeschichte, 51. Jg., 2003, Heft 3, S. 405–417

Petra Bock, Edgar Wolfrum (Hg.), Umkämpfte Vergangenheit. Geschichtsbilder, Erinnerung und Vergangenheitspolitik im internationalen Vergleich, Göttingen 1999

Bernd Boll, Hans Safrian, Auf dem Weg nach Stalingrad. Die 6. Armee 1941/42, in: Heer/Naumann, Vernichtungskrieg, a. a. O., S. 260 bis 296

Bernd Boll, Wehrmacht vor Gericht. Kriegsverbrecherprozesse der Vier Mächte nach 1945, in: Geschichte und Gesellschaft 24, 1998, Heft 4, S. 570–594

Bernd Boll, Zloczow, Juli 1941: Die Wehrmacht und der Beginn des Holocaust in Galizien, in: Zeitschrift für Geschichtswissenschaft (ZfG), Jg. 50, Heft 10, Oktober 2002, S. 899–917

Bernd Boll, Das Adlerauge des Soldaten. Zur Fotopraxis deutscher Amateure im Zweiten Weltkrieg, in: Fotogeschichte, 2002, Heft 85/86, S. 75–87

Bernd Boll, Paradigmenwechsel in der Erinnerungskultur? Die Relativierung der NS-Verbrechen in der aktuellen Debatte, in: Weiter erinnern? Neu erinnern? Überlegungen zur Gegenwart und Zukunft des Umgangs mit der NS-Zeit, hg. vom Arbeitskreis Erinnerungskultur in der Marburger Geschichtswerkstatt, Münster 2003, S. 13–41

Heinrich Böll, Briefe aus dem Krieg 1939–1945, hg. von Jochen Schubert, 2 Bände, Köln 2001

Heinrich Böll, Kreuz ohne Liebe, in: Heinrich Böll, Werke, Kölner Ausgabe, Bd. 2, 1946–1947, hg. von James H. Reid, Köln 2002

Horst Boog, Der anglo-amerikanische Luftkrieg über Europa und die deutsche Luftrüstung, in: Militärgeschichtliches Forschungsamt (Hg.), Das Deutsche Reich und der Zweite Weltkrieg, Bd. 6, Stuttgart 1990, S. 506–518

Horst Boog (Hg.), Luftkriegführung im Zweiten Weltkrieg. Ein internationaler Vergleich, Herford, Bonn 1993

Horst Boog, Strategischer Luftkrieg in Europa und Reichsluftverteidigung 1943–1944, in: Militärgeschichtliches Forschungsamt (Hg.), Das Deutsche Reich und der Zweite Weltkrieg, Bd. 7, Stuttgart 2001, S. 3–415

Petra Bopp, Für eine Philologie des Auges, in: Wolfgang Ernst und Anselm Franke (Hg.), Politik der Bilder. Visuelle Kompetenz und Kriegsbildrhetorik. Eine Dokumentation, Berlin 2002, S. 44–61

Christopher Browning, Ganz normale Männer. Das Reserve-Polizeibataillon 101 und die »Endlösung« in Polen, Reinbek bei Hamburg 1993

Elias Canetti, Masse und Macht, Frankfurt/Main 1980

Alexander Dallin, Deutsche Herrschaft in Rußland 1941–1945, Düsseldorf 1958

Dan Diner, Zwischen Aporie und Apologie. Über Grenzen der Historisierbarkeit des Nationalsozialismus, in: ders. (Hg.), Ist der Nationalsozialismus Geschichte? Zu Historisierung und Historikerstreit, Frankfurt/Main 1987

Joachim Dollwet, Menschen im Krieg, Bejahung – und Widerstand? Eindrücke und Auszüge aus der Sammlung von Feldpostbriefen des Zweiten Weltkrieges im Landeshauptarchiv Koblenz, in: Jahrbuch für westdeutsche Landesgeschichte, 13. Jg., Koblenz 1987, S. 279–322

Helmut Dubiel, Niemand ist frei von der Geschichte. Die nationalsozialistische Herrschaft in den Debatten des deutschen Bundestages, München 1999

Rolf Düsterberg, Soldat und Kriegserlebnis. Deutsche militärische Erinnerungsliteratur (1945–1961) zum Zweiten Weltkrieg. Motive. Begriffe. Wertungen, Tübingen 2000

Jürgen Elsässer, Andrei S. Markovits (Hg.), »Die Fratze der eigenen Geschichte«. Von der Goldhagen-Debatte zum Jugoslawien-Krieg, Berlin 1999

Hinderk M. Emrich, Identität, Überwertigkeit und vergegenwärtigendes Vergessen, in: Jörn Rüsen, Jürgen Straub (Hg.), Die dunkle Spur der Vergangenheit. Psychoanalytische Zugänge zum Geschichtsbewußtsein, Frankfurt/Main 1998, S. 211–241

Wolfgang Ernst, Anselm Franke (Hg.), Politik der Bilder. Visuelle Kompetenz und Kriegsbildrhetorik. Eine Dokumentation, Berlin 2002

Jürgen Förster, Das Unternehmen »Barbarossa» als Eroberungs- und Vernichtungskrieg, in: Militärgeschichtliches Forschungsamt (Hg.), Das Deutsche Reich und der Zweite Weltkrieg, Bd. 4, Stuttgart 1983, S. 413–447

Norbert Frei, Vergangenheitspolitik. Die Anfänge der Bundesrepublik und die NS-Vergangenheit, München 1996

Norbert Frei, Karrieren im Zwielicht, Hitlers Eliten nach 1945, Frankfurt/Main 2001

Jörg Friedrich, Das Gesetz des Krieges. Das deutsche Heer in Rußland 1941 bis 1945. Der Prozeß gegen das Oberkommando der Wehrmacht, München 1993

Jörg Friedrich, Der Brand. Deutschland im Bombenkrieg 1940–1945, Berlin 2002

Christian Gerlach, Kalkulierte Morde. Die deutsche Wirtschafts- und Vernichtungspolitik in Weißrußland 1941 bis 1944, Hamburg 1999

Friedrich Gerstenberg, Strategische Erinnerungen. Die Memoiren deutscher Offiziere, in: Heer/Naumann, Vernichtungskrieg, a. a. O., S. 620–629

Ralph Giordano, Die Traditionslüge. Vom Kriegskult in der Bundeswehr, Köln 2000

Frank Golczewski, Ukrainische Reaktionen auf die deutsche Besetzung, 1939/1941, in: Wolfgang Benz u. a. (Hg.), Anpassung, Kollaboration, Widerstand. Kollektive Reaktionen auf die Okkupation, Berlin 1996, S. 199–211

Daniel J. Goldhagen, Hitlers willige Vollstrecker. Ganz gewöhnliche Deutsche und der Holocaust, Berlin 1996

Bernd Greiner, Bruch-Stücke. Sechs westdeutsche Beobachtungen nebst unfertigen Deutungen, in: Hamburger Institut, Eine Ausstellung und ihre Folgen, a. a. O., S. 15–86

Michael Th. Greven, Oliver von Wrochem (Hg.), Der Krieg in der Nachkriegszeit. Der Zweite Weltkrieg in Politik und Gesellschaft der Bundesrepublik, Opladen 2000

Helmuth Groscurth, Tagebücher eines Abwehroffiziers, Stuttgart 1970

Wassili Grossmann, Ilja Ehrenburg (Hg.), Das Schwarzbuch. Der Genocid an den sowjetischen Juden, Reinbek bei Hamburg 1994

Antonia Grunenberg, Antifaschismus – ein deutscher Mythos, Reinbek bei Hamburg 1993

Volker Hage, Zeugen der Zerstörung. Die Literaten und der Luftkrieg, Frankfurt/Main 2003

Maurice Halbwachs, Das kollektive Gedächtnis, Stuttgart 1967

Hamburger Institut für Sozialforschung (Hg.), Vernichtungskrieg. Verbrechen der Wehrmacht 1941 bis 1944. Ausstellungskatalog, Hamburg 1996

Hamburger Institut für Sozialforschung (Hg.), Besucher einer Ausstellung. Die Ausstellung »Vernichtungskrieg. Verbrechen der Wehrmacht 1941 bis 1944« in Interview und Gespräch, Hamburg 1998

Hamburger Institut für Sozialforschung (Hg.), Krieg ist ein Gesellschaftszustand. Reden zur Eröffnung der Ausstellung »Vernichtungskrieg. Verbrechen der Wehrmacht 1941 bis 1944«, Hamburg 1998

Hamburg Institute for Social Research (ed.), The German Army and Genocide. Crimes Against War Prisoners, Jews, and Other Civileans in the East, 1939–1944, New York 1999

Hamburger Institut für Sozialforschung (Hg.), Eine Ausstellung und ihre Folgen. Zur Rezeption der Ausstellung »Vernichtungskrieg. Verbrechen der Wehrmacht 1941 bis 1944«, Hamburg 1999

Hamburger Institut für Sozialforschung (Hg.),Verbrechen der Wehrmacht. Dimensionen des Vernichtungskrieges 1941–1944, Ausstellungskatalog, Hamburg 2002

Claus Hansmann, Vorüber – nicht vorbei. Russische Impressionen 1941–1943, Frankfurt/Main, Berlin 1989

Peter Hartl, Der Mutwilligen Zähmung. Kriegserlebnis und Vorstellungswelt von deutschen Soldaten an der Ostfront, in: Ruthard Stäblein (Hg.), Mut. Wiederentdeckung einer persönlichen Kategorie, Bühl/Moos 1993, S. 110–131

Hannes Heer, Der Freispruch. Zu Jörg Friedrichs *Das Gesetz des Krieges*, in: Mittelweg, 36, Heft 3, 1994, S. 51–64

Hannes Heer, Klaus Naumann (Hg.), Vernichtungskrieg. Verbrechen der Wehrmacht 1994 bis 1944, Hamburg 1995

Hannes Heer, Die Logik des Vernichtungskrieges. Wehrmacht und Partisanenkampf, in: ders./Naumann, Vernichtungskrieg, a. a. O., S. 104–138

Hannes Heer (Hg.), »Stets zu erschießen sind Frauen, die in der Roten Armee dienen.« Geständnisse deutscher Kriegsgefangener über ihren Einsatz an der Ostfront, Hamburg 1995

Hannes Heer, Bittere Pflicht. Der Rassenkrieg der Wehrmacht und seine Voraussetzungen, in: Manoschek, Die Wehrmacht im Rassenkrieg, a. a. O., S. 116–141

Hannes Heer, Vox populi. Zur Mentalität der Volksgemeinschaft, in: Hannes Heer (Hg.), Im Herzen der Finsternis. Victor Klemperer als Chronist der NS-Zeit, Berlin 1997, S. 122–143

Hannes Heer, Von der Schwierigkeit, einen Krieg zu beenden. Reaktionen auf die Ausstellung »Vernichtungskrieg. Verbrechen der Wehrmacht 1941 bis 1944«, in: ZfG, Jg. 45, 1997, Heft 12, S. 1086–1100

Hannes Heer, Disposition und Situation. Überlegungen zur Mentalität des deutschen Landsers im Rassenkrieg, in: Brigitte Kepplinger, Reinhard Kannonier (Hg.), Irritationen. Die Wehrmachtsausstellung in Linz, Grünbach 1997, S. 129–151

Hannes Heer, Landschaft mit Kratern. Ehemalige Wehrmachtssoldaten erzählen, in: Hamburger Institut, Besucher einer Ausstellung, a. a. O., S. 75–116

Hannes Heer, »Am Anfang haben wir es aus Überzeugung, später dann aus Pflicht getan.« Kollektive und individuelle Formen der Legitimation, in: BIOS, Heft 1, 1998, S. 42–68

Hannes Heer, Das letzte Band. Kriegsverbrechen und Nachkriegserinnerung, in: Hamburger Institut, Eine Ausstellung und ihre Folgen, a. a. O., S. 123–163

Hannes Heer, Tote Zonen. Die deutsche Wehrmacht an der Ostfront, Hamburg 1999

Hannes Heer, Vom Sieg der Geschichte über die Erinnerung. Das Bild der Wehrmacht im kollektiven Bewußtsein der Bundesrepublik, in: ders., Tote Zonen, a. a. O., S. 257–286

Hannes Heer, Klaus Naumann (ed.), War of Extermination. The German Military in World War II, 1941–1944, New York, Oxford 2000

Hannes Heer, »Die große Maskerade des Bösen«. Dietrich Bonhoeffers Bild und Bewertung des Nationalsozialismus, in: ZfG, Jg. 49, 2001, Heft 12, S. 1074–1096

Hannes Heer, Einübung in den Holocaust: Lemberg Juni/Juli 1941, in: ZfG, Jg. 49, Heft 5, Mai 2001, S. 409– 427

Hannes Heer, How Amorality Became Normality. The Wehrmacht and the Holocaust, in: Roland Smelser (ed.), Lessons and Legacies V. The Holocaust and Justice, Evanston, Ill. 2002, p. 123–139

Hannes Heer, Vom Verschwinden der Täter. Die Auseinandersetzungen um die Ausstellung »Vernichtungskrieg. Verbrechen der Wehrmacht 1941 bis 1944«, in: ZfG, Jg. 50, Heft 10, 2002, S. 869–898

Hannes Heer, Extreme Normalität. Generalmajor Gustav Freiherr von Mauchenheim gen. Bechtolsheim. Umfeld, Motive und Entschlußbildung eines Holocaust-Täters, in: ZfG, Jg. 51, 8, 2003, S. 729–753

Hannes Heer, Walter Manoschek, Alexander Pollak, Ruth Wodak (Hg.), Wie Geschichte gemacht wird. Zur Konstruktion von Erinnerung an Wehrmacht und Zweiten Weltkrieg, Wien 2003

Johannes Heil, Rainer Erb (Hg.), Geschichtswissenschaft und Öffentlichkeit. Der Streit um Daniel J. Goldhagen, Frankfurt/Main 1998

Ulrich Herbert, Best. Biographische Studien über Radikalismus, Weltanschauung und Vernunft, 1903–1989, Bonn 1996

Ulrich Herbert, Vernichtungspolitik. Neue Antworten und Fragen zur Geschichte des »Holocaust«, in: ders.(Hg.), Nationalsozialistische Vernichtungspolitik 1939–1945, Neue Forschungen und Kontroversen, Frankfurt/Main 1998, S. 9–66

Klaus Hesse, »Verbrechen der Wehrmacht – Dimensionen des Vernichtungskrieges 1941–1944«, Anmerkungen zur Neufassung der »Wehrmachtsausstellung«, in: Geschichte in Wissenschaft und Unterricht, Jg. 53, Heft 10, Oktober 2002, S. 594–611

Andreas Hillgruber, Hitlers Strategie. Politik und Kriegführung 1940–1941, Frankfurt/Main 1965

Andreas Hillgruber, Der Ostkrieg und die Judenvernichtung, in: Ueberschär, Wette, Der deutsche Überfall auf die Sowjetunion, a. a. O., S. 185–205

»Historikerstreit«. Die Dokumentation der Kontroverse um die Einzigartigkeit der nationalsozialistischen Judenvernichtung, München 1987

Adolf Hitler, Mein Kampf, 613.–617. Aufl., München 1941

Joachim Hoffmann, Die Kriegführung aus der Sicht der Sowjetunion, in: Das Deutsche Reich und der Zweite Weltkrieg, Bd. 4, a. a. O., S. 713–809

Joachim Hoffmann, Stalins Vernichtungskrieg 1941–1945, München 1995

Anton Holzer (Hg.), Mit der Kamera bewaffnet. Krieg und Fotografie, Marburg 2003

Édouard Housson, Comprendre Hitler et la Shoah, Les historiens de la République fédérale d'Allemagne et l'identité allemande depuis 1949, Paris 2000, S. 179–201

Herbert Hoven (Hg.), Die Hoffnung ist wie ein wildes Tier. Der Briefwechsel zwischen Heinrich Böll und Ernst-Adolf Kunz 1945–1953, Köln 1994

Angelika Howind und Thomas F. Schneider, »Weiterschweigen heißt seine Schuld eingestehen«. Zeit zu leben und Zeit zu sterben: Die Zensur eines Antikriegsromans in der BRD und ihre Revision, in: Krieg und Literatur/War and Literature 1 (1989), Heft 2, S. 79–142

Martin Humburg, Das Gesicht des Krieges. Feldpostbriefe von Wehrmachtssoldaten aus der Sowjetunion 1941–1944, Opladen, Wiesbaden 1998

Bernd Hüppauf, Wherof Ernst Jünger cannot speak, thereof he can also not be silent: an early example of ›forgetting‹ the Holocaust, in: Andrew Bonell et al.(ed.), Power, Conscience and Opposition. Essays in German History in Honour of John A. Moses, New York 1996, p. 345– 363

Bernd Hüppauf, Unzeitgemäßes über den Krieg. Ernst Jünger: Strahlungen (1938–48), in: Hans Wagener (Hg.), Von Böll bis Buchheim: Deutsche Kriegsprosa nach 1945, Amsterdam, Atlanta, Ga. 1997, S.15–47

Hans-Adolf Jacobsen, Kommissarbefehl und Massenexekutionen sowjetischer Kriegsgefangener, in: Martin Broszat, Hans-Adolf Jacobsen, Helmut Krausnick, Anatomie des SS-Staates, Bd. 2, München 1967, S. 137–234

Vladimir Jankélévitch, Das Verzeihen. Essays zur Moral und Kulturphilosophie, Frankfurt/Main (1971) 2003

Ernst Jünger, Das abenteuerliche Herz. Figuren und Capriccios, Hamburg 1938/40

Ernst Jünger, Strahlungen, Kirchhorster Blätter, Tübingen 1949

Ernst Jünger, Über die Linie, in: Sämtliche Werke, Bd. 7, Stuttgart 1980, S. 237–280

Ernst Jünger, Der Waldgang, in: Sämtliche Werke, Bd. 7, Stuttgart 1980, S. 281–374

Lothar Kettenacker (Hg.), Ein Volk von Opfern? Die neue Debatte um den Bombenkrieg 1940–45, Berlin 2003

Helmuth Kiesel (Hg.), Briefwechsel Ernst Jünger–Carl Schmitt. Briefe 1930 bis 1983, Stuttgart 1999

Manfred Kittel, Die Legende von der »zweiten Schuld«. Vergangenheitsbewältigung in der Ära Adenauer, Frankfurt/Main 1993

Ernst Klee, Willi Dreßen, »Gott mit uns«. Der deutsche Vernichtungskrieg im Osten 1939–1945, Frankfurt/Main 1989

Victor Klemperer, Ich will Zeugnis ablegen bis zum letzten. Tagebücher 1933–1945, hg. von Walter Nowojski, 2 Bde, Berlin 1995

Jochen Klepper, Unter dem Schatten deiner Flügel. Aus den Tagebüchern der Jahre 1932–1942, hg. von Hildegard Klepper, Stuttgart 1956

Jochen Klepper, Überwindung. Tagebücher und Aufzeichnungen aus dem Krieg, hg. von Hildegard Klepper, Stuttgart 1958

Siegfried Knappe and Ted Brushaw, Soldat. Reflections of a German Soldier, 1936–1949, New York 1992

Habbo Knoch, Die Tat als Bild. Fotografie des Holocaust in der deutschen Erinnerungskultur, Hamburg 2001

Habbo Knoch, Grenzen des Zeigbaren. Fotografie und die Ausstellungen über die Wehrmachtsverbrechen, in: Ernst, Franke, Politik der Bilder, a. a. O., S. 21–43

Hans-Helmuth Knütter, Die Faschismus-Keule: das letzte Aufgebot der deutschen Linken, Frankfurt/Main 1993

Paul Kohl, »Ich wundere mich, daß ich noch lebe.« Sowjetische Augenzeugen berichten, Gütersloh 1990

Helmut Krausnick, Hans-Heinrich Wilhelm, Die Truppe des Weltanschauungskrieges. Die Einsatzgruppen der Sicherheitspolizei und des SD 1938–1942, Stuttgart 1981

Helmut Krausnick, Hitlers Einsatzgruppen. Die Truppen des Weltanschauungskrieges 1938–1942, Frankfurt/Main 1985

Thomas Kühne, Die Victimisierungsfalle. Wehrmachtsverbrechen, Geschichtswissenschaft und symbolische Ordnung des Militärs, in: Greven, von Wrochem, Der Krieg in der Nachkriegszeit, a. a. O., S. 183–196

Walter Laqueur, Was niemand wissen wollte: Die Unterdrückung der Nachrichten über Hitlers »Endlösung«, Frankfurt/Main, Berlin, Wien 1982

Klaus Latzel, Deutsche Soldaten – nationalsozialistischer Krieg? Kriegserlebnis – Kriegserfahrung 1939–1945, Paderborn 1998

Helmut Lethen, Der Text der Historiografie und der Wunsch nach einer physikalischen Spur. Das Problem der Fotografie in den beiden Wehrmachtsausstellungen, in: zeitgeschichte, Heft 2, 2002, S. 76–86

Helmuth Lethen, Die Grenzen der »Capriccios«. Kein neuer Goya (unv. Manus.)

Primo Levi, Ist das ein Mensch?, München, Wien 1988

Heiner Lichtenstein, Warum Auschwitz nicht bombardiert wurde, Köln 1980

Walter Manoschek, »Serbien ist judenfrei«. Militärische Besatzungspolitik und Judenvernichtung in Serbien, München 1993

Walter Manoschek (Hg.), »Es gibt nur eines für das Judentum: Vernichtung«. Das Judenbild in deutschen Soldatenbriefen 1939–1944, Hamburg 1995

Walter Manoschek (Hg.), Die Wehrmacht im Rassenkrieg. Der Vernichtungskrieg hinter der Front, Wien 1996

Walter Manoschek, Österreichische Opfer oder großdeutsche Krieger, in: Hamburger Institut, Eine Ausstellung und ihre Folgen, a. a. O., S. 87–111

Walter Manoschek, »Vernichtungskrieg. Verbrechen der Wehrmacht 1941 bis 1944.» Innenansichten einer Ausstellung, in: zeitgeschichte, 2002, Heft 2, S. 64–75

Birke Mersmann, »Was bleibt vom Heldentum?« Weiterleben nach dem Krieg, Berlin 1995

Manfred Messerschmidt, Die Wehrmacht im NS-Staat. Zeit der Indoktrination, Hamburg 1969

Manfred Messerschmidt, Vorwärtsverteidigung. Die »Denkschrift der Generäle« für den Nürnberger Gerichtshof, in: Heer, Naumann, Vernichtungskrieg, a. a. O., S. 531–568

Manfred Messerschmidt, Die Wehrmacht als tragende Säule des NS-Staates (1933–1939), in: Manoschek, Die Wehrmacht im Rassenkrieg, a. a. O., S. 39–54

Militärgeschichtliches Forschungsamt (Hg.), Das deutsche Reich und der Zweite Weltkrieg, Bd. 4, Stuttgart 1983

Robert G. Moeller, War stories. The search for a usable past in the Federal Republic of Germany, Berkeley, Los Angeles, London 2001

Hans Mommsen, Die Realisierung des Utopischen. Die »Endlösung der Judenfrage« im »Dritten Reich«, in: Lutz Niedhammer, Bernd

Weisbrod (Hg.), Hans Mommsen – Der Nationalsozialismus und die deutsche Gesellschaft. Ausgewählte Aufsätze, Reinbek bei Hamburg 1991

Klaus-Jürgen Müller, Das Heer und Hitler. Armee und nationalsozialistisches Regime 1933–1940, Stuttgart 1969

Rolf-Dieter Müller (Hg.), Aufzeichnungen des Technischen Kriegsverwaltungsinspektors Edwin Grützner vom Rüstungskommando Kiew, 1941–1943, in: Die deutsche Wirtschaftspolitik in den besetzten sowjetischen Gebieten 1941–1943, Der Abschlußbericht des Wirtschaftsstabes Ost und Aufzeichnungen eines Angehörigen des Wirtschaftskommandos Kiew, Boppard/Rhein 1991, S. 589 bis 645

Rolf-Dieter Müller, Hans-Erich Volkmann (Hg.), Die Wehrmacht. Mythos und Realität, München 1999

Rolf-Dieter Müller: Die Wehrmacht – Historische Last und Verantwortung. Die Historiographie im Spannungsfeld von Wissenschaft und Vergangenheitsbewältigung, in: Müller, Volkmann, Die Wehrmacht, a. a. O., S. 3–35

Bogdan Musial, Bilder einer Ausstellung. Kritische Anmerkungen zur Wanderausstellung »Vernichtungskrieg. Verbrechen der Wehrmacht 1941 bis 1944«, in: Vierteljahreshefte für Zeitgeschichte, 47, Oktober 1999, S. 563–591

Bogdan Musial, »Konterrevolutionäre Elemente sind zu erschießen«. Die Brutalisierung des deutsch-sowjetischen Krieges im Sommer 1941, Berlin 2000

Klaus Naumann, Nachkrieg. Vernichtungskrieg, Wehrmacht und Militär in der deutschen Wahrnehmung nach 1945, in: Mittelweg, 36, 6. Jg., 1997, Heft 3, S. 11–25

Klaus Naumann, Der Krieg als Text. Das Jahr 1945 im kulturellen Gedächtnis der Presse, Hamburg 1998

Klaus Naumann, Bombenkrieg – Totaler Krieg – Massaker. Jörg Friedrichs Buch *Der Brand* in der Diskussion, in: Mittelweg, 36, 12. Jg., 2003, Heft 4, S. 49–60

Birgitta Nedelmann, Kommentar zu Hannes Heer »Am Anfang haben wir es aus Überzeugung, später dann aus Pflicht getan«, in: BIOS, Heft 1, 1998, S. 69–75

Ernst Nolte, Der Faschismus in seiner Epoche. Action française, italienischer Faschismus, Nationalsozialismus, München, Zürich (1963) 1990

Ernst Nolte, Vergangenheit, die nicht vergehen will, Frankfurter Allgemeine Zeitung, 6. 6. 1986

Ernst Nolte, Der europäische Bürgerkrieg 1917–1945. Nationalsozialismus und Bolschewismus, Frankfurt/Main, Berlin 1987

Ernst Nolte, Streitpunkte. Heutige und künftige Kontroversen um den Nationalsozialismus, Frankfurt/Main, Berlin 1993

Ernst Nolte, Historische Existenz. Zwischen Anfang und Ende der Geschichte?, München 1998

Walter Nutz, Der Krieg als Abenteuer und Idylle. Landser-Hefte und triviale Kriegsromane, in: Hans Wagener (Hg.), Gegenwartsliteratur und Drittes Reich. Deutsche Autoren in der Auseinandersetzung mit der Vergangenheit, Stuttgart 1977, S. 265–283

Ralf Ogorreck, Die Einsatzgruppen und die »Genesis der Endlösung«, Berlin 1996

Richard Overy, The Airwar 1939–1945, Chelsea 1980

Richard Overy, Why the Allies won, New-York, London 1995

Dieter Pohl, Nationalsozialistische Judenverfolgung in Ostgalizien 1941 bis 1944. Organisation und Durchführung eines staatlichen Massenverbrechens, München 1997

Alexander Pollak, Die Historisierung eines Tabubruchs. Von der umstrittenen Entmythologisierung des Bilds der »sauberen Wehrmacht« zur versachlichten Dokumentation des Vernichtungskrieges: ein Vergleich der beiden Wehrmachtsausstellungen, in: zeitgeschichte, 29, 2002, Heft 2, S. 56–63

Rüdiger Proske, Wider den Mißbrauch der Geschichte deutscher Soldaten zu politischen Zwecken, Mainz 1996

Jan Philipp Reemtsma, Reden zur Eröffnung der Ausstellung am 5. März 1995 in Hamburg und am 14. April 1997 in Frankfurt/ Main, in: Hamburger Institut, Krieg ist ein Gesellschaftszustand, a. a. O., S. 8–13 und S. 147–158

Jan Philipp Reemtsma, »Es schneit der Wind das Ärgste zu«. Ernst Jünger im Kaukasus, in: ders., Mord am Strand. Allianzen von Zivilisation und Barbarei. Aufsätze und Reden, Hamburg 1998, S. 316–346

Jan Philipp Reemtsma, Was man plant, und was daraus wird. Gedanken über ein prognostisches Versagen, in: Greven, von Wrochem, Der Krieg in der Nachkriegszeit, a. a. O., S. 273–290

Erich Maria Remarque, Zeit zu leben und Zeit zu sterben, Köln 1954

Erich Maria Remarque, Zeit zu leben und Zeit zu sterben, Köln 1989

Erich Maria Remarque, Das unbekannte Werk, hg. von Thomas F. Schneider und Tilman Westphalen, Bd. 5, Köln 1998

Gabriele Rosenthal, Zur Konstitution von Generationen in familienbiographischen Prozessen. Krieg, Nationalsozialismus und Genozid in Familiengeschichte und Biographie, in: Österreichische Zeitschrift für Geschichtswissenschaft, 5 (4), 1994, S. 489–516

Gabriele Rosenthal, Die Kinder des »Dritten Reiches«. Sozialisiert im familialen Rechtfertigungsdialog, in: Hamburger Institut, Besucher einer Ausstellung, a. a. O., S. 116–140

Dirk Rupnow, Das unsichtbare Verbrechen. Beobachtungen zur Darstellung des NS-Massenmordes, in: zeitgeschichte, 2002, Heft 2, S. 87–97

Reinhard Rürup (Hg.), Der Krieg gegen die Sowjetunion 1941–1945. Eine Dokumentation, Berlin 1991

Jörn Rüsen, Zerbrechende Zeit. Über den Sinn der Geschichte, Köln 2001

Thomas Sandkühler, »Endlösung« in Galizien. Der Judenmord in Ostpolen und die Rettungsinitiativen von Berthold Beitz, 1941–1944, Bonn 1996

Axel Schildt, Die Rettung des christlichen Abendlandes – »Neues Abendland« und »Abendländische Akademie«, in: ders., Zwischen Abendland und Amerika. Studien zur westdeutschen Ideenlandschaft der 50er Jahre, München 1999

Frank Schirrmacher (Hg.), Die Walser-Bubis-Debatte. Eine Dokumentation, Frankfurt/Main 1999

Dieter Schmidt-Neuhaus, Die Tarnopol-Stellwand der Wanderausstellung »Vernichtungskrieg – Verbrechen der Wehrmacht 1941–1944«. Eine Falluntersuchung zur Verwendung von Bildquellen, in Geschichte in Wissenschaft und Unterricht, 10, 1999, S. 596–603

Thomas F. Schneider, »Und Befehl ist Befehl. Oder nicht?« Erich Maria Remarque: Zeit zu leben und Zeit zu sterben (1954), in: Wagener, Von Böll bis Buchheim, a. a. O., S. 231–247

Michael Schornstheimer, Die leuchtenden Augen der Frontsoldaten. Nationalsozialismus und Krieg in den Illustriertenromanen der fünfziger Jahre, Berlin 1995

Martin Schröter, Held oder Mörder. Bilanz eines Soldaten Adolf Hitlers, Wuppertal 1991

Carl Schüddekopf, Krieg. Erzählungen aus dem Schweigen. Deutsche Soldaten über den Zweiten Weltkrieg, Reinbek bei Hamburg 1997

Heimo Schwilk (Hg.), Ernst Jünger, Leben und Werk in Bildern und Texten, Stuttgart 1988

Franz W. Seidler, Verbrechen an der Wehrmacht. Kriegsgreuel der Roten Armee 1941/42, Selent 1997

Heinrich Senfft, Verbrechen Wehrmacht. Medienbilder zweier Ausstellungen, in: 1999, Zeitschrift für Sozialgeschichte des 20. und 21. Jahrhunderts, 17. Jg., September 2002, Heft 2, S. 172–191

Wolfgang Sofsky, Die Ordnung des Terrors. Das Konzentrationslager, Frankfurt/Main 1993

Wolfgang Sofsky, Traktat über die Gewalt, Frankfurt/Main 1996
Hans Speidel, Briefe aus Paris und aus dem Kaukasus, in: Freundschaftliche Begegnungen. Festschrift für Ernst Jünger zum 60. Geburtstag, hg. von Armin Mohler, Frankfurt/Main 1955
Hans Speidel, Aus unserer Zeit. Erinnerungen, Berlin 1977
Siegbert Stehmann, Die Bitternis verschweigen wir. Feldpostbriefe 1940–1945, hg. von Gerhard Sprenger, Hannover 1992
Wilhelm von Sternburg, »Als wäre alles das letzte Mal«. Erich Maria Remarque. Eine Biographie, Köln 1998
Alfred Streim, Saubere Wehrmacht? Die Verfolgung von Kriegs- und NS-Verbrechen in der Bundesrepublik und in der DDR, in: Heer, Naumann, Vernichtungskrieg, a. a. O., S. 569–597
Christian Streit, Keine Kameraden. Die Wehrmacht und die sowjetischen Kriegsgefangenen 1941–1945, Stuttgart 1978
Stefan Szende, Der letzte Jude aus Polen, Zürich, New York 1945

Telford Taylor, Die Nürnberger Prozesse. Hintergründe, Analysen und Erkenntnisse aus heutiger Sicht, München 1994
Klaus Theweleit, Deutschlandfilme. Godard. Hitchcock. Pasolini, Frankfurt/Main, Basel 2003
Hans-Günther Thiele (Hg.), Die Wehrmachtsausstellung: Dokumentation einer Kontroverse. Dokumentation der Fachtagung in Bremen am 26. Februar 1997 und der Bundestagsdebatten am 13. März und 24. April 1997, Bremen 1997
True to type. A Selection from Letters and Diaries of German Soldiers and Civileans, Collected on the Soviet-German Front, London, New York, Melbourne, Sydney 1983

Gerd R. Ueberschär, Wolfram Wette (Hg.), »Unternehmen Barbarossa«. Der deutsche Überfall auf die Sowjetunion 1941, Paderborn 1984; Taschenbuch: Gerd R. Ueberschär, Wolfram Wette (Hg.), Der deutsche Überfall auf die Sowjetunion. »Unternehmen Barbarossa« 1941, Frankfurt/Main 1991
Gerd R. Ueberschär, Generaloberst Franz Halder. Generalstabschef, Gegner und Gefangener Hitlers, Göttingen, Zürich 1991
Gerd R. Ueberschär (Hg.), Hitlers militärische Elite, 2 Bde, Darmstadt 1998 und 1999
Gerd R. Ueberschär (Hg.), NS-Verbrechen und der militärische Widerstand gegen Hitler, Darmstadt 2000
Gerd R. Ueberschär, Warum wurde das KZ nicht bombardiert?, in: Damals, 2002, Heft 6, S. 68–70
Heidemarie Uhl, Erinnerung als Versöhnung. Zur Denkmalkultur und Geschichtspolitik in der Zweiten Republik, in: zeitgeschichte, 1996, Heft 5/6, S. 146–160

Heidemarie Uhl, Das »erste Opfer«. Der österreichische Opfermythos und seine Transformation in der Zweiten Republik, in: Österreichische Zeitschrift für Politikwissenschaft, 2001, 1, S. 19–34

Heidemarie Uhl, Lesarten des »Vernichtungskrieges«, in: Heer u. a., Wie Geschichte gemacht wird. a. a. O., S. 269–284

Krisztián Ungváry, Echte Bilder – problematische Aussagen. Eine quantitative und qualitative Fotoanalyse der Ausstellung »Vernichtungskrieg. Verbrechen der Wehrmacht 1941–1944« in: Geschichte in Wissenschaft und Unterricht, 10, 1999, S. 584–595

Philipp-Christian Wachs, Der Fall Theodor Oberländer (1905–1998), Ein Lehrstück deutscher Geschichte, Frankfurt/Main, New York 2000

Hans Wagener (Hg.), Von Böll bis Buchheim: Deutsche Kriegsprosa nach 1945; Amsterdam, Atlanta, Ga, 1997

Joachim F. Weber (Hg.), Armee im Kreuzfeuer, München 1997

Bernd Wegner, Erschriebene Siege. Franz Halder, die »Historical Division« und die Rekonstruktion des Zweiten Weltkrieges im Geiste des deutschen Generalstabes, in: Politischer Wandel, organisierte Gewalt und nationale Sicherheit. Beiträge zur neueren Geschichte Deutschlands und Frankreichs. Festschrift für Klaus-Jürgen Müller, hg. von Ernst Willi Hansen und Bernd Wegner, München 1995, S. 287–302

F. C. Weiskopf, Die politischen Valenzen des Dr. Witsch oder Der kastrierte Remarque, in: Neue Deutsche Literatur, 1955, Heft 2, S. 99–107

Harald Welzer, Kumulative Heroisierung. Nationalsozialismus und Krieg im Gespräch zwischen den Generationen, in: Mittelweg, 36, 10. Jg., April/Mai 2001, S. 57–73

Harald Welzer u. a., »Opa war kein Nazi«. Nationalsozialismus und Holocaust im Familiengedächtnis, Frankfurt/Main 2002

Oliver von Wersch, Vom Mythos zur Mikrologie? Zur öffentlichen Differenzierung von Täterbildern in Folge der Ausstellung »Vernichtungskrieg«, in: Greven, von Wrochem, Der Krieg in der Nachkriegszeit, a. a. O., S. 355–364

Wolfram Wette, Die Wehrmacht. Feindbilder, Vernichtungskrieg, Legenden, Frankfurt/Main 2002

Gerd Wiegel, Die Zukunft der Vergangenheit. Konservativer Geschichtsdiskurs und kulturelle Hegemonie – Vom Historikerstreit zur Walser-Bubis-Debatte, Köln 2001

Heinz Wilhelmy, Aus meinem Leben, Speyer 1996

Edgar Wolfrum, Geschichtspolitik in der Bundesrepublik Deutschland 1949–1989. Phasen und Kontroversen, in: Petra Bock, Edgar Wolfrum (Hg.), Umkämpfte Vergangenheit. Geschichtsbilder, Erinnerung und Vergangenheitspolitik im internationalen Vergleich, Göttingen 1999, S. 55–81

Eliyahu Yones, Die Straße nach Lemberg. Zwangsarbeit und Widerstand in Ostgalizien 1941–1944, Frankfurt/Main 1999

Alfred de Zayas, Die Wehrmacht-Untersuchungsstelle. Deutsche Ermittlungen über alliierte Völkerrechtsverletzungen im Zweiten Weltkrieg, München 1980

Inhalt